Postwar Okinawa and U.S. Military Bases, 1945-1972

戦後沖縄と米軍基地

「受容」と「拒絶」のはざまで　1945～1972年

Yoshitoshi Taira

平良好利

法政大学出版局

目次

戦後沖縄と米軍基地——「受容」と「拒絶」のはざまで　一九四五～一九七二年

序章　基地をめぐる政治史

一　問題関心

沖縄に米軍基地が構築されたのは、一九四五年である。日米双方合わせて二〇万人以上もの犠牲者を出した熾烈極まる沖縄戦のさなかに、米軍は占領した地域でつぎつぎと軍事基地を構築していったのである。沖縄戦終結から一九五〇年代に入るまでに、米軍は約四万エーカの土地を基地用地（以下、軍用地ともいう）として囲い込み、そこに飛行場を中心とするさまざまな軍事施設を建設していった。[1] そして一九五〇年代も後半に入ると、日本本土に駐留していた米海兵隊が沖縄に移駐してきたことによって、米軍基地の規模はさらに拡大したのである。その後、沖縄返還を機に米軍基地は自衛隊に移管されたり、あるいは住民に返還されていったりして、その面積は徐々に縮小されたが、それでもいま現在における米軍基地の面積は約五万七五〇〇エーカーとなっている。[2]

この広大な米軍基地が存在することによって、沖縄ではさまざまな問題が発生し、現在もなお発生している。また、米軍基地があるために沖縄は戦後二七年間にわたりアメリカの統治下に置かれ、本土とは別の歴史を歩んできた。つまり沖縄住民は、戦後半世紀以上にわたって米軍基地と向き合いながら生きてきたのである。したがって、基地に対して沖縄住民がいかなる態度をとってきたのかを問うことは、戦後沖縄の住民がどう生きてきたのかを問うことでもある。

冷戦終結後の今日、沖縄の基地問題がしだいに国内外でクローズアップされ、一九七二年の沖縄返還とは何であったのかを問う空気が強まっている。広大な米軍基地がいまも変わらず存在する現実を前にして、あの沖縄の日本復帰とはいったい何であったのかを検証する動きが、日米両政府の大量の資料公開とあいまって、高まっているのである。こうしたなかにあって、沖縄返還過程そのものを多角的に考察することはもちろん重要だが、戦後の出発点から沖縄住民が基地と向き合って生きてきたことを考えれば、日本復帰に至るまでの二七年間にわたり、住民が基地に対していかなる態度をとったのかをあらためて問うことは、やはり必要なのである。

また、沖縄の米軍基地は現地に住む人々だけでなく、日本国民全体にとってきわめて重要な問題だといえる。なぜなら、沖縄の米軍基地は国の安全保障に直結しているだけでなく、戦後日本の基軸ともいうべき日米関係にも多大なる影響をおよぼす問題だからである。一九四五年の敗戦を機に徐々に構築された戦後の日米関係は、日本の安全保障はもちろんのこと、政治、経済、社会、文化など、あらゆる分野に大きな影響を及ぼしてきた。なかでも重要な分野は、国の存立の基盤となる安全保障の分野である。一九五一年に調印され、一九六〇年に改定された日米安保条約は、日本の安全を確保する最も中核的な装置として今日に至っている。この日米安保条約の基本的な構造は、かつて外務省の西村熊雄元条約局長がのべたように、いわゆる「物と人との協力」としてたとえることができ、アメリカが日本に軍隊（人）を提供し、日本がアメリカに基地（物）を提供することで成り立つものであった(3)。

その日本が提供する「物」、すなわち米軍基地の大部分は、いうまでもなく沖縄にある。在日米軍基地（米軍専用施設）のおよそ七四パーセントを占める沖縄の米軍基地は、したがって日米安保条約はもちろんのこと、それを中核とする日米関係にとってきわめて重要な要素だといえる。もっとも、沖縄の米軍基地が日米安保条約の適用下に入ったのは一九七二年である。沖縄の施政権が日本に返還されたことによって、在沖米軍基地は本土の基地と同様に、同条約の適用下に入ったのである。しかし、沖縄の米軍基地にかかわる諸問題が日米間で話し合われたのは、なにも沖縄返還をまってのことではない。基地をめぐる日米間のやりとりは、すでにアメリカの沖縄統治時代から始まっていたのである。したがって、沖縄返還後の米軍基地をめぐる日米間の政治展開を理解するためにも、このアメリカ統治時代にどのような基地問題が起こり、これに対して日米両国がどのような対応をとったのかを考察することは重要なのである。

以上のような問題意識のもと、本書は、沖縄で基地建設の始まった一九四〇年代中盤から、沖縄返還の実現する一九七〇年代初頭までのおよそ三〇年間を対象として、沖縄の米軍基地が形成されるプロセスと、その基地をめぐって展開された日米沖三者間の政治過程を考察する。いいかえれば、沖縄の基地はどのようなプロセスを経て形成されたのか、またこの基地形成によってどのような問題が生み出されたのか、さらにはこの基地問題に対して沖縄住民と日米両国はどのような態度をとったのか、これらを日本、アメリカ、沖縄側の一次史料を用いて考察するのが、本書の目的である。

二　分析視角と先行研究

本書が扱う「基地問題」とは、何か特定のものを指すのではなく、その時代時代に生じた基地にかかわる主要な問題を指している。具体的には、一九四〇年代後半の基地建設にともなって生み出された農地の不足問題がそれであり、一九五〇年代の初頭には対日講和との関連で沖縄の基地をどうするのかが大きな問題となる。そして一九五〇年代の中盤から後半にかけては、よく知られる軍用地が沖縄で最大の政治問題となり、地代の一括払いと新規の土地接収が大きくクローズアップされる。そして一九六〇年代も中盤以降になると、沖縄返還との絡みで米軍基地をどう扱うのかが大きな焦点となり、その際に基地の「全面撤去」論や「整理縮小」論、あるいは「核つき返還」論や「本土並み返還」論などさまざまな意見が登場することになる。また沖縄返還が確定したあとは、基地労働者の大量解雇や軍用地賃貸料の引き上げ、そして基地の整理縮小などが大きな問題となる。本書は、こうした米軍基地の存続や使用、あるいは基地の拡張や縮小といった軍用地に関わる問題にとくに焦点をあて、これに対する沖縄の政治指導者および日米両国の指導者らの対応について考察する。したがって、米軍がかかわる事件や事故、騒音や環境などの基地問題に関しては、ここでは取り上げていない[4]。

本書が沖縄返還までのおよそ三〇年間を対象としているのは、まず第一に、短いスパンで捉えるよりも長いスパンで考えたほうが、基地問題の歴史的展開やその特質、あるいはこれらの問題に対する日米両国や沖縄の政治指導者たちのスタンスの変化、その持続する面などがみえてくるのでないかと思ったからである。第二の理由は、沖縄戦からアメリカ統治の時代を経て沖縄返還へと至る政治過程のなかに、基地問題を考える重要な素材が満ち溢れていると思ったからである。そして第三の理由としては、ここで対象とした三〇年のあいだに、基地をめぐるさまざまな基本的な構図ができあがったのではないか、と考えるからである。

右の課題を検討するうえで、ここでは次の二つのことを重視している。まずひとつは、沖縄側の動きをみる場合、一般住民の動向よりも、政治指導者たちの行動に焦点をあてるということである。従来、「沖縄住民」ないし「沖縄人民」を主要なアクターとし、彼らの進める大衆運動に焦点をあてる研究[5]が多かったが、本書はそれに対して「沖縄住民」ないし「沖縄人民」の要求を汲み取って行動する政治指導者、あるいはその住民を動員して各種大衆運動を主導する政治指導者、さらにはその大衆運動を背景にしながら、もしくはそれとは別次元で米軍や日本政府に問題を訴える政治指導者、これら現地の有力政治指導者たちの行動に焦点をあてて、基地をめぐる政治過程を考察する。いいかえれば、大衆運動にのみ焦点をあてるのではなく、その大衆運動をも組み込んだ政治過程を考察の対象とし、そのなかで沖縄の政治指導者たちが基地に対してどのような認識のもと、またどのような行動をとったのかを分析する。

本書でいう政治指導者とは、琉球政府行政主席、立法院議員、市町村長、そして市町村議会議員など公職に就くものだけでなく、各種民間団体や労働組合の指導者らも含むものである。

いまひとつ本書が重視することは、日本とアメリカとの関係や、沖縄における米軍と住民との関係だけでなく、沖縄と日本との関係にも焦点をあてるということである。戦後の沖縄を扱った従来の研究は、前二者の関係のうちどちらか一方にのみ焦点をあてる傾向が強かったが、それに対して本書では、これまで関心の薄かった沖縄と日本との関係にも注目しながら、基地をめぐって展開された日米沖三者間の政治過程を分析する。[6]

つぎに先行研究であるが、アメリカ統治下の沖縄を扱った従来の研究は、どちらかといえば、「沖縄の分離と復帰」という観点から考察したものが多数を占めていた。日米関係史ないし日本政治外交史の分野では、対日平和条約第三条と沖縄返還をめぐる政策決定過程の二つが大きなテーマとなり[7]、また沖縄戦後史の分野では、一九四〇年代後半から一九五〇年代初頭にかけて表面化した沖縄の帰属論争や、一九六〇年代から一九七〇年代初頭にかけて推進された日本復帰運動が大きなテーマとなってきた。[8]

しかし、近年に入り、沖縄の基地問題に焦点をあてながらアメリカ統治時代の沖縄を扱った研究が、徐々に出はじめている。本書のテーマと関係の深いものに限っていえば、まずは鳥山淳の一連の研究が挙げられる。[9]鳥山は、米軍基地のもたらす沖縄社会へのインパクトにとくに注目しながら、一九四〇年代後半から一九六〇年代にかけての基地問題を精力的に論じている。また与那国暹も、社会学の手法を用いて、米軍基地がもたらした沖縄社会の変容について分析している。[10]さらに我部政明と明田川融は、日米安保体制と沖縄基地との関連性に注目して、一九四〇年代中盤から一九七〇年代初頭にかけての基地問題の歴史的展開を考察している。[11]最近では、林博史が第二次世界大戦後に世界中に張り巡らされた米軍基地の歴史を鳥瞰しながら、そのなかで沖縄の基地問題を論じている。[12]

以上のように、基地問題を扱った研究は徐々に出はじめてはいるが、そもそも米軍基地に対して沖縄の政治指導者や日米両国の指導者らが戦後四半世紀ものあいだ、どのような認識のもと、またどのような態度をとったのかについては、これを長期的な観点から考察したものはこれまでになかったといえる。本書は、この一見素朴だが、しかし根源的と思われるテーマについて、できる限り原資料を用いて考察してみたい。

三　本書の構成

本書は序章と終章を除き八章から成っている。まず第一章では、沖縄の米軍基地の起源となる日本軍基地について論じたあと、それがどのように米軍基地に変わっていったのかを明らかにする。次いで、沖縄の米軍基地が戦後アメリカの軍事戦略のなかでどのような位置にあったのかを考察したあと、その米軍基地が構築されたことによって戦後初期の沖縄社会ではどのような問題が生み出されたのかを解明する。さらに、一九四九年に策定されたアメリカの対沖縄政策（ＮＳＣ一三／二（五））を概観したあと、空軍省が提起した戦術部隊の本国撤退案と、陸軍省が検討した戦闘部隊のローテーション案を分析する。

続く第二章では、まず前半部分で、沖縄の基地がどれほど深く現地の経済復興と関係していたのかを論じる。戦前の沖縄は農業を中心とする社会であったが、それに必要な土地の多くは戦後米軍によって接収された。そうした状況のなかで米軍は、沖縄の経済復興を図るためのひとつの方策として、農業の再建を本格的に検討したのである。本章では、その検討過程のなかで出てきた沖縄版「農地改革」構想と、農地であった軍用地の大幅返還構想について具体的に考察する。また、農業の再建という選択肢が消えていくなかで、米軍が本格的な基地開発を利用して沖縄の経済復興を図っていったことも確認する。後半部分では、対日講和と沖縄の国際的地位をめぐる政策決定過程のなかで、在沖米軍基地が日米両国と現地の政治指導者らによってどのように取り扱われたのかを検討する。

第三章から第五章までは、一九五〇年代の沖縄で最大の政治問題となった軍用地について論じる。対日平和条約第三条によって沖縄を日本から分離し、沖縄の基地を自由に使える体制を整えた米軍にとって、次なる大きな課題は、その基地の継続使用と新たな基地の拡張について住民から理解を得ることであった。なぜなら、既存の基地の大部分は私有地と市町村有地からなり、米軍はその土地の継続使用のために何らかの権利を獲得しなければならず、しかも新規の接収予定地も私有地や市町村有地を多く含んでいたからである。既存の基地について米陸軍は、土地代金を一括で支払ってその土地を地主から買い上げることを計画するが、これに対して住民が激しく反発し、その実施は困難となる。また、土地の新規接収についても住民が強く反対し、大きな政治問題へと発展していったのである。しかも、あれほどまでに米軍が介入を嫌った日本政府までもが関与してきたことによって、軍用地問題は単に沖縄内部にとどまらず、日米間の問題にまで発展していったのである。第三章から第五章までは、この日本政府の関与という側面に注目しながら、軍用地問題をめぐる政治過程を詳しく考察する。

続く第六章と第七章では、一九六〇年代に入って具体化した沖縄返還との関連で、在沖米軍基地が日米両国と沖縄の政治指導者らによってどのように取り扱われたのかを論じる。沖縄返還後の基地のありかたに関する日米両国の政策については、これまでにかなりの部分が明らかになっているが、現地の政治指導者らがこれに対してどのような態度をとったのかに関しては、まだ十分に解明されているとはいいがたい。そこで第六章では、政府自民党と連携して本土との「一体化」を進めた沖縄自民党（のちに民主党）と、本土革新勢力と連携して日本復帰運動を展開した沖縄県祖国復帰協議会（復帰協）が米軍基地に対してどのような態度をとったのかを明らかにするとともに、日本外務省の下田武三駐米大使が提起した「核つき返還」論に対し、沖縄の政治指導者たちがどのような反応を示したのかを解明する。とりわけ本章では、これまでほとんど注目されることのなかった基地労働者でつくる労働組合、すなわち全沖縄軍労働組合（全軍労）の動きに注目しながら、復帰協の基地に対する態度を考察する。

続く第七章では、一九六八年の行政主席選挙で、候補者の西銘順治（沖縄自民党）と屋良朝苗（革新共闘会議）が基地に対してどのようなスタンスをとったのかを論じたあと、「二・四ゼネスト」の挫折と、その後の復帰協における「基地撤去」方針の明確化について分析する。そして、一九六九年の佐藤・ニクソン会談と、そこに至るまでの交渉過程を概観したあと、一九七〇年に入って展開された全軍労の「解雇撤回」闘争について検討する。

　第八章では、沖縄返還合意後に浮上してきた米軍基地にかかわる二つの問題を考察する。まずひとつは、日米安保条約の適用に基づくアメリカへの基地提供問題、すなわち三万数千人におよぶ軍用地主と日本政府が基地提供をめぐっていかなる態度を示したのかという問題である。いまひとつは、沖縄返還合意後に浮上してきた基地の整理縮小という課題に対し、日米両国と沖縄の政治指導者たちがどのような態度をとったのかという問題である。この二つはこれまでにほとんど論じられたことのないテーマであり、おそらく本書が初めての試みとなる。

　最後に終章では、米軍基地に対するアメリカ、沖縄、日本のそれぞれの認識と態度を整理し、その基地をめぐる三者間関係の基本的構図を明示したい。

第1章　沖縄米軍基地の形成

一　日本軍基地から米軍基地へ

(1)日本軍の飛行場建設

▼「基地」の島へ

沖縄の米軍基地の土台となったのは、旧日本軍基地である。この日本軍基地が構築されはじめたのは、太平洋戦争を間近に控えた一九四一年一〇月であり、日本本土と南方を往来する艦船の泊地を守備するためにつくられた陸軍中城湾臨時要塞がそれである。[1]この臨時要塞が構築されるまで、沖縄本島内には軍民共用の那覇飛行場（逓信省航空局が管理）があるだけで、ほかにこれといってみるべき軍事施設は存在しなかった。[2]しかも沖縄には郷土部隊も存在せず、徴集された兵士は主として九州各地の部隊に分散して配置されていた。[3]そのため中城湾臨時要塞に「小規模な砲兵部隊」が配置されるまでは、沖縄には軍隊さえ存在しなかったのである。[4]つまり、太平洋戦争がはじまるその直前まで、沖縄は、本格的な軍事施設も軍隊も存在しない、まさに日本軍にとって軍事的な「空白地帯」だったのである。[5]

もっとも、太平洋戦争がはじまってすぐに沖縄が「基地の島」へと生まれ変わったわけではない。戦争も末期に入るまで、沖縄は依然として日本軍にとって軍事的関心の低い地域にすぎなかった。ミッドウェー海戦での敗北（一九四二年六月)、ガダルカナルからの撤退(一九四三年二月)、そしてアッツ島の占領(同年五月)など、米軍の反撃を前に敗退を重ねる日本軍にとって、何より重要な地域は、千島、小笠原、内南洋、西部ニューギニア、スンダ、ビルマといった、いわゆる敵の侵攻をくいとめるために設定された「絶対国防圏」であった。なかでも日本軍がその防衛に多大なる精力を傾けた地域は、「国防圏第一線」のマリアナ諸島である。(6)

このサイパンを中心とするマリアナ諸島の防備に精力を傾けるなか、陸軍は一九四三年半ば以降、沖縄本島中部の読谷山村と伊江島で日本本土と南方の補給航空路を中継する不時着用飛行場の建設に乗り出すことになる。一方、海軍も、既設の那覇飛行場をみずからの管理下に置き、しかも名称を海軍小禄飛行場に変更したうえ、対潜哨戒用のそれとして使用した。(7) しかし、これらの飛行場が不時着用または対潜哨戒用であったことから分かるように、まだ日本軍にとって沖縄の軍事的価値はそれほど高いものではなかった。やはり彼らにとって軍事的な関心事は、マリアナ諸島方面の「国防圏第一線」に注がれていたのである。

マリアナ諸島の後方に位置する沖縄がようやく軍中央(大本営)の関心を集めるようになるのは、翌一九四四年二月に入ってからである。そのきっかけとなったのは、同月一七日から一八日にかけて行なわれた米軍のトラック島急襲であった。中部太平洋方面における日本海軍最大の根拠地であり、しかもマリアナ諸島の前方に位置するトラック島の壊滅は、海軍はもちろんのこと、陸軍にも強い衝撃を与えた。陸軍はこれを機に、ただちに中部太平洋方面の全陸軍部隊を統率する第三一軍を創設し、三月二二日にはその後方地域の南西諸島を守備する第三二軍を新設した。この第三二軍と既設の台湾軍に対して発令されたものが、「十号作戦準備要綱」である。大本営陸軍部が発した同要綱の骨子は、まず第一に、「皇土防衛」と「南方圏トノ交通確保」を図るため、台湾と南西諸島の「作戦準備ヲ強化」すること、第二に、その作戦準備は「航空作戦準備ヲ最重点」とすること、そして第三に、その航空作戦準備として台湾と南西諸島にそれぞれ「数箇ノ航空基地」を構築すること、であった。(8) つまり、沖縄本島を中心とする南西諸島に航空作戦を展開するための飛行場群を構築するよう命じたものが、「十号作戦準備要綱」である。

当時大本営陸軍部参謀であった神直道は、戦後つぎのように回想している。「南西諸島の航空基地の設定は、服部（卓四郎）作戦課長の主唱する航空要塞的な考え方であり、数個の飛行場をまとめて設置し、有機的に運用しようとするものである。十号作戦準備は、航空の運用を主体として考えているのであって、この時点では米軍の本格的上陸作戦は考えていない。当時は、地上部隊は航空要塞を成立させるための兵力であればよろしいと考えていた」[9]（以下、本書全体を通じて引用中の括弧は、断りのない限り、筆者による補足）。実際、この神直道の回想どおり、当初沖縄に送り込まれた部隊は飛行場の設定やその維持を主任務とする飛行場大隊や要塞建設部隊等だけで、本格的な地上戦闘部隊は含まれていなかった。

飛行場建設を主な任務としたこの第三二軍は、五月上旬からただちに沖縄各地で飛行場建設に乗り出すが、その着手した飛行場は、前年から工事が進められていた読谷、伊江島両飛行場と、嘉手納、仲西（牧港）、西原（与那原）の三飛行場であった[10]。一方、海軍もこうした陸軍の動きに並行して、既設の小禄（那覇）飛行場をさらに強化する方向に動き出したのである（二二頁の図1を参照[11]）。

こうして開始された日本軍による飛行場建設は、そこに住む人々に対して次の二つのことを要求した。ひとつは労働力の提供であり、いまひとつは土地の提供である。まず前者について日本軍は、国民勤労動員署と各市町村当局を通じて住民を徴用し、労務者として建設工事にかり出した。伊江島と嘉手納飛行場で建設工事を担当した第五〇飛行場大隊の「労務者取扱に関する規定」によれば、徴用された人々の労務条件は次のようなものであった。すなわち、徴用期間は「概ね十日及至一ヶ月間」、一日の作業時間は「十一時間」、そして賃金は「受領代人たる県農業会国頭支部長代理に一括」して支払う、というものである[12]。大城将保によると、支払われた賃金の大部分は「戦時貯蓄運動によって半強制的に国債や貯金にまわされ」てしまい、労務者の「現金の手取りはわずかしかなかった」[13]。徴用された労務者の人数は、たとえば一九四四年五月の一カ月間だけで、西原飛行場が延べ七万二八四二人、仲西飛行場が六万九五一一五人、そして嘉手納飛行場が六万三〇〇九人、計二〇万五三六六人であった。これを一日あたりで計算すると、三飛行場合わせて約七六〇〇人の住民が建設工事に動員されたことになる。[14]

いまひとつの土地に関しては、これを住民から取得する方法を日本軍はとった。沖縄に軍事施設をほとんど持たなかった日本軍は、この飛行場建設にあたって、新しく住民から土地を取得しなければならなかったのである。この日本軍の土地取得に関しては、関係書類のすべてが沖縄戦によって沖縄本島と伊江島で消失してしまったため、それが正当な手続きに基づいて行なわれたかどうかは、いまもって不明である。[15] ただ、日本軍の取得した軍用地の面積は、戦後米軍当局が作成した資料によると、約一四〇八エーカーであった。[16] 戦後初期、米軍が取得した軍用地の面積が約四万三〇〇〇エーカーであったことと比較すれば、その面積はわずか三〇分の一にすぎなかった。[17] このことからみても、いかに米軍が戦後に入って広大な基地を構築したのかがよく分かる（一九五〇年代後半に入ると、米軍はさらに三万五〇〇〇エーカーの土地を接収し、軍用地面積は実に七万五〇〇〇エーカーにまで拡大する。これについては第三章以下でのべる）。

▼飛行場の放棄

沖縄各地における日本軍の飛行場建設は、こうして現地の人々の土地および労務の提供を受けながら強力に推進されていったが、こうした状況のなか、マリアナ諸島のサイパン島が米軍によって占領される（一九四四年七月上旬）。サイパン陥落というこの新事態を迎えて大本営は、七月二四日、「陸海軍爾後の作戦指導大綱」を策定し、米軍との「決戦」に備える動きをみせる。[18] この新作戦は、いわば「航空決戦」を意図したものであり、米軍がフィリピンや台湾、南西諸島などの予想地域に進攻してきた場合、陸海両軍の全航空兵力をもってこれを撃退する、というものであった。

この新作戦を策定した大本営は、それに前後して、これまで〝裸同然〟であった沖縄にも第九師団をはじめとする地上戦闘部隊を送り込み、第三二軍首脳部も変更して軍司令部の強化を図る。[19] そして来る「航空決戦」に備えて大本営は、工事の遅れている各飛行場を九月末までに完成させるよう催促し、これを受けた第三二軍は地上戦闘部隊も投入して、期日の九月末までにすべての飛行場を完成させる[20]。

しかし歴史は皮肉である。それから二カ月後の同年一一月以降、第三二軍はこの軍民共同で苦心して作り上げた飛行場を放棄する方向に向かう。第三二軍をして飛行場放棄へと向かわしめた最大の理由は、精鋭部隊であった第九師団の台湾転用による兵力の減少であった。フィリピン・レイテ決戦が一〇月下旬にはじまったのを受けて、大本営陸軍部が台湾の一個師団をフィリピンに移転することを決定すると同時に、その台湾には沖縄の一個師団を転用することを決定したからである。この時点において陸軍部は、米軍の侵攻ルートをフィリピンから台湾の線と考えていたのである。

第九師団の台湾転用によって兵力が減少した第三二軍は、従来の作戦の練り直しを迫られる。従来の作戦は、米軍の上陸地点を嘉手納・読谷方面か牧港方面、もしくは糸満方面と想定したうえで、嘉手納、読谷両飛行場のある同方面には第二四師団を、仲西飛行場のある牧港方面には第六二師団を、そして南部の糸満方面には第九師団を配備し、米軍上陸の際には正面配備の兵団が「極力敵戦力の消耗を図り」、他の兵団が戦闘地域に到着したあと「攻勢に転じ」て敵を「撃滅する」、というものであった[21]。

しかし、糸満方面に配備していた第九師団が台湾に引き抜かれると、第三二軍は首里を中心とする中南部地域に主力兵団を集中配備し、敵が南部地域に上陸してきた際には、その沿岸部で撃退し、中部地域（嘉手納・読谷方面）から上陸してきた場合には、首里北方の主陣地内で持久作戦をとる、という作戦を新たに策定する。これに基づき第三二軍は、嘉手納・読谷方面を担当していた第二四師団を第九師団が抜けた南部の糸満方面に配備し、これまで苦心して作り上げた嘉手納、読谷両飛行場を放棄することになる[22]。

この新作戦は、当然のごとく、航空作戦を重視する軍中央の見解と真っ向から対立するものであった。東シナ海周辺地域に来攻する米軍を陸海両軍の特攻機をもって撃退するという航空作戦（天号航空作戦）を新たに打ち立てた大本営は、嘉手納、読谷両飛行場の守備兵力をいま一度強化するよう何度も命令するが、これに対して第三二軍は、現有兵力ではこれに応じることができないとして拒否することになる。かくして、米軍上陸の直前になって第三二軍は、嘉手納、読谷、伊江島の三つの飛行場をみずからの手で破壊したうえ、米軍の上陸を中南部の主陣地内で待ち受けるのであった。

⑵米軍の沖縄侵攻

こうした日本軍の動きに対して米軍側の動きはどうであったのか。トラック島やサイパン島といった日本軍の要衝をつぎつぎと陥落させた米軍は、当初は台湾攻略を検討していた。しかし皮肉にも、日本軍が台湾防衛のために沖縄から第九師団を引き抜く決定をした同じ月、米統合参謀本部は台湾攻略に代えて沖縄攻略を決定したのである[23]。この変更を統合参謀本部に要求したのは、当初台湾攻略を提唱していた海軍作戦部長のアーネスト・キング提督であった。彼がみずからの見解を取り下げたのは、前線で指揮をとる司令官たちの意見を受け入れてのことであった。

太平洋地区陸軍航空司令官ミラード・ハーモン中将は、台湾を日本本土爆撃の出撃基地としてみた場合、この地域で一般的な北風がB－二九爆撃機の離陸に際し有害な向かい風になってしまうこと、そして台湾から沖縄、九州を経て本州へと向かうルートは敵の標的になりやすいことなどを理由に挙げて、台湾よりもむしろ沖縄を攻略すべき、とチェスター・ニミッツ太平洋艦隊司令長官に進言した。また、太平洋地区陸軍司令官ロバート・リチャードソン中将も、「中国沿岸に沿った前進は戦争遂行に寄与するところが非常に小さい」ので台湾占領は不必要であり、それよりもルソン島や沖縄・小笠原諸島の基地を獲得するほうが有利である、と提案した。さらに、台湾攻略作戦の地上軍司令官に任命されていたサイモン・バックナー陸軍中将も、「十分な兵力が利用できない」ので台湾攻略は実行不可能である、と進言したのである[24]。

これら現地からの進言を承認したニミッツは、沖縄攻略をキング作戦部長に提案し、これをキングから受けた統合参謀本部は、結局のところ一〇月三日、西南太平洋方面最高司令官ダグラス・マッカーサー将軍に対しフィリピンのルソン島攻略を命じるとともに、ニミッツ提督に対しては、硫黄島と沖縄の攻略を命じるのであった[25]。のちにみるように、アメリカ軍部が沖縄戦を通じてこの地域の戦略的価値を見いだしていったことや、その戦略的価値ゆえに戦後に入って沖縄をみずからの支配下に置いたことを考えても、この「沖縄戦」への道を決定づけた統合参謀本部の決定は、きわめて重要なものだったのである。

この決定を受けてニミッツ軍は、翌一九四五年一月六日、「アイスバーグ作戦」と呼ばれる沖縄攻略作戦を立案する。同作戦の主要目的は、将来の日本侵攻に備えて沖縄に「軍事基地を確立する」ことにあった[26]。その目的のためニミッツ軍は、さらに二月一〇日、具体的な基地開発計画を策定する。この計画は、那覇港と中城湾の開発を謳っていたほかに、沖縄本島に八つの飛行場を建設することを定めていたが、その位置は、泡瀬、普天間、小禄の三カ所を除き、すべて日本軍の飛行場と同じであった[27]。

重要なことは、こうした米軍の基地開発計画が、あくまで本土進攻のために計画されたものであり、戦闘終了後も長期にわたって保持することは、想定されていなかったということである[28]。この時点において米軍は、まだ沖縄に長期にわたり基地を置くのかどうかを決めていなかったのである。第三節でのべるように、アメリカ政府が沖縄基地を長期保有することを正式決定したのは、沖縄戦終結から四年近くもたった、一九四九年二月に入ってからである。

こうした沖縄攻略作戦に基づき米軍（第一〇軍）は、三月二六日、慶良間諸島に上陸したあと、いよいよ四月一日に沖縄本島に上陸する[29]。何の攻撃も受けずに無血上陸を果たした第一〇軍は、その日のうちに日本軍の放棄した読谷、嘉手納両飛行場を獲得し、ただちにそれを修復して利用したのである。そして、占領した地域で米軍は、右の開発計画にしたがって、飛行場などの軍事施設をつぎつぎと構築していくのであった[30]。

二　アメリカの極東戦略と戦後初期の米軍基地

(1)「主要基地地域」としての沖縄

▼ＪＣＳ五七〇／四〇

熾烈を極めた沖縄戦が事実上終結したのは、一九四五年六月下旬である。この戦闘での米軍の戦死者は約一万二〇〇〇人、日本軍の戦死者は約九万四〇〇〇人（うち沖縄県出身の軍人・軍属は約二万八〇〇〇人）、一般住民の戦死者は約九万四〇〇〇人（戦闘参加者を含む）であった。この戦闘に勝利した米軍は、沖縄戦を生きのびた住民の多くを沖縄本島内に設置した七カ所のキャンプ、とりわけ山林地帯がその多くを占める北部地域のキャンプに収容する一方、中南部地域においては本土侵攻のための大規模な軍事施設を構築していった。しかしこうした状況のなか、八月一四日、日本がポツダム宣言を受諾し、三年八カ月におよんだ太平洋戦争がついに終結する。本土侵攻のための拠点としての役割を担っていた沖縄の米軍基地は、この日本の降伏によって、みずからの果たすべき役割を失うことになる。

しかし、それからおよそ二カ月後の同年一〇月、統合参謀本部は琉球諸島を戦後のアメリカの安全保障にとって最も重要な拠点のひとつとして、新たに位置づけ直す[31]。戦後米軍が海外に展開する基地地域をリストアップした同月二三日付のＪＣＳ五七〇／四〇は、戦略的重要度に応じて四つのカテゴリーに分類しているが、まず最も重要度の高い地域を「主要基地地域」とし、次いで重要度の高い地域を「二次的基地地域」、以下「補助的基地地域」、「副次的基地地域」としている。この最高ランクの「主要基地地域」とは、「アメリカ合衆国、その属領、西半球、そしてフィリピンの防衛、および軍事作戦遂行のために必要な基地システムの基礎を構成し、戦略的に位置する」地域のことを指し、このなかに琉球諸島も含まれるとしたのである。

宮里政玄が明らかにしたように、当初この地域には琉球諸島は含まれておらず、「主要基地の防衛ないしアクセス、あるいはその両方のために必要で、かつ軍事作戦遂行のために必要」な「二次的基地地域」に含まれていた。しかし、空軍としてのちに独立する陸軍航空隊のヘンリー・アーノルド司令官が、「アメリカが現在利用できる空軍力を資産として活用できる基地を確保するためにも、これらの変更はきわめて重要である」[32]として、グリーンランドやアイスランドとともに、琉球諸島を「主要基地地域」に格上げするよう要求したのである。結局、アーノルドの主張が通り、統合参謀本部は琉球諸島をこのなかに含めるのであった。なお、琉球諸島のほかに、太平洋側ではアラスカ－アリューシャン列島、ハワイ諸島、マリアナ諸島、フィリピン諸島、パナマ運河地域が、また大西洋側ではニューファンドランド、アイスランド、プエルトリコ、バージン諸島、アゾレス諸島が、この「主要基地地域」に名を連ねていた。[33]

柴山太の研究によると、一九四五年八月から一〇月にかけて、統合参謀本部とその下部組織である統合戦争計画委員会などは、仮想敵国をソ連と見立てたうえで、戦略核爆撃を中心に同国を打ち負かすという軍事戦略を立てていた。[34]ソ連との戦争を中・長期的な観点から想定したこの戦略構想は、西欧方面を中心的な作戦地域とみなし、極東地域はあくまで二義的な地域として想定していた。この構想のもとで彼らワシントンの参謀らは、極東地域に関しては「フィリピンと琉球諸島の基地で十分」に対処できる、と考えていたのである。[35]両地域がＪＣＳ五七〇／四〇のなかで「主要基地地域」に位置づけられたその背景には、こうした軍部の対ソ軍事戦略構想があったのである。[36]

▼軍事戦略構想の変化

しかし、この軍部の戦略構想は一九四五年の末ごろから、早くも変化することになる。柴山によれば、戦略核爆撃重視の軍事戦略を研究していた統合戦争計画委員会などは、同年一二月、Ｂ－二九による「二〇～三〇発程度」の原爆攻撃ではソ連を降伏に追い込むのは不可能であり、そのソ連を屈服させるためには「一九六発」もの原爆が必要である、という結論を出していた。[37]当時、アメリカが実際に保有していた原爆はわずかに二発のみで、二〇〇発近くの原爆をただちに保有することなど、到底不可能であった。[38]また、中・長期的な視点から考えていた対ソ戦も、米ソ対立の高まりを背景にただちにはじまりかねないものと想定するようになっていた。かくして、統合戦争計画委員会は、核兵器にだけ頼った軍事戦略構想を放棄し、第二次世界大戦型の戦略構想、すなわち通常爆弾の使用による戦略爆撃と地上作戦を重視した戦略構想に立ち返るのであった[39]。

この戦略構想では、もし極東地域において対ソ戦がはじまった場合、ただちに満州、朝鮮、中国北部がソ連の手に落ちるものと想定され、「朝鮮と中国に駐留している米軍部隊を日本に撤退させ、すべての米─英連邦軍を日本防衛に集中する」とされていた[40]。つまり、前年一〇月段階でフィリピンと沖縄の基地を対ソ戦に利用することを考えていたワシントンの参謀らが、ここにきて沖縄基地とともに在日米軍基地を利用することを考えはじめたのである。統合参謀本部がハリー・トルーマン大統領に送った一九四六年九月一〇日付のメモは、次のようにのべている。「ソ連との戦争が勃発した場合、同国は必ず満州と中国北部に南下し、黄海と日本海を囲む地域における北東アジアの工業中心部をみずからの支配下に置くだろう。日本本土を別とすれば、沖縄はこの地域に米軍を投入できる唯一の基地エリアである[41]」。

一方、これとは正反対に、「主要基地」に位置づけられていたフィリピン基地は、一九四六年の末ごろから〝後方基地〟へと降格される。伊藤祐子の研究によれば、アメリカ軍部はフィリピンとの基地協定交渉を前に七一カ所にのぼる基地用地の使用権を要求する方針を立てたが、同年八月からはじまった実際の交渉を通じて、フィリピン基地そのものを確保すべきかどうか疑問を抱くようになる[42]。この米比間で行なわれた交渉では、フィリピンのマニュエル・ロハス大統領が米軍基地のマニラ首都圏からの撤去を強く要求したり、植民地主義的特権の廃止を強く求めたため、交渉は何度も中断に追い込まれた。こうした状況に苛立ちを深めたアメリカ軍部は、在比米軍の全面撤退まで視野に入れた方針を打ち出したのである。

一一月一二日、ニミッツ海軍作戦部長はスビック湾とサングレー・ポイントの二カ所の即時使用と、レイテ＝サマール基地およびタウィタウィ停泊地の緊急時使用権のみをフィリピン政府に要求し、状況の変化によっては将来フィリピンからの全面撤退もありえることを決定する。また、一一月二三日にはドワイト・アイゼンハワー陸軍参謀総長もフィリピンから陸軍部隊を原則的にすべて撤退させて、フィリピン政府から要請があった場合にのみ一個航空部隊と若干の陸上部隊を駐留させる、ということを決定する。アメリカ軍部がこのように大きく態度を変えた背景には、伊藤が指摘するように、アメリカ政府の緊縮財政や基地協定に対するフィリピン側の「猛烈な反発」などに加えて、「同じ西太平洋地域に位置する日本と沖縄がより有用な戦略拠点として浮上」してきたことがあった[43]。

トルーマン大統領はこの両軍の提案を一二月五日に承認し、これをロハス大統領に伝達する。フィリピンから米軍を撤収させる意図などまったく持たなかったロハス大統領は、このアメリカの提案にひどく狼狽し、米軍残留を懇願する。このロハスの要請を受けてトルーマン政権は、結局のところ、一六基地の即時使用権と七基地の緊急時使用権の保留をフィリピン政府に要求し、翌一九四七年三月、これら二三基地をアメリカ政府に貸与するという米比軍事基地協定が調印されるのであった[44]。

以上、一九四六年に入ってフィリピン基地を〝後方基地〟へと降格させたアメリカ軍部は、沖縄と日本本土の基地を重視する方向に態度を大きく変えていったが、しかしだからといってこの両基地を今後も長期にわたって保持していくのかどうかは、この段階でまだ政府の見解は固まっていなかった。沖縄に関していえば、米軍基地の保有についてだけでなく、沖縄そのものの国際的地位をどうするのかについて、軍部と国務省の見解は真っ二つに分かれていたのである。統合参謀本部が国連の戦略的信託統治下に置くことを主張したのに対し、国務省は沖縄を非軍事化したうえで日本に返還することを主張したのである[45]。沖縄の国際的地位をめぐるこうした根本的な対立を前にして、トルーマン大統領は一九四六年一一月、この問題の解決を結局のところ棚上げにするのであった。

▼基地の建設

さて、このようにワシントンで沖縄に関する議論がなされているなか、一方の沖縄現地においては、占領米軍が戦後に立てた基地開発計画に基づいて飛行場や弾薬庫などの軍事施設がつぎつぎと構築されていった。現地の陸軍司令

図1　米軍の土地利用予定地域と飛行場の設置予定場所

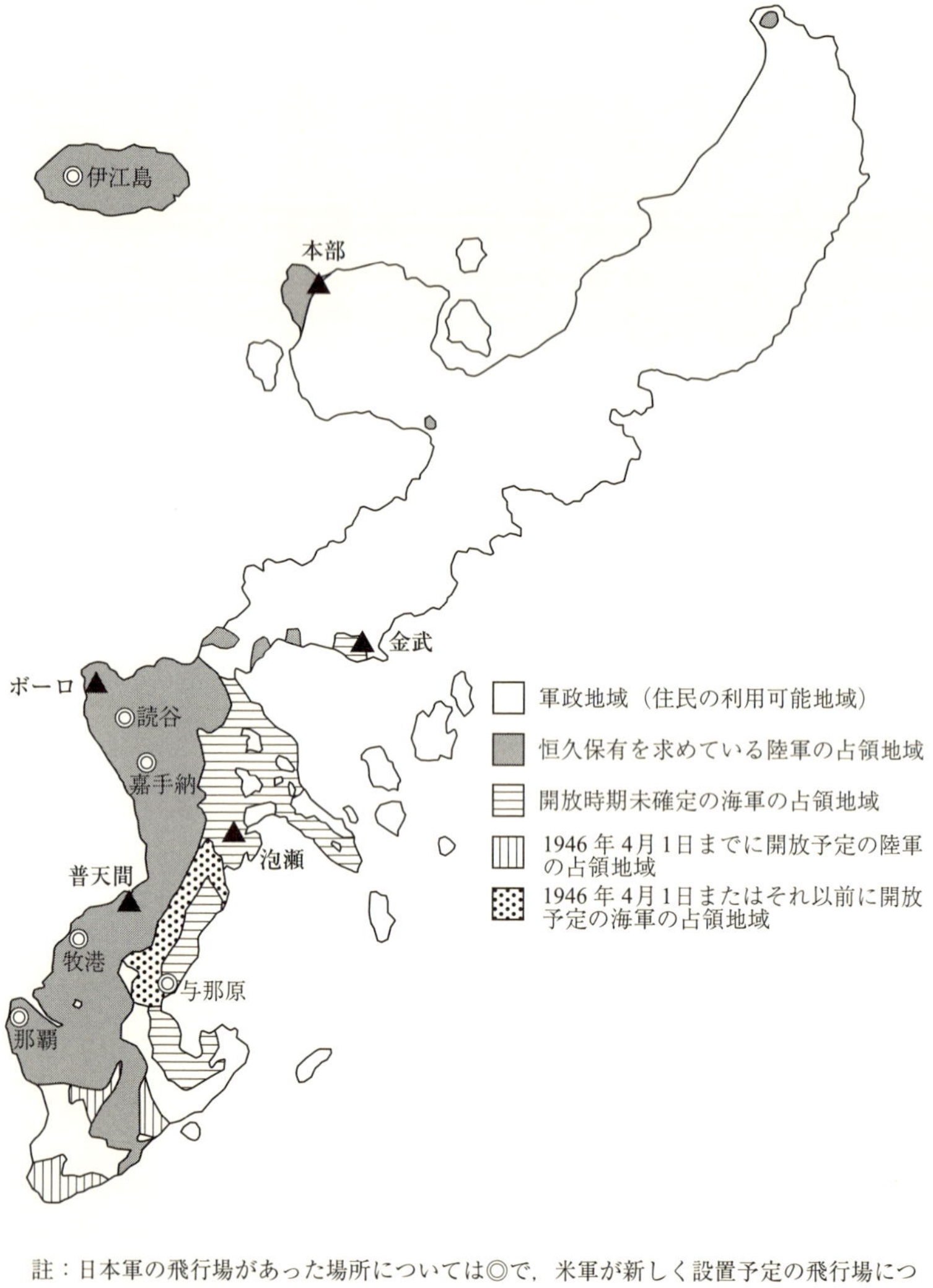

註：日本軍の飛行場があった場所については◎で，米軍が新しく設置予定の飛行場については▲で示した。

出典：Map of Okinawa Proposed Land Distribution（『沖縄戦後初期占領資料 Papers of James T. Watkins』11巻，99頁）に飛行場の設置予定場所を筆者が追加した。土地利用区分については，若林千代「占領初期沖縄における米軍基地化と『自治』，1945-1946年」『国際政治』120号（1999年），20頁も参考にした。

部が策定した基地開発計画（一九四五年一〇月策定）は、沖縄本島と伊江島に八つの飛行場を建設することを謳っていたほか、弾薬庫、通信施設、貯蔵庫、港（那覇港）、病院、住宅、燃料庫、道路、電気・ガス・水道施設等を開発していくことを定めていた(46)。伊江島を除き沖縄本島内に建設する飛行場とは、北から順に、本部、ボーロ、読谷、嘉手納、普天間、牧港、那覇の七つであった。このうち四つの飛行場（読谷、嘉手納、牧港〔仲西〕、那覇）は日本軍の建設した飛行場が基盤となっており、残り三つの飛行場（本部、ボーロ、普天間）が、新しく米軍によって予定された飛行場であった。同計画はその後、太平洋軍司令部によっていくつか修正されるが、その修正された箇所は、牧港飛行場の建設中止（貯蔵庫への変更）、本部、ボーロ、読谷、伊江の各飛行場のアスファルト舗装計画の中止、嘉手納、那覇両飛行場の滑走路拡張、病院数の変更（四棟から二棟に変更）、石油貯蔵庫の規模縮小などであった(47)。現地陸軍司令部の作成した月刊報告書によれば、一九四五年一一月までに、本部、ボーロ、読谷の各飛行場の建設工事が最小限度なものとなり、最も重視されていた嘉手納飛行場の整備もほぼ完了させている(48)。

ただ、ここで留意しておきたいことは、この米陸軍の作成した基地開発計画が、「半恒久的な施設を要求する暫定的な計画」にすぎなかったということである(49)。つまり、戦後の対沖縄政策が未確定であったこともあり、台風にも耐えうる強固な「恒久」施設ではなく、あくまで「半恒久的」な施設の建設を想定したものだったのである。

一方、米海軍も独自の基地開発計画を策定するが（八月三〇日策定）、この計画では、沖縄本島内に三つの飛行場（金武、泡瀬、与那原〔西原〕）と、一つの水上機飛行場を建設することを定めていたほかに、海軍の必要とする諸施設の建設を謳っていた(50)。しかし、その後中城湾の「錨地としての条件を綿密に検討」したところ、「当初に考えていたほど望ましいものではない」ことが判明し、海軍は「小規模の施設の維持だけに関心を示す」ようになる(51)。かくして、沖縄は海軍の基地としてではなく、主として航空基地として開発されていくのであった。

(2) 米軍基地と沖縄社会

▼住民の再定住

さて、沖縄戦を生きのびた住民の大半を米軍が沖縄本島内に設置した七カ所のキャンプ、とりわけ北部地域のキャンプに収容したことについては、前述したとおりである。鳥山淳が明らかにしたように、一九四五年七月段階で約二〇万六七〇〇人が北部地域のキャンプに収容されていたが、それからわずか数カ月後の一〇月段階では、約二四万九〇〇〇人が収容されていた[52]。つまり、中南部地域における基地建設を推し進めるために、米軍はその地域に収容されていた住民を北部地域のキャンプに移動させたのである。

もっとも、居住地の少ないこの地域にいつまでも住民の多くを押しとどめておくことは、もちろん、できるものではなかった。同年一〇月以降、米軍は元居住地ないし近隣地域への移動を段階的に許可し、みずからにとって不要な土地を徐々に開放していったのである。

しかし、土地開放の権限を握っていたのは、やはり現地米軍である。彼らはみずからにとって不要な土地を放棄しながらも、軍事施設の集中する中南部地域に関しては、その多くを開放しようとはしなかったのである。そのため、米軍の確保した軍用地は、一九四九年段階で約四万三〇〇〇エーカーに及び、沖縄本島陸地総面積に占める割合も、実に一四パーセントとなったのである[53]。

重要なことは、このように確保した軍用地が広大であっただけでなく、実は戦前最も多くの住民が居住し、最も多くの農地が存在する地域であったということである。人口密集地を米軍が確保したことによって、住民の多くは元の居住地に戻ることができず、他の場所での生活を余儀なくされた。現地米軍当局の作成した資料によれば、住民の再定住が許されてから七カ月ほど経った一九四六年五月段階においても、元居住地に戻れない住民は約一二万五〇〇〇人もおり、そのうちの二万二〇〇〇人が那覇出身者、一万三〇〇〇人が読谷出身者、そして一万二〇〇〇人が北谷出身者であった[54]。

B-29 爆撃機のすぐ傍らで農作業に従事する住民たち（1951 年 11 月）。［提供：沖縄県公文書館］

このような人々も含めて多くの住民は、戦後基地労働者となって軍作業に従事した。当初、日本軍捕虜一万二〇〇〇人が軍作業に従事していたが、彼らが一九四六年一〇月までに全員送還されるや、代わって沖縄の人々が軍作業の主役を務めたのである。この基地労働者の人数は年々増えていき、一九四六年六月には六五〇〇人にすぎなかったものが、翌一九四七年五月には二万八七〇〇人となり、さらに一九四九年一月には四万一〇〇〇人にまで増大するのであった[55]。戦時中、日本軍基地の建設にかりだされた沖縄の人々は、戦後に入るや米軍基地の建設を含むさまざまな軍作業に従事することとなったのである。

こうした状況のなか、さらに沖縄では新たな事態が発生する。一九四六年の秋以降、日本本土、台湾、南洋群島などから一〇万人以上にのぼる沖縄出身者がつぎつぎと沖縄本島に引き揚げてきたのである[56]。米軍の土地接収によって生活空間が大幅に縮小されるなか、逆に人口はこれによって一気に膨れ上がっていったわけである。

では、こうした引揚者や土地喪失者の生活空間を確保するために、現地米軍はいかなる対応をとったのであろうか。現地米軍司令部の下部機関として沖縄で軍政を担当した米軍政府は、住民をキャンプから元居住地ないし近隣地域へと送り出していく際、いわゆる「割当土地制度」といわれた土地配分措置をとり、彼らの生活空間を確保することを試みた[57]。この「割当土地制度」とは、土地所有権の有無に関係なく米軍地区隊長や市町村長がみずからの権限で宅地や農地などを必要に応じて住民に割り当てる、というものであった。この制度においては、土地を割り当てられた者は無償でそれを使用することができ、逆に土地の「本来の所有者」は利用者から借地料を徴収したり、あるいは彼らをそこから追い出すことを禁じていたのである。

なお、ここで「本来の所有者」とのべたのは、この時期土地台帳や登記簿などの公的資料のほとんどが沖縄戦で消失してしまったために、土地所有権の公証それ自体がほぼ不可能な状況に置かれていたからである。この土地所有権の認定問題に対処するため米軍政府は、一九四六年二月二八日、指令一二一号「土地所有権関係資料蒐集に関する件」を公布し、土地所有権認定に向けた準備作業を住民側に命じるのであった（なお、準備作業が完了し、実際に「土地所有権証明書」が交付されたのは、一九五一年に入ってからである[58]）。

▼農地の減少

土地の割当措置を実施して住民の居住空間を確保した米軍政府にとって、いまひとつ大きな問題となったのは、食糧の供給であった。米軍の余剰物資を配給することで住民の生活維持を図っていた米軍政府は、この自己にかかる負担をできる限り少なくするために、現地でそれを生産することを大きな課題としたのである。食糧生産のために必要不可欠なものは、もちろん、その土台となる農地の存在である。しかしその多くは、戦後米軍によって接収され、軍用地として使用されていたのである。米軍の確保した軍用地約四万三〇〇〇エーカーのうち、実に二万エーカー（約八五〇〇町）が農地であったことを考えると、その接収規模の大きさが分かる。これによって住民の利用できる農地は、戦前と比べて二四パーセントも減少したのである[59]。

こうした事態のなか米軍政府は、一九四六年一月二三日、住民側の諮問機関として前年八月に発足していた沖縄諮詢会（委員長志喜屋孝信）に対して、開放された「全部の耕地」を「有効適切」に利用するよう指示を出す。[60]そしてこれを受けた沖縄諮詢会は、三月一九日、開放された農地の配分方法を定めた文書（「農耕地分配ニ関スル件」）を各市町村長に発布し、開放された農地の有効利用を試みる。[61]この文書は、「割当土地制度」に基づき宅地や農地等を住民に割り当てる権限を有していた各市町村長に対して、そのうちの農地に関する割り当て方法を指示したものであった。

右文書は、当該市町村に定着する者と他に移動が予想される者（たとえば米軍に土地を接収されて他の市町村に暫定的に住んでいる者など）とを区別したうえで、まず前者に対しては、「自活ノ出来ル程度」に農地を分配し、もし「戦前ノ所有地ガ判明」した場合にはその土地を「ナルベク其ノ者ニ分配」することを指示している。一方、後者の人々に対しては、農地を前者よりも「少ク分配」すること、農地の一部を「共同」で利用させること、そして農業よりも「軍政府ノ作業」に従事させること、などを指示していた。つまり、志喜屋孝信率いる沖縄諮詢会は、軍から開放された貴重な農地をできる限り当該市町村に定着する者に多くを与え、それによって彼らの「生産意慾ヲ昂メ」、食糧の増産を図っていこうとしたのである。また、四月三〇日には、沖縄諮詢会の後身組織として新しく発足した沖縄民政府（知事には引き続き志喜屋孝信が米軍によって任命される）が、「農耕地小作料借賃取立禁止ニ関スル法的根拠」なる文書を各市町村長に発布し、「本来の所有者」が割当農地利用者から小作料を徴収することを禁止した。[62]

しかし、沖縄民政府の実施したこの農地の配分措置は、必ずしも意図したとおりにうまく実行に移されたわけではなかった。一九四七年一二月に開かれた沖縄民政府臨時部長会議で農務部長の比嘉永元が、「実際はというと、厳格な市町村長とルーズの市町村長あり」と報告しているように、この配分措置は各市町村でまちまちに実施されていたのである。[63]また、「本来の所有者」が小作料を要求して割当利用者と争いの発生するケースも多かった。一九四七年二月から四月にかけて沖縄民政府が再度小作料の取立てを禁じる文書を各市町村長や警察署長宛に発布していることは、こうした紛争がいかに多発していたのかをよく物語っている。[64]

沖縄民政府知事の志喜屋孝信が、「沖縄群島に日本本土で施行の農地調整法に準ずるが如き制度を布くこと」を真剣に考慮したのも、実はこのころであった(65)。沖縄民政府総務部に勤務していた嘉陽安春は、当時を振り返って次のようにのべている。「志喜屋先生が農地調整法適用の是非に大きな関心を示しておられたのは、決して単に日本でそれが実施されているからというだけの理由によるものではなく、現実の問題として、各地に、旧地主と戦後の耕作者との間に土地問題の紛争が起こり、先生はその根本的解決のためには農地調整法、自作農創設法の如き政策が必要であると考えておられた(66)」。

また志喜屋自身も、みずからが記したメモのなかで、この沖縄版「農地改革」の必要性についてこうのべている。「日本本土には大地主がいるが、沖縄にはこれに匹敵する大地主は皆無といっても差支えない。しかし沖縄で農地改革が必要なのは、北谷、読谷の如き耕地を失える農民が多数あり、また首里、那覇、泡瀬、糸満の住民には、農業に職を転ぜんとする希望者もありと考えられるからである(67)」。

たしかに志喜屋のいうとおり、沖縄には本土における「大地主」に匹敵するような地主はほぼ「皆無」であった。一九四〇年の統計資料によると、五町から一〇町の農地を保有する農家は全体のわずか〇・二パーセントしか存在せず、一〇町を超える保有者に至っては、二七戸しかなかった(68)。また、戦後の一九四九年に沖縄民政府が実施した調査によると、二町以上を保有する農家は全体のわずか〇・三パーセントしかいなかったのである(69)。したがって、志喜屋ら沖縄民政府の構想した沖縄版「農地改革」が、大地主の所有する農地を小作人に分け与えていくという意味での本土における農地改革とは、その内容において大きく異なるものだったことは明らかである。次章でのべるように、志喜屋らの検討していたこの沖縄版「農地改革」構想は、一九四九年に沖縄を訪問したGHQ調査団（グッドウィン調査団）に提起され、彼らの作成したレポートのなかに一部生かされていくのであった。

三　本格的な基地開発への疑問

(1) NSC一三／二（五）

戦後の対沖縄政策がトルーマン大統領によって棚上げにされたことは、前節でのべたとおりである。このアメリカの対沖縄政策がふたたび政府内部で活発に議論されるようになるのは、一九四七年に入ってからである。同年八月五日、国務省極東局が対日平和条約草案を完成させ、それを省内および軍部に提示したことがこの議論を活性化させるきっかけとなった。同条約草案は、それがソ連を含めた国際監視機関が日本の非軍事化と民主化を監視するといった内容を含んでいたことから分かるように、第二次世界大戦時の米ソ協調の枠組みを前提に打ち立てられたものであった。同年三月のトルーマン・ドクトリン、続く六月のマーシャル・プランの発動等によって米ソ冷戦が明確になってきたこの国際環境下にあって、米ソ協調の観点から作成されたこの条約草案は、沖縄の国際的地位に関しても、前節でみた国務省の見解、すなわち沖縄を非軍事化したうえで日本に返還するという見解をそのまま踏襲したものとなっていた。沖縄の戦略的価値を重視していたアメリカ軍部がこの極東局の案に強く反対したことはいうまでもない。

重要なことは、この条約草案に対する批判の声が、同じ国務省内部からも上がってきたということである。条約草案に最も根本的な批判を加えたのは、新設間もない政策企画室であった。アメリカの対ソ連「封じ込め政策」の立案者であるジョージ・ケナン率いる政策企画室は、極東局とは正反対に、米ソ対立という国際環境を前提に沖縄の米軍基地がアメリカと日本の安全保障にとって重要であるという見解を打ち出したのである。政策企画室がロバート・ロヴェット国務次官に提出した一〇月一四日付の政策文書（PPS一〇）は、アメリカの安全保障にとって沖縄基地が必要であるとの観点から、「われわれは沖縄に軍事施設を要求することを想定して（対日講和）交渉を進めるべきだ」と提案している。また、講和後の日本の安全保障に関しても、「主として日本に近接する地域」すなわち沖縄や小笠原などに駐留する米軍によって図っていくべきだと提案していた。[70]

この米軍駐留を保障するための方法としてケナンら政策企画室は、軍部の主張する戦略的信託統治案のほかに、沖縄の長期租借案も挙げている（PPS一〇／一、一〇月一五日作成）。[71] ロバート・エルドリッヂが詳細に論じたように、この長期租借案は宮内庁御用掛の寺崎英成を通じて昭和天皇がアメリカ側に伝えた案である。[72] ワシントンで対沖縄政策が議論されているさなかの九月一九日、GHQ政治顧問のウィリアム・シーボルトと東京で会談した寺崎は、「米国が沖縄、その他の琉球諸島に対する軍事占領を継続するよう希望している」という昭和天皇の意向を伝えている。[73]「米国の利益になり、また、日本を防衛する」という理由でこれを提示した昭和天皇は、さらに寺崎を通じて、「米国の軍事占領は、主権を日本に置いたままでの長期――二五年ないし五〇年またはそれ以上の――租借方式という擬制にもとづいて行なわれるべきである」と提案するのであった。[74]

この長期租借方式をアメリカが採用すれば、「米国は琉球諸島に対していかなる恒久的野心ももっていないと日本国民に確信させ、ひいてはこれにより、他の諸国、とりわけソ連と中国が同様の権利を要求することを封ずるであろう」というのが、昭和天皇の見解であった。米軍の沖縄駐留によって日本の安全を確保し、同時に沖縄に対する日本の主権も存続させようとしたこの「天皇メッセージ」は、九月二三日、シーボルト政治顧問によって国務省に送付されたあと、対沖縄政策を議論していたケナンらによって「戦略的信託統治の代案」として取り上げられたのである。[75]

この長期租借案も含めて対沖縄政策を検討していたケナンは、翌一九四八年三月、必要な資料を集める目的で日本と沖縄を訪問する。重要なことは、このときもたれたマッカーサー元帥との会談でケナンが、沖縄基地の戦略的重要性をあらためて認識すると同時に、マッカーサーの進言に沿った形の沖縄政策を打ち立てたことである。三月二一日に行なわれた会談でマッカーサーは、日本防衛に関する沖縄の戦略的価値について、次のように説明している。「もしわれわれが日本の領土を外部攻撃から守ろうとすれば、陸軍や海軍よりも主として空軍力に頼らなければならない。

沖縄に十分な空軍力を常駐させておけば、われわれは外部攻撃から日本を守ることができる」[76]。つまりマッカーサーは、日本防衛のためには沖縄の空軍基地と空軍力があれば十分であって、「日本本土に軍隊を維持する必要はない」と力説したのである。

またマッカーサーは、アメリカの防衛線が「いまやマリアナ諸島、琉球諸島、アリューシャン列島を通過」し、そのなかでも沖縄は「重要な要塞」であること、沖縄には強力かつ効果的な空軍の作戦準備をする「十分なスペース」があること、そして沖縄の空軍なら「ウラジオストックからシンガポールに至るアジア沿岸の敵軍や港湾設備を確実に破壊できる」ことなどを説明する。つまりマッカーサーは、アメリカの防衛線上に位置する最重要基地として沖縄を位置づけるとともに、攻撃作戦基地としての有効性も説いたのである。そして最後にマッカーサーは、「いまこそアメリカは沖縄にとどまる決定を行ない、恒久的な駐留のために必要となる十分な開発資金をただちに注ぎ込むべきである」と強く主張するのであった。

帰国後ケナンは、ただちに対日政策に関する勧告書（ＰＰＳ二八）をロヴェット国務次官に提出するが、そのなかで沖縄について次のようにのべている[77]。

アメリカは沖縄の諸施設を恒久的に保持するという意図を現時点で決めるべきである。それにしたがい同地の基地を開発すべきである。これら諸島の恒久的な戦略的管理に対し国際的な承認を得るという問題については、国務省がただちに研究すべきである。

つまりここでケナンは、沖縄の国際的地位をめぐる問題については省内で「ただちに研究」すべきと勧告する一方、沖縄の基地についてはマッカーサーの進言を採用して長期的基盤に立って開発すべき、と勧告したのである。かくして、この「ケナン勧告」は国務省内で若干の修正を経たのち国家安全保障会議に提出され、新しくＮＳＣ一三という名称を与えられることになる[78]。このNSC一三文書は同年一〇月にトルーマン大統領の承認を得るが（NSC一三／二）、沖縄に関する第五項については、翌一九四九年二月に入ってから、その承認を得るのであった。この第五項によってアメリカ政府は、「適当な時期に北緯二九度以南の琉球諸島……に対するアメリカの長期的な戦略的支配についての国際的な承認」を獲得し、「沖縄の諸施設……を長期的に保持する意図」を持ち、その沖縄の「軍事基地を開発」していく、ということを決定したのである（なお、この第五項には沖縄の経済復興に関する条項も挿入されているが、これについては次章でのべる[79]）。

(2) 在沖空軍戦術部隊の本国撤退案

▼空軍省の提案

アメリカ軍部がこのNSC決定を受けてただちに本格的な基地開発に取り組んだかというと、決してそうではなかった。いや取り組まなかったばかりか、そもそも沖縄基地を本格的に開発すべきかどうかという根本的な疑問が、米空軍省から提起されたのである。一九四九年八月三一日、ホイト・ヴァンデンバーグ空軍参謀総長は、統合参謀本部に対し、沖縄に駐留するすべての空軍戦術部隊をアメリカ本国に撤退させ、沖縄における基地開発を縮小させる、という提案をしたのである（以下、「本国撤退」案ともいう[80]）。空軍省がこれを提起するに至ったそもそものきっかけは、沖縄を毎年襲う台風であった。とりわけ、七月二三日に沖縄を直撃した戦後最大の台風、「グロリア台風」が、沖縄から戦術部隊を全面撤退させることを考えさせた、その直接的なきっかけであった。一九四五年の沖縄占領以来、現地米軍は毎年台風によって大きな被害を受けてきたが、しかしこの戦後最大の「グロリア台風」は、一九四八年一〇月の「リビー台風」、翌一九四九年六月の「デラ台風」に続けて沖縄を襲ったこともあって、これまでにない甚大なる被害をもたらしたのである。この台風によって米軍は死者二名、負傷者一五名の人的被害を出しただけでなく、倉庫や教会などの大型建物も破壊されるなどして、物的にも大きな損害を受けた[81]。なかでもとりわけ強固な建物であった空軍の保管庫さえ破壊されたことは、この台風がいかに強力なものであったのかを物語っている。[82] この壊滅的な被害に強い衝撃を受けた空軍省が、それから一カ月後の八月末に、この「本国撤退」案を提起したわけである。

東京のマッカーサーに宛てた陸軍省の九月三日付の電報は、ヴァンデンバーグが統合参謀本部に送った文書の内容を伝えているが、それによると、まずヴァンデンバーグは、「第二次世界大戦以来、空軍は相次ぐ台風によって損害を受けた沖縄の暫定施設を復旧、再建するために一〇〇〇万ドル以上も費やしてきた」と指摘したうえで、今回のグロリア台風が沖縄の空軍施設を「そこで生活と軍事活動を継続できなくなるまで」徹底的に破壊し、大きな損害を与えたと説明している。[83] そしてヴァンデンバーグは、この大損害を受けた空軍施設を「台風にも耐えうる施設」に新たに再建するためには、少なくとも三二〇〇万ドルから四五〇〇万ドルのコストがかかってしまう、とのべたうえで、それを米議会に要求するのは「気が進まない」、と訴えるのであった。

第二次世界大戦の終結以後、アメリカでは膨張した軍事予算の削減が推し進められていたが、ロジャー・ディングマンによれば、この削減された予算の配分をめぐって陸海空三軍が激しく対立し、当時の軍同士の関係は「険悪なもの」となっていた。[84] ヴァンデンバーグが予算を要求するのを嫌がった背景には、こうした国防予算の削減という軍部を取り巻く厳しい予算環境と、その限られた空軍予算を他の地域に優先的に充当しなければならないという空軍独自の事情があったのである。のちに空軍省が、みずからが「本国撤退」案を提起したのは「台風にも耐えうる施設を建設する必要資金を得られないと信じた」からである、と陸軍省に説明していることは、こうした事情をよく物語っている。[85]

かくしてヴァンデンバーグは、この再建コストを低く抑えるための措置として、沖縄に駐留するすべての戦術部隊、すなわち第五一戦闘機航空団、第四戦闘機飛行隊、第三一戦略偵察飛行隊、第二救難飛行隊をただちにアメリカ本国に撤退させ、基地再建計画を縮小するという案を提示したのである。[86] つまり、沖縄には航空警戒管制団、航空保安管制飛行隊、アスファルト・プラント部隊、岩石破砕部隊、そして航空工兵部隊のみを残し、その残留部隊の諸施設をより少ないコストで再建していこうと考えたのである。当時、沖縄には約六三〇〇人の空軍兵士が常駐していたが、そのなかの戦術部隊所属の兵士約二八〇〇人をアメリカ本国に戻し、残りの支援部隊員約三五〇〇人のみを残留させようとしたのである。また、この戦術部隊の撤退によって那覇基地の再建を取り止めて、嘉手納基地のみを「機動または中間準備地域（maneuver or staging area）」として活用することを考えたのである。

沖縄から撤退する戦術部隊の移転先として空軍省は、当初は日本本土かフィリピンを検討していた。しかし、いずれの案も問題を抱えていることが判明し、それを放棄している。まず本土への移転に関しては、沖縄から配置される部隊の住宅建設費が約一〇〇〇万ドルもかかってしまうことや、新たに土地を取得することにマッカーサーが反対していること、などを理由に挙げて、本土への移転をあきらめている。また、フィリピンへの移転に関しては、クラーク空軍基地の復旧と拡張のために現在一六〇〇万ドルの費用が見積もられていること、そのなかで沖縄から部隊が配置されれば、さらに一五〇〇万ドルもの費用がかかってしまうこと、などを指摘するとともに、フィリピンの不安定な政治状況と、この地域に戦術部隊をさらに展開することの必要性の欠如を理由に挙げて、同国への移転を取り止めている。[87] こうして両案を放棄した空軍省は、結局のところ、本国へと部隊を撤退させることを考えたのである。[88]

再建コストを低く抑えるためであったとはいえ、このように空軍省が沖縄の戦術部隊をすべてアメリカ本国に撤退させる意志をもっていたこと自体、少なくとも彼ら空軍省からみれば、沖縄に戦術部隊を常駐させる絶対的な必要性などなかったということである。実際ヴァンデンバーグは、「本国撤退」案を提案した際、「もし戦略的な状況から必要となる場合には、（沖縄から撤退した）部隊を日本、グアム、フィリピン、あるいはアメリカ本国から一時的に沖縄に移動させることができる」と説明していた。つまり、平時においては「機動または中間準備地域」として沖縄基地を使用し、有事の際には戦術部隊を一時駐留させるという、いわば「有事駐留基地」として使用することを考えていたのである。

▼マッカーサーの反対

空軍省のこうした「本国撤退」案に強い衝撃を受けたのは、もちろん、みずからも沖縄に部隊を駐留させていた陸軍省であった。沖縄の陸軍基地再建費用として約四〇〇〇万ドルの予算を米議会に要求する準備を進めていた陸軍省は、九月三日、この空軍省の提案をただちに東京のマッカーサーに伝えるとともに、次の三点について彼のコメントを求めている。すなわち、①空軍省の提案が極東軍の任務遂行に与えるインパクトはどのようなものなのか、②空軍戦術部隊の撤退に合わせて沖縄の陸軍部隊も削減することは望ましいことなのか、③陸軍省が現在進めている基地再建計画への影響はどうなのか、以上である。[89] これに対してマッカーサーは、九月六日、みずからのコメントを陸軍省に伝えるが、まず第一の質問に対して彼は、「極東空軍の戦闘能力がすでに四六パーセントも削減されている」こと、その削減によって「全般的な非常時に日本と沖縄を確保する能力」が著しく低下していること、そのうえ沖縄の戦術部隊が撤退すれば極東空軍の戦闘機数は二〇パーセントも削減され、「沖縄は空と海からの奇襲攻撃に対して無防備になってしまう」、と返答したのである。[90]

また第二の質問に対してマッカーサーは、「極東軍の航空輸送能力が大きく減少している」ため、他の極東地域から「迅速に沖縄に援軍を送る能力が著しく欠けている」ことを指摘したうえで、「沖縄には非常事態が起こる前から十分な空・陸戦闘部隊を配置」しておかなければならず、そうしなければ「開戦時における沖縄の戦略的な基地としての価値は取るに足らないものになってしまう」と力説するのであった。そして第三の質問に対してマッカーサーは、たとえ沖縄の空軍部隊が本国に撤退しようとも、陸軍施設の差し迫った再建の必要性は減少しておらず、したがって四〇〇〇万ドルの要求額を減額させることはない、と返答することになる。

このように答えたマッカーサーは、さらに極東地域における戦略的な環境について、次のように説明している。すなわち、中国共産党軍の力が中国北部と中央にまで広がっていること、よって北海道から沖縄を含むフィリピンのラインを空と海から包囲する潜在力をソ連に提供してしまったこと、そして共産軍の力が台湾と澎湖諸島にまで拡大する恐れがある、というのである。こうのべたマッカーサーは、東洋におけるアメリカの軍事的・政治的威信を維持するためにも、北海道からフィリピンに至るまでの戦略的なラインを管理・防衛しなければならず、そのためには「西太平洋における陸海空すべての米軍資源を削減するのではなく、拡大させなければならない」と主張するのであった。そして最後にマッカーサーは、「沖縄における現在の地位を放棄することは極東で維持している米軍の軍事能力の要石を取り去ることになる」とのべて、陸軍と空軍が協力して基地再建予算の獲得に取り組むべきである、と進言することになる。これを受けてジョン・コリンズ陸軍参謀総長は、九月一四日、統合参謀本部に対し、空軍省の提案に反対であることを伝えたうえで、陸軍と空軍が連携して沖縄の基地再建予算を要求すべき、と勧告するのであった[91]。

一方、空軍省から直接「本国撤退」案を受けた統合参謀本部は、この検討を下部機関である統合戦略計画委員会に命ずるが、これを受けた同委員会も、九月九日、陸軍省と同じくこの案に反対し、陸軍と空軍が連携して沖縄の基地再建予算を要求すべき、と勧告することになる。そしてこれを受けた統合参謀本部は、九月二二日、空軍省の「本国撤退」案を退けたうえで、同勧告を承認するのであった[92]。のちに統合参謀本部が作成したある文書によれば、この決定について、次のようにのべている。「統合参謀本部は沖縄からの（空軍戦術部隊の）撤退……について真剣な考慮を求められた。しかし、琉球における恒久的な米軍基地の戦略的重要性のゆえに、これらの提案を否認した[93]」。

(3) 陸軍戦闘部隊のローテーション案

空軍省の「本国撤退」案はこのように沖縄基地の「戦略的重要性」のゆえに統合参謀本部によって却下されたわけであるが、しかしこれで沖縄基地の再建問題がすべて解決されたかというと、決してそうではなかった。却下されたとはいえ、この空軍省による問題提起は沖縄にみずからも基地を持つ陸軍省に対し、次のような問題を投げかけたのである。すなわち、空軍省からこうした提案がなされたいま、果たして沖縄の陸軍基地を本格的に開発するための予算を十分に確保することができるのか、という問題である。

「本国撤退」案の却下からおよそ三週間後の一〇月一六日、陸軍参謀次長のアルフレッド・グルエンサーは、計画作戦部のチャールズ・ボルト部長に対し、「われわれは予算局を前にして完全にしっかりとした立場にあるといえるのか」と問い合わせている。[94] 沖縄基地の再建予算を今後連邦予算局に要求していく場合、果たしてその要求の正当性をしっかりと説明できるのか、というこのグルエンサーの質問に対して、ボルトは次のように答えている。「沖縄の将来と継続的な重要性」に関して最近空軍省から疑問が提起され、沖縄における「恒久基地建設のためのいかなる提案もその土台が掘り崩されている」。[95] さらに、グルエンサーの次のような質問、すなわち「われわれが沖縄にとどまることは明確なことなのか」というより根源的な質問に対しては、ボルトはこの空軍省の疑問に触れながら、「長期的な基盤」に基づく駐留は「明確ではない」、と答えるのであった。ボルトは沖縄における恒久基地建設の土台が掘り崩されていると認識しただけでなく、そもそも沖縄に長期駐留できるかどうかも確実ではない、と返答したわけである。

沖縄の基地開発に関するこうしたグルエンサーとボルトの心配は、何も彼ら二人にとどまるものではなく、陸軍参謀総長のコリンズにも共有されたものであった。コリンズは一〇月五日、基地再建予算を低く抑えるための措置として、次の案を検討するようボルト率いる計画作戦部に命じている。すなわち、沖縄に陸軍戦闘部隊を常駐させる代わりに、その部隊をすべて日本本土もしくはハワイに配置し、これを沖縄と本土、あるいは沖縄とハワイ間を三カ月ないし六カ月間隔でローテーションさせる、という案である。[96] つまり、これによって沖縄に常駐する部隊とその家族を減らし、基地開発計画を縮小していこうというのである。

コリンズから検討を指示された計画作戦部は、極東軍司令部や太平洋軍司令部の意見も参考にしながら、約一カ月にわたって研究を続け、次のような結論を出している。すなわち、①与えられた任務は歩兵一個大隊強では遂行できないが、歩兵一個連隊強では可能であること、②「ローテーション」案を採用しても沖縄に常駐の役務支援部隊が残り、その数は陸軍兵力の六〇パーセント以上も占めること、③同案を採用すれば基地建設費用を二〇〇〇万ドルから二九〇〇万ドルも削減できるが、しかし戦闘部隊の輸送コストや日本またはハワイにおける新規の住宅建設コストが

1949 年 9 月 5 日，沖縄を訪問したヴォーヒーズ陸軍次官（中央）。［提供：沖縄県公文書館］

かかってしまい、その節約されるコストはおよそ五年から八年のあいだに相殺されてしまうこと、④平和条約締結後の日本においてローテーション部隊とその基地を維持できるかどうか不確実であること、⑤部隊のローテーションを続けるためには毎年その実施のための資金と輸送船が要求されるが、それが将来にわたって得られるのかどうか不確実であること、⑥部隊の全体的な有効性とその士気に有害な影響を与えてしまうこと、以上である。この結論に基づき計画作戦部は、「ローテーション」案の検討中止をコリンズに進言し、これをコリンズは一一月四日、受け入れるのであった[97]。

陸軍省が「ローテーション」案の放棄を沖縄訪問中の基地建設調査団に伝えたのは、それからおよそ二週間後の一一月二〇日である[98]。同案放棄を伝える電報のなかで陸軍省は、一万一六〇〇人の常駐兵力（のちに一万三〇〇〇人に修正）を基盤にして沖縄における基地開発計画を策定し、その計画には家族住宅の建設も含めるよう要求したのである。陸軍省のジョージ・ノールド准将を団長とするこの基地建設調査団は、占領地域担当の陸軍次官トレーシー・ヴォーヒーズの要請に基づき、およそ一カ月前から沖縄現地で基地開発に関する調査を行なっていた陸軍と空軍の合同調査団のことを指す。

「グロリア台風」の爪跡残る九月四日に沖縄を視察したヴォーヒーズは、それから一カ月後の一〇月五日、東京のマッカーサーに電報を送り、陸軍と空軍がこれまでに合同で推進してきた基地開発計画を批判したうえで、これに代わる新たな計画を策定するため、陸軍と空軍のエンジニアを日本に派遣したい旨をマッカーサーに提案したのである[99]。ヴォーヒーズがこれまでの計画を批判したのは、それが「日本と沖縄における資材と労働力」を最大限に利用するものとはなっていなかったからである。厳しい予算環境のなかでいかにして陸軍予算を切り詰めるのかを考えていたヴォーヒーズは、本土と沖縄の経済的資源を最大限に活用することによって、基地開発にかかる費用をできる限り抑えようと考えたのである[100]。ノールド調査団がこのヴォーヒーズの意向に基づく基地建設報告書をマッカーサーに提出したのは、同年一一月下旬である[101]。一方ワシントンでは、ヴォーヒーズをはじめとする米軍担当者が基地開発予算の獲得に向けて積極的に米議会に働きかけを行ない、陸空合わせて五八〇〇万ドルの予算を獲得することになる。[102] かくして、この開発予算の裏づけを得た陸軍と空軍は、ノールド調査団の作成した報告書を基にして、翌一九五〇年春から沖縄において本格的な基地開発を開始するのであった。

第2章　経済復興と沖縄の分離

一　沖縄版「農地改革」構想とその行方

(1) 復興資金と海外移民

前章で少し触れたように、一九四九年二月に承認されたＮＳＣ一三／二（五）は、沖縄基地の長期保有と基地開発を謳っていたほかに、沖縄の経済復興に関することも記していた。その規定は次のとおりである。[1]

北緯二九度以南の琉球諸島に対するアメリカの国家的政策は、次のことが要求される。すなわち、同地に駐留する米軍およびその他の政府機関は、上述の経済的、社会的福祉計画を実現し、またこの地域における住民経済に生ずる欠損を将来的には最小限度なものに抑えるため、必要かつ可能な限りにおいて本日から六〇日後に費用の即時払いを開始し、当該諸島がもはや他のいかなる占領地域に対しても財政的に依存したり、あるいは義務を負うことがないようにする、ということである。

この決定を受けて極東軍司令部と陸軍省は、ただちに沖縄の経済復興に関する検討を開始するが、その復興のために必要不可欠なものは、もちろん、その資金である。何らみるべき産業を持たない沖縄において、両者がまず目をつけたのは、同地に適用中のガリオア援助と、沖縄で唯一の労働力商品ともいえる基地労働者の稼ぐ賃金であった。まず前者についてみると、ガリオア援助が沖縄に適用されたのは、一九四七年度予算からである。それから一九四九年度予算までの主要項目は、食料品援助がその中心を占めていたが、翌一九五〇年度予算からは、先にみたNSC決定を受けて復興援助費用が中心を占めることになる。しかも、援助額も前年に比べて大幅に増額され、この復興費を中心とする膨大なガリオア援助資金が、沖縄の経済復興を促進する大きな要因のひとつとなったのである。[2] いまひとつの基地労働に関しては、前章でのべたように、当初は日本軍捕虜が多くを占めていたが、一九四六年一〇月までに全員が送還されるや、代わって沖縄住民が主役となる。一九四九年時点で約四万人にまで膨れ上がったこの基地労働者の稼ぎだす賃金が、経済復興のための源泉となったのである。[3]

このほか極東軍司令部と陸軍省は、農業の再建と海外移民の再開にも注目している。なぜなら、この二つが戦前の沖縄経済の主線を形づくっていたからである。そもそも戦前の沖縄経済は、産業人口のおよそ七割が農業に従事していたことから分かるように、農業を中心とするものであった。この沖縄農業はまず自給作物としてさつまいもを栽培し、次いで換金作物としてさとうきびをつくり、これを砂糖に変えて国内外に出していた。一九二九年の統計をみると、砂糖の国内への移出と国外への輸出は総額で一一二一万四〇〇〇円となっており、全移・輸出額の六六パーセントを占めていた。[4] この砂糖などの移輸出によって得た金で米や他の必要物資を移輸入していた戦前の沖縄経済の特徴をうまく捉えて仲原善忠は、次のようにのべている。「(戦前の) 沖縄の経済は、芋を作って食べ更に砂糖を売って米その他を買うと云う太い線でつらぬかれてい」た。[5]

戦前の沖縄経済がこのように農業をひとつの「太い線」としたのに対し、いまひとつの「太い線」といえるものは、海外移民であった。沖縄で海外移民が始まったのは一八九九年であるが、日本外務省の資料によると、それから四〇年後の一九四〇年の移民者数は、およそ五万七〇〇〇人となっていた。[6] この数字はハワイや南米などに渡った移民の数を示したものであり、委任統治領である南洋群島や韓国・台湾など日本帝国領土内への植民を含むものではなかった。韓国や台湾などへの植民者数は不明であるが、ある統計資料によると、南洋群島への移民者数は、一九三九年時点で四万五〇〇〇人あまりに及んだ。[7] こうしたハワイや南米、そして南洋群島への大量の移民を送り出すことによって、戦前の沖縄では過剰人口の調整を図っていたのである。

また、こうした大量の海外移民は人口問題の改善に大きく寄与したばかりでなく、直接的な形で沖縄経済にも大きく寄与していた。戦前の沖縄経済は貿易収支上つねに赤字経済となっており、たとえば一九二九年の統計をみても、砂糖を中心とする移輸出が一六九八万四〇〇〇円であったのに対し、米を中心とする移輸入は二八一九万五〇〇〇円となっていた。[8] この毎年発生する貿易赤字を年平均で「二〇〇万円前後」補っていたものが、これら海外移民からの送金であった。[9] つまり、彼らからの送金が毎年輸移入超過に苦しむ沖縄の経済を下から支えていたのである。

こうした戦前の経済構造を反映して戦後初期の沖縄では、南洋群島などから大量の沖縄出身者が引き揚げてくると同時に、就業人口の六割近くが農林業に従事していた。[10] したがって、戦後になって基地労働者がたとえ四万人前後生み出されたとはいえ、農業の再建と移民再開の問題を無視することなど、米軍当局者にとってはできるものではなかった。

まずは後者の移民再開の問題から簡単にみておこう。これについて極東軍司令部のジョン・ウェッカリング琉球軍政課課長は、一九四九年五月一六日、南洋群島への移民再開を陸軍省に要求している。このウェッカリングの要求は、のちに沖縄で有力な経済人・政治家となる稲嶺一郎の進言を受けてまとめられたものであるが、この要求のなかでウェッカリングは、沖縄住民の国際法上の地位が現在曖昧であったとしても、国連の戦略的信託統治下にある南洋群島と沖縄とが事実上同じアメリカの支配下にあることからして、同群島への自発的な移民は可能である、と力説したのである。[11] しかし、このウェッカリングの提案に対して海軍省と国務省は、現地住民の福祉優先を謳った信託統治協定の趣旨に反することなどを理由に挙げて、これに消極的な姿勢を示すのであった。[12]

(2)グッドウィン調査団の「農地改革」構想

▼土地保有の問題点

南洋群島への移民再開案がこうして後退していくなか、いまひとつの重要問題である農業の再建については、極東軍司令部は東京から調査団を沖縄現地に派遣するとともに、陸軍省に対しては農業専門家の沖縄への派遣も要請している。前者の調査団がGHQ天然資源局農業課のドロシー・グッドウィンを団長とする調査団であり、後者の調査団がのちにアメリカ本国から派遣される陸軍省農業調査団であった。

まず前者のグッドウィン調査団が沖縄現地に派遣されたのは、先のNSC決定からおよそ四カ月後の六月一〇日である。日本における農地改革の実施に携わったメンバーで構成されたこの調査団は、沖縄の「農業開発」に関連して「住民の土地保有問題」を研究することを目的としていた。同調査団は、約三週間にわたって調査を行なったあと、九月二〇日、その調査結果を天然資源局に提出している。[13] このグッドウィン調査団のまとめた報告書は、戦後の土地保有問題を初めて本格的に分析した文書であると同時に、その分析に基づいて沖縄版「農地改革」の実施を提案したきわめて興味深い報告書であった。

この報告書でまずグッドウィン調査団は、沖縄における土地保有状況とそれに関連した諸問題を次のように指摘している。[14] まず第一は、沖縄農業にとって必要不可欠な農地が戦後に入って大幅に減少していること、すなわち米軍が二万エーカーの農地を接収したことによって住民が利用できる農地が戦前と比べて二四パーセントも減少していることを指摘している。第二は、こうした農地の大幅減少とはまったく逆に、沖縄の人口が戦後に入って急激に増加していること、すなわち大量の引揚者と自然増によって人口が戦前と比べて二一パーセントも増加していることを指摘するるのであった。

第三は、こうした農地の減少および人口の増加によって農地一町あたりの人口密度が戦前の一一人から一八人にまで上昇していることや、戦前には六反ほどあった農家一戸あたりの平均農地保有面積が戦後に入って四反にまで減少していることを指摘している。なお、グッドウィン調査団が帰任したあと、沖縄民政府は本格的に農家数と農地保有面積を調査しているが、その調査結果（一九四九年一二月発表）によると、全農家八万七七一戸のうち一反から三反未満の保有が三万三六五戸、一反未満の保有が三万二二九八戸となっていた。つまり、沖縄では三反未満の農地保有者が全体の七八パーセントも占めていたのである。(15)

第四は、戦後に入って農家の借地利用率が急増していることである。すなわち、米軍の土地接収によって農地を失った住民や大量の引揚者が他人の農地で農業を行なった結果、戦前には一八・七パーセントと他の都道府県と比べて極端に低かった農家の借地利用率が、戦後に入って四七パーセントにまで急増しているというのである。(16) つまり、全農家のおよそ半数近くが、前章でみた「割当土地制度」に基づき他人の農地を利用していたわけである。

▼小規模農地の整理統合

住民の土地保有にかかわる諸問題をこのように指摘したグッドウィン調査団は、農家の零細化と借地利用等の問題を抜本的に解決するための施策として、軍から開放された既存の農地を再配分すること、すなわち沖縄版「農地改革」の実施を提案することになる。この沖縄版「農地改革」とは、簡単にいえば、農業だけで生計を維持することのできる家族規模の農地保有面積の上下限を設定し、その基準からはみ出る土地保有を「政府による売買計画」を通じて「排除」していく、というものであった。(17)

この提案の最大の特徴は、農地保有面積の下限を設定すべきとしている点である。本土における農地改革が戦前のいわゆる「地主的土地所有制度」を解体して新たに「自作農体制」を構築することにあったことは周知のとおりだが、この「自作農体制」を構築するためにとられた措置のひとつが、原則として自作地を平均三町以下に制限するという措置であった。(18) これに対してグッドウィン調査団の提案した沖縄版「農地改革」案は、農地保有面積に上限を設けるとしたところは本土におけるそれと類似していたが、下限を設定するとしたところは独特なものであった。

この上下限の設定をグッドウィン調査団に提案したのは、前章で触れたように、志喜屋孝信率いる沖縄民政府である。(19)

沖縄民政府はこの上下限について、各地域がそれぞれの実情に合わせて設定すべきと提案しながらも、その際に参考すべき基準として、上限を一・五町、下限を五反と提示した。とりわけ下限を五反と設定したことは重要である。なぜなら、それによって同政府が、農家一戸あたりの農地保有面積を拡大させる意図を持っていたことが読み取れるからである。前述したように、戦後の沖縄では農業だけで生活することがきわめて困難な三反未満の小規模農地保有が全体の七八パーセントを占めていたが、沖縄民政府はこの小規模農地を全面的に〝整理統合〟することによって、農家一戸あたりの農地保有面積を底上げしていこうと考えたのである。つまり、五反にも満たない小規模農地を〝整理統合〟することによって、農業だけで生計を維持できる最低限度の土地を農家に保有させようとしたわけである。[20]この上下限の基準値についてグッドウィン調査団は、沖縄民政府の考えをそのまま採用したわけではなかったが、上下限の設定それ自体については必要性を認識し、みずからの報告書のなかで提案するのであった。

しかし、ここでおさえておくべき重要なことは、このグッドウィン調査団の提案した沖縄版「農地改革」案が、実は既存の軍用地を前提としたうえで組み立てられたものであったということである。つまり、調査団の構想は、軍用地の大幅な開放がないことを前提としたうえで、すでに軍から開放された既存の農地を住民間でうまく再配分していくことを意図したものであった。[21]ただ、この前提で既存の農地を再配分した場合、ひとつ大きな問題が生じることになる。それは、この想定で農地を再配分した場合、どうしても農業からはじき出される人々が出てきてしまうということである。つまり、三反未満の農地保有が全体の七八パーセントを占めていた状況下でその保有面積の下限を五反に設定した場合、どうしても農地を手放して他の職業へと移らざるをえなくなる人々が出てきてしまうということである。

たとえば、グッドウィン調査団の試算によると、約三万一八二八町（七万八〇〇〇エーカー）の農地総面積と約八万戸の全農家を前提に一戸あたりの農地保有面積を下限の五反で設定した場合、確保できる農家数は約六万三六〇〇戸であった。つまり、残り一万六四〇〇戸が農業からはじき出されてしまうのである。[22]したがって、一戸あたりの農地保有面積を拡大することを狙いのひとつとしたグッドウィン調査団と沖縄民政府の沖縄版「農地改革」構想は、これを実行した場合、離農せざるをえない農家が多数生み出されるという問題を抱えていたのである。この問題に対してグッドウィン調査団は、約三六〇〇戸については漁業で吸収することができ、さらに二〇〇〇戸については八重山諸島への移住によって対処できるとしたが、やはり最大の施策として調査団は、海外に大量の移民を送り出すこと、すなわち島外に過剰人口を吐き出していくことを提案したのである。(23) また、沖縄民政府も同様に、他の産業での雇用創出とともに、この大規模な海外移民の必要性を同調査団に提案するのであった。(24)

二　基地縮小計画の浮上とその後退

(1)ヴォーヒーズ陸軍次官の要求

▼大規模な縮小は可能

極東軍司令部の派遣したグッドウィン調査団がこのように既存の軍用地を前提としたうえで、島外への過剰人口の吐き出しと沖縄版「農地改革」の実施を提案したのに対し、軍用地そのものの返還を現地米軍に強く求めたのは、陸軍次官のヴォーヒーズであった。前章でのべたように、ヴォーヒーズは沖縄における恒久基地建設を主導した中心人物の一人であり、また基地建設にかかる費用をできる限り低く抑えるために沖縄と本土の経済的資源を最大限に活用することを考えた人物である。このヴォーヒーズが沖縄基地の本格的な開発とともに、基地の縮小についても推進していこうとしたわけである。

ヴォーヒーズのこの意向を現地米軍当局に伝えたのは、農業調査のために沖縄に派遣されていた陸軍省農業調査団の一員である、米農務省の農業工学専門家フレッド・トンプソンと、農業経済学者ジョン・ホッブズの二人であった。

トンプソンらを含むこの農業調査団が極東軍司令部の要請を受けてワシントンから派遣されたのは、一九四九年九月中旬である。先にのべたグッドウィン調査団の沖縄派遣から三カ月後のことであった。陸軍次官室の農業経済学者レイモンド・ヴィッカリーを団長とするこの調査団は、陸軍省の栄養士、米農務省の農業専門家、そしてカリフォルニア大学の農学者などからなる、まさに農業問題のエキスパートたちによって構成された調査団であった。この調査団は一カ月以上にわたって現地で調査を行なったあと、同年一一月、その調査報告書を作成することになる。

このヴィッカリー調査団の一員であるトンプソンとホッブズが現地米軍当局と会談をもち、基地縮小に関するヴォーヒーズの意向を伝えたのは、一〇月二六日である。この会談でトンプソンは、「軍用地は命ぜられた任務を遂行するうえで必要となる最低限度の規模にまで縮少していくべき」ことや、「実際の基地建設用地はできる限り不耕作地に制限していくべき」ことを伝達している。[25] つまりヴォーヒーズは、トンプソンらを介して不必要な農地をできる限り住民に開放するよう要請したわけである。

沖縄での恒久基地建設を推し進めていたヴォーヒーズにとって、この「基地建設」と「基地縮小」の二つを同時に推し進めていくことは、何ら矛盾するものではなかった。むしろ先に挙げたＮＳＣ決定の二つの方針、すなわち基地開発と経済復興を同時に達成していくうえで、最善の策のひとつとして考えられていたのである。つまり、軍にとって必要最低限度の軍用地を確保し、そこに恒久基地を建設することと、余分な軍用地（農地）を住民に開放することによって農業の再建を図ることは、ＮＳＣ一三／二（五）の方針とのあいだで整合的なものだったのである。

ヴォーヒーズが基地の縮小を求めたいまひとつの理由には（おそらくこれが直接的な理由であったと思われるが）、基地内に土地を持つ所有者に対して支払う予定のあった土地使用料をできる限り低く抑えたい、という意図があったといえる。なぜなら、トンプソンらによって伝えられたこのヴォーヒーズの意向は、軍用地主に対する土地使用料の支払い問題を協議していたなかで出されたものだったからである。一九四六年から始まった土地所有権の認定作業もようやく最終段階を迎え、間もなく沖縄で土地所有者の権利が明確になろうとしていた状況のなかで、ヴォーヒーズは彼らに対する土地使用料の支払いを考慮に入れつつ、しかしそれをなるべく低く抑えるために、軍用地そのものの保有をできる限り少なくしていこうと考えたといえる。

ヴォーヒーズのこうした要求に対して現地米軍当局は、次のような注目すべき返答を行なっている。すなわち、約四万三〇〇〇エーカーの既存軍用地のうち、実際に米軍が施設として占有、またはその運用のために必要としている土地は一万七五〇〇エーカーである、と説明したのである[26]。つまり、実際に必要としている軍用地はこれまで保有してきた面積の半分以下であることを、トンプソンらに伝えたわけである。

この現地米軍当局の意向を知り得たヴィッカリー調査団は、みずからの調査報告書のなかで、「軍は最大限可能な限り不耕作地を利用し、耕作可能地の占有は最小限度なものに維持すべき」という提案を行なっている[27]。つまり、最終的には軍用地の規模が現在の半分ぐらいになるであろうことを念頭においたうえで、いいかえれば既存軍用地の約半分が住民に開放されることを想定したうえで、その開放予定地はできる限り耕作可能地とするよう提案したわけである。しかも、軍用地を開放していく際には事前に現地米軍当局に実地調査をさせ、その開放地が耕作可能地であるかを十分に検討させたあと、しかるべき決定を下すことや、その開放地を農業ができる状態に復元してから開放すべきことも、ヴィッカリー調査団は提案するのであった[28]。なお、戦前において唯一の換金作物であったさとうきびの生産に関しては、自由で開かれた市場における貿易の見通しが立たないことなどを理由に挙げて、当面はその生産を奨励できないと勧告している[29]。

▼ヴィッカリー調査団の「農地改革」構想

いまひとつヴィッカリー調査団の提案で興味深いのは、沖縄版「農地改革」に関するものである。同調査団の「農地改革」構想は、グッドウィン調査団の報告書を参考にして作成されたものであるが、その具体的内容については大きく異なっていた。グッドウィン調査団の提案した沖縄版「農地改革」構想が、農地の保有面積の上下限を設定したうえで、その基準からはみ出る土地保有を「政府による売買計画」を通じて「排除」していく、というものであったのに対し、ヴィッカリー調査団の構想は、農地保有面積の上限を設定することについては肯定しながらも、下限の設定については消極的な態度を示したものであった。[30]

この下限の設定についてグッドウィン調査団の狙いのひとつが、小規模農地を〝整理統合〟して農家一戸あたりの農地保有面積を拡大していくことにあったのに対し、これに消極的な態度を示したヴィッカリー調査団の狙いには、そのようなものは希薄であったといえよう。既存軍用地の約半分が住民に返還されるという情報を現地米軍から得ていたことや、そのことを念頭において過剰人口の島外への吐き出し（大規模な海外移民の実施）を提案していたことなどが、農家一戸あたりの農地保有面積の拡大を、それほどヴィッカリー調査団に認識させなかったのかもしれない。いずれにしても、同調査団は「琉球人の大部分の農地が最低の経済水準を下回っている」ことを認識しながらも、それでも農家にとってはその小規模農地が「外部からの収入を補うために必要」であると主張するのであった。[31]

戦後の沖縄で二町以上を保有する農家は全体のわずか〇・三パーセントしかいなかったが、そうした農地の保有状況を考えた場合、たとえ上限を設けてその超過分の土地を政府が強制的に買い上げたとしても、それによって家族規模の農地を新しく保有できる農家数がそれほど増えるものでないことは、誰にでも容易に想像がつくものである。しかしそれにもかかわらず、ヴィッカリー調査団が上限を設けることを提案した理由のひとつには、近い将来沖縄で土地所有権が復活した場合、貧しい地主から土地をつぎつぎと買い上げて過度の土地を所有する者が出てくるのではないかという懸念があった。[32]つまり、土地所有権が復活した場合に想定される土地の買占めを未然に防止することを目的として、同調査団は農地保有面積の上限設定を提案したのである。

かくして、ヴィッカリー調査団の提案した沖縄版「農地改革」構想は、その内容および目的からして、グッドウィン調査団のそれとは大きく異なるものであった。とくに「下限の設定」に慎重な態度をとったことは、既存の農地を全面的に再配分することを彼らが考えていなかったということである。以後、農地の配分問題は、軍から開放された既存の農地を住民間でいかに配分していくのかという問題よりも、米軍がみずから保有する耕作可能地をどれだけ住民に開放していくのかという問題に特化されていくのであった。

(2) 基地依存経済の形成

▼朝鮮戦争と基地縮小計画の後退

沖縄現地の琉球軍司令部が基地縮小に関する計画をアメリカ本国の陸軍省に伝達したのは、一九五〇年三月二八日である。沖縄で恒久基地建設が開始されるまさにその直前のことであった。琉球軍司令部の策定したこの計画は、沖縄における陸海空三軍の占有する約四万五〇〇〇エーカーの既存軍用地を今後三年間で約二万七五〇〇エーカーにまで縮小していく、というものであった(33)。つまり、一万七五〇〇エーカーの軍用地を今後三年間で住民に返還していく、という計画である。既存軍用地四万五〇〇〇エーカーは沖縄本島陸地総面積の約一四・六パーセントを占めるものであるが、もしこの計画が実行に移された場合、軍用地の面積は約三九パーセントも縮小され、その陸地総面積に占める割合も約九パーセントにまで減少することになる。これまでにない大幅な返還計画である（ただそうはいっても、二万七五〇〇エーカーの軍用地を米軍が恒久的に使用していくということではあるが）。この返還計画を現地司令部から受けた陸軍省は、それから一カ月後の四月二三日、返還後に軍が必要とする二万七五〇〇エーカーの土地評価を極東軍司令部に要請している(34)。次章でのべるように、陸軍省が土地評価を要請したのは、これを土地所有者から買い上げることを念頭に置いていたからである。

しかし、この買い上げ計画と表裏する形で着実に進むかにみえた軍用地の返還計画は、それからまもなくして後退を余儀なくされる。六月二五日に突如として勃発した朝鮮戦争が、この計画を後退させた主要因であった。朝鮮半島で始まったこの戦争は、アメリカにとって沖縄基地の戦略的重要性を実証するものであり、これまで常駐していた第五一戦闘機航空団に加えてグアムのアンダーセン空軍基地から第一九爆撃機航空団が配備され、本土の米軍基地とともにＢ－二九爆撃機の出撃基地としてフル稼働する(35)。また、陸軍の管轄する基地も対空砲火部隊の演習基地として活発に機能するようになる。[36] このように沖縄基地をフル稼働させた朝鮮戦争によって、現地米軍はあらためて軍用地の必要性を認識し、戦争勃発前に策定した返還計画を変更したのである。

朝鮮戦争の勃発からおよそ三カ月後の九月二六日、陸軍省は沖縄における軍用地の購入費を米議会に要求するため、再度極東軍司令部に軍用地の見積もり面積とその土地評価を求めるが、それに対する司令部の一〇月一〇日付の回答は、軍が「恒久的」に必要とする面積は約三万三八〇〇エーカーである、というものであった。前回（同年三月末）見積もった面積よりもさらに六三〇〇エーカーあまり引き上げられており、軍用地の返還計画はかなり後退したものとなっていた。[37]

しかし、それからさらに一年半後の一九五二年四月、その見積もり面積はさらに引き上げられることになる。極東軍司令部が陸軍省に宛てた四月一六日付の電報は、軍が「恒久的」に必要とする見積もり面積は約三万九〇〇〇エーカーである、としていたのである。前回の三万三八〇〇エーカーよりもさらに五〇〇〇エーカーあまり引き上げられていたが、その理由として司令部は、第一に、既存の飛行場滑走路を拡張したこと、第二に、海軍が沖縄南部の与那原と中部のホワイトビーチに新たな土地を要求したこと、第三に、陸軍と空軍がそれぞれ新しい弾薬集積所を要求したことを挙げるのであった。そして極東軍司令部は、「これらはすべて朝鮮情勢から生じた軍事的必要」のためである、と説明したのである。[38]

▼基地建設を利用した経済復興

このように一九五〇年三月に策定された基地の大幅返還計画は、朝鮮戦争という突発事案を受けて徐々に後退していったが、ここで重要なことは、この計画の後退と並行して実は沖縄農業そのものも住民にとってそれほど魅力のあるものではなくなっていった、ということである。つまり、米軍側が軍用地の返還計画を徐々に修正していくなかで、一方の住民側も既存の農地を放置して農業から離れていく傾向を強めていったのである。この農業離れを促したものこそ、前章でみたとおり、一九五〇年春から開始された沖縄での本格的な基地建設であった。

五八〇〇万ドルの予算をもって開始されたこの基地建設は、「日本と沖縄における資源と労働力」を最大限に活用することによって基地建設コストをできる限り抑えていこうとしたヴォーヒーズ陸軍次官の要請に沿う形で、「軍工事に日本と沖縄の業者を参加させ、日本からは建設資材を輸入し、労働者は可能なかぎり沖縄で採用する」という方針のもとで進められた(39)。牧野浩隆が明らかにしたように、これを実行に移すために現地米軍は、工事の開始前に二つの措置をとることになる。基地労働者の賃金大幅引き上げ措置と「一ドル＝一二〇B円」の為替レート設定がそれである(40)。

この二つの措置は、一九四九年一一月と翌一九五〇年一月に東京から沖縄に派遣されたGHQ経済調査団の提案に基づくものであった。沖縄で本格的な基地建設が始まる以前の基地労働者の数は、およそ四万三〇〇〇人であったが、これを開始するにあたって必要とされた人数は、五万五〇〇〇人であった。しかし、基地労働者の賃金は民間のそれと比べてあまりにも低く、その低さゆえに退職または欠勤する者があとを絶たなかった。一九四九年一二月だけでも、全基地労働者の約七パーセントにあたる二九二九人の者が低賃金を理由に退職していったという事実は、当時基地労働者がどのような状況に置かれていたのかをよく物語るものであった(41)。

こうした状況下で新たに一万二〇〇〇人もの基地労働者を集めなければならなかった現地米軍当局に対して、東京から派遣されたGHQ経済調査団は、基地労働者の賃金大幅引き上げ措置を提案することになる。しかし、これを提案するにあたって懸念されたことは、この措置がインフレと結びついてしまうことであった。しかもこのインフレを加速させるものとして、膨大な基地建設資金の投入が考えられたのである。そこで、このインフレを抑えるために調査団が考え出したことは、大量の物資を安価で輸入することであった。すなわち、日本本土から大量の物資を輸入することによって基地建設投資の需要圧迫に対処し、これをもってインフレを抑えようとしたのである(42)。そして、この輸入を促すために調査団が考え出した方法が、「一ドル＝一二〇B円」という「異常ともいえる〝B円高〟の為替レート」設定であった(43)。この提案に基づき現地米軍当局は、翌一九五〇年四月一二日、布令第六号「琉球列島における軍のB円交換率」と布令七号「琉球人の雇用、職種および賃金」を同時発布し、為替レートを「一ドル＝一二〇B

円」に設定するとともに、基地労働者の賃金を一挙に三倍にまで引き上げるのであった。

インフレを防止しつつ必要な労働力を確保しようとしたこの米軍側の狙いは、みごとに成功する。この賃金引き上げ措置によって基地労働への就業希望者は殺到し、一九五〇年六月末には五万人を超えるまでに急増したのである。その後も基地労働者の数は順調に増え続け、翌一九五一年一月には目標としていた五万五〇〇〇人を突破して五万八〇〇〇人にまで増加し、さらに一九五二年五月には六万七〇〇〇人にまで拡大するのであった。[44] 宮古・八重山群島や奄美群島などからも基地労働の職を求めて大量の人口が沖縄本島に流入したことは、この労働市場がいかに活況を帯びていたのかをよく物語るものであった。[45]

重要なことは、このように基地労働がまさに〝花型職業〟へと変貌を遂げていくなか、農業を捨てて基地労働へと走る人々の数も急増していったということである。離農者急増を受けて琉球農林省（沖縄の農林行政を扱う統一機構。一九四九年末に設置。初代総裁は平良辰雄）が一九五〇年六月から一二月にかけて実施した調査によると、四三カ村において一万四〇〇〇人以上の者が離農し、そのうちの三二〇〇人あまりが基地労働へと転職している。また離農者の耕作していた土地の約二六パーセントも耕作希望者が現われずにそのまま放置されていたのである。[46]

農業離れがこうして進むなか、沖縄の経済復興はもはや農業を基盤としたものではなく、「基地建設のもたらす経済的波及効果を最大限に活用する」形で進められていくことになる。[47] すなわち、牧野浩隆が明快にのべているように、「建設業者、労働者、商業およびサービス業者など諸々の生産要素を基地建設に動員してドル外貨を稼がせ、このドルで大量の物資を輸入し、もって経済復興の手段とする政策が具体的に推進」されていったのである。[48]

一九五一年度の基地労働者のドル給与額は一二二〇万ドルにのぼり、翌一九五二年度には一四二一万七〇〇〇ドル、さらに一九五三年度には一五九七万ドルにまで急増する。[49] また、全体の対外収支をみても、一九五一年度には基地労働者の賃金を中心とする基地関連収入が一八六〇万ドルを計上し、その受取総額に占める割合も七九パーセントとなる。[50] また、一九五二年度には同収入が一挙に四五七〇万ドルにまで急増し、その割合も八四・六パーセントにまで拡大する。一方、輸入総額も、一九五一年度には一六三〇万ドル、次いで一九五二年度には四〇〇〇万ドルとなり、その額は増大するのであった。「所得機会を基地に求める〝基地依存〟の経済にするとともに、物資の供給を輸入に求める〝輸入依存〟の経済へ」と向かわしめた、いわゆる牧野いうところの「基地依存型輸入経済」の形成である。[51]

三　対日講和と沖縄の国際的地位

(1) 日米安保条約の適用をめぐって

▼国務省の「沖縄返還」案

以上、ここまではＮＳＣ一三／二（五）の二つの柱、すなわち基地開発と経済復興についてみてきたが、つぎに第三の柱である沖縄の国際的地位をめぐるアメリカ政府内部の検討作業についてみていくことにする。[52] また、この問題をめぐる政策決定過程のなかで、日本政府と沖縄の政治指導者たちがいかなる対応をとったのかについても、あわせて検討してみたい。

まず、対日講和に関する国務・国防両省間の合意事項をまとめた覚書がトルーマン大統領の承認を得たのは、一九五〇年九月八日のことである。対日講和交渉を進めていくことを謳ったこの覚書は、軍部の意向を採り入れて、北緯二九度以南の琉球諸島の排他的で戦略的な管理を対日平和条約で保証すべきことを打ち出している。[53] 同覚書に基づいて国務省は、九月一一日、対日平和条約草案（九月草案）を作成するが、そのなかで沖縄の国際的地位について次のように定めている。「合衆国は北緯二九度以南の琉球諸島……を、合衆国を施政権者とする信託統治システムの下に置くよう国際連合に対し提案するであろう。この提案に対し積極的な行動がとられるまでの間、合衆国はこれら諸島の領域に対する行政、立法、司法の全権を有する」。[54] この九月草案をコンパクトにまとめたものが、のちに「対日講和七原則」として知られる九月一一日付の覚書である。この覚書は、沖縄の国際的地位について「日本は……合衆国を施政権者とする琉球諸島および小笠原諸島の国際連合による信託統治に同意」する、とのべている。[55]

このように国務省は軍部の主張する「信託統治」案を九月段階では打ち出していたのだが、しかしその翌月から、沖縄を日本に返還することを模索することになる。この「信託統治」案に疑問をもち、代わりに「沖縄返還」案の検討を北東アジア課のアレクシス・ジョンソン次長に提案したのは、東京からワシントンに帰任したばかりのジェラルド・ワーナーとその元上司である東京のシーボルトGHQ政治顧問であった。ジョンソンに宛てた一〇月一三日付の文書のなかでワーナーは、「琉球諸島を日本の管理下に置いて米国の安全保障上の目標を達成することができるのであれば、……米国による信託統治か日本の領有かを再検討する価値がある」と進言している。また、同月二六日には東京のシーボルトが、「戦略的要請を満たす有効な支配をしながら、日本に領土を保有させることを認める領土条項の可能性」も「丁寧に模索する」ことが必要である、と北東アジア課に提起していた。[56]

注目すべきは、このワーナーやシーボルトの進言が、実は領土問題に関する日本国民の世論や日本政府および諸政党の態度、そして外務省高官との会談等に基づいて導き出されたものであったということである。とりわけ外務省高官との会談は、直接ワーナーやシーボルトに日本政府の意向を知らしめたという意味では、きわめて重要なものであった。また外務省にしても、この会談は日本側の意向を直接アメリカ政府に伝えるまたとない機会であった。

外務省管理局長の倭島英二は、ワーナーに対し、沖縄の国際的地位について次のように訴えている。「基地を獲得することが信託統治の第一の目的ならば、……琉球の主権を回復し、日本自体に適用されるのと同様の基地取り決めを結んでもらいたい」。[57]ここで倭島は、日本と沖縄の米軍基地を同じ法的枠組みに置いたうえで沖縄を日本の施政権下に戻すことを求めたのである。また外務省条約局の安藤久光も、シーボルト顧問に対し、「国民が講和に対し好意的になるかどうかは、領土条項にかかっている（中略）琉球諸島は、四〇〇年来〔慶長の役以来〕日本の一部である」と訴えるのであった。[58]こうした倭島らの行動は、後述するように、当時西村熊雄条約局長を中心に外務省内部で進められていた対日講和準備作業に基づくものであったといえる。

シーボルトやワーナーからこうした進言を受けたジョンソン次長は、部下のロバート・フィアリーに対し「信託統治」案の再検討を指示している。フィアリーは、一一月一四日、ジョンソン宛の覚書を作成し、そのなかでこうのべている。「なぜわれわれは北緯二九度以南の琉球諸島全域を恒久的に支配しなければならないのか」。「レーダー基地や主要基地周辺地域の必要性は認められようが、なぜわれわれはそれ以外の土地と住民まで支配しなければならないのか」。「なぜわれわれは日本本土で得られると考えるかなり広範囲な軍事的権利よりもさらに大きな権利を琉球諸島で獲得しなければならないのか」[59]。

このフィアリーの覚書を受けてジョンソンは、一一月一七日、ディーン・ラスク国務次官補にこれを転送するとともに、みずからの見解を記した次のような覚書を送っている。ジョンソンはいう。「われわれは琉球の信託統治問題を完全に解決済みのものとして考えるべきではなく、日本との二国間軍事協定が固まった段階でペンタゴンにこの協定を琉球にも延長することで軍部が必要とするものすべてが得られるのではないか、という問題を提起すべきである」[60]。このジョンソンの進言に基づいてディーン・アチソン国務長官は、一二月一三日、ジョージ・マーシャル国防長官に書簡を送り、次のような打診を行なうのであった。すなわち、「沖縄の地位を特別に考慮することが想定される軍事的安全保障協定の規定を条件として、琉球と小笠原諸島を日本の主権下に残す」のはどうか、という打診である[61]。

▼軍部の反対

国務省がこのように沖縄を日本の主権下に残すことを模索していたころ、ちょうど国防省は国務省と協力して、米軍の日本駐留に関する細目まで組み込んだ日米二国間「軍事的安全保障協定」案を検討していた。この協定案は、のちに日米間で成立する「日米安保条約」のアメリカ側原案とでもいうべきものであったが、国務省はこの協定を沖縄にも適用することによって軍部の求める米軍基地の排他的権利は確保できる、と考えたのである。

しかし、国務省の提案したこの「沖縄返還」案に対して軍部は真っ向から反対する。陸軍省に宛てた一二月二八日付の電報でマッカーサーは、「アメリカの費用で要塞化されたこの地域（沖縄と小笠原諸島）に対する支配を手放したり、この地域の使用を放棄することなど問題外である」とのべて、これに反対している。[62]また、統合参謀本部も翌一九五一年一月三日、国務省に対し、「琉球と小笠原諸島はアメリカの戦略的支配下に維持されるべきであり、日本の主権は回復されるべきではない」と主張するのであった。[63]統合参謀本部がこの国務省の案に反対した背景には、少なくとも次の三つのことがあったといえる。ひとつは、同本部の下部組織である統合戦略調査委員会が指摘しているように、日米間に「恒久的な軍事的安全保障協定」を設けることは「日本の主権概念と調和しない」、ということである。[64]つまり、「恒久的な基地」が必要とされる沖縄を本土と同じ法的枠組み（軍事的安全保障協定）に置く場合、その法的枠組み自体も「恒久的」なものにしなければならず、そうすると独立回復後の日本の主権を侵害してしまう、というのが戦略調査委員会の見解であった。

いまひとつは、明田川融が指摘しているように、国防省と国務省が検討していた日米二国間「軍事的安全保障協定」案の内容自体が、沖縄を自由に使用することを考えていた統合参謀本部の意向と相容れないものであった、ということである。つまり、有事の際の基地使用および軍隊の配置に関する日本との「協議」を謳ったこの「軍事的安全保障協定」案が、沖縄基地を他国からの干渉なしに自由に利用することを考えていた同本部の意向と、大きくかけ離れていたのである。[65]

三つ目の背景には、朝鮮戦争においてB－二九爆撃機の出撃基地や対空砲火部隊の演習基地として有効利用していた沖縄基地の自由使用が制約されてしまう、ということがあった。柴山太が明らかにしたように、統合参謀本部が「沖縄返還」案を拒否したころ、朝鮮半島においては中国の本格介入によって米軍は劣勢に立たされており、同本部はこの戦争が「極東大戦争」ないしはソ連参戦による米ソ「全面戦争」にまで発展することを深刻に憂慮していた。[66]こうした極度の危機的状況下にあって統合参謀本部が沖縄基地に制約を課することなど、おそらく想像もできなかったといえる。

以上、こうした軍部の強い反対を受けて国務省は、結局のところ沖縄に日米二国間「軍事的安全保障協定」を適用して施政権を日本に返還する、という案を取り下げるのであった。

(2) 日本外務省の取り組み

▼「A作業」

では、一方の日本政府は沖縄の国際的地位についてどう考えていたのだろうか。外務省が対日平和条約の締結に向けた準備作業を本格的に開始したのは、一九五〇年九月に入ってからである。対日講和問題に関する非公式討議を各国と開始するとのべた同月一四日のトルーマン声明や、アメリカ政府当局者が発表した翌一五日の「対日講和構想」を受けて、外務省はその準備作業を開始したのである。トルーマン大統領の特使としてジョン・フォスター・ダレスが日本を訪問して吉田茂首相と会談をもったのは、翌一九五一年一月末から二月初旬にかけてであるが、この吉田・ダレス会談までのおよそ四カ月間、西村熊雄条約局長を中心とする外務省は、吉田の指示を受けながら、この講和準備作業を進めていくことになる。

まず西村ら事務当局が最初にまとめ上げたものは、彼らが「A作業」と呼んだ文書類である。一〇月四日に完成したこの「A作業」は、「A－一対日講和問題に関する情勢判断」、「A－二米国の対日講和条約案の構想」、「A－三米国の対日平和条約案の構想に対応するわが方要望方針案)」(以下「わが方要望方針案」という)、そして「A－四対米陳述書」の四つの文書からなっている。このなかの二番目の文書、すなわち「A－二米国の対日講和条約案の構想」のなかで外務省は、アメリカが引き続き日本に米軍を駐留させる意図を持っていること、そして沖縄を国連の信託統治下に置くことを考えていると説明している。[67] このアメリカの対日講和構想を念頭に置いて外務省は、「わが方要望方針案」のなかで、沖縄について次のような方針を示している。[68]

琉球列島……は、日本から切り離されないこと。これは、今後長きにわたる国民感情上の問題であり、従って米国側にとっても、政治的に重要な点として強く要望する。米国の対日平和条約案の構想によれば、日本の本土に米国軍が駐屯することとなる以上、これらの諸島を本土と別個のベイシスにおく必要は、何もない。

つまりここで外務省は、講和後も本土に米軍が駐留するとしたうえで、その本土に適用される米軍駐留に関する取り決めを沖縄にも適用し、そのうえで沖縄を日本の主権下に残すことを考えたのである。前述したように、管理局長の倭島英二がワーナーに対し、「琉球の主権を回復し、日本自体に適用されるのと同様の基地取り決めを結んでもらいたい」とのべたことは、こうした外務省の案を示したものであったといえる。

本土に適用される米軍駐留に関する取り決めについて外務省は、同じ「わが方要望方針案」のなかで、次のような基本方針を打ち出している[69]。まず第一に、米軍駐留に関する取り決めは「平和条約と別個」にすること、第二に、同取り決めでは米軍駐留の「期間」と「地点」、駐留「経費の負担」、そして駐留米軍の「特権」などを「合理的且つ明確に規定」すること、そして第三に、できる限り「国際連合との結び付き」を「密接且つ具体的」にすること、以上である。この基本方針に基づいて外務省は、一〇月一一日、「日本の安全保障に関する日米条約案」を作成することになる。外務省が「B作業」と呼んだこの「日米条約案」は、のちに日米間で成立する「日米安保条約」の日本側原案とでもいうべきものであったが、外務省はこの条約を沖縄にも適用し、沖縄の日本からの分離を阻止しようと考えたのである。

しかし、こうした「要望方針」を打ち出した外務省は、アメリカ側が「本土と別個のベイシスにおくことを固執する場合」のことも考えて、次のような方式をその次善の策として「わが方要望方針案」のなかで記している。すなわち、琉球諸島の「特定地域を限って、本土とは別個の軍事的使用協定を締結する」という方式である[70]。つまり外務省は、琉球諸島内の特定地域に限って日米間で特別基地協定を締結し、そのうえで同諸島を日本の主権下に残す、という案を考えていたのである。

しかしながら、この方式もアメリカ側が拒否した場合、やむをえず外務省としては、次のような態度をとるとしている。すなわち、日本としては沖縄の「信託統治を受諾する」が、しかしその場合でも信託統治地域を「最小限度に限定」したうえで、次の「いずれかの方式」をとるようアメリカ政府に要求する、というものである。つまり、その方式とは、第一に、「日本と米国が共に共同の施政権者となる」こと、第二に、「信託統治の期間を定め、期間終了後は人民投票によって帰属を定める」こと、第三に、「特定期間経過後、米国は施政権者としての権利を日本に引継ぐ」こと、以上である。[71]

▼「A作業」から「D作業」へ

このように外務省は、まずは本土と沖縄の米軍基地を同じ法的枠組み（日米安保条約）のなかに置くことを考え、次いでもしそれをアメリカ側が拒否した場合には本土とは別個の「軍事的使用協定」（特別基地協定）を締結し、それさえもアメリカ側が拒否した場合にはやむをえず右の条件のもとで信託統治を受け入れる、という方針を打ち出したのである。

この「A作業」を完成させた西村ら事務当局は、翌一〇月五日、これを吉田首相に提出する。しかしこれに目を通した吉田は、同月一一日、これを厳しく批判したうえで西村に差し戻している。「A作業」の「A－一対日講和問題に関する情勢判断」なる文書に「経世家とし而の経論に乏しきを遺憾とする」と書き込んだ吉田は、さらに「わが方要望方針案」についても、「野党の口吻の如し　無用の議論一顧の値無し経世家的研究に付一段の工夫を要す」とその表紙に「大書」し、これを痛烈に批判したのである。[72]

吉田が「わが方要望方針案」をこれほどまでに批判したのは、楠綾子が指摘するように、西村ら事務当局の立てた安全保障構想が吉田の意にそぐわなかったからである。「国連の集団安全保障の枠組」のなかに日本の安全を位置づけて米軍の日本駐留を「あくまで国連による安全保障の代替措置」と位置づけていた事務当局の構想に対し、吉田の考えは、「米国による安全保障という実質を重視する」ものであった[73]。かくして、吉田から辛辣な批判を受けた外務省事務当局は、『経世家的見識』を吐露する意気込み」をもって、一二月二七日、「A作業」の改訂版ともいえる「D作業」を完成させる[74]。そして西村らは、目黒官邸で堀田正明元大使の意見を二度にわたって聴取したあと、「D作業」を一部訂正し、その訂正版を吉田に提出している[75]。翌一九五一年一月五日に完成したこの「D作業」訂正版は、吉田の意向を体現して、「米国による安全保障」をより前面に打ち出したものとなっていた[76]。また、沖縄に関する要望方針も書き変えられており、次のようになっていた（括弧の部分は訂正版で新たに付け加えられた部分[77]）。

沖縄、小笠原諸島は……米国の信託統治の下に置かれることが提案されている。われわれは、米国の軍事上の必要については十分にこれを理解し、いかようにでもその要求に応ずる用意がある。しかしながら、これら諸島が日本から分離されることは、国民感情のたえがたいところである。この点再考されんことを希望する。（もし信託統治に付せざるを得ざる場合においては、その地域を軍事上必要とせらるる最小限にとどめ、日本を共同施政者とし、また、信託統治を必要とする事態の解消するときはこれらの諸島が再び日本に復帰せしめらるべきことを何らかの形において明らかにせらるるよう希望する。）

この「D作業（訂正版）」が先に挙げた「A作業」と比べて大きく異なる点は、本土に適用される米軍駐留に関する取り決め、すなわち日米安保条約を沖縄にも適用するという考え方が削除されている点である。いかなる理由で削除されたのかは不明であるが、これによって西村ら事務当局が本土への米軍駐留と沖縄へのそれとを区別して扱うことを明確にしたことだけは確かである。つまり、前者に関しては日米安保条約に基づくものとし、後者についてはアメリカの軍事上の要求に「いかようにも応じる」、という態度を西村らはここで明確にしたわけである。

「D作業（訂正版）」の策定からおよそ三週間後の一月二九日、第一回吉田・ダレス会談が開かれるが、その日の夜、吉田は西村ら事務当局に指示を出しながら、「わが方見解」なる文書を作成している。翌三〇日の夕方にアメリカ側に手渡されたこの「わが方見解」なる文書は、「D作業」の内容を大方基盤とするものであったが、『領土』とか『安全保障』とか『再軍備』といった高度に政治性のある事項について」は、吉田が直接西村らに対して、『そこはこういいたまえ』と文言をみずから口述」して作成したものであった[78]。

この吉田の指示した「高度に政治性のある事項」のひとつが、沖縄に関する文言である。西村ら事務当局は、当初「D作業」を踏まえたうえで、「(日本は)米国の軍事上の要求についてはいかようにでも応ずる用意がある」という文言を「わが方見解」に記していたが、吉田はこの文言のあとに、「バーミューダ方式による租借も辞さない」という一文を加えるよう指示している[79]。この「バーミューダ方式による租借」とは、一九四〇年九月にアメリカが北大西洋のバミューダ諸島に基地を構築するため、その土地をイギリスから九九年間租借した協定を指すと思われるが、この吉田の態度について西村は、のちにこう回想している。「沖縄・小笠原を『租借地』として提供していいから信託統治にすることを思いとどまってほしいといわれる総理の勇断にいたく感銘した[80]」。かくして日本側は、沖縄が信託統治下に置かれることを阻止するために、「米国の軍事上の要求についていかようにでも応じる」という立場から、さらにもう一歩踏み込んで、沖縄を「租借」地として提供することも「辞さない」という立場を明確にするのであった。

また、「わが方見解」では、アメリカが信託統治に固執する場合のことも考えて、次の点を考慮するよう謳っている。すなわち、①「信託統治の必要が解消した暁には、これらの諸島を日本に返還」すること、②住民が「日本の国籍を保有する」ことを許可すること、③日本を「合衆国と並んで共同施政権者」とすること、以上である[81]。先の「D作業」では、信託統治地域を「軍事上必要とされる」特定地域に限定すると謳っていたが、この「わが方見解」ではそうした限定はなくなっており、一方「D作業」には謳われていなかった沖縄住民の日本国籍保有が新たに加えられていた。

「わが方見解」をアメリカ側に提出したその翌日(一月三一日)、第二回吉田・ダレス会談が開かれるが、ここでダレスは吉田に対し、「国民感情はよく解るが、（領土問題は）降伏条項で決定済みであつて、これを持ちだされることは、アンフォーチューネートである。セットルしたこととして考えて貰いたい」とのべ、沖縄など領土問題を議題とすることを拒否するのであった(82)。このダレスの態度について西村は、のちにこう述懐している。「日米間に恒久の友好関係を樹立するためには領土という国民感情上の根本問題にわだかまりを残しておいてはならないとの確信から沖縄・小笠原の本国残留を実現するためバーミューダ方式による租賃《ママ》まで申しでられた総理の勇断にたいし些の反応も示さないで『解決済』てう《ママ》冷たい鉄のとびらをおろした先方の態度は、事務当局にとって―総理は平常の顔色・平常の態度でいられたが―まことにショッキングであった(83)」。

この吉田・ダレス会談以後、日本側は、「平和条約案に定められている原則（沖縄への信託統治適用）に修正を要請しようとするものでない」としたうえで、住民の日本国籍確保や本土と同様な教育方針の継続、そして本土と沖縄との経済関係の維持等をアメリカ側に求めていくのであった(84)。

(3)「潜在主権」の創出と「特別基地協定」案の模索

▼信託統治案への疑問

さて、このように吉田・ダレス会談では沖縄の国際的地位を議題とすることに反対したダレスと国務省であったが、これ以後、信託統治の適用回避と沖縄に対する日本の主権残留という方向で動き出すことになる。河野康子が指摘したように、その具体的な表われとして国務省は、三月二三日付の平和条約草案（三月草案）のなかで、次のように沖縄の信託統治化を希薄化している。すなわち、前年九月に作成した九月草案では、アメリカは北緯二九度以南の琉球諸島を国連の信託統治下に置くことを「提案する（will propose）」と表現していたのに対し、この三月草案では、「提案することができる（may propose）」という表現に変更していたのである(85)。ダレスを補佐していたジョン・アリソン公使は、二日前の三月二一日、この表現変更についてイギリスの外務次官に対し、次のように説明している。すなわち、琉球に対する主権はいずれ日本に返還する可能性もあるので、それで「提案する」ではなく「提案することができる」という表現に変更した、と。[86]

この平和条約草案の表現変更に影響を与えたと思われる要因のひとつに、国務省極東局のルース・ベーコンが作成した信託統治に関する覚書がある。上司であるアリソンの依頼に基づき三月七日に作成した覚書のなかで、ベーコンは信託統治を沖縄に適用することの問題点を次のように列挙していた。[87]

（一）ソ連が琉球の戦略的信託統治について（国連安保理で）拒否権を行使することが予想される。

（二）通常の信託統治についても国連総会がそれを承認するにはかなりの困難がある。

（三）アメリカは施政権者として信託統治に関する国連の査察を受け入れる義務を負う。

（四）琉球の人々が日本統治下でかなりの程度自治を享受していたことを考えれば、彼らに相当程度の自主的政府を認めなければ、いかなる統治体制にも反発する。

（五）琉球の人々のあいだには、現在、日本復帰を望むかなり強固な感情が見受けられる。

（六）戦前の琉球の貿易はほとんど日本とのあいだのものであったが、もし琉球が日本から切り離されてしまえば、その対日輸出は日本の関税規制に服することになる。

（七）琉球を信託統治下に置けば、アメリカは同諸島の経済状態を改善するために財政上の義務を負うことになる。

（八）もし安全保障上の目的で住民の土地がかなりの程度アメリカ側に譲渡された場合、国連の信託統治理事会は住民福祉に与える影響を調査し、それを勧告という形で懸念を表明する恐れがある。

（九）施政権者の諸施設と比較して現地住民の住宅や他の施設が差別的に扱われた場合、信託統治理事会が懸念を表明する可能性がある。

（一〇）アメリカが琉球の信託統治を国連に申請すれば、他国から、アメリカは領土の拡大や軍事基地を獲得するための手段として信託統治制度を利用しようとしていると解釈されてしまう。

本書のテーマとの関連でとくに興味深いのは、（八）の指摘である。ここでベーコンは、アメリカが安全保障上の目的で住民から「相当程度」の土地を接収した場合、信託統治理事会が介入してくる可能性を指摘したのである。つまり、住民の土地を接収して基地を拡張しようとした場合、同理事会が介入してきてそれが困難になる可能性を、ベーコンはここで問題点として挙げたのである。

沖縄への信託統治の適用回避に向けてふたたび動きはじめた国務省は、五月三日に作成した米英共同条約草案に対する関係諸国の見解を記した六月一日付の文書のなかでも、「琉球の喪失に対する日本人の強い感情を考慮して、名目上の主権を日本に残すほうが利益となる」とのべている[88]。また、六月七日に開かれた米英協議でも、ダレスがハーバート・モリソン英外相に対し、日本と沖縄との経済的・歴史的なつながりを説明したうえで、沖縄に対する日本の主権を他に移譲することに反対である旨を主張するのであった。これを受けてモリソンは、この問題は本来的にアメリカの意向にかかわるものであるとして、ダレスの見解に同意することになる[89]。イギリスは、オーストラリアやニュージーランドなど英連邦諸国への配慮もあって、当初は沖縄に対する日本の主権放棄と信託統治の適用を主張していたが、この米英協議の結果同国は、日本の主権放棄に反対するアメリカ側の見解を受け入れたのである[90]。

▼主権を日本に残すことのメリット

かくして、ダレスや国務省にとって残る大きな問題は、沖縄の「排他的な戦略的管理」について最大限の保障を求める米軍部をどう説得するかにあった。ダレスは六月二七日のマーシャル国防長官との会談に備えて覚書を用意するが、そのなかで次のような主張を展開している[91]。すなわち、アメリカは領土不拡大の原則にしたがって沖縄の「主権を取得することは望まない」こと、もし日本が移譲国を決めないで主権を放棄した場合、もしくはアメリカの申請する信託統治を国連が承認しなかった場合、主権の所在をめぐって国際的な混乱が生じることになる、というのである。

ダレスが想定したのは次の四つの場面である。まず第一は、主権が沖縄の人々に与えられる場面である。第二は、ソ連を含む対日戦争の戦勝国が主権を獲得する場面である。第三は、国連が独自の方法で沖縄の領土と住民を取り扱う権利をもつ場面である。そして第四は、アメリカが口実を設けて主権を実際上取得する場面である。ダレスはこうした主権の所在をめぐって生じる問題点を指摘したうえで、主権をむしろ日本に残したほうが軍部の要求する沖縄の「排他的で戦略的管理」を実現することができる、というのである。つまり、「日本に主権を残すことと、米国の排他的支配とは両立するばかりでなく、日本に主権を残すことが米国の支配にとって必要条件でもある」という論理をここでダレスは展開したわけである。[92] 六月二七日のダレスとマーシャルの会談記録がないので確かなことは分からないが、おそらくマーシャルはこのダレスの論理に納得したのではないかと思われる。かくして、それからおよそ二カ月後の九月五日、サンフランシスコ講和会議においてダレスは、沖縄に対する日本の「潜在主権」を口頭で容認し、最終日の九月八日には、沖縄の国際的地位を定めた対日平和条約が各国間で調印されるのであった。同条約第三条は次のようにのべている。[93]

日本国は、北緯二九度以南の南西諸島……を合衆国を唯一の施政権者とする信託統治制度の下におくこととする国際連合に対する合衆国のいかなる提案にも同意する。このような提案が行なわれ且つ可決されるまで、合衆国は、領水を含むこれら諸島の領域及び住民に対して、行政、立法及び司法上の権力の全部及び一部を行使する権利を有するものとする。

▼「担保」としての沖縄

アメリカはこのように対日平和条約の第三条によって引き続き沖縄をみずからの支配下に置くための国際的承認を得ることになるが、しかしそれからわずか一カ月後の一〇月一七日、米軍内部から思わぬ提案が上がることになる。

マッカーサーに代わって司令官となったマシュー・リッジウェイ率いる極東軍司令部が提起した、沖縄の施政権返還案がそれである。この「沖縄返還」案とは、在沖米軍基地の「排他的支配」を認める特別基地協定を日本と結んだうえで、沖縄の施政権を日本に返還する、というものであった。アメリカの極東戦略のなかで重要な位置を占める沖縄基地をこれまでと変わらず使用できる特別基地協定を日本と結ぶことができるのであれば、あえて沖縄そのものを政治的に支配する必要もなく、逆に協定を結んで日本に返還すれば、統治にかかる経済的負担からも解放され、しかも日本国民の感情をも満足させえる、というのが同司令部の考えであった[94]。

この提案に呼応して国務省も、翌一九五二年四月二日、統合参謀本部との会議の場で、ふたたび「沖縄返還」案を持ち出すことになる[95]。国務省の返還案は、極東軍司令部のそれと同じく、日米行政協定を上回る権利をもった特別基地協定を日本と結んだうえで、沖縄の施政権を日本に返還する、というものであった。しかし、この案に統合参謀本部は真っ向から反対し、沖縄の現状維持を強く主張することになる。国務省の提案した沖縄返還構想が、政治的・経済的なメリットをもっていたにもかかわらず、しかも日米行政協定を上回る権利が米軍側に保証されるにもかかわらず、なぜ統合参謀本部はこれに強く反対したのか。その理由のなかにこそ、アメリカ軍部が沖縄の米軍基地ないし「基地の島・沖縄」をいかに捉えていたのかがよく示されている。

この国務省との会議でコリンズ陸軍参謀総長は、「現在沖縄には五つの飛行場がある。かりに沖縄住民が耕作地が十分にないのでアメリカは飛行場を一つだけ持つべきだ、といえばどうなるか。彼らは日本政府に訴えるであろうし、そうなるとわれわれはあらゆる種類の問題をかかえることになる」とのべて、住民が日本復帰後に基地の返還を日本政府に求める可能性を指摘している。またヴァンデンバーグ空軍参謀総長も、「われわれは七つの飛行場を持つこと、あるいは飛行場を拡張することを望むかもしれないが、そうした場合により多くの問題をかかえることになる」とのべて、やはり日本復帰後に新規の土地接収が困難になることを訴えている[96]。

これに対して国務省のシーボルト政治顧問は、「こうした問題はあなた方の実際の要求に応じるための（日米合同）委員会によって解決できるのではないか」と返答するが、これに対してオマー・ブラッドレー統合参謀本部議長は、「日本がつねにわれわれの陣営についているとは限らない」と反論するのであった。つまり、このブラッドレーの発言は、今後も良好な日米関係を果たして維持することができるのかというアメリカ軍部の不安をよく表わしていると同時に、もし日本が反米化あるいは中立化して将来アメリカから離れていった場合でも、戦略的に重要な沖縄だけは確保するという軍部の強い意志を表わしたものだといえる。たとえ日本が将来アメリカ陣営から離脱したとしても、最後の最後まで確保すべき「担保」として、軍部は沖縄基地を捉えていたのである。結局のところ、国務省はこの軍部の態度を変えることができずに、翌一九五三年一二月末、沖縄の現状維持が確定する(97)。奄美返還協定が調印された一二月二四日、国務長官のダレスは次のような声明を発表し、沖縄の継続統治の意思を明らかにするのであった。ダレスはいう。「極東に脅威と緊張の状態が存する限り、残りの琉球諸島（中略）において、米国政府が現在の権限権利を行使しつづける(98)」。

四　祖国復帰運動と基地へのスタンス

(1) 復帰運動の始動

以上、ここまでは対日平和条約の調印前後における沖縄の国際的地位をめぐる日米両国の動きをみてきたが、最後に本章を閉じるにあたって、この問題をめぐる現地沖縄側の動きについて触れておきたい。

そもそも沖縄の政治指導者たちがこの問題についてみずからの態度を明らかにし、具体的な行動をとったのは、講和会議も目前に迫った一九五一年に入ってからである。沖縄群島政府知事の平良辰雄を党首とする沖縄社会大衆党（以下、社大党ともいう）が、先の第二回吉田・ダレス会談の行なわれた一月三一日、党常任委員会で日本復帰署名運動を行なうと決定したことが、その始まりであった[99]。

沖縄群島政府とは、志喜屋孝信率いる沖縄民政府に代わって、前年(一九五〇年)一一月に設置された住民側の行政組織である。この群島政府の発足に先がけて政府知事選挙と群島議会議員選挙が同年九月に行なわれるが、この知事選挙に名乗りを挙げたのが、琉球農林省総裁の平良辰雄と、沖縄民政府工務部長の松岡政保、そして沖縄人民党(以下、人民党ともいう)党首の瀬長亀次郎であった。この選挙は事実上、のちの初代行政主席となる比嘉秀平や二代目行政主席となる当間重剛、そして志喜屋孝信などが推す平良と、護得久朝章、大宜見朝計など沖縄民政府部長クラスが推す松岡との一騎打ちの様相を呈したが、選挙の結果は平良が松岡に対して八万九〇〇〇票近くも上回る一五万八五二〇票を獲得し、大差で勝利した(なお、瀬長は一万四〇八一票[100])。

この沖縄群島政府知事選挙で当選したばかりの平良を党委員長に据えて結成された政党が、沖縄社会大衆党、すなわち社大党であった。一〇月三一日に結成された同党は、イデオロギーを前面に押し出すことなく、「ヒューマニズムを基底」とした「革新的政策」を実施する「国民的政党」としてスタートし、九月の群島議会議員選挙で当選した二〇名の議員のうち実に一五名を党所属議員とした[101]。群島議会で第一党の地位を占めたこの社大党が、平良辰雄を先頭に立てて復帰運動を主導していくのである。

「知事になれば、自分のすべてをかけて、復帰問題一つ」に取り組む決意を固めていた平良は、復帰署名運動を行なうことを党常任委員会で決定したあと、さらに「沖縄の日本復帰促進のための決議」を行なう目的で、党書記長の兼次佐一に命じて臨時党大会を開催させる[102]。この平良の要請で開かれた一九五一年三月一八日の臨時党大会では、次のような「声明書」が読み上げられる[103]。

思うに琉球人が日本民族なる事は今更論ずるまでもなく同一民族が同一の政治体制下に置かれる事は人類社会の自然の姿である。(中略)琉球が日本を中心としたアジア経済圏から独立して存在し得る事は恐らく不可能であろう。かく経済的に日琉の分離が不可能とするならば寧ろ琉球の日本復帰が琉球人の経済福祉上望ましいことは当然である。更に旅行、居住の自由、学問の研究の利便等を考慮した場合日本に復帰することの望ましいことは論ずるまでもない。故に琉球住民がその素質力量を充分に発揮し、以て米国の世界政策に協力し、人類永遠の平和に貢献し得る道は歴史的、地理的、文化的、経済的各方面から考察して、日本行政下に立戻るに在ると思考される。大多数の琉球人亦これを熱望している。よって我が社会大衆党は茲に琉球の日本復帰を要望する。

社大党はこのように「米国の世界政策に協力」するとの態度を明確にしつつ、沖縄の日本復帰を強く要望したわけであるが、「これだけでは対外的に沖縄住民の念願を訴えるには不十分」[104]とみた平良は、さらに翌一九日、沖縄群島議会において社大党所属議員に日本復帰要請決議案を提案させ、一七対三（社大党と人民党の議員が決議案に賛成、沖縄の独立を唱える共和党の三議員がこれに反対）の圧倒的多数で可決するのであった[105]。さらに平良は、群島政府でも部長会議を開き、「復帰要綱」を決議する[106]。かくして、党、議会、政府の三者を日本復帰の線でまとめた平良は、最後に復帰署名運動を行なうことによって住民の意思を国内外に示すことをめざしたのである。

一方、社大党と並んで日本復帰に向けて行動を起こしたのは、瀬長亀次郎率いる沖縄人民党である。人民党は、戦後間もない一九四七年七月に結成された政党で、沖縄で最もアメリカの沖縄統治に批判的な態度をとっていた政党である[107]。同党は、二月一三日の党中央委員会で日本復帰方針を決定するや、社大党が復帰決議をした同日（三月一八日）、臨時党大会を開いて次のような復帰決議を行なうのであった[108]。

琉球民族は初めから日本民族の一部である。琉球民族の幸福はあらゆる面に於て、日本人民との結合なくしてはあり得ない。人民の大多数はこの事を理解し且望んでいる。これは単なる感情では無く過去に於ける生活の体験から得た貴重なる結論である。（中略）また講和条約は戦争状態の終結であり平和への移行でなければならない。

もし戦争を再び招来する要素を持つ講和形式ならば吾が民族の利益にとっては何の縁もないものであるだけでなく、吾が民族にとって実に由々しい問題である、人民の幸福を欲し平和を希望する人民党は当然全面講和を主張するものである。

社大党が対米協調路線をとりつつ日本復帰を主張したのに対し、人民党は国内外の共産主義、社会主義勢力の主張する「全面講和」論を支持しつつ日本復帰を主張したのである。この社大、人民両党がそれぞれ復帰決議を行なう二〇日ほど前（三月六日）、人民党首の瀬長は平良辰雄を訪問し、「日本復帰運動の共同闘争」を申し入れている。[109] しかし平良は、「人民党のいう復帰論と、われわれのそれとは思想的にも質的にも異なっていたし、われわれの方向としては反米の線は一つもなかった」という理由から、これを断っている。[110] しかし、その後人民党が「全面講和」方針を保留にするという譲歩を行なったことにより、結局のところ社大党は、同党と協力して復帰署名運動にあたることを決定するのであった。[111]

この復帰署名運動を推進するために四月二九日に結成された超党派の組織が、日本復帰促進期成会である。兼次佐一社大党書記長を会長とする同期成会は、五月二〇日より署名運動を開始し、対象住民（「琉球内に居住する二〇歳以上の男女」）の七二・一パーセントの署名（一九万九〇〇〇名余）を集めたうえで、八月一〇日、その署名録を日米両政府や関係諸機関に送付する。[112] 住民の復帰意思を国内外に示すという当初の目的を果たしたことにより、期成会はその結成趣意書で定めたとおり、その後組織を解散するのであった。[113]

(2) 米軍基地への態度

この日本復帰促進期成会は米軍基地の問題について、その結成趣意書のなかで次のようにのべている。「基地提供反対等の主張をせず此の運動を単に琉球の帰属問題に局限する」。[114] つまり同期成会は、アメリカへの「基地提供反対」を主張せずに、いわば基地の存続を是認したうえで、沖縄の日本復帰を求めるとしたのである。当初、日本外務省とアメリカ国務省が沖縄の米軍基地の存在を容認したうえで、沖縄の施政権返還を考えたのと同じように、沖縄の政治指導者たちもまた、アメリカの基地使用を容認したうえで沖縄の日本復帰を求めたのである。

前述したように、復帰署名運動が精力的に展開されていたころ、沖縄では本格的な基地建設が推進されていた。この建設工事に職を求めて沖縄本島には奄美群島や宮古・八重山群島などから人々が殺到し、沖縄はまさに「基地建設ブーム」で活況を帯びていた。戦後停滞していた復興がこの「基地建設のもたらす経済的波及効果を最大限に活用する」形で推し進められた結果、沖縄の経済は急速に基地依存の経済へと変貌を遂げていったのである。こうした基地依存構造がつくられていくなかで、沖縄の政治指導者たちが「基地提供」に「反対」することなど、到底できるものではなかったといえる。

対日平和条約発効後の一九五三年一月一〇日、復帰を促進するための組織として新たに沖縄諸島祖国復帰期成会が結成される。沖縄教職員会、沖縄青年連合会、そして沖縄婦人連合会など民間団体が中心となって結成された同期成会は、「復帰が実現するまで運動を継続する」ことを念頭に置き、復帰運動を再開させる[115]。会長には沖縄群島政府で文教部長を務め、その後教職員会会長となった屋良朝苗が就任し、その彼を先頭に立てて同期成会は、一月一八日、約四〇〇〇人を動員して那覇で祖国復帰総決起大会を開催する。講和後初の復帰運動を成功させたこの期成会の基本的なスタンスは、その会則で謳っているとおり、「日米相互の理解に基いて」日本復帰を実現していく、というものであった[116]。復帰署名運動を展開した日本復帰促進期成会と、ほぼ同様なスタンスである。また、米軍基地への態度についても、同促進期成会と同様に、米軍基地を容認するというものであった。デイヴィッド・オグデン民政副長官に宛てた一九五四年二月五日付の書簡で会長の屋良は、次のような態度を示している[117]。

沖縄が、世界共産主義の侵略に対する自由諸国の防衛基地として、戦略的に重要であることは、住民もよく理解しており、住民は、この目的のために、米国の基地建設工事には貴重な土地と労力を提供して協力して来た。また、基地の存在が、現在の国際情勢下において、住民の生活を支えるものの一つとなっておることも、われわれは認めております。従って、われわれは、米国の沖縄に於ける基地の維持には、理念的にも経済的にも、反対する立場にはないのであります。

屋良はこのように日本復帰促進期成会と同様に、いやそれよりもさらに積極的に、「世界共産主義の侵略に対する自由諸国の防衛基地」として沖縄が戦略的に重要であることに理解を示し、また「住民の生活を支えるものの一つ」として「基地の存在」を容認する態度を示したのである。

しかし、オグデン率いる現地米軍当局は、こうした性格をもって進められた期成会の復帰運動に理解を示すことなく、次のような書簡を屋良に送り、復帰運動の中止を求めることになる。「沖縄において貴殿が復帰を扇動し続けることは、琉球人に混乱を与え、共産主義者たちを元気づけるだけである」[118]。結局、オグデンの圧力によって会長の屋良が辞任（一九五四年五月）し、期成会の活動は中止へと追い込まれる。「復帰が実現するまで運動を継続する」ことを念頭に置いて活動を開始した沖縄諸島祖国復帰期成会であったが、その結成からわずか一年半足らずにして、その命運を絶たれるのであった。

屋良は後年次のように語っている。「私（屋良）は対アメリカ関係で大衆を煽動し、反米運動を発展させる意図はなく、絶えず一貫して本土政府に対する要求という形で運動を進めてきた」。「私（屋良）は決して左翼ではない。ただ、沖縄が日本に復帰し、日本国民としての扱いを受ければよいということを主張している」。「復帰期成会は米軍ににらまれた為もあって充分な活動が出来ないまま数年間開店休業の様な状態が続いた」（括弧は原文のまま）[119]。その後沖縄では、次章以下でみる軍用地が最も大きな政治問題となり、復帰運動はいったん影を潜めることとなる。しかし、同問題が終息して一九六〇年に入るや、ふたたび復帰を促進するための組織（沖縄県祖国復帰協議会）が結成され、復帰運動は本格的かつ持続的に行なわれるようになる。この一九六〇年以後の復帰運動と、同運動のなかで米軍基地がどのように扱われたのかについては、第六章と第七章で論じることにする。

第3章　軍用地問題の発生

一　買い上げ案から賃貸借契約へ

⑴軍用地買い上げ案の浮上

これまでにみたように、アメリカは一九四九年二月に策定したＮＳＣ一三／二（五）に基づいて、沖縄基地を本格的に開発し、その基地を自由に使用するために沖縄自体をみずからの統治下に置き、さらに基地開発を利用して沖縄の経済復興を図っていった。しかし、沖縄基地を自由に使用するための体制をこのように整えていったアメリカは、対日平和条約の発効以後、基地使用の問題で困難な状況に直面する。既存軍用地の使用にともなう住民への補償問題と、新規の土地接収問題がそれである。[1]

一九五二年以後、アメリカは既存の軍用地を使用するためにその対価を地主に支払おうと試みるが、その支払い方式および支払い額に対し、地主が激しく反発したのである。当時、基地内に土地をもつ所有者は五万人ほど存在したが、その家族（当時の平均的な家族数は五人）まで含めると、およそ二五万人の人々がこの補償問題にかかわることになる。当時の沖縄本島の人口が約五六万人であったことを考えれば、この数字は決して無視できるものではない。したがって、この土地使用の問題は単に地主個人にとどまるものではなく、沖縄社会全体にとってきわめて重要な問題だったのである。しかも、アメリカの沖縄駐留期間や日本の潜在主権にもかかわるものであったため、アメリカにとってはこのうえなく対応の難しい問題であった。

いまひとつの新規接収問題とは、アメリカが一九五二年以降、新たな基地建設のために土地を強制的に接収した問題と、海兵隊の沖縄移駐にともなう大規模な土地接収問題を指す。アメリカは対日平和条約の第三条に基づき沖縄を引き続きみずからの統治下に置いたあと、つぎつぎと基地の拡張に乗り出して住民の土地を「銃剣とブルドーザー」によって強制的に接収していったのである。しかも、一九五〇年代の半ば以降、米海兵隊一個師団の沖縄への移駐が決定されるや、既存の基地面積に匹敵する三万九〇〇〇エーカーにおよぶ新規接収計画が浮上してきたのである。既存の軍用地約四万エーカーは沖縄本島陸地総面積のおよそ一三パーセントにあたるが、この海兵隊の計画が実施された場合、米軍基地は八万エーカー近くとなり、基地の占める割合も二六パーセントにまで増大する。このアメリカの新規接収計画に対して沖縄住民は激しく反発し、アメリカは困難な状態に立たされたのである。

▼本土における土地使用方式

まずは、この沖縄における軍用地問題をみていく前に、比較の意味も込めて、日本本土におけるアメリカの軍用地使用政策について簡単に触れておきたい。対日平和条約の発効以後アメリカは、本土においては日米安保条約および日米行政協定に基づいて日本政府から基地の提供を受けてきた。一九五一年九月八日に調印された日米安保条約は、その第一条で、日本が米軍の駐留を許可することを定めており、翌一九五二年二月二八日に調印された日米行政協定は、その第二条で、日米安保条約第一条で掲げる目的の遂行に必要な「施設及び区域」（米軍基地）の使用を許可することを定めていた。つまり、日本政府はこの日米安保条約第一条と日米行政協定第二条に基づいて、米軍の必要とする軍用地を所有者から取得し、それをアメリカ政府に提供することを義務づけられていたのである。そのため日本政府は、軍用地主と賃貸借契約を締結して土地の使用権を獲得するか、あるいは地主がそれを拒否した場合には、いわゆる「米軍用地特措法」（正式には「日本国とアメリカ合衆国との間の安保条約第三条に基く行政協定の実施に伴う土地等の使用等に関する特別措置法」）に基づいて強制使用措置をとらなければならなかったのである。

この賃貸借契約という方式自体は、実は占領時代から変わっておらず、ただその法的根拠が代わったにすぎなかった。占領期においては連合国総司令部（ＧＨＱ）の発した覚書（「日本における調達に関する件」）に基づいて、日本政府はまず占領軍から調達要求書を受け取ったのち、それに記載された土地の所有者と賃貸借契約を結び、そのうえで占領軍に軍用地を提供していた。(2) また、土地所有者が契約を拒否した場合、日本政府は「土地工作物使用令」（ポツダム勅令）に基づいて土地を強制使用しなければならなかったのである。しかも、占領期においても、また講和後においても、土地所有者に対して賃貸料を支払っていたのは、アメリカ政府ではなく日本政府であった。アメリカは契約にともなう行政上のコストだけでなく、賃貸料の支払いコストを負担せずに済んだわけである。(3)

▼陸軍省の計画

では、こうした本土の状況と比べて沖縄はどうであったのか。占領初期の沖縄では現地米軍がみずからの必要とする土地を「立ち退き命令書」一枚のみで自由に取得することができ、しかもそれを無償で使用していたのである。本土と異なり米軍が無償使用していた理由のひとつとして、沖縄では一九五一年に入るまで土地所有権が未確定であったということがある（第一章）。つまり、戦後の沖縄では土地所有権者そのものが明確でなかったため、米軍としては土地使用料を支払うことができなかったのである。実際、土地所有権の認定準備作業が終了に近づいてきた一九四九年の秋ごろから、陸軍省は近い将来確定するであろう「軍用地主」に対して何らかの対価を支払うことを検討していた（第二章）。

こうした態度を示していた陸軍省が軍用地使用に関する基本方針案を東京の極東軍司令部に伝達したのは、一九五〇年五月である。同月二五日に伝えられたこの「米国合衆国民政府に関する指令」草案は、一般に「スキャップ指令」ないしは「民事指令」といわれているものの第三次草案であるが、これは軍用地使用に関する基本方針だけでなく、沖縄統治全般にかかわる基本方針を定めたものであった。(4) たとえば、基本方針のなかには「米軍政府」という従来の呼び名を改めて「米民政府」とすることや、沖縄統治の責任者である「民政長官」には東京の極東軍司令官をあて、「民政副長官」には沖縄現地の琉球軍司令官をあてること、そして民主主義の原則にしたがって設立された立法、行政、司法機関による自治を促進すること、などが謳われていた。

本書が注目する軍用地の使用政策に関しては、指令草案は次のように定めていた。まず第一に、アメリカが「恒久的に必要とする」軍用地についてはその土地の「権原（title）」をできる限り所有者から交渉を通じて取得すること、第二に、もし所有者が拒んだ場合には「収用手続き」をとって強制的にその土地の権原を取得すること、第三に、軍用地購入のための予算を米議会に要求すること、そして第四に、米議会がこの予算を認めなかった場合には、ガリオア物資の売却から生まれる「見返り資金」を購入費に充てること、などを定めていた。つまり陸軍省は、「恒久的に必要とする」軍用地については軍予算または「見返り資金」を用いて土地所有者から購入するか、あるいはそれが無理な場合には強制使用するという方針案を、ここで極東軍司令部に提示したわけである。

この買い上げ方針はそもそもこれを示した陸軍省にとって、当初から既定の路線であったわけではない。陸軍次官室のスタッフが一九四九年一二月にまとめた最初の民事指令草案（第一次民事指令草案）[5]では、軍用地使用に関する規定はまったく含まれておらず、その一カ月ほど前に沖縄を訪問したヴィッカリー農業調査団のトンプソンらも、買い上げ方式にすべきか、それとも賃貸借契約にすべきかを現地米軍当局と話し合っていた[6]。こうした態度をとっていた陸軍省が初めて軍用地使用に関する基本方針を明らかにしたのは、一九五〇年四月二五日である。国務省に提示した第二次民事指令草案のなかで陸軍省は、「恒久的に必要とする」軍用地についてはできる限り土地所有者から購入し、それが無理な場合には強制使用すべき、という方針を明らかにしたのである[7]。

陸軍省がなぜ賃貸借契約ではなく買い上げ方針でいくと決めたのかについては、それを明らかにする資料がないため確かなことは分からないが、少なくとも次のような判断が働いたのではないかと思われる。まず第一は、軍用地の恒久使用をより確かなものにしておきたいという判断である。すなわち、土地を借りるよりも買い上げたほうが、それを恒久的かつ安定的に使用できるというメリットがあったのである。もし賃貸借契約を採用した場合、契約更新や賃貸料の改訂をめぐって土地所有者と紛争が生じる可能性もあったが、軍用地を買い上げた場合、そうした問題は生じないという利点があった。

第二は、財政的な面からみた判断である。アメリカでは一般的に一六年六カ月分の賃貸料が土地の売買価格に相当するという考え方があったが、そうすると買い上げ方式を採用した場合、一六年六カ月分の賃貸料に相当する土地代金を一括で支払ってしまえば、それ以後の財政的負担は生じなくなる。だが、一方の賃貸借契約を採用した場合、米軍はその軍用地を使用し続ける限り、地主に対して賃貸料を払い続けなければならないのである。つまり、一六年六カ月を超えて軍用地を使用する場合、賃貸借契約よりも買い上げのほうが安くつくのである。

このコスト削減に関連していまひとつ注目しておきたいことは、軍用地の価格そのものを低く算定すれば、よりコストを低く抑えられる、ということである。実際、陸軍省は第三次民事指令草案を伝えた五月二五日付の極東軍司令部宛電報のなかで、同司令部が算定した軍用地価格を批判したうえで、「軍用地をより低額で獲得」するよう要請していた(8)。前章でのべたように、この第三次草案が伝達されるおよそ二カ月前（三月二八日）、沖縄現地の琉球軍司令部は、今後三年間で軍用地を二万七五〇〇エーカーにまで縮小していく案を陸軍省に伝えていた。この縮小案を受けとった陸軍省は、ただちに二万七五〇〇エーカーの土地の評価を極東軍司令部に要求するが、もちろんそれは、この継続使用の土地を買い上げるためであった(9)。極東軍司令部は五月一三日、その土地の評価額を陸軍省に報告するが、その金額は総額で約一四五〇万ドル、つまり一エーカーあたりに換算すると平均五二七ドルであった(10)。陸軍省が五月二五日付の電報で「アメリカにおける最も高額の農地よりも一エーカーあたりで高い」と指摘したものは、この土地評価のことである(11)。そのため陸軍省は、再度極東軍司令部に対し、土地価格をより低めに算定するよう要請したのである。

⑵ 現地司令部の反対

しかし、この要請に対して極東軍司令部は、難色を示している。七月二五日付の陸軍省宛電報で同司令部は、「土地の完全なる買い上げは場合によっては好ましくない。それよりも長期賃貸借契約がより実効的である」として、民事指令草案のなかに「長期賃貸借契約」に関する条項を新しく加えるよう要求したのである。[12] その理由として同司令部は、買い上げではなく「長期賃貸借契約」を採用したほうが、地主には一定期間ごとに賃貸料がドル収入として入り、しかもそれを得た地主が継続的に高額の所得税を納めることができる、とのべている。[13] つまり、沖縄統治の担い手であった極東軍司令部は、地主個人の利益もさることながら、税収入の安定という観点から長期賃貸借契約のほうが望ましいと判断したのである。またそのほかにも、同司令部は、「見返り資金」を軍用地購入費に充てることにも反対し、これに関する規定を削除するよう求めている。その反対理由は、「見返り資金」を現地政府への財政援助のために優先的に用いたいということがあった。[14]

こうした極東軍司令部の提案を全面的に支持したのは、ワシントンの国務省であった。同省は、七月二九日に開かれた陸軍省との協議の場で、極東軍司令部の提案のほうが「多くのメリットがある」とのべたのである。[15] 協議前日に作成された国務省の文書によれば、この点を次のようにのべている。「この時期、賃貸借契約に反対して権原を獲得するいかなる必要性もみられない。（中略）もし陸軍を説得できるのであれば、軍政期間中は買い上げよりも賃貸借契約によってすべての軍用地を獲得したほうが好ましい」[16]。

しかし、この国務省案に対して陸軍省は、あくまで「恒久的に必要とする」軍用地は所有者から購入すべき、という当初の方針を貫くことになる。だが、その一方で同省は、国務省や極東軍司令部の意見にも少し耳をかたむける形で、軍用地を購入するまでの期間についてのみ、地主との賃貸借契約は認める、という規定を民事指令草案のなかに加えるのであった。[17] かくして、この一部修正された第四次民事指令草案は、陸軍省から統合参謀本部に提出され、一九五〇年一〇月四日、正式承認されることになる。[18]

この統合参謀本部の決定に前後して陸軍省は、さっそく一九五一会計年度補正予算に軍用地購入費を組み込むための準備を行ない、九月二三日には極東軍司令部に対し、必要とする軍用地の面積とその土地評価額を要求している[19]。これを受けて同司令部は、一〇月一〇日、必要とする面積は約三万三八〇〇エーカーであり、その評価額は約一二二一万八〇〇〇ドルである、と返答するのであった[20]。約半年前（同年三月末）に琉球軍司令部が示した二万七五〇〇エーカーの見積もり面積より、さらに六三〇〇エーカーあまりも高く見積もられているが、これが六月に勃発した朝鮮戦争の影響によるものであったことは、前章でのべたとおりである。極東軍司令部が示したこの土地評価額を一エーカーあたりで換算すると、平均で三六一ドルであったが、これは五月一三日に陸軍省に示した評価額（五二七ドル）よりも、さらに低く算定されたものであった。同司令部が前回よりもさらに低く算定したのは、もちろん、陸軍省から「軍用地をより低額で獲得」するよう要求されていたからである。

陸軍省はこの極東軍司令部から受けた土地評価額を基盤として補正予算案を作成し、これを連邦予算局に提出するが、「土地の単価」が高いと判断した予算局は、補正予算に組み込むことを拒否することになる[21]。これを受けて陸軍省は、ただちに土地評価のやり直しを極東軍司令部に求めるが、同司令部は翌一九五一年一月二〇日、軍用地をこれ以上低く評価することはできないとして、これを拒否している。その理由として極東軍司令部は、前年一〇月に算定した軍用地の価格が、「徹底的な研究」のすえに割り出された「最低限度の価格」であることを挙げている[22]。つまり、これ以上軍用地を低く算定すれば、あまりにも適正さを欠くものになってしまい、地主の承認が得られないというのが、同司令部の考えであった。かくして、軍用地の購入費は結局のところ、一九五二会計年度予算でも計上されず、陸軍省の計画は後退を余儀なくされるのであった。

このように軍用地の購入費を軍予算から出せなかった場合、民事指令はそれを「見返り資金」から充当するよう定めている。したがって、購入費が予算に組み込まれなかったいま、現地米軍はこの規定に基づいて「見返り資金」を購入費に充てなければならなかったのである。しかし、沖縄現地のロバート・ビートラー民政副長官は、八月二七日、東京のリッジウェイ民政長官に宛てた電報のなかで、この「見返り資金」の使用に強く反対している[23]。その反対理由は、これによって沖縄への経済援助が妨げられてしまう、というところにあった。つまり、「見返り資金」を軍用地の購入費に優先的に充ててしまうと、堤防の再建や土地の改良、あるいは港の改善など沖縄の復興計画に着手できなくなる、というのがビートラーの見解であった。

その後、ビートラーの反対は「見返り資金」の使用にとどまらず、買い上げ方針そのものに向かうことになる。一九五二年二月二三日、リッジウェイに宛てた書簡のなかでビートラーは、「琉球諸島におけるいかなる土地の権原も獲得すべきでない」と主張し、強く異議を唱えている[24]。彼が買い上げに反対した理由は、まず第一に、米軍の恒久駐留の印象を住民に与えてしまい、アメリカ不信を強めてしまうこと、第二に、大量の一括払い金が沖縄に一度に流入するとインフレを引き起こしてしまうこと、第三に、軍用地の使用期間が二五年以内であれば、買い上げよりも賃貸借契約のほうが安くつく、ということであった。

ここで注目しておきたいことは、ビートラーが買い上げ方針に反対したちょうど同じころ、ワシントンでは沖縄の国際的地位をめぐる議論が国務省と軍部とのあいだでなされていたということである。前章でみたように、特別基地協定を結んで沖縄の施政権を日本に返還すべきだと主張した国務省に対し、統合参謀本部はあくまで沖縄をこれまでどおり統治すべき、と主張し、両者の見解は真っ向から対立していたのである。ワシントンにおけるこうした論争の成り行きをみながら極東軍司令部は、四月三〇日、沖縄の将来的な地位が確定するまでは軍用地の購入を保留にすべき、と陸軍省に進言するのであった[25]。かくして、この買い上げ政策は財政的な裏づけが得られなかったことや、出先の司令部が反対したことなどによって、結局のところ実施を見合わせることになる。

これを受けて沖縄現地の米軍当局は、その暫定的な措置として、地主と賃貸借契約を結ぶことを試みる。先にみた民事指令が、「恒久的に必要とする」軍用地を購入するまでの期間、その土地を所有者から借用できる、と規定していたからである。次節においては、この賃貸借契約の試みが失敗に終わる過程と、いま一度買い上げ政策が浮上してくる過程をみていくことにする。

二　買い上げ案の再浮上

(1) 賃貸借契約と強制接収

▼契約の失敗

沖縄現地の米軍当局が既存軍用地の継続使用のために地主と賃貸借契約を結ぶことを試みたのは、対日平和条約の発効からおよそ二カ月後の一九五二年六月である。この試みを前に現地の住民からは、軍用地使用料の早期支払いを求める声が上がっていた。この動きの先頭に立って積極的な活動を展開した人物が、のちに軍用地主の連合組織である市町村軍用土地委員会連合会（以後、土地連ともいう）の初代会長となる桑江朝幸であった。彼は、一九五一年八月、軍用地使用料の早期支払いを求める陳情文を地元紙『沖縄タイムス』に掲載するとともに、同じ内容の陳情書を民政副長官や沖縄群島議会に提出している。同陳情書で桑江は次のように要求している。「祖先ならびに、われらが血のにじむ努力をして求めた最大、唯一の財産たる土地が軍用地となり、やむなくわれらは他の非軍用地に居住せしめられた。これひとえに米国の世界政策に基づく人類平和の維持のためと思えば、われらも協力するにやぶさかではない。（中略）さる四月一日に土地所有権証明書が交付されたが、われらの土地のみ、布告により、所有権及び使用権の行使が停止されている。罪なき人が、国家社会の政策のため一方的に所有権を停止する場合、必ずや、それに対する保護と代地の確保が並行すべきものと、われわれは確信し、当然の権利として、軍用地使用料の支払いを要求する」[26]。

一九五〇年代を通して沖縄の政治指導者たちは、新規の土地接収は別にしても、既存の軍用地を米軍が使用することについては基本的には容認し、そのうえで適正補償を求め続けたが、この桑江の陳情書には、早くもこうした沖縄の政治指導者たちの基本的なスタンスが示されていたといえる。桑江の陳情書を受け取った沖縄群島議会は、九月一日、これを検討したうえ、軍用地使用料の早期支払いを求める陳情書をビートラー民政副長官に提出している[27]。このように住民のなかから早期支払いを求める声が次第に湧き上がってくるなか、現地米軍当局は一九五二年六月、賃貸借契約を地主と結ぶことを明らかにしたのである。

しかし、いざ米軍当局がこうした動きをみせるや、当事者である地主たちは、これに強い抵抗を示す。たとえば、米軍当局が六月二二日に真和志村で初の賃貸借契約を試みたとき、集まった一二〇名の地主全員がこれを拒否している。また六月二七日に行なわれた宜野湾村での賃貸借契約も、同じく地主全員がこれを拒否し、米軍当局の試みは失敗に終わる。のちに土地連会長となってこの契約拒否地主を側面からサポートした桑江によれば、このとき米軍との契約に応じた地主の数は、「全地主約四万人のうち約九百人」のみで、しかも契約に応じた「九百人」にしても、「不満ではあったが、苦しい生活のため、背に腹はかえられず、ひとまず（賃貸料を）もらっておいて生活の支え」にしたのである[28]。地主の大半がこのように契約を拒否した理由には、その契約の期限が二〇カ年の長期にわたるものであったということと、彼らの提示した賃貸料があまりに低額であったことの二つがあった。とりわけ、年間賃貸料が一坪あたり平均で「タバコ一本代にもならない」ほどの金額であったことが、地主が反発した大きな理由であった[29]。

そもそも米軍の示した賃貸料は、軍用地の土地価格に六パーセントを乗じたものであるが、その土地価格の評価自体は、米軍ではなく日本勧業銀行（以下、勧銀と略記する）の専門家が行なったものである。極東軍司令部がわざわざ勧銀に土地評価を依頼したのは、勧銀が戦前沖縄に支店を開設し、土地評価に必要なさまざまな資料を持っていただけでなく[30]、前述したように、同司令部が算定した「最低限度」の軍用地価格がすでに連邦予算局によって拒否されていたことがあった。勧銀鑑定調査課長の溝淵政一を団長とする調査団が沖縄で調査を行なったのは、一九五一年一月下旬から三月下旬にかけてである。この勧銀調査団の作成した「土地評価報告書[31]」に基づいて沖縄地区工兵隊は、一九五二年四月、約三万九〇〇〇エーカーの軍用地価格を総額で一〇〇〇万ドルとし、それに六パーセント乗じて年間賃貸料を六〇万ドルと決定したのである。[32] そして、同年六月三日に開かれた軍民会議で現地米軍は、この土地評価が「公正なもの」であることを住民側に強調するのであった。[33]

しかし、ここでひとつだけ留意しておくべきことは、「公正」であることを主張したこの土地価格が、東京の極東軍司令部が「徹底的な研究」のすえに割り出したあの一九五〇年一〇月の土地価格より低く算定されたものであったということである。同司令部が算定した土地価格が一エーカーあたり平均三六一ドルであったのに対し、今回勧銀の調査に基づき沖縄地区工兵隊が割り出した土地価格は、平均して二一〇ドルしかなかったのである。年間賃貸料が一坪あたり「タバコ一本代にもならない」ほど低く設定されたのは、このように軍用地の価格そのものが低く評価されたからであった。

大部分の軍用地主が賃貸借契約に反対するなか、米軍当局は一九五三年一二月五日、布告二六号「軍用地域内に於ける不動産の使用に対する補償」を公布し、地主から強引に借地権を獲得することになる。[34] この布告で米軍は、地主と黙示の契約（implied lease）によって借地権を取得したと一方的に宣言し、賃貸料に不満がある場合にのみ、その増額を求めて民政副長官に訴願を行なうことができるとしたのである。この一方的な措置によって契約拒否ができなくなった軍用地主は、桑江率いる土地連のサポートの下、賃貸料の増額を求めて訴願行動に打って出るのであった。

▼土地の強制接収

既存軍用地の使用問題で地主側がこのように反発するなか、米軍当局を悩ませたいまひとつの問題は、土地の新規接収にともなう住民の抵抗である。一九五二年一〇月、米軍は家族住宅を建設するために真和志村（現那覇市）銘苅、安謝、平野にまたがる約一五万坪（約一二二エーカー）の土地に対して収用通告を出すが、この措置に関係住民が激しく反発したのである。関係住民はただちに琉球政府立法院（一九五二年四月に発足した住民側中央政府である琉球政府の立法機関。沖縄群島議会に代わるもの。以下、立法院という）に対し「立退命令の中止」を請願し、これを受けて立法院は、一一月一五日、「強制立退反対に関する陳情」書をビートラー民政副長官に提出する。[35] 同陳情書は、住民側代表機関による初めての強制収用に対する明確な反対表明であっただけでなく、対日平和条約発効以後の強制収用に対して法的な疑問を提示した最初の文書でもあった。

この陳情書で立法院は、「米国が琉球を戦略的基地として、必要としていることも理解している。然しながらそのことによつて、琉球住民の繁栄と幸福が損われ、僅かに持つ財産を奪はれ、生活苦におとし入られ基本的人権が無視される犠牲を独り琉球人が忍ばねばならない理由はない」とのべたうえで、「自らの土地と住民生活権を擁護せんとする住民の叫び」は「人間としての生きるための当然の要求である」と訴える。立ち退き住民の「基本的人権」を挙げて米軍の強制収用に反対した立法院は、さらに次のようにのべる。「戦争終了後の今日なお軍用として琉球住民に立退きを強要することの法的根拠そのものにも、根本的に疑問があり、吾々はその理由ないものと解している」。つまり、ここで立法院は、対日平和条約の発効によって占領期とは異なる局面に入ったにもかかわらず、なぜ米軍は占領期と同じ方法で、すなわち「立退き命令書」一枚のみで土地を強制収用できるのか、という疑問を提起したのである。

ビートラーに代わって新しく民政副長官に就任したオグデン中将は、こうした法的疑問に応えるかのごとく、一九五三年四月三日、強制収用手続きを定めた布令一〇九号「土地収用令」を公布する[36]。同布令はその前文で、アメリカは「琉球列島の土地の使用及び占有に関し、ある程度の必要を有する」と謳ったうえで、この「必要に応ずべき琉球法規がない」ので、「土地の権利の取得及びそれに対する正当補償に関する手続きを定める」ことにした、とのべている。そして布令一〇九号は、具体的に次のことを規定している。

まず第一は、土地の権利取得に関して米軍と所有者とのあいだで意見の一致をみなかった場合には、民政副長官は当該財産の「識別」、「評定価格」、「正当補償の設定金額」などを記載した収用告知書を土地所有者に提示すること、第二は、「正当補償」に関して不服のある場合には、所有者は告知から三〇日以内に「民政副長官に訴願」を行なうことができること、第三は、民政副長官はその所有者からなされた訴願を「琉球列島米国土地収用委員会」に付議し、それを「審理決定させる」こと、そして第四は、訴願中に所有者は琉球銀行に供託された「正当補償金」の七五パーセントを「引出すことができる」、などを定めていた。

この「土地収用令」を公布した現地米軍当局は、ただちにこれに基づき土地の強制収用を開始することになる。まず四月一一日、前年から収用通告の出されていた真和志村銘苅、安謝、平野の対象地域に銃剣で武装した憲兵隊を出動させ、ブルドーザーによって強制収用する。続いて四月二〇日には、米空軍の総合計画用地として小緑村具志一帯の地域に立ち退き通告が出されるのであった（同年一二月に強制収用される）。

▼沖縄の政治指導者の反応

こうした強制収用の動きに対して立法院は、五月五日、布令一〇九号の撤廃や講和後の土地接収反対等を謳った決議書を可決する。[37] 翌六日には、立法院代表六名がオグデン民政副長官に直接会って決議書を手交するとともに、口頭で布令一〇九号の撤廃や軍用地接収の抑制、そして立退き住民への適正補償などを要求する。[38] これを受けてオグデンは、立法院代表に対し、米軍側の意向を次のように率直に説明している。「沖縄に基地を建設するアメリカの目的は共通の平和（the common peace）のためである。この平和を達成するためには土地が必要となる。もしわれわれが土地を獲得することができなければ、われわれは基地を建設することはできない。（中略）われわれは土地の獲得と引き換えに沖縄および他の地域の人々に公正かつ妥当な補償を行なうつもりであり、またそれを望んでいる」。つまりオグデンは、共産主義者の攻撃から「自由世界を守るため」には沖縄に基地を建設する必要があり、そのためには軍用地が絶対に必要になると説明したうえで、土地接収に対する補償は適正に行なう旨を表明したのである。

基地建設の必要性をこのように強調するオグデンに対し、沖縄で最も親米的な政党であった琉球民主党（以下、民主党ともいう）[39]の与儀達敏幹事長は、「アメリカがこの島で軍事基地を必要としているのは理解している。われわれはこの島での米軍基地建設の中止をあなた方に要求するのは望んでいない。基地を建設するという米軍の目的は沖縄の住民および本日ここに集まった立法院議員は理解している」とのべている。また、社大党の平良辰雄委員長（元沖縄群島政府知事）も、「立法院においてわれわれはこの島における米軍施設の閉鎖をこれまで一度も主張したことはないし、また今後もそれを主張することは決してないだろう」とのべて、与儀同様に米軍の基地使用に理解を示している。このように立法院代表は、米軍基地の存続ないし基地建設をまずは容認したうえで、布令一〇九号の撤廃や立退き住民への適正補償、軍用地接収の可能な限りの抑制などを要求したのである。

この立法院代表との会談でオグデンは、さらに、オグデン本人または彼の代理人と直接土地問題で協議のできる住民側「代表者グループ」を設けることも明らかにしている。このオグデンの意向に基づいて住民側「代表者グループ」、すなわち「沖縄土地諮問委員会」が発足したのは、同会談から一カ月後の六月六日である。諮問委員会のメンバーには、委員長に弁護士の伊礼肇が、その他の委員には北中城村長の比嘉秀盛、小禄村長の長嶺秋夫、読谷村議会議員の知花弘治、そして南洋帰還者協会会長の仲本興正の四名が、琉球政府行政主席（同政府で行政を担当する沖縄側のトップ。米軍による任命。以下、行政主席ないし主席という）の比嘉秀平の指名のもと、それぞれオグデンによって任命される。

こうして土地諮問委員会が発足するなか、そのわずか一〇日後の六月一六日、軍用地問題を専門に扱ういまひとつの住民組織が立法院や市町村長のサポートのもと、結成される。市町村軍用土地委員会連合会、通称土地連がそれである。この土地連は文字どおり基地のある市町村に設けられた「軍用土地委員会」の連合組織であるが、この委員会の構成メンバーには、市町村当局、市町村議会、各地域の地主代表らが名を連ねていた。これをみても分かるように、土地連はまさに各市町村の有力者を網羅した超党派の組織体であった。この土地連会長にはこれまで精力的に軍用地問題に取り組んできた桑江朝幸が抜擢され、その桑江を補佐する副会長には戦前北部町村会の会長等を歴任した長老の池原新蔵と現職の佐敷村長である津波元八の二人が選任される。同連合会の会則にあるように、この組織の目的は、「市町村の強固な団結により、沖縄における軍用土地問題の円満、且つ適正妥当な解決を図るため、その筋に建言し、住民の財産権を保護すること」にあった(40)。桑江率いる土地連がのちに軍用地問題をめぐる政治過程のなかで大きな役割を演じることになるのは、後述のとおりである。かくして、一九五三年の半ばにはこの土地連と沖縄土地諮問委員会の二つの組織が結成され、米軍側も軍用地問題の解決に向けて本格的に動き出すのであった。

(2)現地司令部の提案

さて新しく発足した沖縄土地諮問委員会は、その後米軍側担当者と協議を重ねながら、軍用地問題に関するいくつかの進言書をオグデンに提出している。そのなかでもとりわけ重要なのが、一九五三年九月二六日に提出した進言書である。(41)この進言書で諮問委員会は、まず第一に、短期的に一時使用する軍用地を除き他のすべての軍用地については地代を一括で支払うこと、第二に、土地の権原(title)はできる限り琉球政府が取得するか、あるいはアメリカ自身が取得し、沖縄を離れる際に琉球政府に移譲すること、第三に、権原を取得した時点で地代を全額地主に支払うこと、第四に、八重山に移住する人々にはアメリカに引き渡した土地の三倍の土地を提供し、移住費として二〇〇ドルを与えること、そして第五に、アメリカは二〇〇万ドルの資金をもって道路、学校、病院、水道施設などの八重山開発を支援すること、などを進言している。つまり同委員会は、軍用地の買い上げ案と八重山への移住案をオグデンに進言したわけである。

ただ、土地諮問委員会が発足の当初からこの買い上げ案を考えていたかというと、決してそうではなかった。むしろ委員会は、この案に反対の意思を示していたのである。(42)しかし、こうした態度の委員会に対し軍用地の売却案を勧めたのは、米軍側の土地問題担当官であったデイヴィッド・ガンドリング少佐であった。このガンドリングのまとめた同年七月のある文書によると、彼は土地諮問委員会のメンバーに対し、次の点を指摘していた。まず第一に、アメリカに土地を売ることによって「住民は新しい土地を購入したり新しい住宅を建てるための十分な資金を持つことができる」こと、第二に、アメリカが土地の買い上げ方式と賃貸借契約のどちらをとるにせよ、「土地所有者はみずからの権利を失ってしまう」こと、第三に、アメリカが土地を購入したあと沖縄から撤退するようなことがあったとしても、旧所有者が土地を取り戻すことはできないこと、そして第四に、少数の地主にとっては賃貸借契約は利益となるが、大多数の地主にとっては不利益となること、以上である[43]。

賃貸借契約を締結しても「土地所有者はみずからの権利を失ってしまう」とした点については、その意味するところは不明であるが、いずれにしてもここでガンドリングは、右の四つの点を指摘しながら、土地諮問委員会に対して買い上げ案を勧めたのである。これを受けて同委員会は、以後この案を支持する方向に態度を変え、九月二六日にはオグデンに対し先の進言書を提出するのであった[44]。

一方、オグデン率いる米民政府は、土地諮問委員会が買い上げ案を進言する以前から、実はこれを支持する文書を作成していた。おそらく極東軍司令部に提出するために準備したと思われる九月一六日付の文書のなかで、米民政府はこれを支持する理由として次の八点を挙げている[45]。まず第一に、アメリカにとってかなりの経費節約になること、第二に、アメリカの基本的な政策と調和していること、第三に、土地を失った住民が新たな土地を購入し、みずからの生活を再建できること、第四に、これによって軍用地の権原がアメリカにあることが明確となり、基地建設のための投資が保障されること、第五に、軍用地の取得政策とその手続きが簡素化されること、第六に、沖縄住民の要望と一致していること、第七に、困難な政治問題をこれによって緩和しうること、そして第八に、沖縄におけるアメリカの意図を明確にできること、以上である。

買い上げ案が経費の大幅削減になるとした点について米民政府は、具体的な数字を挙げて説明している。すなわち、恒久使用を予定している約四万エーカーの軍用地を借用した場合、二〇年間でおよそ一八〇〇万ドルの費用がかかってしまうが、それを買い上げた場合には、一五〇〇万ドルの費用で抑えることができる、というのである。しかも米民政府は、こうした直接的なコストだけでなく、契約にともなう行政上のコストについても、軍用地を買い上げたほうが低く抑えることができる、と説明するのであった。つまり、賃貸借契約を採用した場合には行政上のコストが毎年かかってしまうが、軍用地を一括で買い上げた場合には、そのコストは最初の一回きりで済んでしまう、というのである。

つぎに、「アメリカの基本的な政策と調和している」とした点については、おそらく沖縄統治の基本方針を定めた民事指令が軍用地の買い上げを謳っていることを指していると思われるが、この九月一六日付の文書ではさらに、フィリピンのクラーク空軍基地の事例も挙げて、沖縄での土地買い上げを正当化している。同事例は、最近フィリピンにおいて基地拡張のために七〇〇〇エーカーあまりの土地の権原を獲得した、というものであった。

また、この買い上げ政策が「住民の要望とも一致している」とした点については、同文書は次のように説明している。すなわち、「沖縄住民の代表」としてオグデンに任命された土地諮問委員会が買い上げ政策を支持しているので、その「土地諮問委員会を通じて住民もこの買い上げ計画を支持している」、というのである。しかし、この時期土地諮問委員会が米軍との協議内容を外部に漏らすことが一切許されていなかったことを考えても、また桑江朝幸率いる土地連が買い上げではなく賃貸借契約の継続と賃貸料の増額を要求していたことを考えても、この米軍当局の主張は当時の住民側の要求を正確に伝えたものとはいえなかった。最後に、「沖縄におけるアメリカの意図を明確にすることができる」とした点については、アメリカが沖縄を長期保有する意図を持っていることを軍用地政策の側面から明確にしようとするものであった。以上、こうした米軍内部での検討および沖縄土地諮問委員会の進言を受けてオグデン民政副長官は、一〇月一六日、軍用地の「単純不動産権（fee simple title）」[46]ないしは「適当な地役権（appropriate easement interests）」を獲得するための資金と、三五〇〇世帯の住民を八重山群島に移住させるための資金を、東京のジョン・ハル民政長官（リッジウェイの後任）に要求するのであった[47]。

このオグデンの進言を受けてハルは、一二月一二日、陸軍長官に宛てた書簡のなかで、三〇年以上にわたる長期使用の軍用地と、原状回復が困難な二〇年以下の比較的短期にわたって使用する軍用地の二種類を買い上げの対象としたうえで、その土地の「単純不動産権」ないしは「適当な地役権」を地主から一括払いによって買い上げることを提案している[48]。そして、その買い上げ費用としてハルは、総額で一四二五万五〇〇〇ドルを要求するとともに、土地を失った家族の八重山諸島への移住費として七〇万ドルを（三五〇〇戸の移住を想定。一戸あたりの移住費は二〇〇ドル）、また八重山諸島の開発費として二〇〇万ドルを（学校、病院、道路、水道施設、電力施設などの建設費）、それぞれ陸軍省に要求するのであった。八重山諸島への移住費を一戸あたり二〇〇ドルとしたことや、八重山開発費を二〇〇万ドルとしたことは、前述した沖縄土地諮問委員会の進言に沿ったものだといえる。

このようにハルがオグデンの進言を承認した背景には、これまで未解決であった沖縄の処遇問題がここにきてようやく決着をみたことがあったといえる。ハルが陸軍長官に軍用地の購入費を要求したころ、ダレス国務長官は奄美返還協定の締結に際し、極東に脅威と緊張が続く限り沖縄を統治していく、という声明を発表するが、このダレスの声明を持ち出したうえでハルは、「アメリカが無期限に沖縄にとどまる」ことが軍用地問題解決の前提になっている、と陸軍長官に説明したのである。(49)

このように軍用地の買い上げ政策が再浮上してくるなか、沖縄現地では土地をめぐるいまひとつの問題が浮上してくることになる。米海兵隊の沖縄移駐にともなう大規模な新規土地接収問題がそれである。

三　海兵隊の沖縄移駐と土地接収

(1) 極東米軍の再配置計画

▼米地上兵力の韓国からの撤退

トルーマン政権に代わって新しくアイゼンハワー政権が誕生したのは、一九五三年一月である。このアイゼンハワー政権にとって最大課題のひとつは、朝鮮戦争や軍備拡張によって増大した国防予算をいかに削減するかにあった。この国防予算の削減のために同政権が最も重視した施策のひとつが、経費のかかる陸上兵力の削減であった。陸上兵力を全体的に削減していくとなると、どこからそれを削減し、また残った兵力をどこに配置するのかが重要な問題となるが、この配置転換の対象としてアイゼンハワー政権が真っ先に目をつけたのが、朝鮮戦争を通じて急増した韓国を中心とする極東地域の陸上兵力であった[50]。

一九五三年七月の休戦協定の成立時点でアメリカは、全陸軍二〇個師団のうち七個師団を韓国に配置し、一個師団(陸軍第一騎兵師団)を日本に配置していた。また全体で三つあった海兵師団のうち一個師団(第一海兵師団)を韓国に、もう一個師団(第三海兵師団)を日本に配置していた[51]。この極東地域における陸上兵力の再配置問題が国家安全保障会議で話し合われたのは、休戦協定の成立からおよそ五カ月後の一二月三日である[52]。同会議でジョージ・ハンフリー財務長官は、国防予算の削減を理由に韓国から二個師団を即時撤退させることを要求し、また国防長官のチャールズ・ウィルソンも、同じ予算上の理由からこれを強く支持することになる。アジア地域で「積極政策」をとるべきだと考えていたアーサー・ラドフォード統合参謀本部議長は、当初この案に慎重な姿勢を示すが、アイゼンハワー大統領とダレス国務長官もこのハンフリーの提案を支持したことによって、結局のところ態度を軟化させる。これを受けてアイゼンハワーは、即座に二個師団の撤退開始時期を一九五四年三月一日と決定するのであった。またこの会議では、もし休戦状態がこのまま長期化した場合、在韓米軍を二個師団にまで削減し、それが完了した時点でさらに状況を見極めたうえ、極東地域から米軍を追加撤退させることが決定される。

この決定を受けて統合参謀本部は、一九五四年四月一日、極東米軍の包括的な再配置計画を作成し、これをウィルソン国防長官に提出している[53]。この計画によれば、陸軍は韓国駐留の四個師団を同年一二月までに撤退させ、一方の海兵隊は日本駐留の第三海兵師団をアメリカ本国に一九五五年七月から九月にかけて撤退させる、となっていた。前者の陸軍四個師団の撤退先は、一個師団が日本(第二四歩兵師団)、もう一個師団がハワイ、残り二個師団がアメリカ本国となっている。これによって韓国に駐留する米軍は陸軍一個師団と海兵隊一個師団となることが計画されたのである。米軍の立てたこの包括的な再配置計画は、一九五四年五月のディエンビエンフーの陥落に象徴されるインドシナ情勢の悪化を受けて、その実行を一時中断されるが、同年七月のジュネーヴ会議で休戦協定が締結されると、計画の再検討がなされることになる。重要なことは、この再検討過程のなかでウィルソン国防長官が、のちに沖縄で大きな政治問題となる海兵隊の沖縄移駐案を提案し、これが国家安全保障会議で承認されたということである。

▼「海兵隊沖縄移駐」案の浮上

ジュネーブ協定の調印から五日後の七月二六日、ウィルソンは統合参謀本部と各軍に対し、四月一日に策定した再配置計画を一部修正するよう提案する。[54]ウィルソンが修正を求めた点は、日本からアメリカ本国に撤退させる予定であった海兵隊一個師団を極東地域に残留させ、同地域に海兵隊二個師団をそのまま維持するという点にあった。具体的には、第一海兵師団をそのまま韓国に駐留させ、日本から本国に撤退予定の第三海兵師団を沖縄に移駐させる、というものである。ウィルソンのこの提案は七月二八日、各軍で詳しく検討される前に、国家安全保障会議で正式承認されるのであった。[55]ウィルソンの突然の提案からわずか二日というスピードで、沖縄基地の性格を大きく変え、しかも住民に多大なる影響を与えるこの海兵隊の沖縄移駐案が、国家の最高意思決定機関で決定されたのである。

それにしても、なぜウィルソンはこうも突然にこうした提案を行なったのであろうか。このことを示す確かな資料がないため正確なことは分からないが、ただ元陸軍大将ジェームズ・ヴァンフリートの進言がウィルソンに影響を与えた可能性はある。[56]アイゼンハワー大統領の陸軍士官学校の同期であり、しかも朝鮮戦争ではリッジウェイの後任として米第八軍と国連軍の司令官を務めたヴァンフリートは、退役後の一九五四年四月二八日、大統領の特命を受けてワシントンを出発し、三カ月近くにわたって韓国、日本、沖縄、台湾、そしてフィリピンなどを歴訪している。[57]各軍の代表や国防次官補などをそのメンバーとするヴァンフリート視察団の目的は、韓国を中心にこれら地域における現地軍の規模、構成、装備、訓練、予備役部隊、維持経費等について調査し、大統領に進言することにあった。[58]ウィルソンは出発前にヴァンフリートに対し、「視察の進捗具合」を報告するよう要請し、ヴァンフリートはこれに応じている。[59]

ヴァンフリートが視察先から送った電報でとりわけ注目すべきは、七月三日付のそれである。同電報でヴァンフリートは、日本と韓国からの米軍撤退を迅速に推し進めることを提案するとともに、日本に駐留する「第三海兵師団を沖縄とフィリピンに移動させる」よう強く進言したのである。[60] ヴァンフリートの考えは、日本と韓国からアメリカの地上兵力を撤退させ、代わりに現地の地上兵力を増強させるというものであり、具体的には、陸軍第一騎兵師団（日本駐留）と第一海兵師団（韓国駐留）を本国に撤退させ、陸軍第七歩兵師団（韓国駐留）をハワイに移転させる、というものであった。

日本から地上兵力を撤退させることについてヴァンフリートは、これが「日本人のプライドと責任感を強化する」と説明するとともに、「日本から米軍が撤退していけば、日本人はみずからの防衛をみずからでやらねばならないという認識をもつことになろう」と主張する。ヴァンフリートのこうした考え方は、六月三日にウィルソンを通じて大統領に提出した同視察団の「予備的報告書」のなかで、さらに具体的に次のように示されている。[61]「日本人は全体的に、中立主義的な傾向を持っており、防衛力増強には反対である。これは、第二次世界大戦中に受けた強烈な苦難からくる戦争への嫌悪、軍閥の力が復活することへの恐れ、そして共産主義者による攻撃や転覆活動の脅威の本質を理解できないことからくるものである。しかし米軍の日本駐留によって与えられる安心感こそが、中立主義を促す最も重要な要因になっているように思われる」。つまり、日本人の中立主義を促す最も大きな要因が米軍のプレゼンスであり、その米軍の日本からの撤退を推し進めることによって日本の防衛力増強も図ることができる、というのがヴァンフリートの見解であった。

第三海兵師団の移転先のひとつに挙げた沖縄の基地について、ヴァンフリートはこの「予備的報告書」のなかで、次のようにのべている。「沖縄は今日、西太平洋において最も重要なアメリカの基地であり、大きな潜在力を有している。沖縄は二個師団規模の戦略的予備軍のために演習場を提供でき、追加される空軍力も支援でき、さらに海軍の重要な停泊地も提供することができる。しかも、中国南部や中央部に対して軍事作戦を遂行するうえで主要な兵站基地にもなりうる」。つまりヴァンフリートは、沖縄は二個師団規模の米軍が訓練しえる土地を提供でき、しかも空軍と海軍をサポートでき、中国との戦争においては「兵站基地」にもなる、というのである。

このヴァンフリートの進言がウィルソンの決定にどれだけ影響を及ぼしたのかは不明であるが、大統領の信頼も厚くウィルソンの支持も得ていたヴァンフリートが、第三海兵師団の移転先のひとつとして沖縄を挙げていたことだけは確かである。ともあれ、国家安全保障会議で承認を得たウィルソンは、それから二週間後の八月一二日、統合参謀本部や各軍に対し、この海兵隊の沖縄移転の決定を伝えるのであった[62]。

(2)「海兵隊沖縄移駐」案への反対

▼ハルの反対と海兵隊の反論

国家安全保障会議の行なったこの決定に対し、ただちに批判の声をあげたのは、東京のハル極東軍司令官である。ハルは一〇月八日、ウィルソン国防長官に直接電報を送り、第三海兵師団の沖縄移駐に代えて陸軍一個師団の移駐を進言したのである[63]。同電報ではどの部隊を移動させるべきかは明記されていないが、ハルがこれまで韓国から日本に移転予定の第二四歩兵師団を沖縄に移転させるべき、と何度も進言していたことからすれば、彼がここで同師団の移転を考えていたことは明らかである。同年三月一五日付の陸軍省宛電報でハルは、みずからの見解を次のようにのべている[64]。すなわち、軍事戦略的にみて沖縄に陸軍一個師団を置くことは極東におけるアメリカの立場を柔軟にし、アジアにおけるわれわれの同盟国および敵対国に対して、アメリカはこの地域で強力な軍事態勢を維持することを決定した、と示すことができる。また、日本の地形を考えれば、非常時に日本本土のある場所から部隊を動かすよりも、沖縄から本土へ移動させたほうが迅速で容易である。しかも日本本土では、自衛隊がその増強に合わせて訓練場や住宅施設を求めており、新たに米軍が土地を取得するのは困難である。その点、沖縄はこうした問題に対し最善の解決策を提供することができる。

このような見解を示していたハルは、一〇月八日付のウィルソン宛電報において、移駐コストと土地接収の観点から海兵隊の沖縄移駐に反対し、持論である陸軍一個師団の移駐を進言したのである。まず前者についてハルは、海兵師団が沖縄に移駐した場合、その施設建設費は海兵師団が四三〇〇万ドル、海兵航空部隊が二〇四〇万ドル、琉球軍司令部の支援が七〇〇万ドル、合わせて七〇四〇万ドルかかり、また土地接収費や再定住費は九三〇万ドルかかるが、一方の陸軍一個師団が移駐した場合、その施設建設費は三九七〇万ドル、また土地接収費や再定住費は六一〇万ドルで済む、と力説したのである。後者の問題についてハルは、海兵隊による新規の土地接収は農地を接収してしまうため「重大な問題」を引き起こしてしまう、と主張し、一方の陸軍の計画については、大部分がイーズリー訓練場（現在のキャンプ・ハンセン）を利用する計画なので住民の立ち退きは少なくて済む、と強調したのである[65]。

ハルのこうした進言に対して海兵隊総司令官ラミュエル・シェパードは、一〇月一八日、ウィルソン国防長官に覚書を送り、海兵隊の沖縄移駐を支持する見解を伝えている[66]。この覚書でシェパードは、次のような理由からそれが適切であることを力説している。すなわち、第一に、日本と韓国からアメリカ陸上兵力を撤退させることは同国の最終目標であること、第二に、極東地域と西太平洋地域においては最終的に機動力のあるアメリカの空軍力と海軍力にかかっていること、第三に、韓国の陸軍と海兵隊はアメリカの空と海からの支援および兵站支援によって重要な上陸作戦能力を保持することができること、第四に、日本からインドネシアに至る「列島連鎖（islands chain）」を防衛するうえで緊急展開能力をもつ機動空地班は重要であること、そして第五に、アメリカ海兵隊の特別な能力は現地部隊または他の陸上部隊のために空と海から火砲支援を行なうための効果的な体系を提供できること、以上である。

このように主張したシェパードは、さらに続けて、もし沖縄の一個師団が現地の陸上防衛を強化することが主任務であるとするならば、海兵隊の空地班はその任務を行なうのに適当ではない、とのべたうえで、次のように力説する。「もし沖縄が機動空地班——同班は不測の事態に対する必要性からみて、戦争勃発の直前、またはその直後の作戦において極東軍あるいは太平洋軍の管轄エリアにおける現地陸上部隊を支援するために配備される——の基地として提供されるべきであるとするならば、その場合海兵隊の任務はすでに命ぜられているといえる」。つまり、海兵隊の機動空地班の任務は沖縄防衛のためにあるのではなく、アジア・太平洋地域の陸上部隊を支援するためにあると指摘して、戦争勃発の際にはこの班が戦略的に重要になる、と強調したのである。

このように説いたシェパードは、続けてコスト面についても言及し、前述したハルの説明を非難している。シェパードによれば、ハルの説明は「海兵隊の組織とその必要性に関する不十分な理解に基づいている」として、海兵隊みずからが試算したコスト評価をウィルソンに伝えている。すなわち、ハルは海兵師団の施設建設費を四三〇〇万ドルと試算しているが、海兵隊独自の試算では二三六〇万ドルで済む、というのである。またシェパードは、海兵航空部隊の施設建設費をハルは二〇四〇万ドルとしているが、これは戦闘機群とヘリコプター群を合わせたものである、と指摘したうえで、前者は日本に残留させる予定なので後者だけで済む、とのべて、ヘリコプター群だけの施設建設費は四九六万ドルで済む、と力説するのであった。つまり、海兵師団の施設建設費はヘリコプター群のそれも合わせて二八五六万ドルで済み、むしろ陸軍師団の建設コストよりも安くつく、というのがシェパードの言い分であった[67]（ただ、シェパードは土地接収費や再定住費は算出していない）。

▼統合戦略計画委員会の見解

一方、ハルの提案を受けた統合参謀本部の下部機関である統合戦略計画委員会は、一一月五日、その検討結果を文書にまとめている。注目すべきは、この文書が海兵師団の沖縄移駐よりも陸軍師団のそれが「戦略的にはより好都合」である、と結論づけていたことである[68]。つまり同委員会は、シェパードの見解を真っ向から否定する形で、陸軍師団の沖縄移駐を支持したのである。統合戦略計画委員会の論理はこうである。

すなわち、海兵隊であれ陸軍であれ、沖縄に一個師団を置くことは「列島連鎖」の防衛を強化し、極東におけるアメリカの立場を柔軟なものにする。しかも、アジアにおけるアメリカの同盟国に対しても心理的に有利な影響を与えることができ、強力な軍事態勢をこれからも維持するアメリカの決定を共産主義者に示すこともできる。だが、海兵隊と陸軍のうちどちらを移駐させるべきかについては、ひとつの重大な戦略的考慮が必要となる。なぜなら、ソ連との全面戦争が勃発した場合、現在日本と韓国に駐留している海兵師団（第一、第三海兵師団）は、極東から離れることが計画されているからである。とりわけ、緊急戦争計画において第三海兵師団は、戦争勃発日にヨーロッパに派遣されることが予定されている。したがって、長期的な基盤に立って考えた場合、第三海兵師団を沖縄に移駐させることは実際的ではない。

以上が統合戦略計画委員会の見解であったが、これを統合参謀本部が検討しているさなかの一二月九日、突然ウィルソン国防長官は同本部に対し、韓国に駐留する第一海兵師団をアメリカ本国に撤退させ、代わりに日本に駐留する陸軍二個師団のうち一個師団を韓国に移動させるべし、と指示することになる。[69]ウィルソンがこうした指示を行なった理由のひとつには、第一海兵師団を韓国の防衛にだけ貼り付けるのではなく、それをアメリカ本国に置いて「機動的な戦略予備隊」として強化する狙いがあった。ウィルソンのこの指示を受けて海兵隊総司令官シェパードは、一二月一七日、第一海兵師団の撤退に合わせて韓国駐留の第一海兵航空団も日本に移駐（一部はハワイ）させるよう提案するが、一方の陸軍参謀総長のリッジウェイ（元極東軍司令官）は、四日後の一二月二一日、第一海兵航空団の撤退は韓国におけるアメリカの航空支援を劇的に減少させてしまう、と反論するのであった。[70]

この両者の見解を聞いた統合戦略計画委員会は、一二月二三日、ＪＳＰＣ一九三／六一なる文書を作成することになる。[71]この文書で重要なことは、単に陸軍側の見解を支持しただけでなく、ウィルソンの指示自体を全面的に否定していることである。すなわち同委員会は、まず第一に、第三海兵師団を沖縄ではなくアメリカ本国に撤退させること、第二に、第一海兵師団は第一海兵航空団とともに韓国に残すこと、第三に、陸軍第二四歩兵師団を日本に置くこと、を進言したのである。つまり統合戦略計画委員会は、第一海兵師団ではなく第三海兵師団を本国に撤退させるべきだ、と主張したのである。

しかし不思議なことに、この文書がＪＣＳ二一四七／一二三という名称に変更されたとき、その進言内容は一八〇度変わっていた。つまり、両文書はその「問題点」や関連する「諸事実」を記した箇所についてはほぼ同じ内容であったが、「結論」と「勧告」部分だけがまったく別のものに書き替えられていたのである。すなわち、JCS二一四七／一二三では第三海兵師団の本国撤退案と第一海兵師団の韓国残留案などが完全に削除されたうえ、第一海兵航空団を第一海兵師団の撤退に合わせて日本に移駐させるべき、という進言がなされていたのである。[72]なぜこうも結論が大きく変わったのかは不明であるが、このJCS二一四七／一二三は、一転してシェパードの見解を支持したうえで、ウィルソンの指示を受け入れたのである。ともあれ、この文書は一二月末、統合参謀本部によって承認され、ここに海兵隊沖縄移駐への反対の声はかき消されることになる。軍内部から移駐コストや新規接収の問題、あるいは戦略上の問題などが提起されながらも、以後海兵隊の沖縄移駐計画は実行に移されていくのであった。[73]

▼新規接収計画

では、立ち退き問題が懸念されていた海兵隊の新規接収計画とは、いったいどのようなものであったのか。後述するプライス調査団の来島に備えて作成された海兵隊のブリーフィング・ペーパー（一九五五年一〇月作成）によれば、彼らの立てた土地接収計画とは、以下のようなものであった。[74]すなわち、沖縄で要求する土地の総面積は約四万七〇〇〇エーカーであり、その内訳は北部のトレーニング・エリアが二万五六四九エーカー、辺野古のトレーニング・エリアが五八二二エーカー、イーズリー複合射撃場が一万五五三六エーカー、そして金武ビーチ・エリアが九一エーカー、というものである。そのうち約八〇〇〇エーカーの土地はすでに陸軍が使用していた地域であったことから、実際に海兵隊が必要とした新規の面積は、約三万九〇〇〇エーカーであった。一九五五年一〇月時点で既存の軍用地が約四万エーカーであったことを考えると、これに匹敵する軍用地を海兵隊は要求したのである。

この三万九〇〇〇エーカーの接収予定地を所有形態で分けると、二万一〇〇〇エーカーあまりが国有地であり、残り一万七〇〇〇エーカーあまりが私有地であった。同ブリーフィング・ペーパーによれば、海兵隊が要求した接収予定地は、「住民生活の混乱または経済の混乱を最小限度に抑える」観点から選ばれたものであり、このことをプライス調査団に説明するにあたって海兵隊は、接収予定の私有地のうち約九〇パーセントが「農業や放牧のためにまった

図２　海兵隊の新規接収予定地

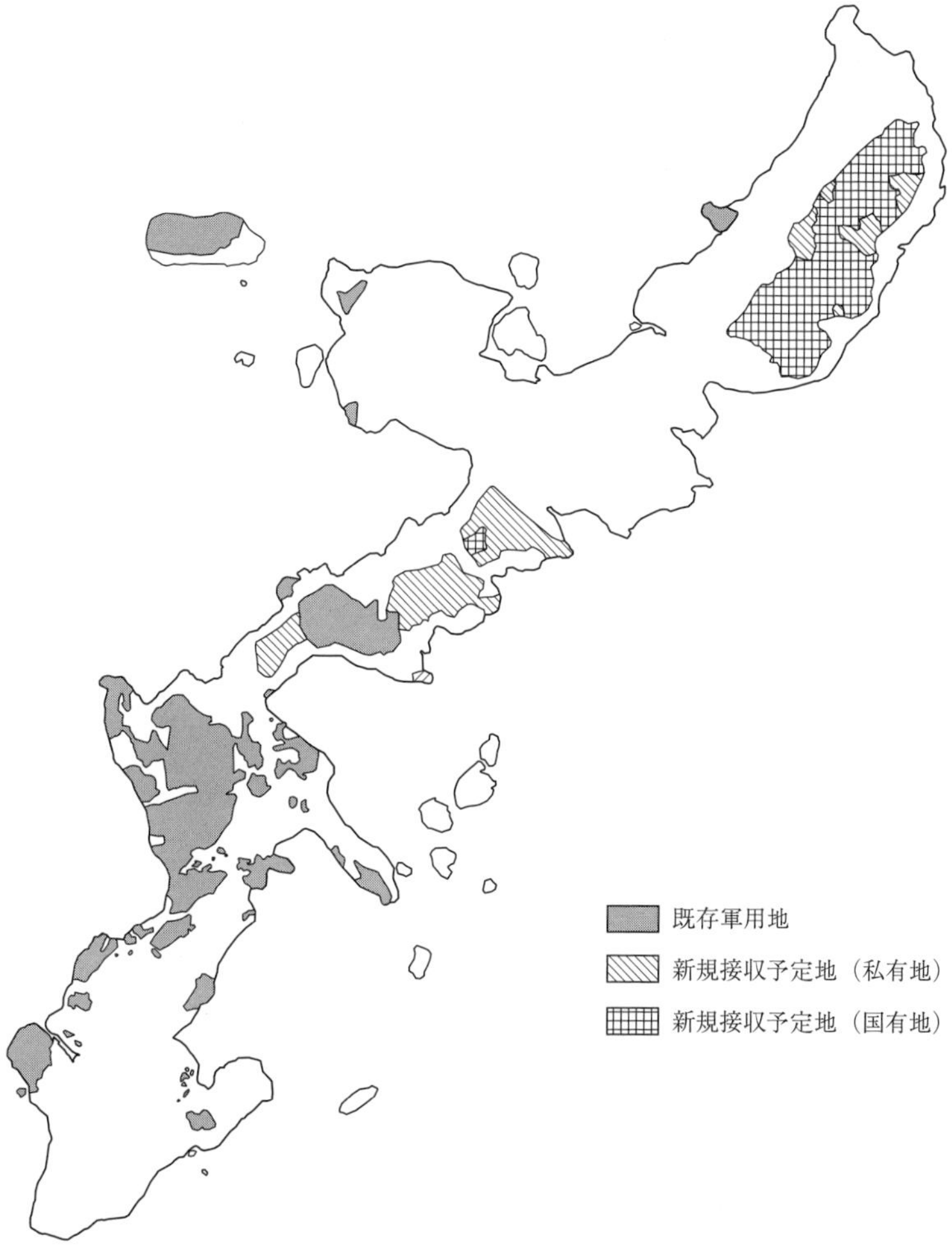

出典：USCAR, Study of Land Problems in Okinawa, October 1, 1955, 0000000836, OPA.
土地利用区分の網かけについては見やすさを考えて原図を若干修正した。

く利用することのできない」土地であることを強調するのであった。

このように住民の生活や経済に配慮して農地接収を最小限度に抑える努力をしたとしても、やはり住民にとって死活的に重要な意味をもつ農地の接収を完全に取り止めるというわけではなかった。一万七〇〇〇エーカーの一〇パーセントといえば、一七〇〇エーカーとなり、これを坪あたりで換算すると、二〇八万一〇〇〇坪となる。ただでさえ米軍の基地建設によって戦後農地が二四パーセントも減少した沖縄において、この数字は決して小さいものではない。また、残りの九〇パーセントを占める「深い雑木林や低木林」にしても、たしかに農産物などを生み出す土地ではなかったものの、近隣の住民にとっては薪などを採取できる重要な地域であり、それによって生計を立てている住民も数多くいたのである。

▼「核基地」沖縄

さて、このように一九五〇年代も中盤以降になって沖縄基地が海兵隊基地としての姿をみせはじめてくるなか、いまひとつ同基地は「核基地」としての姿もみせるようになる。その背景には、アイゼンハワー政権が打ち出したいわゆる「ニュールック戦略」があり、この戦略とは、コストのかかる通常兵力よりも核兵器に大きく依存した戦略であった。[75] 国防予算削減のために地上兵力の削減を最重要課題にしていた同政権は、削減される地上兵力を補うものとして、この核兵器を安全保障戦略の中心に据えたわけである。

ロバート・ノリスらの研究によれば、この「ニュールック戦略」に基づき沖縄に核兵器が配備されるようになったのは、一九五四年一二月以降である。[76] 中国が台湾の支配下にある金門・馬祖を攻撃したことではじまったいわゆる第一次台湾危機（一九五四年九月〜一九五五年一月）の真っ只中に、沖縄に核兵器が配備されたのである。その後、沖縄への核兵器の配備は加速し、アイゼンハワー政権の末期には、アジア太平洋地域に配備されていた約一七〇〇発の核兵器のうち、実にその半数近くの八〇〇発が沖縄の嘉手納基地に配備されていたのである。[77]

このように急速に核基地化していった沖縄は、戦略空軍の中核をなすB－四七中距離爆撃機の「発進・中継基地」

としても重視されるようになり、一九五四年には韓国から第一八戦闘爆撃航空団が嘉手納基地に移駐してくることになる[78]。また、一九五九年には地対空ミサイル「ナイキ・ハーキュリーズ」も配備され、沖縄の防空体制は強化される[79]（このナイキ・ミサイルの配備にともなう基地建設については、土地接収問題の観点から再度第五章で取り上げる）。

以上のようにアイゼンハワー政権下の沖縄の米軍基地は、これまでの空軍基地としての役割だけでなく、核基地および海兵隊基地としての役割をも担うようになり、アジア太平洋地域で最も重要な基地のひとつとしてその地位を固めていくのであった。しかし問題は、これを沖縄住民がどう受け止めたかである。なぜなら、この沖縄基地が有効に機能しえるかどうかは、ひとつには、そこに住む沖縄住民の態度いかんにかかっていたからである。次節では、この沖縄住民の態度にとくに焦点をあてながら、沖縄代表団の第一次訪米↓プライス調査団の来島↓プライス勧告の発表という一連の流れをみていくことにする。

四　沖縄代表団の第一次訪米

(1)一括払い計画への反対

▼軍用地四原則

陸軍省が軍用地の買い上げ計画を検討していることを沖縄住民が知ったのは、一九五四年三月一八日である。同日付の地元紙『沖縄タイムス』が、「米軍当局は沖縄で四万五千エーカー（約二万町歩）の土地を購入し、三千五百家族の住民を八重山に移住させるための資金を獲得するだろう」（括弧は引用文のまま）というINS通信社がワシントンで得た情報を報道したからである[80]。これを受けて琉球政府行政主席の比嘉秀平は、この買い上げ計画を次のように支持している。「（軍の考えは）地代を一ぺんに支払つて農民の生業資金に供したいとの考え方であつて、このような軍の親心に感謝したい」[81]。一方、住民の代表機関である立法院は、比嘉とは正反対に、この計画に強く反対することになる。四月三〇日に同院が可決した「軍用地に関する請願決議」は、次の四点を謳っている[82]。

一、アメリカ合衆国政府による土地の買上又は永久使用、地料の一括払は、絶対に行なわないこと。
二、現在使用中の土地については、適正にして完全な補償がなされること。使用料の決定は、住民の合理的算定に基づく要求額に基づいてなされ、且つ、評価及び支払は、一年毎になされなければならない。
三、アメリカ合衆国軍隊が加えた一切の損害については、住民の要求する適正賠償額をすみやかに支払うこと。
四、現在アメリカ合衆国軍隊の占有する土地で不要の土地は、早急に解放し、且つ、新たな土地の収用は絶対に避けること。

以上の請願事項、すなわち一括払い反対、適正補償、損害賠償、そして新規接収反対の四つは、のちに「軍用地四原則」といわれ、住民側の求める最小限度の要求事項となる。

一方、桑江朝幸率いる土地連は、この新聞報道を受けてただちに地主の意向調査を実施するが、これによれば、調査に応じた一万八九六一人のうち、一括払い計画に賛成したものはわずかに四七人のみで、残りの一万八九一四人の地主はこれに反対の意思を示したのである[83]。この調査によって地主の意向を確認した土地連は、同年七月、立法院に対し、琉球政府代表と地主代表を直接ワシントンに派遣し、軍用地問題を訴えるべきだ、と要請することになる[84]。軍用地関係予算の決定権をもたない現地米軍とこれ以上協議をしても成果をあげえない、というのが土地連側の言い分であった。この土地連の要請を受けて立法院は、同年一〇月、比嘉行政主席にこの件を要請し、沖縄では日増しにワシントン派遣の要望が高まっていくのであった[85]。

こうした状況のなか、翌一九五五年三月、米陸軍省民事軍政局のウィリアム・マーカット局長を団長とする一行が沖縄を訪れ、買い上げ計画への理解を現地の指導者らに求めることになる。日本政府の出先機関として那覇に置かれていた日本政府南方連絡事務所（一九五二年七月に設置。総理府南方連絡事務局の出先機関。以下、南方連絡事務所ともいう）の集めた情報によると、三月二日、琉球軍司令部の土地問題担当官であるダラス・シャープ少佐の案内で立法院軍用土地特別委員会のメンバーと会談したマーカット一行は、岩盤地帯や岩山のような「無価値な土地」であれば地代を一括で支払って「米国が永久に使用してよいではないか」、と切り出している。[86] これに対して委員会は、これを「端緒」に一括払い方式を「無価値な土地」以外にも「拡大」させることを警戒し、次のようにこれを退けている。「現在は無価値に見える土地でも将来は有用の土地となりうることがある」。

このように反論した軍用土地特別委員会のメンバーは、「煙草一個も買えない蚊の涙程の地料」に地主だけでなく全住民が反対していることや、天久部落において米軍が強制接収したことなどを説明し、沖縄の実情を訴えている。会議では、後者の件に関してシャープ少佐が、当該地域の接収は「かねがね予告してあつた」と反論したところ、委員会のメンバーは、「軍からの正式通告は現場における米軍の実力行使後に到達している」と激しく反発し、マーカット一行を挟んで激論になる場面さえみられた。このように陸軍省が買い上げ計画を推し進める意思を強くもっていることを確認した沖縄の政治指導者たちは、これを機に代表団のアメリカ派遣の準備を加速させるのであった。

一方、日本政府（鳩山一郎政権）も水面下でアメリカ政府に沖縄住民の意向を伝え、側面支援している。重光葵外務大臣率いる外務省は、前年春ごろから総理府南方連絡事務局を通じて送られてくる那覇の南方連絡事務所の報告によって現地の実情を把握しており、[87] また上京した沖縄の政治指導者たちからも直接現地の実情を聞いたりして彼らの要望事項がいかなるものかを理解していた。[88] しかし、この段階に至るまで外務省は、アメリカとの話し合いに乗り出すことはせず、事態を静観していた。だが、一九五五年一月一三日に『朝日新聞』が沖縄の実情を伝える特集記事を大々的に掲載し、それが日本国内で反響を呼んだことや、それに呼応して現地における買い上げ反対の動きも強まったことを受けて、外務省もいよいよこの問題への取り組みを開始したのである。[89]

まず外務省は、米連邦予算局が買い上げ予算を一エーカーあたり五〇〇ドルにしようとしているとの情報を駐米日本大使館から得るや、四月六日、ただちに井口貞夫大使に対し、日本側の意向を伝えるよう指示している。これを受けて井口大使は、翌七日、アメリカ政府に対し住民が一括払いに反対していることを伝えたうえで、一年ないしは長くても五カ年ごとに賃貸料を支払うような賃貸借契約が望ましい旨を提案している。(90) また四月二八日には、アジア局長の中川融が、沖縄に赴任するジョン・スティーヴス新総領事に対し、井口と同様の要望を伝えている。さらに五月上旬には、日本訪問中のオズボーン・ハウギー国防省係官に対し、外務省は同様の要望を行なうのであった。(91)

日本外務省がこのように側面支援するなか、沖縄側の訪米準備もいよいよ本格化し、訪米する代表団メンバーには、団長に行政主席の比嘉秀平が選出されたほか、団員には立法院議員の大山朝常（社大党）、長嶺秋夫（社大党）、新里銀三（民主党）の三名と土地連会長の桑江朝幸と琉球政府経済企画室室長の瀬長浩の計五名が選出される。そして代表団は、米議会に訴えるための各種資料も作成していき、訪米に向けた準備を着実に整えていくのであった。

▼沖縄代表団とモーアの会談

オグデンの後任であるジェームズ・モーア民政副長官が比嘉ら代表団六名を密かに呼び出したのは、このときである。(92) 五月一二日に行なわれた会談でモーアは、一括払い計画についての見解を問い質し、これに対して代表団は、翌一三日、次の二つのことを記したメモを彼に手交している（括弧は原文のまま）(93)。

①代表団は年額七九三万八〇〇〇ドルの賃貸料を適正な補償額として要求する。しかし、折衝の状況しだいでは総額を再考する用意がある。

②原則として代表団は一括払いに反対の立場に立つ。とりわけ、総額一六六〇万ドル（二〇億円）又は二五〇〇万ドル（三〇億円）での一括払いには考慮の余地はない。

このメモで代表団は、一括払い計画に対して「原則」反対の態度を示したうえで、現行のおよそ八倍もの年間賃貸料を要求したのである（現行の年間賃貸料は一〇〇万ドル）。ただ、「原則」反対の態度を示したことや、総額一六六〇万ドルから二五〇〇万ドルでの一括払いには考慮の余地なしとのべていることから分かるように、この計画に対する代表団の態度には、ある種の含みがあった。そこでこのメモに目を通したモーアは、ただちに②の見解の意味するところを代表団に確認するが、これに対して大山朝常立法院議員を除く他のメンバーは、原則として一括払いに反対するが、もし支払い総額が一億三〇〇〇万ドルであれば支持してもよい、と答えるのであった。[94] つまり、一括払い金が一六六〇万ドルから二五〇〇万ドルなら話にならないが、それが一億三〇〇〇万ドルであれば認めてもよい、というのが代表団の返答であった。

ここで代表団が一六六〇万ドル（二〇億円）と二五〇〇万ドル（三〇億円）いう金額を敢えて持ち出したのは、すでに米議会が一括払い計画実施のために一七五〇万ドル（二一億円）の予算を確定していることを、前述したマーカット局長一行が匂わせていたことなどがあった。[95] 一九五五年当時、米軍によって支払われていた年間賃貸料は約一〇〇万ドルであったが、そのことを考えると、この伝えられる一七〇〇万ドルという金額は、当時支払われていた年間賃貸料の一七カ年分に相当するものであった。代表団はこの金額に反対したうえで、メモの一番目に記した年間賃貸料七九三万八〇〇〇万ドルの約一六年六カ月分に当たる一億三〇〇〇万ドルの一括払い金であれば認めてもよい、とモーアに伝えたわけである。

代表団メンバーの一人である桑江朝幸は、のちにこのときの状況について次のようにのべている。「当時は副長官の言うことを聞かぬと渡米が許されぬ空気だったので、副長官の前では一括払い反対を引っ込めて、渡米がかなったら、あくまで四原則で行くという考え方だった」[96]。ただ、そうはいうものの、桑江が本当にその当時から一括払い計画に強く反対していたのかどうかは、少々疑問が残る。モーアとの秘密会談のおよそ一カ月前（四月二二日）、『沖縄タイムス』紙上で桑江は一括払い計画についてこうのべている。「適正な資料に基いておれば考える余地もあるが一千七百万ドルという線は安い地代の資料によっていることだし、承服はむつかしい」（傍点は筆者）[97]。この発言をみても分かるように、ここで桑江は一括払い金が一七〇〇万ドルしかないことをとくに問題視しており、何が何でも一括払い反対という態度をみせていたわけではなく、むしろ金額しだいでは一括払い計画を考慮に入れてもよいというニュアンスを漂わせていたのである。

また比嘉秀平にしても、前述したように、一九五四年には一括払い計画に賛成していたし、のちに民主党に移った長嶺秋夫も、一括払い勧告をした土地諮問委員会のメンバーの一人であった。さらに新里銀三にしても、比嘉を党首とする琉球民主党の議員であったことを考えると、社大党の大山朝常を除いてメンバーの全員が、一括払い計画に対してある種柔軟な姿勢をもっていたといえる。

いずれにしても、このモーアとの秘密会談で大山を除く他の代表団が条件付きで一括払い計画を容認したことだけは、事実である。こうした代表団の見解を聴取したモーアは、ただちにこれを東京の極東軍司令部を介してアメリカ本国の陸軍省に伝えるが、これが一括払い計画を進める陸軍省にどのような影響を与えたのかは定かでないし、またそれが米下院軍事委員会に伝わったのかどうかも明らかではない[98]。ただ、この代表団の態度を知ってモーアら米軍関係者が、いくぶん安堵したであろうことは想像に難くない。

このように舞台裏で一括払い計画を条件付で容認した比嘉ら沖縄代表団に対して、とりわけ団長の比嘉と民主党に対して、住民が強い不信感をもっていたことは確かである。それを顕著に表わしていたのが、五月二二日に開かれた軍用地問題解決促進住民大会における比嘉らへの激しい非難である。渡米する代表団を激励するために開かれた同大会は、通常の激励大会とは異なり、代表団を強く緊張させるものであった。南方連絡事務所が本局に宛てた報告書によれば、住民大会の様子は次のようなものであった[99]。「三千会衆の中央壇上に席を与えられた比嘉主席以下代表六氏は主賓というよりも何かしら被告席にでも座らされたような表情を見せていたが、鋭く追及し、或いは訴える弁士の絶叫する度毎に恰も裁かれる者の示す恐縮や悔悟に似た態度をみせていた」。

とくに比嘉主席に対する弁士の追及や住民の非難・野次は強く、「大会半ばにして進行係から主席は軍から急用で呼出しをうけているとの報告がなされるや、俄然会場は騒然となり、『こんな大事な住民大会から軍が呼ぶ筈がない』とか『構わないから呼出しを断われ』、或いは『逃げる気か』『用はない帰れ』といった野次、罵声が乱れ飛ぶなど、会場は混乱状態に入った」。また、議長団があいだに入ってこの騒ぎを抑えたあと、順序を繰り上げて比嘉が挨拶に立つや、ふたたび会場は騒然となり、比嘉が「一言一句を発する毎に野次、罵声」が飛び交い、彼の決意表明は寸断される始末であった。こうした住民の比嘉への批判について報告書は、次のようにのべている。「これと云うのも彼がアメリカ一辺倒の隷属政治家で軍用地永久使用一括払の米軍方式に追従する裏切者だとの悪評からだと察せられた」。

比嘉がこのように「集中攻撃」を浴びるなか、さらに琉球政府や与党民主党の関係者が発言に立った際も、「悪意に満ちた野次」が飛び交い、会場は騒然となった。しかし、野党である社大党や人民党、そして各種民間団体の代表が壇上に立つや、「拍手と激励」がなされたのである。こうした状況について報告書は、次のように分析している。「今更政府の要人や与党の連中が口先でうまい事を云ったところで住民はその甘言には欺されないぞという反抗が、会場を支配し、逆に社大党や、人民党その他民主団体に対しては信頼感が会場に渡っているように見えた。このような空気から推して比嘉主席や与党は共にアメリカの傀儡であって、決して住民と共にあるのではないという反政府思想が最近とみに高まったことが看取された」。住民から一括払い反対の強い突き上げを受けた比嘉ら沖縄代表団は、モーアに極秘に伝えた「条件付一括払い賛成」の意向を胸にしまい、五月二三日、渡米して米下院軍事委員会で軍用地問題を訴えるのであった。

(2) 米議会への訴え

六月八日に開かれた米下院軍事委員会で団長の比嘉は、「軍用地四原則」、すなわち①適正補償の実現、②一括払い反対、③土地の新規接収反対、そして④損害賠償の支払いについて説明している。なかでも比嘉が詳しく説明したのは、適正補償の実現であった。[100] この適正補償の金額として代表団は、総額で約八二六万ドルの年間賃貸料を要求するが、ここで彼らがとりわけ強調したことは、土地を接収される以前に農地であった軍用地の補償方法である。これを説明するにあたって代表団は、まず農地がいかに沖縄で重要なものであるのかを次のように説明している。すなわち、沖縄は土地が狭くて人口密度がきわめて高いところである。その沖縄において経済の中心を占めるのは農業である。農業は家族全員に仕事と収入を与え、かつ生活の安定を最終的に保証する唯一の職業である。しかし、米軍の使用する既存軍用地の約四四パーセントは農地となっており、それは沖縄本島農地総面積の約二〇パーセントを占めるものである。

このように沖縄における農地の重要性を指摘したあと、代表団はさらに米軍の土地算定方法を次のように批判している。すなわち、米軍の算定方法は登記価格に一〇〜五〇パーセントを上乗せしたものを土地価格とし、その土地価格の六パーセントを賃貸料として毎年支払っているが、この算定方法は不適正である。なぜなら、沖縄では登記価格と実際の土地価格とのあいだに何ら一定の関係もないからである。

米軍の算定方法をこのように批判した代表団は、軍用地の約四四パーセントを占める農地の補償方法として、農地から得られる純農業所得（自家労務費を含む）を毎年賃貸料として支払うよう要求するのであった。代表団がこれを要求した主な理由は、日本本土においても農地の補償は「駐留軍ノ用ニ供スル土地等ノ損失補償等要綱」に基づいて農業所得とされていたからである（ただ、本土においては推定農業所得の八〇パーセントが年間賃貸料となっていた）。[101] そのほかにも代表団は、沖縄では新たに土地を取得することが困難なため、代替地を求めて他に移動し農業を継続することは事実上不可能であり、したがって農地を失うことは農民にとって農業所得を永久に失うことを意味すること、沖縄では農業が主要産業であるため農地を失った者が他の定職に就くことは困難であり、かりに他の定職に就いたとしても農民は技能が低いので他の職場で厚遇されることはない、という理由を挙げるのであった。なお、農地以外の

1955年5月23日，軍用機でワシントンに向かう沖縄代表団。右から新里銀三，桑江朝幸，大山朝常，長嶺秋夫，比嘉秀平，瀬長浩。［提供：沖縄タイムス社］

軍用地については、基地周辺民間地域の土地の売買価格を参考にして近隣軍用地の賃貸料を算定すべき、と要求することになる。

この適正補償の問題に続いて代表団が訴えたのは、一括払い方式への反対であった。その反対理由は、第一に、沖縄では代替地を得ることが実際上不可能で、かつ他の職業に就くことも困難なので、たとえ地主が一括払い金を受け取ったとしても、それで新しい土地を購入したり新規の事業を起こすことは到底できず、ただ生活のために短期間でそれを消費してしまう可能性が高いこと、第二に、沖縄において土地は相続財産であり、その恩典は子々孫々等しく享受されるべきであり、それを金に変えて一代限りで使い切ってしまえば、「家系に対する大きな背信」行為となってしまうこと、そして第三に、沖縄において長期不定期契約の先例はなく、しかもみずからの土地に対する発言権を失ってしまう、というものであった。

こうした沖縄代表団の要求を一言でいえば、農地から得られる推定農業所得を毎年賃貸料として支払ってほしい、というものであり、またその論理をまとめていえば、農業経済の沖縄において農地は生活の最後の拠りどころとして重要であるが、その農地は接収されたため、米軍はその代償として推定農業所得を毎年賃貸料として支払う必要がある、というものであった。

代表団はこれ以外にも、軍用地の新規接収回避と未使用軍用地の早期返還を要求しているが、これについては前二者と比べて強く要求されたとはいい難く、後述するプライス調査団の来島時に強く要求されることになる。しかし、ここでひとつだけ注目しておきたいことは、この訪米時に行政主席の比嘉秀平が、海兵隊の新規接収を条件付で容認する態度を駐米日本大使館に示していたということである。比嘉は大使館員にこうのべている。「現在島民は一致して新規収用に反対の情勢であるが（沖縄本島）東北部に不毛地帯あり、同地域住民は内心軍事施設等建設を希望していると見られるので、已むを得ざれば、右地域を使用せしめる事と致したく、建設費が増すため陸軍は反対すべきも、これを説得する他なしと考えている。なお右は島民との関係極めて機微なる事情あり、極秘お含みとされたい」[102]。つまり、ここで比嘉は、沖縄住民が皆一致して新規接収に反対しているとのべながらも、本島東北部（具体的にどの地域を指すのかは不明）には「不毛地帯」があり、そこの住民は「内心」基地建設を要望しているので、やむをえない場合にはそこを米軍に接収させたい、という意向を駐米日本大使館に伝えていたのである。次節でのべるように、この比嘉が示した条件付新規接収容認の態度は、帰任後に琉球政府の方針として打ち出されるのであった。

以上、賃貸料の増額を中心に沖縄側の要望を伝えた代表団は、さらに米下院軍事委員会に対し、沖縄現地に調査団を派遣し、現地の実情を実際に調査するよう要請している。一方、陸軍省民事軍政局のマーカット局長は、その前日（六月七日）に開かれた米下院軍事委員会において、一括払い計画の必要性と八重山開発の必要性を力説していた[103]。ここでマーカットは、代表団の要求が「不当なもの」であることを次の三つの理由を挙げて説明している。まず第一は、沖縄代表団の要求する年間賃貸料はそれ自体「過大」であること、第二は、「比較的少額」の賃貸料では「地主が速やかに他の土地へと移動する十分な資金」にはならないこと、第三は、もし年払い方式がそのまま継続されると、賃貸料の適正さをめぐる「現在の論争」が「継続」され、「軋轢と政治的な不安」が続いてしまうということである。

沖縄代表団と陸軍省のこうした見解を聴取した米下院軍事委員会は、結局のところ、一括払い計画をいったん保留とし、現地の実情を調査するために米下院グループを沖縄に派遣することを決定するのであった。[104]

五　プライス調査団の来島

(1)調査団の来島に備えて

▼南方連絡事務所長の助言

米下院軍事委員会の決定にしたがってメルヴィン・プライス議員を団長とする調査団が沖縄に来島し、三日間にわたって現地視察と公聴会を実施したのは、沖縄代表団の訪米からおよそ五カ月後の一〇月二四日から二六日にかけてである。[105] このプライス調査団の来島に備えて沖縄の政治指導者たち（行政府、立法院、市町村長会、土地連）は、「沖縄における軍用地問題」と題する長大な説明資料を作成するが、この内容はこれまで沖縄側が主張してきた軍用地四原則を具体的な数字を挙げて詳しく説明したものとなっていた。[106] 同資料の作成過程で興味深いことは、南方連絡事務所の高島省三所長が、これに対して具体的な助言を与えていたということである。

この説明資料の「緒言」について高島は、その「心付き」として次のような助言をいくつか行なっている。[107] まず第一は、軍用地の割合を示す際には琉球諸島全体の土地面積からそれを割り出すのではなく、軍用地のほぼすべてが集中する沖縄本島の陸地面積からそれを割り出して、「接収による被害の割合が大なる様に」印象づけること、第二は、米軍による「現行補償の不当を論ずる」際には、本土における補償方式と「対比」させてこれを論ずべきこと、またそうしなければ調査団がその不当性を理解することは「困難」であること、そして第三は、土地を接収された住民の軍雇用問題については、これを「人権問題」として提起し、沖縄住民がアメリカ人やフィリピン人などと比較して最も賃金が低いことを統計資料をもって提示すべき、というものであった。

さらに高島は、沖縄にマーカット局長が来島した際、現地米軍側通訳官が沖縄側の苦言を「全然無視」して彼に通訳しなかったことを沖縄の政治指導者から聞いていたことを持ち出したうえで、来るプライス調査団の来島の際には「同じ手口にて発言を封じられざる」よう沖縄側の通訳官をみずからで用意すべき、と比嘉主席にアドバイスするのであった。

一方、東京の日本外務省も、プライス調査団の沖縄訪問に合わせて「琉球問題に関する日本政府見解」と題する文書を作成し、これを調査団および国務省関係者に送付している(108)。同文書のなかで外務省は、現地住民は沖縄における米軍の任務を「十分に理解」しており、米軍の駐留が続く限りみずからの土地が軍用地として使用されることは避けられないとみている、と説明したうえで、沖縄で軍用地問題が最も重要なものになっているのは、まず第一に、年間賃貸料が低額であること、第二に、米軍が一括払いによって半恒久的に地役権を獲得しようとしていること、第三に、三万九〇〇〇エーカーの土地を新規に接収しようとしていることだと指摘する。そして外務省は、本土における米軍への土地提供がいかなる方法で行なわれているのかを説明したうえで、賃貸借契約の継続と新規接収のできる限りの回避を要望するのであった。

▼新規接収反対の論理

こうして日本政府がふたたび側面支援を行なうなか、沖縄の政治指導者たちは来島したプライス調査団に対して、①適正補償の実現、②一括払い反対、③損害賠償の支払い、④新規接収反対の四つを訴えることになる。①と②に関しては詳しく説明したのでここでは言及するのを避け、また③に関してはそれほど強く主張されたものではないので割愛し、ここでは④の主張についてのみ説明しておくことにする。

そもそも海兵隊の新規土地接収計画の具体的中身を住民側が知るようになるのは、沖縄代表団がアメリカから帰任したあと、すなわち一九五五年七月から八月にかけてである。現地米軍が接収予定地域の各町村長を集めて話し合いをもったり[109]、あるいは土地連が独自調査を行なったことなどによって、住民側は徐々にその具体的内容を知ることとなったのである。土地連の調査によって判明したことは、①新規接収面積は伝えられる一万二〇〇〇エーカーを遥かに超えて三万九〇〇〇エーカーにのぼること、②山林のほかに八八万二〇〇〇坪の農地が含まれていること、③九五八戸の立ち退きが予定されていること、などであった[110]。

こうした米軍側の動きに対して比嘉主席率いる行政府は、九月八日、軍用地の新規接収を「極力最小限度にとどめ、とくに宅地や耕作地域」の新規接収は避けるべき、という方針を打ち出すことになる[111]。しかし、この行政府の方針は、新規接収絶対反対を唱えていた立法院の方針と大きく異なっていたため、プライス調査団の来島に備えて開かれた九月二二日の四者会議（行政府、立法院、土地連、市町村長会）では、土地連と市町村長会から両者の方針を調整するよう要請があり、最終的には立法院の方針を採用することで意見の調整がなされるのであった[112]。かくして、先の説明資料（「沖縄における軍用地問題」）のなかで沖縄の政治指導者たちは、海兵隊の新規接収計画を次のような論理をもって反対することになる[113]。

まず新規接収予定地の大部分を占める北部の山林地域に関しては、第一に、住民約一八〇〇戸が薪取りなど「山稼ぎに依存している」ため、同地を接収されると彼らの生活基盤は失われてしまうこと、第二に、「北部山林地区に依存している沖縄全体の建築資材及び仝補助材又は薪炭類の零給関係にも相当な影響を及ぼ」してしまうこと、第三に、この地域に「ダム等の水源」があるので「直接住民の生産及び生活に影響」を与えてしまうこと、そして第四に、山林地域の使用状況いかんによっては「山林が荒廃」し、「治水は困難」となり、「降雨時の出水により下流域の部落及び耕地が被害を蒙ることが予想される」、という理由などを挙げて、山林地域の接収に反対している。また農地の接収に関しては、零細化している農地がさらに零細化してしまう、という理由などを挙げて反対するのであった。

こうして調査団の来島に備えて着実に準備を整えていった沖縄の政治指導者たちは、さらに九月一〇日、五月に引き続いて軍用地問題解決促進住民大会を開き、「四原則」貫徹の世論を高めている。南方連絡事務所が本局に送った報告書によれば、沖縄代表団の訪米前に行なわれた前回の大会とは打って変わって、今回の大会は共催一四団体が「ピッタリ呼吸を合せ」、「至極順調に事を進めることが出来た」のである[114]。

(2) 調査団の来島とプライス勧告

このように万全の態勢でプライス調査団の来島を待ち受けた沖縄の政治指導者たちであったが、この来島時の対応について南方連絡事務所の高島は、一一月二日、東京の総理府南方連絡事務局に宛てた報告書のなかで、次のようにのべている。「(プライス調査団の三日間の行動を通観すれば)調査団、極東軍、米民政部(米民政府)は三位一体となって堂々の布陣で正攻法による中央突破を行い、琉球側雑軍はアレヨ〳〵と騒ぐ間にや、混乱のまゝ敵を逸したとの感が深い[115]」。

沖縄の政治指導者たちが効果的に問題を訴えることができなかったと指摘した高島は、さらに現地米軍の対応について、次のような興味深い分析を行なっている。すなわち、米軍首脳部は沖縄における「過去の失政、民生強圧、最近高まりつゝある琉球住民の不満、反感、騒然たる世論の状態は承知している筈」だが、こうした状況を調査団に「暴露」されるのを防ぐために、極東軍と民政府はみずからの施政は正しくて、経済も向上し、軍用地問題で騒ぎ立てているのは「一部地主」である、という「先入観念を(調査団に)叩き込むべく相当の努力をなしたと観取される」、というのである[116]。

また、プライス調査団の態度について高島は、「極東軍の指図は受けず、下院議員の自主性と名誉の上に行動しようとしたとの印象が随所に伺はれないではなかった」としながらも、現地公聴会を前にして調査団が米軍当局から「二重三重に先入観念を叩き込まれ、相当骨抜きにされてい」た、と分析している。そして二日間にわたって開かれた現地公聴会について高島は、まず第一に、住民側は一般説明に「相当の力を注いだ」が、調査団は「その程度の知識は既知の点で余り重きを置かなかった」こと、第二に、質疑応答については沖縄側が準備不足であったために

「屢々窮地に陥った」こと、第三に、調査団の「攻撃」は「屢々米民政部に有利な資料をつかもうとする狙いの下に行われた」こと、第四に、「会場の構成が法廷の原告対被告の如き配量で而も琉政（琉球政府）側は不慣れのため終始圧倒され、逆に調査団に質問する如き余地がなかった」こと、などを指摘している[117]。

以上の分析から高島は、プライス調査団が次のような態度をとるのではないかと予測している。「軍用地問題そのものの解決策としては地代の或程度の修正、米使用地の解放に或る程度の刺激、強制接収の場合に或程度のけん制を与えることが考えられるのみで、新規接収反対等は恐らく完全に無視されるであろう」[118]。このように地代の増額や軍用地の返還等についてはある程度の前進がみられるかもしれないが、一括払いや新規の土地接収についてはおそらく強行されるのではないかと予測した高島は、日本政府が今後とるべき対応策として、次の四点を進言している。まず第一に、「米議会にも今後機会ある毎に問題を訴える」こと、第二に、「米キリスト教の線を極力利用して米一般世論の高揚に務める」こと、第三に、「今回の調査結果に細密な検討と反省を加えると共に、説明不足、脱漏の点につき早急資料補足の手段を講ずる」こと、第四に、日本政府が「沖縄における軍用地接収の重要性を再考し常にその実情把握に努めると共に、今後の琉政側の努力に対し、陰に陽に庇護、助力を与える」こと、以上である[119]。

一方、現地公聴会に出席した沖縄の政治指導者たちは、軍用地四原則の実現可能性について、次のような見解を高島に伝えている。公聴会の進行役を務めた琉球政府行政副主席の与儀達敏（のちに立法院議長）は、賃貸料の増額は期待でき、一括払いも「行はないものと確信している」が、「最小限度の新規接収は免れないだろう」とのべている。また、大山朝常（立法院軍用土地委員会委員長）、瀬長浩（琉球政府経済企画室長）、比嘉秀盛（中城村長）、そして桑江朝幸（土地連会長）の四名も、与儀とほぼ同様な見解を高島に伝えている[120]。また行政主席の比嘉秀平は、一括払い問題をプライス調査団がまったく言及しなかった事実を「注意」すべき、と指摘するとともに、北部地域の新規接収はある程度「止むを得ず」、という見解を示すのであった。そして比嘉は、「住民が余り四原則や今度の調査団来島に過大な期待をかけることは却って不安でありその点今後の内面的指導に苦心を要する」ものである、とその心情を

1955 年 10 月，視察先で農民から事情を聞くプライス団長（中央ワイシャツ姿）。ひとりおいて右が比嘉秀平行政主席（帽子の人物）。［提供：朝日新聞社］

高島に吐露している(121)。つまり、公聴会に参加した沖縄の政治指導者たちの多くが、比嘉を除き、一括払い問題については楽観的な見通しを立てながらも、新規の土地接収については悲観的な見通しを立てていたのである。

さらに高島は、沖縄の一般世論についても分析を試みているが、彼の分析したところによれば、一般世論は現地公聴会における沖縄側の対応のまずさにかなり批判的で、しかも四原則の実現という点でも「悲観論」が強く、プライス調査団にあってはすでに「答」を持っているだろうという意見が多くを占めていた(122)。実際、沖縄住民が感じたとおり、プライス調査団はその来島した時点において、実は一括払いと新規接収についておおむねその態度を固めていたのである。

沖縄現地のスティーヴス総領事がワシントンの国務省に宛てた一〇月二七日付の覚書によれば、スティーヴスと会談をもったプライス調査団のメンバーは、「新たな土地の取得を止めてほしいという沖縄側の要望は当然認めるわけにはいかないだろう」とのべて、海兵隊の新規接収計画を容認する態度を示していた。また支払い方式に関しても、「一括払いに反対して年払いのレンタルを認めることはないであろう」として、一括払い計画を支持する態度を明らかにしていた[123]。このようにみずからの基本的態度をすでに固めていたプライス調査団は、帰任後に沖縄の軍用地問題に関する報告書を作成し、これを米下院軍事委員会に提出している。

いわゆる「プライス勧告」と呼ばれたこの報告書は、沖縄側の要望にある一定の配慮を示しつつも、米軍の計画する一括払い計画と新規接収計画を基本的には容認する内容となっていた[124]。

まず沖縄側が最も強く訴えた農地の補償方法に関しては、「アメリカは現在の農業生産と、現在沖縄で使用されている同様な土地に関しての収入資料に優先的な考慮を払うべき」と勧告し、純農業所得を補償すべきとした沖縄側の要求にある一定の配慮を示している。だが、支払い方式に関しては、米軍の立てた一括払い計画を容認し、「無期限に必要」とする軍用地の「絶対所有権（fee title）」を取得し、土地の公正な全価格を一括で支払うべき、と勧告している。ここで報告書が挙げた「絶対所有権」とは、前述した「単純不動産権（fee simple title）」と同様に日本にはない権利であるが、のちに東京のライマン・レムニッツアー民政長官は上京した沖縄代表団に対し、これは「所有権（ownership）」に置き換えることができ、しかも地主が同意したときにのみ取得することができる、という見解を示すことになる[125]（沖縄代表団の日本本土における行動については次章でのべる）。また、一括払い計画に関しては、地主に支払われる一括払い金を「政府資金のなかに供託」し、その資金を「土地開発」や「経済的な利益をもたらす事業」に用いて「充分な利潤」をあげることができれば、その利潤を賃貸料の代わりに毎年地主に支払うことができる、とのべて、沖縄側の要求する毎年払いはこれによって事実上満たされうる、と主張するのであった。

さらに軍用地の新規接収に関してこの報告書は、沖縄基地の戦略的重要性に理解を示したうえで、海兵隊の新規接収計画を容認するという態度をとっている。ただ、その一方で報告書は、まず第一に、新規に接収する土地の規模は最小限度にとどめること、第二に、返還可能な軍用地はすべて早急に返還すべきこと、第三に、海兵隊の演習地として予定されている山林地域は最大限住民に活用させること、などを勧告し、沖縄側の要望にもある一定の配慮を示していた。

かくして、このプライス勧告は一九五六年六月九日、沖縄現地で公表され、住民側から強い反発を受けることになる。「島ぐるみ闘争」といわれた戦後はじまって以来の激しい抵抗は、このプライス勧告の発表を機に展開されていくのであった。

第4章　島ぐるみ闘争と日米交渉

一　日本政府の関与を求めて

(1) 沖縄代表団の本土派遣

▼総辞職決意と住民大会の開催

一九五六年六月九日、モーア民政副長官からプライス勧告の要旨を受けた沖縄の政治指導者たちは、これに強いショックを受け、ただちに反対の意思を明らかにした。琉球政府内で軍用地問題を担当していた真喜屋実男法務局長は、勧告の発表後ただちに辞表を提出するが、そのとき彼の発した次のようなコメントは、この勧告を受けた沖縄の政治指導者たちの衝撃と怒りの感情をみごとに表現していた。真喜屋はいう。「米国は世論の国だから国家的重要な政策に反しない限り、こちらのいうことも十分きいてくれると思つた。それにも拘らず新規土地接収はやるというし、また経済的、国内的問題で片づくような一括払いも強行するというんでは、今まで協力することによつて問題の解決が得られると思つていた自信がぐらつくし、また協力すること自体に対する確信とか必要性が疑問になつて来た(1)」。アメリカに「協力すること」に「疑問」を感じた沖縄の政治指導者たちは、すぐさまプライス勧告実施阻止のための方法を協議することになる。六月一四日、行政府、立法院、市町村長会、そして土地連の代表らが集まった四者協議会では、行政府と立法院の代表がモーアへの直訴と代表団の本土派遣を提案したのに対し、土地連会長の桑江朝幸は、「アメリカにも日本にも訴えるのもいいが、強く訴える方法も考えるべきだ」として、政治責任者全員の総辞職と超党派の住民大会の開催を強く要求した。その後、協議は桑江の提案した「総辞職行動」に焦点が絞られていき、各自これを持ちかえって検討することが話し合われた(2)。

明けて六月一五日、立法院では二九名の全議員の辞表が与儀達敏議長に預けられ、一方行政府では神村孝太郎副主席以下局長全員の辞表が比嘉主席に託された。そして吉元栄真率いる市町村長会でも、総辞職の組織決定が行なわれることになる。かくして、同日午後六時過ぎから開かれた第二回四者協議会では、土地連を含む四者それぞれがもしプライス勧告の実施を阻止できなかった場合には総辞職を実行に移す、という決意を表明するのであった。そして翌一六日、四者の代表がモーア民政副長官に直接会って総辞職を匂わせた次のような「決意表明書」を手交することになる。「琉球住民はプライス勧告による一括払い並びに新規接収にたいしては絶対に承服できない。これを阻止するためにあらゆる手段をつくすことを決意している(3)」。

総辞職の強い「決意」があることをモーアに伝えて圧力をかけた沖縄の政治指導者たちは、その後ただちに第三回四者協議会を開いて今後とるべき方針を協議する。この協議で次なる阻止手段として採用されたのは、前回の協議で先送りにされていた超党派の住民大会の開催であった。さらに六月一八日、各種民間団体で構成される軍用地問題解決促進協議会（のちに土地を守る協議会へと発展）が開催され、同協議会も四者協議会に全面協力することを決定する。同協議会には、民主党や市町村長会、そして土地連なども参加していたが、その中心的な団体は、沖縄教職員会、沖縄青年連合会、社大党、そして人民党などであった。プライス勧告の実施阻止をめざす四者協議会の抵抗運動は、こうして軍用地問題解決促進協議会が協力することによって、さらに拡大・強化されていくことになる(4)。かくして、六月二〇日、各市町村一斉に超党派の住民大会が開催され、合わせて二〇万人余（琉球新報発表）の住民がこれに参加し、プライス勧告反対の意思を強く表明した。また、五日後の六月二五日には、軍用地問題解決促進協議会の主催

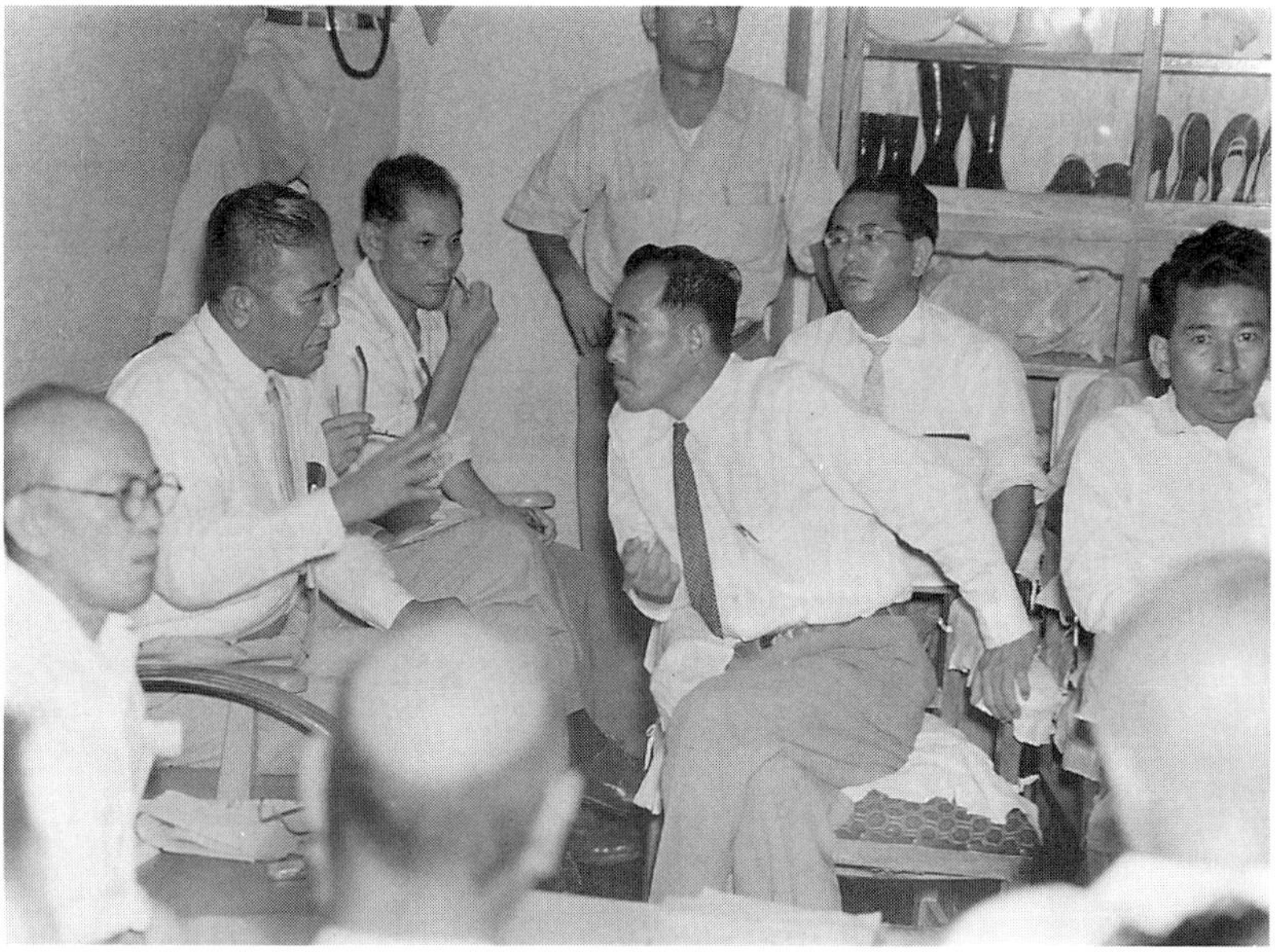

1956年6月18日，軍用地問題について話し合う与儀達敏立法院議長（左から二人目）と安里積千代社大党委員長（右から三人目）。［提供：沖縄県公文書館］

する住民大会が那覇市とコザ市の二カ所で開催され、合わせて一五万人余（主催者推定）の住民がこれに参加するという盛り上がりをみせる(5)。当時の沖縄の人口が約八二万人であったことを考えれば、いかにこれらの大会が空前の盛り上がりをみせたのかがよく分かる。

▼日本政府を頼りとした沖縄の政治指導者

いまひとつ沖縄の政治指導者たちのとった行動は、日本政府への協力要請である。前述した第一回四者協議会の開かれる二日前（六月一二日）、立法院は社大党委員長安里積千代が起草した「日本政府に対する要望決議」を全会一致で可決し、そのなかで、「領土主権国」である日本がプライス勧告の実施阻止に動くよう強く要請する。また六月一六日には、第三回四者協議会で立法院議長の与儀達敏が、院を代表して沖縄代表団の本土派遣を提案し、それが異論なく承認されるのであった(6)。

この本土派遣のメンバーには、プライス勧告の法的疑義を日本政府に問い合わせる目的もあったため、弁護士でもある安里積千代と知念朝功（立法院無所属）の二人がまず選出される。しかし、六月一八日の第四回四者協議会で土地連顧問の真栄城守行が、「今回の代表派遣は日本中央の政府と自民党を動かして対米折衝に当たらしめるということから、法律専門家という以外に政党代表をも加味した方が適当と思う。このため安里氏は党委員長として社大党を代表するから、民主党を代表する人、幹事長か他に党役員を代表に加わつてもらう方が良い。そうすることが本土の保守、革新両党と保守を土台とする現政府に対し折衝も都合よくいくはんめん、民主党が加わることで米国に対するヒビキもいいのではないかと思う」と提案したことから、本土派遣のメンバーには琉球民主党を代表して同党幹事長の新里善福が、また市町村長会を代表して真和志市長の翁長助静が新たに加えられる[7]。かくして、安里積千代をはじめとする四名の沖縄代表は、前述した二度にわたる住民大会の盛り上がりを背に、六月二七日、空路日本本土へと出発するのであった。

以上の沖縄の政治指導者たちのとった行動をまとめると、まず最初に四者協議会の指導者全員が総辞職の決意を示すことでプライス勧告拒否の姿勢を強く示し、次いで超党派の住民大会を開催することによってこれを住民全体の意思とし、最後に本土に派遣した代表団を通じて住民の意思を日本政府および日本国民に訴える、というものであった。沖縄の政治指導者たちのとったこうした行動について南方連絡事務所の高島省三所長は、東京の南方連絡事務局に宛てた七月二日付の報告書のなかで、次のようにのべている。「今回のプライス勧告反対については昨年迄の軍用地問題の際と異なり本土政府並びに本土世論への依存傾向が圧倒的であり、それだけに対米強硬申入れの要望が強裂《ママ》である。これは昨年末迄は自分達の力でやれると考へていたものが脆くもその自信を覆えされた結果頼りとするものは結局のところ本土以外にないということを痛感するに至つたことによる[8]」。

では、その頼りとした「本土政府並びに本土世論」に対して安里ら沖縄代表団は、いったいどのような行動をとったのであろうか。代表団の本土における行動をみていく前に、まずは沖縄現地の米軍当局がこの住民側の一連の抵抗に対してどのような態度・行動をとったのかをみておくことにする。この米軍当局の態度・行動をみることによって、沖縄の政治指導者たちのとった日本政府への協力要請がいかなる意味を持っていたのかがよく分かるからである。

1956 年 6 月 25 日，那覇市で開催された四原則貫徹住民大会。［提供：沖縄タイムス社］

そもそも現地の米軍当局がプライス勧告に満足していたことは、それが地代の一括払いと軍用地の新規接収を容認していたことをみても明らかである。したがって、彼らの行動がプライス勧告に反発する沖縄側の行動をいかに抑えるかに集中したことはいうまでもない。四者協議会の代表が総辞職を匂わせた先の「決意表明書」を手交した六月一六日、モーア民政副長官は彼ら代表に対し、プライス勧告が公正・寛大なものであることを説明するとともに、勧告の全文が届いたらそれを熟考するよう求めている[9]。沖縄の政治指導者たちのとった行動は理性的なものではなく、感情的なものであるとみていたモーアは、ここで冷却期間を設けて彼らの反発が収まるのをじっくり待つ姿勢を示したのである。しかし、一方でモーアは、彼らに対し、「総辞職」という「性急な行動」に出ることがないよう注意を促すとともに、そうした行動をとった場合には「民主的政府の発展を数年間も後戻りさせることになる」として、米軍による直接統治もありえることを示唆するのであった[10]。このモーアの言動が単なる脅しでなかったことは、彼がこの時期実際に沖縄の直接統治を検討していたことをみても分かる。前述した各市町村一斉の住民大会が開催された六月二〇日、東京の極東軍司令部はモーアに対し、もし沖縄の政治指導者たちが総辞職を行なった場合、現地の米軍当局は立法と行政を代替する適切な能力を持っているか、と問い合わせている。[11] これに対し現地米軍当局は、六月二五日、同司令部に対し、「行政主席と彼の直接のスタッフの管理的な職務」と「立法府の機能」をみずからが引き受ける用意のあることを伝えている。[12]

総辞職の決意表明に対してこのような態度をとった米軍当局であったが、沖縄の政治指導者たちのとったいまひとつの行動である超党派の住民大会に対しては、意外にもこれといった大きな関心を示したという形跡はみられない。[13] しかし、この住民大会への関心の低さとは正反対に、現地米軍当局と東京の極東軍司令部が最も懸念したことは、沖縄側のとった三つ目の行動、すなわち日本本土への訴えであった。駐日アメリカ大使館が国務省に宛てた六月一五日付の電報によれば、モーアは極東軍司令部に対し、立法院が六月一二日に可決した先の決議書（日本政府に協力を求めた決議書）を日本政府に送るべきではない旨を進言していた。また極東軍司令部も、このモーアの進言を承認するとともに、沖縄代表団の本土訪問について深い憂慮の念をアメリカ大使館に伝えていたのである。[14] このように沖縄側が日本本土に問題を訴えることに米軍当局が神経を尖らせているなか、安里ら沖縄代表団は空路東京へと出発するのであった。

▼沖縄代表団の訴え

六月二七日、羽田に到着した代表団は、それから約一カ月にわたって外務省をはじめとする政府関係諸機関、衆参両議院、各政党、労組、民間団体、そして報道機関等に対し協力支援要請を行なうとともに、東京など全国各地で行なわれた住民大会にも参加し、本土世論を大いに盛り上げる。[15] また、極東軍司令部や駐日アメリカ大使館も訪問し、直接プライス勧告への反対を訴えるのであった。[16] こうした代表団の行動のなかで最も重要なのは、もちろん、日本政府への訴えである。本土到着の翌日（六月二八日）、代表団が真っ先に重光葵外務大臣を訪ね、対米折衝を強く要請したことは、そのことをよく物語っている。この代表団の要請に対して重光は、「沖縄の主張は正しいものである。

1956年6月28日，重光葵外務大臣（左端）と会見する沖縄代表団（左から安里積千代，新里善福，知念朝功，翁長助静）。［提供：朝日新聞社］

自分も沖縄と考えを同じくする。これは日本の問題であり、国民、民族の問題である。沖縄住民の要望は民族の問題として解決せずには置けぬ。是非やらねばならない」と力強く応答するのであった[17]。

日本政府がこのように沖縄の軍用地問題を「国家的問題として取扱う決意あること[18]」を確認した安里ら代表団は、その後帰任するまでの間、都合四回にわたって外務省の中川融アジア局長ら政府関係者と協議を行なっている。この政府関係者との協議のなかで興味深いのは、まず第一に、沖縄代表団が現地の実情を単に訴えただけでなく、これを「法律論の見地」より訴えたことである[19]。第二は、軍用地問題をそれだけに限定せず、日本復帰問題と絡めて訴えたことである。そして第三は、のちに沖縄で強行されるオフ・リミッツ（米軍要員の民間地域への立入禁止令）への懸念と、基地経済の問題を訴えたことである。

まず第一の点について代表団は、プライス勧告で謳われた「絶対所有権」をアメリカが取得することについて、次のような問題点を指摘している。すなわち、土地所有権とほぼ同じ権利と思われる「絶対所有権」

をアメリカが取得してしまえば、同国が無期限にわたって沖縄住民の土地を使用することになってしまい、そうなると米軍の無期限駐留を許すことになってしまうのではないか、という訴えである。[20]

これに対して中川アジア局長は、「現実の政治論」としては「絶対所有権」の設定は「好しくない」が、「純粋の法律論」としていえば決して「条約違反」にはならない、とのべながらも、同権利の設定が可能であることを政府として「公式発表」する意志はなく、それによって「交渉の不利を齎らすようなことはしたくない」、と代表団に説明するのであった。[21] そして中川は、アメリカとの折衝に臨む外務省の方針について、次のようにのべている。「法律論のみを以って主張する事は法廷で黒白をきめる場合には必要であるが、今回は政治的に解決することが望ましく、法律論はその為に役立つ限りにおいて利用したい」。[22] つまり中川は、法的観点からではなく、政治的観点から対米折衝を進めていく旨を説明したのである。

ちょうど沖縄代表団が上京する前、日本政府内部では、軍用地問題への対応をめぐって外務省と法務省が対立していた。[23] 外務省の見解は、この問題は沖縄への統治権をもつアメリカ政府の内政問題であり、したがって外務省としては同政府と表立って交渉する立場になく、非公式の「討議」を通じて沖縄住民の要望を伝えていく、というものであった。これに対して法務省の見解は、外交保護権を行使してアメリカ政府に対してプライス勧告の「不採用を強く要求すべき」、というものであった。[24] このように法的アプローチでいくのか、それとも政治的アプローチでいくのかについて政府内部で対立が生じているなか、外務省は後者の立場に立って対米折衝を進めていく旨代表団に説明したのである。かくして、外務省の説明を受けた沖縄代表団は、「徒らに理論詰めすること」を取り止めて、政府による政治折衝に期待をかけるのであった。[25]

第二の点について代表団は、次のような注目すべき見解を中川らに提起している。すなわち、沖縄の日本からの分離を定めた対日平和条約の第三条の規定は、「軍事」ではなく「民事」を優先する内容となっているので、アメリカは沖縄に軍事基地を設けることはできないのではないか、ということである。よってアメリカが沖縄に基地を置いて使用するためには、沖縄の施政権を日本に返還し、沖縄の基地は日米安保条約の適用下に置く必要がある、というのが代表団の見解であった[26]。この代表団の問題提起に対して中川は、同条約の第三条が「軍事優先」ではなく「住民の福祉を重視」していることを認めながらも、この規定に基づいてアメリカは軍事基地を設けることができる、と返答するのであった[27]。つまり中川は、代表団の提起した日米安保条約の適用による沖縄返還の要求については、直接答えることはせず、この問題を切り離したうえで軍用地問題の解決にあたっていく旨を説明したのである。

最後に第三のオフ・リミッツへの懸念についてであるが、代表団は中川らに対し、沖縄経済が極度に米軍基地に依存している現実をまずは説明したうえで、米軍がオフ・リミッツを発令して「経済上の圧迫」を加えるかもしれないという「妙な情報」が入っていることを伝えている。さらに代表団は、次のように訴えている。「沖縄経済はまな板の上の魚のようなものである。これが日本本土経済と密接に結びついていれば問題は生じ難いが全然アメリカに依存しているので簡単に圧迫されてしまう[28]」。つまり代表団は、基地経済から脱却するためにも本土との経済的な結びつきを深めていかなければならない、と力説したのである。なお、このオフ・リミッツの発令という「妙な情報」は、のちに現実のものとなり、沖縄の経済がまさに「まな板の上の魚」であることを白日の下にさらすのであった(第四節)。

(2)「日米国際交渉」案の模索から「現地三者会議」案の提起へ

▼比嘉退陣を前提とした構想

さて、安里ら沖縄代表団が本土で精力的な活動を展開していたころ、その安里らを送り出した沖縄現地の政治指導者たちは、いったいいかなる行動をとっていたのであろうか。南方連絡事務所の高島が本局に宛てた報告書によれば、立法院議長の与儀達敏を中心とする「五者協議会の大勢」は、「日米国際交渉」案なる「腹案」を模索していた(四者協議会は六月二二日に市町村議会議長会も加わり、五者協議会に拡大していた[29])。与儀が中心となり練っていたこの「日米国際交渉」案とは、プライス勧告に対する反論書をモーアに出したあと、ただちに米軍との折衝主体である比嘉行政主席を退陣させ、そのうえであらためて日本政府にアメリカとの正式交渉を一任する、という構想であった。比嘉が沖縄における米軍当局との窓口であったことから、彼を退陣させることによって米軍との話し合いには一切応じないという構えをみせ、そのうえで日本政府に問題解決を一任するというのが彼らの構想であった。

またこの構想は、これまで「斡旋者」としての立場をとっていた日本政府をアメリカとの「交渉当事者」に変えていくことを狙いとするものであった。この「斡旋者」としての立場を重光外務大臣が明らかにしたのは、六月一九日の閣議後の記者会見においてである。ここで重光は、「政府としても沖縄住民の保護という見地からできるだけ住民の要望にそうよう米側にもその意向を伝え、あっせんする必要がある」とのべて、日本政府が「斡旋者」として振舞う意思のあることを明らかにした[30]。また、実際のアリソンとの会談で重光は、正式の日米「交渉（negotiation）」ではなく非公式の「討議（discussion）」という形をとることを望むアリソンの要請を受け入れて、「討議」という形で沖縄側の要望を伝えていくことになる[31]。こうした重光の姿勢に対して与儀達敏ら沖縄の政治指導者たちは、日本政府を「斡旋者」としてではなく「交渉当事者」としてアメリカとの正式「交渉」にあたらせようとしたのである。

この「日米国際交渉」案で重要なことは、日米間の外交交渉によっていかなる解決策が出されたとしても、沖縄側としてはこれを喜んで受け入れる、という態度を示したことである[32]。つまり、日米交渉によって導き出された解決策が、たとえみずからにとって満足のいくものではなかったにしても、与儀ら五者協議会の大勢は、これを全面的に受け入れるという態度を高島に示したわけである。ちょうどこのころ東京の駐日アメリカ大使館は、日本国内におけるプライス勧告反対世論の高まりや沖縄代表団の意を受けた重光との「討議」を進めていくなかで、しだいに沖縄住民の意向を受け入れる姿勢を示し、ワシントンの本省に対し一括払い方式の見直しを求めていた。また、本省もこの提案に理解を示し、国防省に対し一括払い方式の再考を求めていく考えをもちはじめていたのである（アメリカ側の動きについては次節）。与儀ら沖縄の政治指導者たちが追求した「日米国際交渉」案は、こうした微妙な情勢下で追求されたものだったのである。

この「日米国際交渉」案が浮上してきた背景には、本土在住沖縄出身者たちからもたらされた「比嘉退陣」要求があったといえる。後述するように、五者協議会からいくぶん距離を置く姿勢を示しはじめていた比嘉は、七月七日に行なわれた記者会見で比嘉は、「主席は（軍と住民とのあいだの）緩衝地帯である」と表明し、こうした比嘉の第三者的な姿勢を強く憂慮したのが、伊江朝助（元貴族院議員）をはじめとする本土在住沖縄出身者と、元沖縄県知事の渕上房太郎衆議院議員（自民党）らであった。本土でプライス勧告反対運動を強力に推し進めていた伊江らは、当の沖縄現地が腰砕けになることを懸念し、七月九日に開かれた安里ら沖縄代表団との懇談の席上、「現地沖縄に於ける團結を一層鞏固にすべき」と要求している[34]。また伊江らは、この「團結を一層鞏固」なものにするための方策として、態度がぐらつきはじめた比嘉を早急に辞めさせるべきだと密かに進言したのである[35]。これを受けて新里善福民主党幹事長が急遽沖縄に一時帰任し、この伊江らの意向を与儀らに伝達するのであった。与儀ら五者協議会の大勢が「日米国際交渉」案を模索しはじめた背景には、こうした本土在住沖縄出身者たちからもたらされた「比嘉退陣」要求があったといえる。

▼米軍寄りの姿勢を示す比嘉主席と当間那覇市長

では、当の比嘉本人はこうした動きに対し、どのような態度をとったのであろうか。結論から先にいえば、比嘉はみずから辞任することなくそのまま主席の座にとどまり続け、しかも与儀ら他の政治指導者たちから一定の距離を置き、現地米軍との話し合いによって問題を解決する道を模索した。比嘉がみずからの軸足を五者協議会から引き離す姿勢を初めて明らかにしたのは、七月七日の記者会見においてであるが、それから九日後の七月一六日、比嘉はあらためて「緩衝地帯」論を次のように説明している。「（私は民主党の）総裁であると同時に主席である。五者協議会の意志を尊重していくことに変わりがないが、こういう場合にも私として緩衝地帯を持たねばならぬと思う。（中略）要は軍に間違いがあればこれに意見を述べ、民に行き過ぎがあればこれを正すというのが私の仕事である[36]」。

この比嘉の第三者的な発言に対して外部の団体はおろか彼が党首を務める民主党内部からも批判の声が上がり、党内では「主席退陣」論や「主席・党首分離」論まで飛び交うことになる。興味深いのは、南方連絡事務所長の高島もまた、比嘉のこの「第三者的仲介者的立場」に強い不満を抱いていたということである。東京の本局に宛てた報告書で高島は、比嘉の行動を次のように批判している。「比嘉主席としては既に……自己の責任において住民意思を貫徹すべきことを表明している。従って米側と住民側との間において四原則をはさんで意思と利害が対立する場合には彼としては判然既定の住民側の意思貫徹の方針に従はざるを得ざる理論的筋合にあり、此の場合に斡旋者的な第三者の立場はあり得ない筈である」[37]。

こうして党内外から比嘉に対する批判が強まるなか、民主党はついに七月一六日、党総務会を開いて比嘉の進退問題について協議する。党首である比嘉本人が出席して開かれた民主党総務会は、比嘉が「いち早く地方総務に手を回して」彼らを抑えた結果、比嘉の退陣要求は影を潜め、比嘉続投という結論をもって幕を閉じた[38]。二日後（七月一八日）、比嘉は現地最高責任者であるモーア民政副長官を内密に訪ね、この民主党総務会の模様を伝えるとともに、みずからの主席続投をアピールするのであった[39]。沖縄のトップの政治指導者である比嘉のこうした行動によって、「比嘉退陣」を前提に考えられていた「日米国際交渉」案は結局のところ潰え去ることになる。しかも、「比嘉退陣」と同時に提出を考えていたプライス勧告に対する反論書（「プライス勧告に対する反論」）も、政治的なインパクトをそれほど持ちえないまま、民主党総務会のあった七月一六日、五者協議会を通じてモーアに提出されるのであった。

一方、この時期、比嘉と同じく米軍寄りの姿勢を示すもう一人の人物が登場することになる。沖縄の中心都市那覇市の市長である当間重剛がその人である。のちに第二代行政主席となる当間は、米国コロンビア放送のテレビ記者に対して、「米国は所有権を獲得しないという前提で沖縄側が主張する適正補償を認め経済変動を起こさないなら、一括払いもさして反対ではない」とのべ、プライス勧告発表後初めて沖縄で一括払いを容認する態度を明らかにしたのである[40]。当間のこの発言は、七月一六日、地元紙で大きく取り上げられ、土地連をはじめとする各種団体に一斉に非難されるのであった。

この米軍寄りの姿勢を示した当間は、もともと四者協議会の行動には批判的で、たとえばプライス勧告発表後に市町村長会が総辞職の組織決定をした際、「市町村長は軍用地問題だけが仕事ではない。それが解決できないなら総辞職するというが、それなら軍用地のない市町村長はどうするのだ」とのべて、市町村長のなかで唯一人総辞職に異を唱えた人物である。[41] さらに、本土に派遣される沖縄代表団のメンバーの一人に市町村代表として推挙されたにもかかわらず、「オレにはできんが」といってこれを辞退し、翁長助静真和志市長にそれを「おしつけた」のも、当間であった。[42] また総辞職に異を唱えた二日後（六月一八日）、当間はモーア民政副長官と極秘に会って、「現下の危機的政治情勢」について意見を交わしている。この会談で何が具体的に話し合われたのかは不明だが、スティーヴス総領事が国務省に宛てた報告書によれば、当間はモーアに対して仲間を首尾よくまとめることができたならば再度副長官に会うことを約束している。[43]

当間がこのように六月の時点で四者協議会の行動とは一線を画し、しかもモーアとのあいだで秘密会談を行なっていたことからすれば、彼が七月に入って一括払いを容認する態度に出たことは、何も驚くべきことではなかったのである。第四節でのべるように、当間はその後モーアとの秘密会談で約束したとおり、富原守保琉球銀行総裁ら沖縄経済界の有力者を糾合し、彼らとともに米軍寄りの姿勢をより鮮明にするのであった。

▼「三者会議」案の模索

このように比嘉や当間といった有力政治指導者が米軍寄りの態度を取りはじめるなか、与儀ら他の政治指導者たちはいったいどのような行動をとったのであろうか。これまでプライス勧告反対運動を主導してきた五者協議会は、先の「日米国際交渉」案が頓挫したあと、それに代わる新たな対応策として、いわゆる「三者会議」案なるものを打ち出すことになる（七月一八日）。[44] この案は、現地米軍当局と住民側との二者協議ではなく、東京からレムニッツアー民政長官と日本政府代表を招き、沖縄現地で三者会議を開く、というものであった。やはり与儀ら五者協議会の大勢は、日本政府を軍用地問題に関与させ、同政府の力を借りて局面打開を図ろうとしたのである。この決定に基づき五者協議会は、七月二四日、鳩山一郎首相とレムニッツアー民政長官宛に「三者会議」案の実現を求める要請書をモーアに提出し、次いで七月二七日、同案実現を促進するために第二次沖縄代表団を本土に派遣することを決定する。[45]

五者協議会が新たに「三者会議」案を打ち出したのを受けて南方連絡事務所長の高島もまた、ただちに現地指導者らと極秘に会談をもち、彼らの意向を確かめている。市町村長会会長の吉元栄真と会談をもった高島は、この「三者会議」案に関連して次のような質問を投げかけている。「日本が参加しても解決法策は必らずしも米又は琉側の要求している原則通りとは考えられまい。三者として両者の主張を勘案した所謂妥協案といったものゝ提案が豫想されるが、それは豫期していての事か」。この問いに対して吉元は、「解決案が四原則貫徹をもたらすものであればそれに勝る何物もないが解決の為には或程度の妥協は已むを得ないと思う。この妥協の案が五者協議会から持ち出し得ない現状が悩みであり日本側の参加を要請する唯一の理由である」と返答するのであった。つまりここで吉元は、アメリカとの全面対決によって軍用地問題が「引込みのつかない線」にまで「押し上げられて」しまった結果、「第三者による解決案でない限り四原則を逸脱した解決案では住民は承服しない」、と訴えたのである。[46]

また、高島と会談をもった立法院議長の与儀達敏も、「問題解決の途はも早我々の手では力に余るところへ来ている。専ら日本政府の力に依って局面を展開し、妥協線をとりまとめて貰う外ない」と伝えている。[47] さらに、本土から帰任（七月二三日）して間もない社大党委員長の安里積千代も、「自分が代表として渡日中各方面から実際解決の妥協腹案を聞かれた度毎に、四原則貫徹以外にないと一応強硬方針を以って突張って来たが肚裏には勿論妥協点を考えていないことはない。然しそれには飽く迠本土政府が我々の意向を汲んで日本政府側として対米折衝において線を打出して呉れることが必要だ」とのべて、政府による妥協案提示を求めるのであった。[48]

このように与儀ら沖縄の政治指導者たちは、まず第一に、軍用地問題を解決するためには何らかの妥協も必要であること、第二に、しかしアメリカとの全面対決によって後戻りのできない線にまで行き着いてしまったがために、みずからが妥協案を提示することは困難であること、したがって第三に、日本政府がそのあいだに立って妥協案をまとめる以外に解決の方法はないことを高島に伝えるのであった。

このように沖縄の政治指導者たちがプライス勧告に反発するなか、一方の日米両政府はいったいどのような態度をとったのであろうか。次節ではそれをみていくことにする。

二　日米折衝

(1) 日本政府による対米折衝

▼重光・アリソン会談

六月二七日の沖縄代表団の本土訪問に先駆けて日本外務省は、アメリカ政府内部の動きを探るとともに、日本側の見解を非公式に伝えていた。六月二〇日、駐米日本大使館は国務省係官の見解として、次のような情報を重光外務大臣に報告している。すなわち、第一に、国務省としては勧告全体が「沖縄人に同情的」であり、一括払いに関しても「充分沖縄人の立場を考慮したもの」になっているとみなしていること、第二に、米陸軍は勧告の実施に「相当な決意」をもっているが、「暫く状勢の落着く」のを待つという姿勢をとっていること、第三に、国務省としては「米国と沖縄人の関係及び日米関係をハーモナイズするため」にも、日本側からの非公式提案を考慮する意向をもっていること、以上である[49]。

こうしたアメリカ政府内部の動きを考慮に入れて重光は、翌二一日、アリソン駐日大使と会談をもち、日本側の意向をまとめたメモを手交し、沖縄住民の要望に配慮を示すよう求めている。アリソンに手交したメモで重光は、まず第一に、地代の一括払いと軍用地の新規接収計画に住民が反対していること、第二に、プライス勧告の実施阻止をめざして住民が日本政府に協力を求めてきたこと、第三に、住民にとって土地は収入を得るための唯一の源泉であり、しかも先祖代々受け継がれてきたものなのでかなりの愛着を持っていること、そして第四に、一括払いが住民の目からみて土地所有権の喪失とほとんど変わりがないこと、などを指摘するのであった[50]。さらに重光は、口頭でアリソンに対し、更新可能な二五カ年から三〇カ年程度の長期賃貸借契約について考慮するよう求めている[51]。これに対してアリソンは、「貴大臣の要請は直ちに米政府に取り次いで善処しよう」と返答するのであった[52]。

重光がこのように積極的に軍用地問題に関与していった背景には、少なくとも次の三つの要因があったといえる。まず第一は、重光自身がアリソンに手交したメモにあるとおり、沖縄の政治指導者たちから協力を求められたことがあったといえる。代表団の本土派遣に先立って沖縄の政治指導者たちは、日本政府に対して二度にわたり電報を出し、積極的な対米折衝を強く要請していたのである[53]。

第二の要因として考えられるのは、本土におけるプライス勧告反対世論の高まりと、間近に控えた参議院選挙（七月八日）への対応である。沖縄でプライス勧告への反対運動が沸き起こるや、ただちに本土においても反対世論が急激に高まり、日本社会党など野党勢力が軍用地問題を大きく取り上げたのである[54]。「五五年体制」下初の参議院選挙を控えて政府自民党が、沖縄問題を選挙争点化しようとするこの野党側の行動に警戒感を強めたのは、ある意味当然のことであった。重光自身が直接アリソンに伝えたように、来たる選挙で「社会主義者や共産主義者」がこの問題で政府自民党を苦しめてしまうことを、重光としては憂慮したのである[55]。したがって、選挙で自民党が不利な立場に立つのを避けるためにも、重光としてはこの問題に積極的に取り組まなければならなかったのである。

第三の要因として考えられるのは、折から進められていた日ソ国交回復交渉との関連である。これも重光自身がアリソンに直接のべているように、沖縄の問題が「ソ連との交渉のなかで直接持ち出される」ことを重光としては懸念したのである[56]。重光および外務省がいかなる点を具体的に懸念したのかについては、このアリソンとの会談では明示されていないが、少なくとも日本側がみずからにとって最も重要な外交課題のひとつである日ソ国交回復問題に沖縄の軍用地問題が絡まるのを憂慮したことだけは、確かである。

少なくとも以上の三つの要因から軍用地問題に積極的に関与した重光は、この第一回会談から八日後の六月二九日、ふたたびアリソン大使と会談をもち、次のように訴えている。「本問題は同じ日本国籍を有する沖縄住民の基本的人権に係る問題であり、かつ、同島住民の要望は純粋なるものであり、基地撤廃等の根本的要求でない」[57]。つまりここで重光は、基本的人権の問題として軍用地問題を取り上げるとともに、住民は決して基地の全面撤去を求めているわけではなく、基地使用にともなう補償の在り方について反対しているのだ、とアリソンに説明したのである。

この会談の翌日（六月三〇日）、重光は駐米日本大使館に電報を打ち、「具体的対案」を米側に「サジェスト」する意向をもっているが、その結論を得るにはまだ「時日を要する」ため、そのあいだ米側に対して一括払いを強行しないよう要請すべき、と指示している[58]。これを受けて駐米日本大使館は、七月二日、国務省係官に対しその旨を要請するが、その際同係官は、プライス勧告の実施には「several weeks 或はそれ以上を要する見込み」であり、国務省としても軍部に「慎重な態度」をとるよう要請している、と伝えることになる[59]。また、駐米日本大使館は七月九日にも国務省係官と会談をもち、政府内部の動向を探っている。大使館の報告によれば、係官は日本側に対し、軍部は「政治的影響の大きさ」や「日米関係の大局」などを考慮して、一括払い方式に「フレキシビリティーを加えることも或いは可能ではないか」という考え方に変わってきていることを打ち明けている。また係官は、勧告の実施は「今後更に沖縄及び日本の政治情勢の推移を慎重に勘案」し、また内容自体も「個別的に検討」したうえで結論を出す予定なので、「それまでには若干の日数を要する見込」である、と説明するとともに、日本側からの「コンストラクティブ・サジェスチョンを歓迎する」、と伝えるのであった[60]。

アメリカ側のこうした反応を受けて重光は、七月一二日、再度アリソン大使と会談をもち、日本政府の意向をまとめたメモを手交している。同メモは、まだ「具体的対案」といえる代物ではなかったものの、このなかで重光は、次のような注目すべき提案を行なっている。すなわち、第一に、日本本土においては地主が望んだ場合にのみ米軍に提供する軍用地を日本政府が購入できること、第二に、軍用地の地目が農地であった場合にはその土地から得られる推定農業所得の八〇パーセントを賃貸料として日本政府は地主に毎年支払っていること、第三に、軍用地の取得は直接アメリカ自身が行なうのではなく日本政府の特別機関がそれを行なっていること、などである[61]。つまりこのメモで重光は、本土におけるアメリカの軍用地使用手続きを説明したうえで、これと沖縄を同一のものにしたほうが良い旨をアリソンに提案したのである。

重光・アリソン会談から六日後の七月一八日、谷正之駐米大使も、ウォルター・ロバートソン国務次官補に対して、直接日本側の意向を伝えている。これを受けてロバートソンは、「沖縄人に対しては充分の同情を以て情勢緩和に努力」したい、と谷にのべるとともに、「日本側よりの示唆を歓迎する」と伝えることになる。この会談を受けて谷は、「なるべく速やかに且つ極秘裡に（米側に）意見提出」を行なうよう本省に進言することになる[62]。日ソ国交回復交渉のためにモスクワ行きを間近に控えていた重光は、この谷の進言から六日後の七月二四日、再度アリソン大使と会談をもち、安里ら沖縄代表団が一括払いと新規接収に反対していることを記したメモを渡したうえで、「今後ともこの問題に対し尽力されたい」と要望するのであった[63]。

▼新規土地接収に対する外務省のスタンス

このように重光と外務省は、アメリカ側の反応をみながら沖縄側の要望を何度も伝えていったが、その際に彼らが強く求めたことは、一括払い政策の見直しであった。しかしそれと比較して、いまひとつの大きな政治問題であった海兵隊の新規土地接収に関しては、これをアメリカ側に強く持ち出すということはなかった。沖縄代表団が上京したその日（六月二七日）、外務省の中川融アジア局長は総理府南方連絡事務局の石井通則局長と協議をもつが、その際次のような見解を示している。「新規接収の反対については、海兵隊の移駐は已むを得ないのであろうから、正面にはだせまい。この点については、現在接収地（たとえばゴルフコース等）の範囲内でやりくりするとか、基地周辺の空地、接収予定地として農耕されていない土地が相当あるからこれを使用するよう要請する外なかろう[64]」（括弧は原文のまま)。この中川の発言から分かるように、外務省としては、海兵隊の新規土地接収を「已むを得ない」ものと認識したうえで、その接収規模をできる限り最小限度なものに抑えていくことをめざしたのである。

ただ、ここで留意しておきたい点は、新規土地接収に対する沖縄の政治指導者たちの考え方もまた、実はこの外務省の考え方とほぼ同じであったということである。たとえば、行政主席の比嘉秀平は、南方連絡事務所の高島に対して、「基地提供の基本方針から見て、新規接収絶対反対と云うことは実際は貫けない問題であるが、新規一万二千エーカー接収の際、極力既接収地域内へこれをハメ込むこと、既接収地の不使用面積を解放すること等に依って実際接収面積を減らすと同時に、新規の被接収家族に対しては上質住宅の提供、代替地の造成交付等満足の行く補償方法を講ずべきである」とのべている。また立法院議長の与儀達敏も、「一万二千エーカーが必要とと云っても、既接収地への振替え、乃至不用既接収地の解放に依って、充分実際接収面積は削減出来よう」とのべている。さらに土地連会長の桑江朝幸も、「米軍の用途と所要地区の実況、条件等の説明を求めつゝ、接収地域の実際分を合意の上で決めたい。新規接収面積を極力既接収地へハメ込むこと、未使用既接収地を最大限解放することを同時に要求する」という見解を高島に伝えていた(65)。このように比嘉をはじめとする沖縄の有力政治指導者たちは、表向きは「新規接収絶対反対」を唱えながらも、裏面においては米軍の新規接収を完全に阻止することは困難であると自覚し、その接収規模をできる限り抑えていくことを模索していたのである。

(2) 日本側調査団の沖縄派遣案をめぐって

以上、一連のアメリカとの折衝において外務省は、新規接収計画の修正よりも一括払い政策の見直しに力点を置いて交渉を進めたわけであるが、この外務省の要望は、単にそれだけにとどまるものではなかった。同省は先に挙げた重光・アリソン会談のすべてにおいて、日本側調査団の沖縄派遣が可能かどうかも米側に打診していたのである。重光がこれを打診した背景には、国会議員団と政府関係者を現地沖縄に派遣すべきだという案が、国会および政府内部から提起されていたことがあった。米議会がプライス調査団を沖縄に派遣したのと同じように、日本側も調査団を派遣して、現地の実情をみずからの目で調査しようと考えたのである。

しかし、この打診に対してアリソンは、七月一二日の重光との第三回会談において、「(沖縄にある) 米軍の施設を日本側が外部より調査することは法的問題とも関連するので考えものである」と返答し、調査団派遣に難色を示している(66)。また、六日前の七月六日にも、アリソンは外務省の井口貞夫顧問に対し、「議員団の沖縄視察については現在は困る (中略) 沖縄側の運動が flare up することは回避すべきである」とのべて、この案に反対するのであった(67)。

実際、沖縄の政治指導者たちは、この日本側調査団の派遣案に大きな期待を寄せていた。立法院議長の与儀達敏は、南方連絡事務所長の高島に対し、次のようにのべている。「日本國会並びに政府の調査団が来て、よく現地調査をなし又現地側の意見を聞いて呉れることが目下の要望だ。さうすれば自然解決への妥当な案も生れてくるであらうし我々もそれに備えて充分腹案を用意したい。且つそれに依って現地住民は一つの明るい希望を持たされることとなり、不満のうつ積や、絶望的な反抗抗争への悪化も防止出来るであろう(68)」。こうした沖縄側の期待に応じるかのように、自民党の渕上房太郎衆議院議員は、七月一五日、「国会は (同月) 二十日ごろ自民党三名、社会党二名の調査団を派遣することを決定した」という電報を桑江土地連会長に送り、沖縄側の期待をいやがうえにも高めている(69)。こうした沖縄現地の状況を考えると、日本側調査団がもし沖縄に派遣された場合、沖縄の政治指導者たちの推進する抵抗運動をさらに活気づけると同時に、それが本土にまで波及して世論の関心をさらに高めるであろうことは、誰がみても明らかであった。したがって、アリソンがこうした事態を是が非でも避けるために、日本側調査団の沖縄派遣に強く反対したことは、ある意味当然のことであったといえる。

アリソンがとくに警戒したのは、この外務省の動きよりも、むしろ国会における自民党と社会党の動きであった。前述したように、両党が七月二〇日を目処に沖縄に国会議員五名を派遣することで合意していたからである。この合意を七月一四日付の『ジャパン・タイムズ』で知ったアリソンは、ただちに松本瀧蔵官房副長官に電話をかけ、アメリカ側がこの議員団の派遣を望んでいない旨を伝えている。これを受けて松本は、官房長官の根本龍太郎や自民党内の有力者である岸信介、河野一郎の両名にアリソンの意向を伝達し、その返答内容をアリソンに伝えている。松本がアリソンに伝えたところによれば、根本はこの国会議員団の沖縄派遣が「国会に関する事柄なので政府は介入しない」という態度をとり、一方の河野はアメリカ側の立場に「理解」を示した。しかし、自民党幹事長の岸信介だけは、この案を「アメリカがあからさまに拒否」した場合には、「より理性的な態度をとりはじめている日本国民をひどく怒らせることになりはせぬか」、と松本に憂慮の念を伝えている[70]。そして二日後の七月一六日、岸は松本に対し、アリソンとの会談をセットするよう依頼することになる[71]。

この岸の要請を受けて開かれたのが、翌一七日の岸・アリソン会談である。この会談で岸は、「沖縄で起こっていることに日本が無関心であり続けることは不可能である。もし沖縄に派遣団を送るという国会の要望を完全に拒否するならば、反米主義の炎が燃え上がるであろう」とアリソンに訴えている[72]。これに対してアリソンは、国会議員団の派遣が有益でないことを岸に力説したあと、次の三点を提案している。まず第一は、可能な限り派遣団メンバーの任命を国会が遅らせること、第二は、派遣団の名称には「調査」という言葉を用いないこと、第三は、出発前に派遣される国会議員団とレムニッツアー民政長官、そして駐日大使の三者で問題を研究すること、以上である。アリソンは、派遣団メンバーの決定をまずは遅らせることを望み、次いで上記三者による話し合いを行なうことによって、さらに議員団の派遣を引き延ばそうとしたのである。

こうしたアリソンの提案に対して岸は、もう一週間、あるいはこの先一〇日ぐらいであればなんとかメンバーの任命を遅らせることができる、と返答しつつも、アリソンに対して次のように迫っている。「もし問題解決に達するのがかなり遅れるようであれば、国会の委員会が沖縄に行くという要求に政府が抵抗することは不可能ではないにしても非常に困難である」。つまりここで岸は、議員団の沖縄派遣を引き延ばす代わりとして、暗に軍用地問題の早急なる解決をアリソンに求めたのである。

岸との会談後アリソンは、ただちに本省に電報を送り、国防省とのあいだで早急に軍用地問題に関する研究を進め、その結果を公表すべき、と進言することになる。またアリソンは、国防省とのあいだで策定すべき政策の中身として、七月一五日に国務省が駐日大使館に示した見解（一括払い方式ではなく毎年払い方式）を基礎としたものにするよう本省に要求するのであった(73)（この七月一五日の国務省見解については次節）。かくして、日本側が模索していた調査団の沖縄派遣案は、こうしたアリソンの引き延ばし工作によって結局のところ政治の表舞台から消え去ることになる。期待していた日本側調査団がなかなか沖縄に来ないことに与儀ら沖縄の政治指導者たちがある種の苛立ちと失望を抱いたであろうことは、容易に想像がつく。

三　アメリカの対応

(1)日米関係と沖縄

▼一括払い方式の変更を求める駐日アメリカ大使館

では、一方のアメリカ政府はこうした日本側の動きに対し、いかなる態度を示したのであろうか。まず東京の駐日アメリカ大使館は、前述した調査団派遣案に反対したのをみても分かるように、日本国内におけるプライス勧告反対世論を鎮静化させて、この問題を静かに解決することを模索した。六月二一日の第一回重光・アリソン会談のあとアリソンは、ただちに次のような電報を国務省に送り、プライス勧告の再考を求めている。「われわれが絶対所有権の取得を回避する方向でアメリカの沖縄土地政策を改正したり、あるいはその実施を調整することは、日本におけるわれわれの立場にとって明らかに有益となる(74)」。

このような進言を行なったアリソンに対し、これとはまったく異なる見解を国務省に伝えていたのは、沖縄現地のスティーヴス総領事であった。現地米軍当局と連携して事態の処理にあたっていたスティーヴスは、決して動揺や弱さをみせるべきではなく、プライス勧告を「確固たる政策」として維持すべき、と強く訴えたのである。[75] さらにスティーヴスは、沖縄の問題を日米関係の問題として捉えるアリソンの見解にも疑問を呈し、沖縄と日本の問題は切り離して考えるべきだ、と国務省に訴えている。スティーヴスはいう。「沖縄におけるわれわれの活動が日本の承認にかかっていると日本人に印象づけることは、思慮に欠けているように思われる」[76]。

スティーヴスのこうした見解に対してアリソンは、辛辣な批判を浴びせている。六月二五日付の国務省宛電報でアリソンは、スティーヴスの見解が「完全に誤っている」ことを指摘したうえで、こう非難している。「われわれが日本における反応を考慮することなく、沖縄での権利と責任を行使できると考えることは完全に非現実的である」[77]。スティーヴスが沖縄現地の問題を日米関係と連動させて捉えることを嫌い、しかも沖縄側にまったく譲歩する姿勢をみせなかったのに対し、アリソンは逆に沖縄問題を日米関係の文脈から捉えるとともに、この問題で沖縄住民の要望に配慮を示す姿勢をみせたのである。この両者の見解を受けて国務長官のダレスは、次のような見解を示している。「沖縄における諸行動を日米関係から切り離すことは不可能であり、極東におけるアメリカの安全保障は沖縄の基地と友好的な日本との協調にかかっている」[78]。つまりここでダレスは、沖縄問題を日米関係の文脈から切り離して考えることは間違いであるとして、アリソンの見解を支持したのである。

日米関係重視の立場に立つこの東京の駐日大使館は、日本国内における反対世論の高まりや重光および外務省高官との協議を進めていくなかで、しだいに沖縄住民と日本政府の意向を受け入れていくことになる。七月六日、本省に宛てた手紙のなかでジョージ・モーガン参事官は、「この問題で日本政府がこれまでのところ維持している穏健で抑制された態度は、やがてわれわれがみずからの立場を修正し、とりわけ一括払い問題で修正し、少なくともある程度沖縄住民の要望を満足させる方向で譲歩するであろうとの想定のうえに立っている」として、一括払い方式の再考を求めている[79]。

また七月一〇日にはアウターブリッジ・ホージー公使も、本省に宛てた手紙のなかで、日本で採用されている「土地取得方式」の線に沿って沖縄でも「土地を取得し、支払いを行なうことが望ましい」とのべている[80]。かくして、駐日アメリカ大使館から一括払い方式の見直し要求を受けたダレス国務長官は、七月一五日、国務省の立場が一括払い方式から毎年払い方式に傾きはじめていることを大使館に伝えるのであった[81]。

このダレスの意向を受けてアリソン大使は、八月に入るや、ただちに具体的な提案をワシントンに提起することになる。すなわち、ダレスに宛てた八月一日付の電報でアリソンは、更新可能な二〇カ年程度の長期地役権（または借地権）を取得すること、もしアメリカがその権利を必要としなくなった場合には早めにそれを地主に返還すること、支払い方式は地主が望めば一括払いとし、それ以外の場合は毎年払いとすること、などを提案したのである[82]。この具体案についてアリソンは、本質的に日本で採用されている方式と同様なものであり、この方式ならば日本人は公平だと考えるであろうし、これを沖縄住民の権利保護策や土地を失った地主に対する援助策と合わせて採用するならば、おそらく沖縄住民もそれほど強く反対しないだろう、と説明するのであった。かくして、日本側の要求は徐々に国務省のなかに浸透していき、一括払い方式ではなく毎年払い方式の線に同省を動かしていくのであった。

▼プライス勧告を支持するスティーヴス総領事とアメリカ軍部

しかし、こうした状況は一転する。国防省との協議を目の前にして国務省が、一括払い方式を容認する方向に態度を変えたからである。国務省が直前になって態度を変更した理由には、沖縄現地のスティーヴス総領事から送られてきた一連の電報があった。つまり、プライス勧告から決して後退すべきでないというスティーヴスの進言が、最終的には国務省を一括払い方式容認の線に動かしていったのである[83]。スティーヴスがこうした進言を行なったのは、ダレスがアリソンに一括払い方式の見直しを伝えたその二日後、すなわち七月一七日のことである。同日付のダレス宛電報でスティーヴスは、この重大事に政治的な理由からみずからの立場を後退させることはアメリカの威信に深刻な傷を負わせてしまう、といった理由などを挙げて、プライス勧告死守を強く訴えるのであった[84]。

またスティーヴスは、八月三日にも、プライス勧告から決して後退すべきでない旨をダレスに進言している。アリソン駐日大使が二〇カ年長期地役権の取得をダレスに提案したその二日後、スティーヴスはダレスに対し、次のように訴えている。すなわち、沖縄の責任ある地位にある人々のなかには同勧告の基本原則を偏見なく解釈し、これを支持する者が出始めていること、したがってこうした状況下でアメリカがプライス勧告の変更を考えれば、このアメリカとの「協調に傾いてきている人々にとってきわめて厄介なものになる」、というのである。[85] つまりスティーヴスは、一括払い方式容認の姿勢を明らかにした当間重剛那覇市長の態度などを念頭におき、沖縄の政治指導者たちの態度が軟化してきていることをワシントンに伝えたのである。こうしたスティーヴスの進言を受けてダレスは、結局のところ国防省との協議を前にして、一括払い方式を容認する方向へと態度を改めるのであった。

では、一方のアメリカ軍部は、このプライス勧告に対してどのような態度をとったのであろうか。東京のレムニッツアー民政長官に宛てた七月一四日付の電報でウィルソン国防長官は、「再検討や妥協といった誤った希望を一掃するためにも、長期的な土地の権利を獲得すべき明確な行動を早急にとるべきである」、という見解を伝えている。[86] これを受けたレムニッツアーは、ウィルソンの見解を全面的に支持するとともに、八月二日、二〇カ年長期地役権の取得を唱えたアリソン大使の提案を強く非難する電報を国防省に送っている。同電報でレムニッツアーは、もしアリソン案を採用すれば、住民側が支払い額の不当な増額を求めることになり、「住民の不平不満を継続的に刺激することになってしまう」と注意を促すとともに、アメリカの財政負担も「終わりのない」ものになってしまう、と訴えるのであった。[87]

このレムニッツアーの見解を考慮に入れて国防省は、次のような基本方針案を作成することになる。すなわち、第一に、プライス勧告はアメリカの国家政策の基盤であること、第二に、「絶対所有権」は地主の自発的な同意がある場合に限って取得すること、第三に、「絶対所有権」を取得できない場合には更新可能な九九カ年もしくは五〇カ年有効な「長期的権利(long-term interest)」を取得すること、第四に、「絶対所有権」ないし「長期的権利」を取得するための一括払い金は、地主が望めば政府基金にそれを預金させ、その資金運用から得られる収益を預金者である地主に対し毎年支払っていく、というものであった[88]。なお、この「長期的権利」に関して国防省と国務省は、これを「地役権（easement）」ないしは「地上権（superficies）」として理解していた[89]。

このようにプライス勧告に沿った基本方針を打ち出した国防省であったが、当初は国務省が日本側に伝えたように、一括払い方式に対して柔軟に対応する姿勢もみせていた。しかし蓋を開けてみると、こうした柔軟姿勢は消え去っており、プライス勧告遵守の姿勢に大きく変わっていたのである。国防省が態度を硬化させた理由のひとつとして、駐米日本大使館は国務省係官から得た情報として、次のことを本省に伝えている。「下院軍事委員会が日本国内の動きに刺激されたことも一因となりプライスリポートのインプルメンティションに関する行政府の作業に干渉し同リポートの厳格遵守を要求せる結果本件を主管しおる国防部（国防省）が予算関係もあり弾力性ある実施案作成に消極的となった[90]」。つまり、プライス勧告を作成した米下院軍事委員会が国防省に対して勧告遵守の圧力をかけ、同省も予算上の関係からこれを受け入れたというのである。

米議会の意向も受けて国防省がこのようにプライス勧告に沿った基本方針を立てるなか、八月一〇日、沖縄の軍用地政策をめぐって同省と国務省とのあいだで合同の会議が開かれることになる。この会議では、国防省の作成した前出基本方針案をめぐって話し合いがもたれるが、すでに一括払い方式容認の態度を固めていた国務省としては、この問題には触れず、その他の諸点において沖縄側と日本側からなるべく批判の出ないような形にもっていこうとした。つまり国務省は、日本の潜在主権を侵害するものとして非難されてきた「絶対所有権」の取得や、沖縄側が反対するのが予想される「長期的権利」の有効期限設定を国防省が放棄することを求めたのである。国務省としては、たとえ一括払い方式を採用したとしても、これらの点を是正さえすれば両者から理解が得られるのではないか、と考えたのである。協議の結果国防省は、この国務省の要求を受け入れるのであった[91]。

かくして、両省間で合意をみた新軍用地政策は、次のようなものとなった。すなわち、第一に、恒久的に使用する軍用地については「絶対所有権」ではなく「長期的権利」を取得すること、第二に、その取得した「長期的権利」の有効期限は明示しないこと、第三に、地主への支払い方式はプライス勧告にしたがって一括払い方式を採用すること、そして第四に、地主が望めば一括払い金を政府基金に預金させ、その資金運用から得られる収益を預金者である地主に対して毎年支払っていく、というものであった。この新軍用地政策は八月一六日、ウィルソン国防長官からレムニッツアー民政長官に対し、伝達されることになる。

(2)軍用地政策の決定と外務省の対応

こうしたアメリカ側の動きに対して日本政府は、いったいいかなる態度を示したのであろうか。駐米日本大使館は八月一五日、「国務省係官の内話を総合」した結果として、次のような情報を外務省に至急電で上げている。すなわち、国務・国防両省はすでに沖縄の土地問題についての検討を終え、「今明日中」にもその政策をレムニッツアーに訓令すること、その軍用地政策の中身は「絶対所有権」の取得ではなく契約による長期地役権を設定すること、支払い方法は地主が望めば一括払いとし、そのほか一括払い金の「分割払い」や「投資による収入支払」方式も考慮に入れている、というものであった。[92]

これを受けて外務省は、八月一八日、大使館に至急電を送り、「米側が現在考慮中の腹案程度では到底現地住民を満足せしめ得ざることは明か」であるとして、次のような案を考慮するよう「是非米側を説得ありたい」、と命じることになる。外務省が持ち出した具体案とは、まず第一に、更新可能な「三年程度」の短期賃貸借契約を採用すること、第二に、もしこの方式が困難であれば定期的な賃貸料の再評価を含んだ更新可能な「十年乃至二十年」程度の賃貸借契約を採用すること、第三に、もし地主が一括払いを望めばそれを認めるが、その場合でも「単に一括払に要する金額を事実上分割するに過ぎざるような支払い方法は絶対に避けなければならない」こと、そして第四に、新規の土地接収は「既接収地を経済的に利用し或いは不使用の分を民間に返還する」こと、以上である。[93] この本省からの訓令を受けて田中弘人参事官は、二日後の八月二〇日、右具体案を国務省に提案するのであった[94]。

注目すべきは、この外務省の提示した「具体案」が、実は比嘉行政主席をはじめとする沖縄の政治指導者たちの意向を汲み取って作成されたものであった可能性が高いということである。五者協議会が前述した「現地三者会議」案を打ち出したあと、南方連絡事務所の高島は同協議会のそれぞれの代表（比嘉行政主席、与儀立法院議長、桑江土地連会長、吉元市町村長会会長ら）と極秘に会談を持ち、その聴取した内容を東京の南方連絡事務局に報告していた（七月三〇日）[95]。同事務局を通じて外務省のアジア局に転送（八月二日）されたこの高島の報告書によれば、比嘉主席は高島に対し、次のような見解を伝えている。

まず第一は、一括払いによる「長期地役権」の買い上げには反対であること（これについては与儀、桑江、吉元らも同じ意見）、第二は、五カ年ごとの地料改定交渉を認めた「二十年位」の「有期限土地使用契約」であればこれを認めてもよいこと（与儀や桑江は契約年数まではのべていないが、「長期土地使用契約」であれば認めてもよいとしている）、第三は、一括払い希望者がもしいたとすれば「例外的に長期地役権買上げを認める余地」を残しておいてもよいこと（与儀は一括払い方式を認めるか否かは「時と場合による」と答えている）、第四は、賃貸料は現行水準の五倍から七倍程度に引き上げること（これについて桑江は五倍から六倍を主張）、そして第五は、未使用軍用地を地主に返還したり既存の軍用地をうまく利用することによって新規の土地接収面積を実際上減らしていくこと（これについては与儀や桑江も同じ意見）、である。外務省はおそらくこうした比嘉主席をはじめとする沖縄の政治指導者たちの意向を汲み取ったうえで、先の「具体案」を作成し、それを駐米日本大使館を通じて国務省に提示したと思われるのである。

しかし、この日本側具体案を受け取った国務省北東アジア課のジェームズ・マーティンは、「米政府としては議会の意向もあり、期限付きの契約をすることには応じ難い」と返答することになる[96]。つまり、「国務省と国防省はすでに共同でプライス報告書の精神と政策に基本的に調和した一般的な政策を決定した」、というのが国務省の回答であった[97]。だが、こうしたアメリカ側の厳しい態度を受けながらも外務省は、引き続き軍用地政策の変更を求めることになる。アジア局の中川融局長は、八月三一日、駐日大使館のホージー公使を外務省に招き、沖縄住民の望む「不可欠の要件」として、次のことを説明している。まず第一は、「借地契約は Indefinite な期間を内容とするものではなく definite な期間を内容とするものでなくてはならぬ」こと、第二は、「経済状況の変化に応じて地代を改訂する余地を残す」こと、以上である。そして中川は、「この二点が認められなければ住民側は反対する」であろうし、「事態は却って悪化しよう」と訴えることになる[98]。また同じ日、井口顧問も極東軍司令部の参謀次長と会談し、同じような意向を伝えるのであった[99]。

ところが、こうした外務省の試みは、沖縄現地の情勢変化を受けて、いったん中断されることになる。外務省はこの中断理由についてこうのべている。「琉球政府を初め現地住民は現地折衝による局面打開に望みをかけ米側のでかたをまつという受動的態度に漸次移行したため、わが方の対米折衝も中断せざるを得ない情勢となつた[100]」。実際、比嘉主席をはじめとする沖縄の政治指導者たちは、レムニッツアー民政長官から「現地三者会議」案を拒否する書簡を受け取ったあと、これまで続けてきた日本政府への働きかけを中断し、沖縄・アメリカ二者間による問題解決の道を模索しはじめたのである（次節）。こうした沖縄現地の態度変更を受けて、外務省も、対米折衝を一時中断するという判断を下したわけである。

四　日本政府排除の試み

(1)オフ・リミッツの実施

▼基地依存の脆弱な社会構造

さて、話を少し戻すが、五者協議会が「現地三者会議」案を打ち出したころ、沖縄内部では住民大会を開催してプライス勧告反対世論をいま一度盛り上げようとする動きが生じていた。各種民間団体で構成される土地を守る協議会、通称土地協による住民大会がそれである。前述した二度にわたる超党派の住民大会を四者協議会と協力して成功させた軍用地問題解決促進協議会の後身組織である土地協は、その結成から一〇日後の七月二八日、本土での任務を終えて帰島した安里ら沖縄代表団の報告会も兼ねて、那覇市で住民大会を開催したのである(101)。

一五万人あまりの住民を集めて開かれた土地協主催のこの大会の特徴は、まず第一に、米軍から「アカ」のレッテルを貼られていた沖縄人民党首瀬長亀次郎と元社大党書記長兼次佐一の二人を本土派遣の「沖縄代表」に選出したこと、第二に、「ヤンキー・ゴー・ホーム」のプラカードを掲げて学生らがデモ行進をしながら大会に参加したこと、第三に、一括払い容認発言をした当間重剛那覇市長と「緩衝地帯」論を唱えた比嘉行政主席の退陣要求を決議したこと、である(102)。米軍から「共産主義者」として目をつけられていた瀬長と兼次を本土派遣の「沖縄代表」に選出したことや、学生らが「ヤンキー・ゴー・ホーム」のプラカードを掲げて住民大会に参加したことなどは、土地協主導のこの運動が「反米」色を帯びてきたことを米軍側に印象づけるものであった。

主席退陣要求を出された比嘉秀平は、この決議案に強く反発し、大会への不参加を表明する。また、比嘉率いる民主党も、「大会は主席退陣の要求を行うべく準備されている」ので、党としては「代表を送らない」旨を表明する。

さらに、大会当日には党政調会長の星克が、「住民運動の行過ぎ」を強く非難するコメントまで出すのであった[103]。

このように沖縄内部の結束が崩れてくるなか、これまで事態を静観していた現地米軍が、ついに動き出すことになる。米軍基地の集中する沖縄本島中部地域一帯を対象に発令された、無期限にわたる米軍要員の立入禁止令、すなわちオフ・リミッツがそれである。八月八日にコザ市をはじめとする同地域一帯に発せられたこのオフ・リミッツは、高島南方連絡事務所長がのべているように、まさに「基地収入に依存する当該地区五万の住民への経済封鎖宣言」に等しいものであった[104]。これを発令した米軍側の言い分は、「この地域一帯で計画されている住民大会やデモ行進」によって起こるかもしれない「琉球人と米人間の衝突」を避けるため、というものであったが、その真の意図するところがやはり高島のいうように、「基地反対への見せしめ的経済圧迫にあることは万人の認めるところ」であった[105]。本土滞在中に沖縄代表団の安里積千代が政府関係者に伝えたあのオフ・リミッツへの懸念が現実化したのである。

第二章でのべたように、戦後の沖縄経済を特徴づけたものは、何といっても極度の「基地依存経済」である。一九五五年当時の沖縄のGNPはおよそ一万三一三〇万ドルであったが、そのうちの五七パーセントは対外受取（七四八〇万ドル）で占められており、さらにそのうちの実に六七パーセントが、軍人・軍属の消費資金や米軍基地の建設・維持資金、そして基地労働者への賃金等からなる、いわゆる「基地収入」（四九九三万ドル）で占められていたのである。しかも、この「基地収入」のなかでも最も大きな比重（約四〇パーセント）を占めていたのが、軍人・軍属の消費資金、すなわち彼らが基地外で遊興飲食等に使う資金（約二〇〇〇万ドル）であった[106]。したがって、米軍の発したオフ・リミッツによって軍人・軍属の外出機会が失われてしまえば、関連業者はもちろんのこと、沖縄経済全体が大きなダメージを受けることは火をみるより明らかであった。米軍によるオフ・リミッツの発令は、やはり高島のいうように、沖縄側にとっては「経済封鎖宣言」に等しいものだったのである。

▼沖縄の反応

このオフ・リミッツに最もすばやく反応したのは、もちろん、日々の生活を米兵の落とす遊興飲食費によってまかなっていたバーやキャバレーなどの風俗営業者たちである。オフ・リミッツが発令された八月八日、コザ市の小学校で集会を終えた学生ら約二五〇名がデモ行進に移ろうとしたところ、風俗営業者ら約一〇〇〇名が沿道を埋め尽くし、デモ行進阻止に当たったのである。結局、デモ行進は風俗営業者たちの阻止行動によって中止に追い込まれたが、のちにその風俗営業者たちによって発せられた次の声明(八月一三日)は、米軍基地に依存する基地周辺住民のひとつの立場をよく表わしていた。同声明書はいう。「現段階に於ける琉球の現状は基地経済を基盤として米琉親善により米国なくしては到底琉球の復興と住民の福祉を図ることは出来ない。吾々は此の基地経済を否定し、反米を煽動するが如き無責任な空論や民族運動の美名にかくれて住民の生活を破壊する結果を招来する様な行動には絶対に同調出来ない」(107)。

この基地周辺風俗営業者らと同様に最も直接的な打撃を受けたのは、コザ市をはじめとする中部地域一帯の各市町村である。これら市町村当局は、今後「反米的な演説会及び住民大会」のために集会用地を使用させないことや、瀬長と兼次を本土派遣の「代表」として認めないことなどを謳った声明等を出すことによって、オフ・リミッツの解除を米軍側に懇願するのであった(108)。

学生や土地協の行動に対するこうした非難は、何もこの基地周辺市町村や風俗営業者だけにとどまるものではなかった。行政主席の比嘉秀平もまた、米軍基地に依存する沖縄の現状を指摘したうえで、次のように運動の「行過ぎ」を非難している。「最近の住民の運動のあり方が五者協議会で声明した土地問題解決の基本的運動方針から逸脱し、基地反対、日本復帰、対米非協力といった目標をはずれた運動の様相を呈して来た(中略)沖縄の経済構成が多分に米軍基地に依存していることは何人も否定出来ない現実であり、今回の問題が単に中部地区住民だけでなく琉球全体の利害につながる重大な問題であることは申すまでもない、この際住民各位は沖縄の置かれているこの環境をよく認識して土地問題に対する行過ぎに対してはお互いに警戒して冷静に行動して貰うよう切望する」(109)。

さらに比嘉が党首を務める琉球民主党も、八月九日、次のような声明を出し、学生らの行動を厳しく非難している。「四原則を堅持し、プライス(勧告への)反論を掲げて闘争するゆえんは、米国がとらんとしている政策の誤りを是正せんがための、建設的反対であるのであつて、決して民族的偏見や基地否定ではない。従つて他の政治的意図をもつてこの運動に便乗せんとする不純な行動に対しては、断固これを排撃する」[110]。このように学生らの行動を激しく非難した民主党は、さらに八月一三日、その学生らが加入している土地協にまで非難の矛先を向け、同組織の「即時解散」まで要求するのであった[111]。

土地協に対するこうした批判は、同組織に副会長まで送り出していた沖縄婦人連合会（沖婦連）からも出されることになる。沖婦連会長の竹野光子は、こうのべている。「最初は土地問題は島ぐるみ運動だから婦連も参加してくれという申出があったので喜んで参加した。ところがある片寄つた人達だけの運動だということがわかつたので、婦連がはいつていてもためにならないと考え」た[112]。かくして、プライス勧告反対の大衆運動を主導してきた土地協は、こうして沖縄内部から批判を浴び、やがて軍用地問題をめぐる政治過程から姿を消していくのであった（土地協がみずからの解散を表明したのは一一月三〇日）。

比嘉主席や民主党、そして中部市町村当局などがこうした反応を示すなか、いまひとつ興味深い反応を示したのは、一括払い容認発言をした当間那覇市長と、その当間と行動をともにする富原琉球銀行総裁ら経済界の有力者たちである。南方連絡事務所長の高島が東京の本局に宛てた報告書によれば、オフ・リミッツ発令の翌日（八月九日）、高島も出席したある「非公式の招宴場」で、当間や富原、そして国場組社長の国場幸太郎らは同所長の同席に気づかずに、次のような内輪話をしていたという。「学生がヤンキー、ゴーホームなど云ひだすものだから、米側がシッペ返しに基地営業者を締め出したのだ、当然だ」。「一体米軍用地がなくてどうして八〇万もの住民が暮して行けるか、日本など到底養へまい」。「軍用地で沖縄が厭がらせをやると米軍は全面撤退するかも知れない」。「四原則の何のといって、人民党や共産党に乗ぜられているのだ」、等々である[113]。のちに当間や富原らは高島の存在に気づいてその会話を途中で打ち切ったようであるが、高島本人がいうように、このとき彼らは「全然一般論とは反対の会話のやり取り」を行なっていたのである[114]。しかも当間らは、ただこうした会話を交わしただけでなく、現地米軍当局に対して密かにオフ・

リミッツの長期続行まで進言していたのである。[115] 風俗営業者や市町村当局などがオフ・リミッツの早期解除を米軍側に懇願していたころ、当間らはそれとはまったく逆の要請をしていたのである。以上のような沖縄内部のさまざまな反応を見極めたうえで、現地米軍当局は、発令から八日後の八月一六日、オフ・リミッツを完全解除するのであった。

(2) レムニッツアー書簡

米軍の発したこのオフ・リミッツは、たしかに米軍基地に依存する沖縄社会に極度の動揺を与え、比嘉や琉球民主党などを土地協批判に走らせたわけであるが、だからといって「現地三者会議」案を打ち出した五者協議会が、プライス勧告への反対そのものを取り止めてしまったわけではなかった。オフ・リミッツによって沖縄社会が極度に動揺するなかにあっても、同協議会は、日本政府への働きかけを継続していく姿勢を維持していたのである。オフ・リミッツの発令から二日後の八月一〇日、五者協議会の場で市町村長会会長の吉元栄真は、「日本の調査団が来島するのかどうか不安であり、局面を進展させるために代表派遣は急ぐべきだ」と発言し、また土地連会長の桑江朝幸も、「日本への派遣は早急に行うべきだ。日本からの調査団の受入れ態勢を整えている（の）に調査団はいま来る、いま来るでまだ見えない。最近の情報によると米国は調査団の来島をその時期でないと断つている。こちらから代表を派遣し、いまがその時期だということを強調して、来島促進に拍車をかけるべきだ」と主張している。[116] こうした吉元、桑江の要求を受けて五者協議会は、先に決定していた第二次沖縄代表団の本土派遣をいま一度確認するとともに、その派遣するメンバーを早急に選定することを申し合わせるのであった。

しかし、日本政府の関与を求めるこの五者協議会の動きに対し、強烈な一撃が加えられることになる。東京のレムニッツアー民政長官が比嘉主席宛てに送った、いわゆる「レムニッツアー書簡」がそれである。オフ・リミッツを全面解除したその翌日（八月一七日）、比嘉に送られたレムニッツアー書簡は、先に五者協議会が要請していた「現地三者会談」案に対する返答書としての性格を持つものであった。同書簡の骨子は、まず第一に、軍用地問題解決のための研究が目下アメリカ政府内で進められていること、第二に、研究結果がでたらそれを琉球政府の関係職員と協議すること、そして第三に、協議には日本政府を参加させる意思がないこと、以上である[117]。つまり、この書簡でレムニッツアーは、日本政府や五者協議会を協議の場から排除し、琉球政府と現地米軍とのあいだで問題を協議していくことを明らかにしたのである（のちにモーア民政副長官は同書簡を補足説明し、関係する市町村当局が米軍との直接の折衝主体になることを明らかにしている[118]）。

もともと沖縄と本土の米軍当局は、日本政府が軍用地問題に関与することには否定的な態度をとっており、駐日アメリカ大使館が本省に伝えたところによれば、彼ら米軍当局は次のような見解をもっていた。「もしわれわれがただちにこの土地問題から日本人を排除することができれば、沖縄現地の米軍当局は大きな困難もなく直接住民とのあいだで問題を解決できよう[119]」。つまり、米軍側の見解は、沖縄人が「強硬な立場」をとり続けていられるのは「日本政府からの力添えの期待」があるからであって、「もしその期待を排除することができれば、沖縄人は闘いをやめ、アメリカのいう条件下で『現実的』な解決を受け入れることになろう」、というものであった[120]。したがって、沖縄側が「現地三者会議」案を提起したその機会を捉えて、米軍当局が五者協議会の解体とともに日本政府の排除をめざしたことは、ある意味当然のことであったといえる。

なお、ここで興味深いのは、レムニッツアー書簡を実際に起草してこれを沖縄の政治指導者たちに提示するよう求めたのが、実は沖縄現地のモーア民政副長官であったということである。日本政府の介入や五者協議会のなかの急進分子の活躍が軍用地問題の解決を難しくしているとみていたモーアは、七月二四日、五者協議会が「現地三者会議」案を提示したその機会を捉えて、逆に米軍側の意向を彼らに示そうとしたのである[121]。モーアと同じ見解を持っていた東京の極東軍司令部も、八月一二日、このモーアの提案を承認するとともに、時期をみてこの書簡を比嘉に手交するよう指示するのであった[122]。これを受けてモーアは、オフ・リミッツの全面解除翌日という絶好の機会を捉えて、この書簡を比嘉に手交したのである。

では、レムニッツアー書簡を受けた沖縄の政治指導者たちは、どのような反応を示したのであろうか。まず行政主席の比嘉秀平は、ただちに談話を発表し、「現地における折衝を極力推進する」という方針を明らかにしている。つまり、南方連絡事務所の高島がいうように、比嘉はこの書簡を受けて早くも「日本政府介入方針を棄て」去って、しかも「従来主張していた所謂『緩衝地帯』たる立場も逸却」し、「行政府が主体となり米側と折衝」するという姿勢を明確にしたのである。[123] また吉元栄真率いる市町村長会も、モーアによる同書簡の補足説明によって関係する市町村当局が米軍との直接の折衝主体になることが判明するや、米軍との現地折衝に応じる構えをみせる。[124] さらに、当初折衝主体から外されていた立法院も、のちに米軍当局から折衝主体に含まれることを通告されるや、同じく現地折衝に備える動きをみせる。[125] 一方、モーアから「自称地主代表」といわれて折衝主体から外された桑江率いる土地連は、これを機に同組織本来の任務である実践運動へと力点を移していくのであった。[126] 五者協議会として統一した行動をとってきた沖縄の政治指導者たちは、このレムニッツアー書簡を受けてそれぞれ独自の動きをみせるようになり、内部の結束はしだいに崩れていった。しかも、これまで続けてきた日本政府への働きかけも中断し、それぞれが米軍との直接折衝に備える動きをみせはじめるのであった。[127]

(3) 日本政府の関与を求めて

▼南方連絡事務所長の助言

このように沖縄の政治指導者たちがそれぞれ独自の行動をとりはじめるなか、いま一度沖縄内部の結束を固めたうえで日本政府に沖縄側の最小限度の要望事項を伝えるべき、と助言した人物がいた。その人物こそ、沖縄現地の政治情勢や軍用地問題に関する現地指導者らの意向をこれまで何度も東京に伝えていた、あの南方連絡事務所長の高島であった。この段階に至って高島は、単に現地指導者らの意向や沖縄の政治情勢を日本政府に伝達する役割を演じただけでなく、彼らを裏面から積極的にサポートする役割をも演じたのである。

レムニッツアー書簡の出されたあと高島は、沖縄の政治情勢について次のように分析している。「各階層、各関係者間の足並不一致、反省の名の下に団結の弛緩化、行政府並に親米層（財界有力者）の軟論台頭、民政府決定に無条件服従等の危惧すべき底流が暗動しつゝある」（括弧は原文のまま）。とりわけ高島は、立法院内部で与野党の足並みが揃わずに、しかも与党民主党内部において足並みが乱れている現下の政治情勢を「危惧」していた[128]。

高島が「危惧」したのは、現地指導者の足並みが乱れてしまえば「全住民運動並に一般世論」の「適従する処」が失われる結果となり、その状況下でもしアメリカ側から「住民の期待に反した」具体案が提示された場合、沖縄側に「大きな混乱」が引き起こされる可能性を読み取ったからである[129]。そのため高島は、みずから積極的に「与野党首脳及び土地連会長」に接触し、次のような注目すべき助言を行なうのであった。すなわち彼は、「（一）、米側より最悪の具体案が提示された場合も混乱を起すことなく、且つネバリ強い折衝体勢を維持するよう心掛くべきこと、（二）、現地側としての最小絶対限の要求を基線とした実現可能の具体案を至急超党派的に内密に用意すべきこと、（三）、日本政府に右具体案につき現地側の意思を連絡すべきこと」、以上を進言したのである[130]。つまり、これまで強固であった超党派の結束が崩れ、しかも統一した具体案をいまだ用意していなかった沖縄の政治指導者たちに対して、高島は、再度結束して具体案を作成し、それを日本政府に提案するよう助言したわけである[131]。

この高島の助言がきいたのか、その後沖縄の政治指導者たちは実際にその助言どおりの行動を展開していくことになる。まず彼らは、懸案であった超党派の住民組織である「土地を守る会総連合」（以後、土地総連という）を結成し、長期にわたる抵抗態勢を整える[132]。この九月二〇日に結成された土地総連は、市町村長会、市町村議会議長会、土地連を中心団体とし、そのほかにも民主党、社大党、人民党などの各政党、沖縄教職員会、沖縄青年連合会、沖縄婦人連合会などの各種民間団体を網羅した、まさに超党派の住民組織であった。そしてこの土地総連会長には市町村長会会長の吉元栄真が選出され、また事務局長には土地連会長の桑江朝幸が選出される。同組織は以後この二人を先頭に立てて粘り強い運動を展開していくことになるが、これについては次章でみていくことにする。

▼日本政府への再訴え

このように超党派の住民組織をつくって抵抗態勢を整えた沖縄の政治指導者たちは、続いて中断していた日本政府への働きかけを再開することになる。土地総連の結成からしばらく経った九月下旬、民主党の与儀達敏や社大党の平良幸市をはじめとする立法院議員団と、吉元栄真、桑江朝幸の二人が立て続けに本土へと渡り、日本政府と協議をもったのである。一〇月五日と九日に行なわれた外務省との協議で与儀達敏ら沖縄の政治指導者は、「政府は（これまで）如何なる具体案を米側に提示したか」、また「若し具体案が未だなければ何時までに出来るか」という質問を投げかけている[133]。これに対してアジア局長の中川融は、「政府は四原則の線で頑張っている次第である。これをもう少し具体化した案があれば出したいと云う気持ちだった。我々は現地の了承をえない案を米国に正式に出すのはよくないと初（め）から思っていた。従って十分現地と打合わせをして大体のメドをつけたいとゆう考（え）であった」とのべたうえで、次のように続けている。「しかし、今までその機会がなかったから、四原則で頑張る以外に手がなかった。今回皆さんの来訪の機会に十分協議したいと云うのが偽らざる気持である。只、これには時期の問題がある。米側において具体案を作っていることが分ってきたので、最小限として次の二点を述べておいた。（一）無期限・一括払は絶対に困ること。（二）地料を内地に準じて引上げること。及び附帯的に新規接収を行わないことも申し入れた。今後は何年がギリギリの線か、地代は幾らにするかとの問題が残る。これらは米側に云っていない。これについて十分意見を伺いたい」。

外務省がこのように沖縄側の意見をまずは聞き、これを基に具体案を作成したいという姿勢をみせたのに対し、沖縄側は、統一した具体案を示すことに慎重な構えをみせた。たとえば、立法院議員の平良幸市は、「政府が現地側の案を欲することには甚だ不満だ」とのべて、政府のほうが具体案を作るべきだ、と主張したのである。

また、九日に行なわれた協議でも、中川局長が、「外務大臣から米側に伝えた方が好いと思うようなことなど、主として具体的な点を話していただきたい」と求めたのに対し、沖縄側はこれに慎重な姿勢を示し、「とに角有期限という考えで進めておいてくれ」（与儀達敏）という態度を示すにとどまった。[134] 与儀達敏や吉元栄真らが同年七月に高島南方連絡事務所長にのべたのと同じように、ここでもまた彼らは、みずから統一した妥協案を提示することには消極的な態度をとり、日本政府がそれを提示するよう求めたのである。

ともあれ、沖縄の政治指導者たちがふたたび日本政府への働きかけをはじめたことから、外務省もこれまで中断していた対米折衝を再開することになる。一〇月一七日、重光外務大臣はアリソン大使と会談をもち、「沖縄の責任ある指導者たちから集めた」情報として、次の内容を記したメモを手交し、「住民の希望をできるだけ実現するよう御努力願いたい」と要求するのであった。[135] 同メモの内容は、まず第一に、賃貸借契約の期間は長期（たとえば一〇年から二〇年）でもよいが無期限ではいけないこと、第二に、賃貸料の支払いは毎年か、あるいは数年ごと（たとえば二年または三年ごと）とすること、第三に、賃貸料は少なくとも現行の五倍から六倍に引き上げること、そして第四に、土地の新規接収は絶対最小限度な規模に制限すべきこと、などであった。[136]

このように日本政府はふたたび対米折衝を開始したわけであるが、しかし翌一九五七年一月三日、アメリカは前年八月に策定した軍用地政策を見直すことなく、レムニッツアー民政長官を通して発表することになる。沖縄現地で発表した同政策（レムニッツアー声明）は、第一に、アメリカは「一坪でも」琉球の土地に対して「絶対所有権」を持たないこと、第二に、「無期限に使用」する土地については「絶対所有権」ではなく「地役権」を取得すること、第三に、アメリカは土地使用の代償として「多額の現金」を地主に一括で支払う用意があること、第四に、地主は受け取った「多額の現金」を「政府資金に預金」し、政府がそれを運用することによって「利息または年収を上げる」ことができること、そして第五に、「軍事上の目的のために若干の土地を新規に借用」すること、以上である。[137] つまり、同声明でアメリカは、プライス勧告で謳われていた「絶対所有権」を取得する意思がないことを明らかにする一方で、あくまで地代の一括払いと軍用地の新規接収を実行していくという意思を伝えたわけである。

この声明を発表する少し前、ホージー臨時大使は外務大臣に就任（一九五六年一二月）したばかりの岸信介に対し、近々沖縄で同声明を発表する旨を伝えている。このとき岸は、みずからの懸念をこうホージーに伝えている。「土地代金の一括払いが住民の最も強く反対するところであるので、何故に米側がこれを行わねばならぬかにつき充分事情が判明しないと、現地で最も問題となる点と思う[138]」。果たして岸の懸念したとおり、レムニッツアー声明を受けて沖縄の政治指導者たちは、一括払い政策の見直しを求めてさまざまな行動を展開するのであった。

第5章　土地使用の安定化と基地の拡大

一　一括払い政策の実施

(1) レムニッツアー声明と沖縄内部の対立

▼一括払い政策をめぐる対立

一九五七年一月にレムニッツアー民政長官が沖縄現地でプライス勧告に沿った新しい軍用地政策を発表したことは、前章でのべたとおりである。これを受けて現地米軍当局は、二月二三日、布令一六四号「米国合衆国土地収用計画」を公布し、同政策の法制度化を図る。この布令一六四号は、アメリカが必要とする期間「完全排他的」に使用する軍用地に関しては「限定付土地保有権（determinable estate）」を取得し、地価に等しい補償額を一括で支払うことを規定している。この「限定付土地保有権」とは、「合衆国がもはやそれを必要としないことを決定し、該権利の放棄を関係土地所有権者に通告するまで存続する」権利であり、しかも「その期間中関係土地の上空、地下、地上の完全排他的な使用、占有および収益をなす」権利として定義されていた。また同布令では、この「限定付土地保有権」を琉球政府や関係市町村を介さずに直接沖縄地区工兵隊が関係地主と協議をもって取得するものと規定され、もし地主がそれに応じなかった場合には当該土地を強制使用できる、と規定されていた(1)。

このアメリカの新軍用地政策の発表を受けて沖縄の政治指導者たちは、一括払いによる「限定付土地保有権」の取得と新規の土地接収に関し、それぞれ異なる態度を示すことになる(2)。まず最初に比嘉主席の死去にともない新しく行政主席に任命された当間重剛の態度からみていくことにしよう。

前那覇市長の当間重剛が第二代行政主席に任命されたのは、レムニッツァー声明の出されるおよそ二カ月前、すなわち一九五六年一一月一日である。同年一〇月二五日、狭心症のため急死した比嘉に代わって当間が急遽行政主席の座に就いたのである。当間は、一九五六年夏に四者協議会がプライス勧告反対運動を展開していたころ、唯一人、一括払い政策を容認した人物であり、しかも富原守保琉球銀行総裁ら沖縄経済界の有力者とともにオフ・リミッツの長期続行を密かに米軍側に進言した人物であった(前章)。つまり、当時最も米軍寄りの態度をとっていた人物がレムニッツァー民政長官によって第二代行政主席に任命されたのである。

米軍の任命主席であると同時に琉球民主党の党首であった初代行政主席の比嘉秀平が、その立場上、沖縄の統治者である米軍当局との関係だけでなく、みずからが党首を務める琉球民主党との関係にも留意しながら主席と党首の職務をこなさなければならなかったのに対し、どの政党にも属さず経済界を中心に独自の勢力を築いてきた当間は、比嘉のように政党の拘束を受けることなく主席の職務を果たすことができた。しかも当間は、主席就任後初の施政演説のなかで、琉球政府は米民政府の「代行機関」にすぎないことをはっきりと表明した人物であった(3)。

こうしたスタンスに立つ当間は、主席就任当初、軍用地問題に対するみずからの態度表明を控えていたが、翌一九五七年一月、アメリカが新軍用地政策を発表すると、その態度を明らかにする。アメリカの新政策に対して当間は、「一括払いは米國の最終方針であり、受取らない人には、政府が責任をもって分割払いすることになろう。従ってその資金の運営をどうするかを研究しなければならない」とのべて、一括払い政策を支持する態度を示す(4)。つまり当間は、同政策を受け入れたうえで、もし地主が一括払い金を受け入れない場合には、その資金を琉球政府が運用し、そこから得られる収益の一部を地主に対し賃貸料の代わりに分割で支払っていく、という見解を表明したのである。

この当間の見解を側面からバックアップしたのは、もちろん、富原守保ら沖縄経済界の有力者たちである。富原によれば、「経済界の多数意見は『米国が土地の所有権を獲得しないという前提なら一括払いを認めて、その資金を経済復興にあてるべきだ』ということで一致していた[5]」。実際、経済界の有力者たちは、二月五日に行なわれた土地総連幹部との懇談の場で、一括払い政策を支持する態度を明らかにしたり、二月一一日の内輪の会合では一括払い金の資金運用について協議していた[6]。

この資金運用について行政主席の当間は、南方連絡事務所の高島に対し、次のような考えを披瀝している。「(一括払い金の) 運用には日本への投資も考慮され、年七分五厘なら幾らでも引受け手がある。ただ斯うすると運用利益の打算から、一括払いを受けて自分で運用しやうとの希望者が出過ぎはしないかと懸念される。必要ならば新布令を出して貰ふことも考へられる[7]」。

▼新規接収をめぐる対立

一方、新規の土地接収に対する当間の態度は、米軍への土地提供に地主が反対でなければ「或程度」これを「容認」する、というものであった。したがって、「地主が賛成している辺野古」の事例に関しては、あえて米軍の新規接収を「阻止しようとは考えていない」、というのが当間のスタンスであった[8]。

当間が言及した辺野古の事例とは、一九五六年一二月末に沖縄本島北部にある久志村辺野古の関係地主全員が、同地域内の土地約六二八エーカーを米軍に提供することを容認した出来事を指す。関係地主の委任状を受けて米軍側と賃貸借契約を締結した久志村長の比嘉敬浩によれば、そもそもモーア民政副長官から土地の新規接収予告を受けたのは、前年(一九五五年)七月であった。そのとき久志村長と関係地主はこれに強く反対したが、その後関係地主が容認する方向に動いていったため、同村長も結局のところ地主の意思を尊重して米軍への土地提供に同意した、というのである[9]。

辺野古の関係地主が土地提供に最終的に応じた理由について、久志村長は次の二つの理由を挙げている。まずひとつは、「伊江島、伊佐浜のように」土地を米軍に強制収用された場合、みずからの土地に対する「権利が失われることになりはせぬか」という不安や恐怖、いまひとつは、「基地を持つことで村民の経済生活がよくなる」のではないかという期待や希望、この二つである。(10)

また久志村長自身も、「地主の意思どおり賃貸契約に署名する決意」をした理由として次の五点を挙げている。まず第一に、「地主の意思」を「村長の権限でまげることができない」こと、第二に、「伊江島や伊佐浜のように強制収用にあつて住民の権利が失われるおそれ」があったこと、第三に、「米軍基地を持つことで経済面の発展を期し得る」こと、第四に、「今まで収入皆無だつた村有山林十五万坪の賃貸料で村財政をうるおす」ことができること、第五に、米軍が将来取得しようとしているフィー・シンプル（fee simple）が所有権を意味するものでないこと、以上である。(11)

伊江島と伊佐浜の事例とは、一九五五年三月と七月にそれぞれ伊江島真謝区と宜野湾村伊佐浜でなされた米軍による強制接収を指す。両事例とも、武装した米兵が出動し、ブルドーザーによって住民の土地を強制収用した事例であった。(12)久志村長と関係地主が米軍への土地提供に応じたその脳裏には、この伊江島と伊佐浜での強制接収の記憶がひとつの恐怖としてちらついていたのである。

しかし、一方で彼らの脳裏には、いまひとつ、米軍に土地を提供することで村全体が経済的な利得を得るのでは、というべいわば実利的な期待もあったことは見逃すことのできない事実である。関係地主が米軍との契約にあたって次のような条件を持ち出したことは、先の久志村長の言と合わせて、彼らのひとつの姿勢をよく表わしている。すなわち、電気水道施設を敷くこと、損害に対して適正に補償すること、黙認耕作地を認めること、基地建設の際には辺野古地区から労務者を採用すること、農耕地の接収はなるべく避けること、以上である。米軍はこの五項目にわたるすべての条件を受け入れたうえで、一二月二八日、関係地主から委任状を受けた久志村長とのあいだで契約を結び、辺野古地区一帯の広大な土地を取得するのであった。(13)

米軍による強制接収ではなく関係地主と村長が米軍への土地提供に同意したこの辺野古の事例を念頭に置いて、当間主席は新規接収を条件付で容認するという態度を示したのである。しかも当間は、単にこれを容認したばかりか、一月中旬辺野古地区を現地視察した際、次のようにのべて久志村長と辺野古住民を称賛さえしている。当間はいう。「久志辺野古の地主が（アメリカと）協力的立場をとり、自分たちの幸福と将来繁栄の方式をとったことは、当然のことだと思う。（中略）久志村長が、こんどの問題に対処した態度に敬意を表するものである」[14]。「基地の存在を肯定」する以上はアメリカとの「協力が必要であり」、しかも住民の「幸福と繁栄」のためにいかにすれば「アメリカの力を利用できるか」を考えていた当間にとって、この久志村長と辺野古住民のとった行動は、十分「敬意を表する」に値するものだったのである[15]。のちに当間主席は、南方連絡事務所長の高島に対して、みずからの見解をこう披瀝している。「四原則、四原則など、空騒ぎしても何の役にも立たない。私が従来の線を打ち破って米国案の線で土地問題を解決しなければ誰も打開出来る者はいないだろう」[16]。

このようにアメリカの軍用地政策を支持した当間に対し、住民の代表機関である立法院は、同政策に関する基本的態度をめぐって民主党と他の政党、無所属が対立し、院として統一した態度を打ち出すことはできなかった。民主党の基本的なスタンスは、軍用地四原則は「どこまでも原則」であって、「これにとらわれて地主または全住民の福祉を阻むが如きことがあってはならない」というものであった。したがって、同党の一括払い政策に関する見解は、「原則的」には一括払いを「阻止すべき」であるが、もし関係地主がそれを望む場合にはその意思を尊重する、というものであった[17]。この民主党の見解をみる限り、当間のそれと変るところがないことは明らかである。しかし、のちに同党は、吉元と桑江が主導する土地総連の事務局案（桑江案――後述）が発表されるや、それを支持する方向へと態度を変えていくのであった。

一方、これに対して社大、人民、無所属は、「四原則は住民の世論を背景にした最低の要求である」として、あくまで四原則を貫徹すべきであると主張する。民主党の見解に対して社大党や無所属議員のあいだからは、「地主が納得すれば何でもかんでもいいというのは、無為無策ではないか」。「単に地主の意思を尊重するというだけであとは手を拱いて何もしないという態度では一体、どこに政治があるのだ。大きな利益のためには個人の意思は或る程度、抑えられるべきではないのか」といった反論まで提起されるのであった[18]。

▼「解決具体案」

このように立法院では軍用地四原則の取り扱いをめぐって民主党と他の政党、無所属が対立したため、何ら有効な対応策も打ち出すことはできなかった。こうした立法院の足並不一致を憂慮したのが、土地連会長でしかも土地総連事務局長であった桑江朝幸である。桑江はこの行き詰った事態を何とか打開するために、「解決具体案」なるものを作成し、一月二五日、これを土地総連合同委員会に提示している[19]。この桑江の作成した「解決具体案」は、一種の妥協案として作成されたものであるが、その基本的な考え方は、「観念に捉われず、沖縄の置かれている現状に、最も深く注目し、現実否定にならないよう配慮」しながら、「断乎として貫徹すべき事項」を明らかにし、「譲り得る線」を「ぎりぎりまで勘案」する、というものであった。

まず桑江が「断乎として貫徹すべき事項」としたのは、一括払い政策を阻止することであった。同「具体案」では、これに代わるものとして、①更新可能な五カ年賃貸借契約、②賃貸料の毎年払い、③賃貸料の五カ年ごとの更新、の三つを提案している[20]。

つぎに「譲り得る線のぎりぎりまで勘案」したものとしては、条件付で土地の新規接収を認めることであった。同「具体案」で桑江は、「住民に及ぼす影響が少く且つ生産手段や生活に悪影響を及ぼさないと判断される地域に対しては、地域住民の意思を尊重しつつ軍と協力し、新規接収を認める」、としたのである。その具体的なケースとして桑江は、「関係住民の生活」に「不安を与へない不毛の原野」を挙げ、久志村辺野古の事例もこれにあたるとした。現状を打開するために桑江によって起草されたこの「解決具体案」は、要するに、軍用地の新規接収問題ではアメリカ側に一定の譲歩を示す一方、一括払い政策の実施だけは是が非でも中止にもっていくことを意図したものであった。

この「解決具体案」について各界の意見を聴取するため、桑江と土地総連会長の吉元栄真は、さっそく二月四日と五日の両日にわたり、新聞関係者や教育関係者、そして富原守保ら経済界の有力者と懇談会をもち、活発な意見交換を行なっている。新聞・教育関係者がおおむねこの「具体案」を支持したのに対し、経済界の有力者たちはこれに真っ向から反対し、五日の懇談会では、「沖縄の農民をいつまでも零細農にしばる必要はない。安定した仕事が得られれば一括払いを受けて資金をつくり、転業の道を図ることが将来の幸福にもなる。また産業の基礎を確立するためにも民族資金が重要になってくる」とのべて、一括払い阻止を掲げるこの「具体案」に強く反発している。

これに対して桑江は、「一括払いを受取って永久的に使用料打切りになるより、更新する機会が与えられ、地料を貰った方が地主には有利である」と反論し、両者の意見は平行線を辿ることになる。(21) また、行政主席の当間もこの懇談会に出席し、土地総連の見解やそれに対する各界の反応を聴取したあと、翌二月六日、「桑江君がいっているような理由では薄弱であり、(一括払い政策に)反対する理由とはならない」とのべて、土地総連の方針を批判するのであった。(22)

一方、新規接収問題の取り扱いについて「解決具体案」は、社大、人民両党から強い批判を浴びることになる。両党がこれに反対した理由は、同案が条件付で新規接収を認めるとしていたからである。社大党の主な反対理由は、軍用地の新規接収反対を謳った一九五四年四月の立法院決議(軍用地四原則を初めて打ち出した決議。一〇六頁参照)には、「条件によっては認めるという文句はどこにもない」というものであった。また人民党の主な反対理由は、「いかなる名目であれ一旦新規接収を認めたならば、その後この土地が何に使用されるか」分からないし、「その後の新規接収を容易にさせる」というものであった。(23) 桑江の回想によれば、この新規接収問題をめぐって土地総連内部では「コップを投げつけるほどの大論争」が展開されたのである。(24)

土地総連の吉元会長と桑江事務局長はこのように「解決具体案」を各界に提起して沖縄内部の意見をひとつにまとめていこうとしたが、彼らは各界の意見を集約することができなかったばかりか、むしろ意見の相違を鮮明に浮かび上がらせる結果となってしまった。こうした状況のなか、日本本土から高岡大輔衆議院議員を団長とする総勢一二名の日本側視察団が沖縄を訪問することになる。

(2) 岸政権への訴え

▼日本側調査団の沖縄訪問

一九五七年三月一一日、レムニッツアー民政長官の招待を受けて来島した日本側視察団は、それから三日間にわたって各米軍施設や住民地区を視察するとともに、モーア民政副長官ら現地米軍首脳部や当間行政主席、そして立法院議員らと会談をもち、現地の実情把握に努めることになる。同視察団には国会から団長の高岡大輔をはじめ床次徳二、鶴見祐輔（以上、自民党）、佐竹晴記、吉田法晴（以上、社会党）の五名が、また政府からは外務省の中川融アジア局長と総理府南方連絡事務局の石井通則局長の二名が、さらに財界からは元通産大臣の岡野清豪ら五名が参加している。団長の高岡と床次は前年六月に発足した自民党沖縄問題特別委員会（以後、自民党沖特委という）のメンバーであり、のちにこの自民党沖特委が、訪米する岸首相に対して軍用地問題に関する申し入れを行ない、それが日米首脳会談の席上岸から提起されるのであった（次節）。

沖縄の政治指導者たちにとってこの日本側視察団の現地訪問は、沖縄の実情をみてもらう絶好の機会であり、みずからの要望を直接伝えるまたとない機会でもあった。しかし沖縄の政治指導者たちは、これに合わせてみずからの統一した見解を打ち出すことができなかったばかりか、逆に内部における見解の違いを露呈する結果となってしまったのである。

実際、沖縄視察に参加した外務省の中川アジア局長は、帰任後にまとめた報告書のなかで、次のようにのべている。[25]「住民側の態度は（当間主席と経済界、社大党と人民党、そして民主党と土地連の）三つに分れている。（中略）この如く住民側の態勢が分裂しているため昨年夏頃の一致した世論は遺憾ながら現在存在していない」。このように指摘した中川は、「米側が一括払いを現実に強行すれば恐らく世論は硬化し、社会大衆党、人民党等の急進分子と民主党、軍用土地委員会等の穏健分子は『一括払い反対』という共通のスローガンによって再び団結し、財界人等の親米論を圧倒し昨年夏当時の如き緊張事態を再現するのではないかと憂慮される」とのべたうえで、日本政府がとるべき態度として、次のことを進言している。「住民側の一致した見解がなく、又米側も一括払の方針はこれを明示しつつもその実施はまだ差控えている状況であるので現在のところ日本側としては事態の推移を注視することとし特に米側と積極的話合をする必要はないと思われる」。

つまり、沖縄側の態度が現在のように分裂している状況下にあっては、しかもアメリカ側も一括払いの実施を控えている現状においては、日本側として積極的に動く必要はない、というのが中川の判断であった。外務省としては、沖縄側の意見がまとまらないまま対米折衝を行なえば相手側からつけこまれる恐れがあり、しかも沖縄側の誰の意見をそもそも代弁すればよいのかという問題もあり、なかなかみずからが積極的に動くことのできない立場に置かれていたのである。

このように外務省が事態を静観する態度をとったのに対し、土地総連の吉元と桑江は、日本側視察団の帰任後、先に挙げた「解決具体案」を土地総連の正式な案とすべく積極的に動きはじめることになる。視察団の帰任からおよそ二週間後の三月二九日、吉元と桑江は同具体案を総会にかけ、ついに可決へと持っていくのであった。無記名投票を前に社大党と人民党がそれぞれ反対を表明し、また教職員会も継続審議を主張したが、結局のところ同案は、民主党、市町村長会、市町村議会議長会、そして土地連等の支持のもと、四五対一〇（賛成票四五、反対票一〇、白票三、不明票一）の結果をもって可決されるのであった[26]。

かくして、超党派の住民組織である土地総連で採択された「解決具体案」は、軍用地主および沖縄住民の多数意見として、その後立法院に提出される。同案を提出するにあたって事務局長の桑江は、次のようにのべている。「立法院が我々の解決具体案を基礎にして早急に意思表示をすることを願っている。岸首相渡米での対米折衝も、結局国会からの調査報告（高岡ら沖縄視察団の視察報告）に基くので、その調査報告書に（沖縄側の意思も）織り込めるように、早急な立法院決議を望んでいる」[27]。沖縄では来る六月に岸首相が訪米し、アイゼンハワー大統領と日米首脳会談を行なう予定であることが伝えられていたが、この首脳会談に臨む日本政府の対米折衝案のなかに、沖縄側の統一した要望事項を盛り込ませたいというのが桑江らの考えであった。

▼一括払い政策の実施

土地総連から「解決具体案」を受け取った立法院は、ただちに軍使用地特別委員会を設置し、同案の審議に入る。しかしこうしたなか、五月に入るや、米軍は一括払い政策を実行に移すことになる。五月四日、米軍は布令一六四号に基づく告知書第一号を那覇市に送付し、対象となる那覇軍港地域約二〇九エーカーに対し限定付土地保有権を設定すると明らかにし、さらに同月一三日には、久米島の既存軍用地約六三エーカー対しても同権利を設定する旨告知したのである[28]。

こうした米軍側の動きに対して関係地主は、一斉に一括払い政策への反対を表明するが、ここで興味深いのは、市町村長会（会長吉元栄真）の動きである。五月一五日の総会で市町村長会は、関係地主や住民の意向、沖縄経済に与える影響面のほかに、市町村財政に与える影響面も憂慮して、これに反対の意思を表明したのである[29]。布令一六四号第二条A項は、アメリカが限定付土地保有権を取得して一括払い金を所有者に支払った場合、その所有者には「納税義務」がないことを規定している。つまり、この布令に基づき一括払い政策が実行された場合、各市町村はこれまで軍用地主から徴収していた固定資産税に含まれる土地税を徴収することができなくなるのである。

たとえば、村の八八パーセントが軍用地となっている沖縄本島中部の北谷村では、一九五七年度歳入予算三八五万円のうち、約五六万円が軍用地関係の固定資産税となっていた。これに村有地の軍用地使用料約四八万円などを加えると、実に村の歳入予算の二八パーセントが軍用地関連の収入となっていたのである。また、村の総面積の八〇パーセント以上を軍用地が占める沖縄本島中部の嘉手納村や読谷村にしても、その実情は北谷村と同じようなものであった[30]。沖縄の五四市町村のうちこの三村を含めて三六市町村に軍用地があったことを考えれば、いかに布令一六四号に基づく一括払い政策の実施が基地のある市町村財政に大きな悪影響を及ぼすものであったのかがよく分かる。こうした市町村財政に与える悪影響を憂慮して、吉元栄真率いる市町村長会は一括払い政策の実施に反対したのである。

一方、立法院では土地総連から提起された「解決具体案」をめぐって民主党と他の政党、無所属が対立し、なかなか院としての態度を決めることはできなかった。民主党の見解は、同案を早急に立法院で決議し、これを日本政府に提起すべき、というものであったが、社大党、人民党、無所属の見解は、新規接収問題をまずは棚上げにしたうえで、立法院の最大公約数である「一括払い反対」だけを日本政府に伝えるべき、というものであった[31]。結局のところ、民主党が他の政党、無所属に譲歩して、院としては新規接収問題をひとまず棚上げにしたうえで、「一括払い反対」のみを政府に訴えることを決定する。そして岸訪米もいよいよ間近に迫った六月四日、立法院代表四名（民主党から新里嘉栄、星克、社大党から安里積千代、そして無所属の新里善福）と桑江土地連会長が本土へと渡り、岸首相や外務省に対して一括払い問題を訴えるのであった[32]。

二　岸訪米とその後

(1)岸政権の取り組み

▼岸の訪米準備

短命の石橋政権（一九五六年一二月〜一九五七年二月）を引き継いで首相となった岸信介が、ワシントンでアイゼンハワー大統領やダレス国務長官と会談をもったのは、六月一九日から二一日にかけてである。この日米首脳会談で岸が安保改定とともに沖縄の施政権返還を取り上げたことについては、これまでの研究によって明らかにされている[33]。しかし、この会談で岸は、実は沖縄住民が最も強く解決を望んでいた沖縄の軍用地問題についても、アイゼンハワーらに提起していたのである。もちろん、岸が軍用地問題よりも施政権返還問題を優先的に考えていたことは確かである。しかし、前述したように立法院をはじめとする沖縄住民の多くが日本復帰よりも現下の重要問題である軍用地問題の解決を期待していたことからすれば、岸がこの首脳会談でそれを取り上げたことは重要である。

外務省は日米首脳会談に備えて早くも一九五七年三月には「日米協力関係を強化発展せしめるためにとるべき政策」と題する政策文書を作成していた[34]。この文書に添付された参考資料のなかに「日米共同声明の骨子」なる文書があるが、そのなかで沖縄問題について外務省は次のように記していた[35]。

日本政府は、沖縄が極東における安全の維持のため、不可決の軍事的重要性を有することを認めるとともに、米国政府はかかる軍事的要件を満足に充足するためには、一般民政について住民の満足と支持をうることが不可欠であることを認識し、沖縄に対する施政権を可及的すみやかに日本に返還することについて、原則的に同意した。

米国政府は、沖縄の施政権を究極的に日本に返還することを目標として、段階的に沖縄の統治に対し、日本政府を参画せしめる用意があるので、その具体的計画について、両国政府がすみやかに協議を開始することについて意見の一致をみた。

これをみても分かるように、外務省は極東の安全のために沖縄が果たしている「軍事的重要性」に理解を示したうえで、「可及的すみやかに」沖縄の施政権返還をアメリカに求めていくという考えをもっていたのである。しかも外務省は、日本政府が沖縄統治に「段階的に」かかわっていくその延長線上に、沖縄の施政権返還というものを見据えていたのである。この「段階的に」かかわっていく具体的な施策として、外務省は「沖縄施政権返還のための措置」なる文書において、こうまとめている[36]。まず第一段階として同文書は、「軍用土地の接収並びに補償などの行政事務及び教育行政について、米国政府は日本政府の意見を求めるものとし、これがため日本政府は所要の政府職員を現地に派遣駐在せしめる」という考え方を示し、次いで第二段階の措置として、「前記措置を他の行政事務に対しても拡大適用する」という考え方を示したのである。そして最後に同文書は、「日本政府は、沖縄における米国の軍事上の要件を満足に充足せしめるとの条件の下に、米国政府は施政権を全面的に日本に返還する。右目的を達成するため日本政府は、軍事上必要なる土地、建物などの接収について特別の立法措置をとるものとする」という考え方を示すのであった。

日本政府が最初に関与する領域のひとつに軍用地の取得・補償業務を挙げていることは、これに対する外務省の関心の高さを示しているといえる。しかし、先の「日米共同声明の骨子」なる文書も含めて外務省が、これ以上踏み込んで軍用地の問題を取り上げていないことには留意しておく必要がある。当時沖縄で最大の政治問題となっていた一括払い問題については、まだこの段階では来る日米首脳会談で具体的に取り上げるべき問題だとは認識していなかったのである。やはり外務省にとって最大の関心事は、沖縄の施政権返還であり、またそこに至るまでの沖縄統治への関与拡大にあったのである。

しかし、訪米が近づいてくると岸政権は、沖縄返還とともに軍用地問題も議題としてあげることを決定している。その背景には、訪米間際に行なわれた立法院代表との会談や、自民党沖特委からなされた軍用地問題に関する申し入れなどがあったといえる。立法院代表が岸に行なった陳情書では、「（一括払い問題の解決は）今や沖縄現地のみの努力では極めて困難であり、われわれが望むところはただ総理大臣が直接米国の最高指導者に率直にわれわれの要望を伝え、これを解決していただくことであります」と謳われており、また自民党沖特委からなされた申し入れでは、一括払い政策を定めた布令一六四号をひとまず保留としたうえで、日米両国の議員で構成される合同調査団を沖縄現地に派遣し、そこで軍用地問題の解決を図るべき、という案が示されていた[37]。立法院代表との会談を通じて沖縄住民が軍用地問題の解決を切に望んでいることを認識した岸は、さらに自民党沖特委からなされた申し入れを受けて、日米首脳会談でこの問題を提起することを決めたといえよう。

▼日米首脳会談

さて、六月一九日に行なわれた岸・アイゼンハワー会談であるが、岸はまずここで、沖縄の施政権返還問題についてこう切りだしている。[38]「日本人は沖縄がアメリカにとって有力な基地であることを知っている。日本人はそれが極東の安全のためにあることを知っているので、沖縄に基地があることには反対していない。しかし日本人にはそこに基地があるという理由だけでアメリカがなぜ沖縄の政治的、行政的権限まで保持する必要があるのか理解できない」。このようにアメリカの沖縄統治に国民が疑問をもっていることを率直に伝えた岸は、さらに次のようにのべて沖縄問題が国民全体の問題であることを訴えている。「沖縄の八〇万の住民は日本人であり、他の日本人と異なるところはない。沖縄の問題は単に沖縄住民八〇万の問題ではなく日本人九〇〇〇万の問題である」。このように岸は沖縄の米軍基地が「極東の安全のため」に重要な役割を果たしていることにまずは理解を示したうえで、沖縄返還問題を持ち出したのである。

続けて岸は、沖縄の軍用地問題についてこう訴えている。「土地問題は重要である。沖縄は狭く、耕作地は不足している。たとえ補償がなされたとしても、軍がみずから利用するために土地を取得すれば、住民は他の土地を手に入れることができない。なぜなら、土地がないからである。したがって、沖縄住民は日本の他の地域の住民よりもみずからの土地に対して強い愛着をもっている」。

このようにアイゼンハワー大統領に対して軍用地の問題を持ち出した岸は、さらに翌二〇日、ダレス国務長官との会談で、より具体的にこの問題への対応策について提起している。[39]すなわち、岸は先の自民党沖特委の申し入れどおり日米両国の議員で構成される合同委員会を立ち上げて、ここで一括払い問題を調査すべきことを提案したのである。しかもこれに加えて岸は、この合同委員会によって調査がなされるまでの間、アメリカは土地の新規接収を延期すべき、という要請まで行なうのであった。

これに対してダレスは、「われわれは軍部に対して土地要求を絶対最小限度なものにまで削減するよう要求している」とのべる一方で、日米両国の議員が沖縄を調査する案については、次のように難色を示している。「われわれのシステムは議会制とは異なり合衆国憲法に基づき大統領が外交を行なうことになっている。また大統領は軍の最高司令官でもある。（したがって）これらの責任を議会の委員会に委ねるわけにはいかない」。

このようにダレスに提案を拒否された岸は、その後話題を移民の問題に移し、こう問いかけている。「沖縄ではみずからの土地を接収された農民のための代替地はない。アメリカはこの被害にあった人々の他国への移住を援助できるのか」。「沖縄住民の再定住先として信託統治領、すなわちサイパンやテニアンなどはどうか」。これに対してダレスは、「この問題は検討してみる」と岸に答えるのであった。

以上のように、日米首脳会談で岸は沖縄の軍用地問題も積極的に取り上げて合同委員会による現地調査まで提案したのであるが、アメリカ側は合衆国憲法を持ち出したうえでこの岸の提案を拒否したのである。

では、こうした首脳会談の結果を沖縄の政治指導者たちはいったいどのように受け止めたのであろうか。まず民主党は、この会談で沖縄の問題が議題に上がったことは「解決への糸口ではある」とのべて、今後も継続して日米両政府に訴えていく姿勢を明らかにする。一方社大党は、岸の「至誠」がアメリカに通じなかったことを「遺憾」とし、「ことここに至ってはお互いの政治責任を明らかにする立場から、総辞職の決意を実践に移す必要がある」と主張したのである。[40] プライス勧告発表後に固めた総辞職の決意を今こそ実行に移すべきだと詰め寄る社大党に対し、民主党は七月五日、党としては総辞職を行なわないことを決定する。[41] この民主党の決定を受けて社大党は、逆にみずからの態度決定を迫られることになり、議員全員が総辞職すべきだという案や、今後の議会運営を考えて委員長のみが辞職すべきだという案、あるいは委員長を残して他の議員が総辞職すべきだという案、はては民主党も総辞職をしないのだからわれわれも総辞職をせずに問題解決にあたっていくべきではないかという意見など、実にさまざまな意見が出されることになる。しかし結局のところ、社大党は七月一〇日、安里委員長のみが全責任を負って辞職することでこの問題に終止符を打つのであった。[42]

この安里の単独辞任によって社大党の提起した総辞職問題は一応終息していくのであったが、しかしその後も立法院では軍用地問題への対応をめぐって民主党と他の政党、無所属が激しく対立し、院としての統一した態度を打ち出すことはできなかった。土地総連から持ち込まれた先の「解決具体案」を検討すべきだとした民主党に対し、社大、人民、無所属はあくまで軍用地四原則を訴え続けたほうがよいと主張し、立法院ではふたたび岸訪米前の議論が蒸し返されたのである。

(2) 一括払い問題への限定化

立法院で各党派が激しく対立するなか、現地米軍当局は一括払い政策と新規接収計画を着実に実行へと移していくことになる。六月二六日から二八日にかけて現地米軍は、布令一六四号に基づきコザ、美里、北谷、浦添、そして宮古の既存軍用地約三一七七エーカーに対し限定付土地保有権を設定することを明らかにする。また軍用地の新規接収に関しても、六月一八日、ナイキ・ミサイル基地を新設するために沖縄本島南部の知念、佐敷、具志頭、そして中・北部の読谷、恩納、金武、具志川、勝連、与那城、宜野湾など広範囲にわたる地域で新たな土地接収を行なうと表明し、さらに七月一八日には、北部の久志村辺野古と名護にまたがる約一四〇〇エーカーの土地を新たに接収すると発表するのであった(43)。

後者の辺野古と名護における新規接収予定地は、沖縄に移駐してくる海兵隊の演習場として想定されたものであったため、その大部分は山林地域となっており、しかもその所有形態は私有地ではなく国有地・県有地が多くを占めていた。そのためか、この地域における新規接収に関しては、町・村当局や関係住民、あるいは土地総連や立法院などから反対の声が上がったという形跡はみられない。

前年までは、たとえ山林地域であったとしてもそこで薪などをとって生活する周辺住民にとって悪影響を及ぼすという理由などから、沖縄住民がこぞって同地域の新規接収に反対していたことを考えれば、この沖縄側の変化は興味深い。山林地域を住民生活に悪影響を及ぼさない「不毛の地」として捉え直したのか、あるいは米軍の新規接収を避けられないものと認識したのかは分からないが、いずれにしても住民側がこの北部地域の新規接収に反対の意思を示したという形跡はみられない。海兵隊の演習場となる北部の広大な山林地域は、住民からとくに大きな反対も受けることなく、静かに米軍によって接収されていくのであった。

一方、前者のナイキ基地建設のための新規接収については、それが後者のそれと比べて接収規模が小さく（二九一エーカー）、しかもその多くが山林原野の接収であったにもかかわらず、接収予定地のなかに約三二エーカーの耕作地が含まれていたことや、文化史跡などが含まれていたこともあって、関係する村当局や地主などから新規接収の取り止めが要求されたり、あるいは接収予定地の変更や土地・建物等の補償が求められることになる。また、軍用地主の連合組織である桑江率いる土地連も、関係住民の意向を聞き取ったうえで立法院や行政府に対して住民への適正補償を求めることになる。これを受けた立法院や行政府は、それぞれ現地調査を実施したうえで米軍に対し耕作地を接収予定地から外すことや、適正補償を要求するのであった。このように「新規接収絶対反対」の声が鳴りを潜めるなか、現地米軍は耕作地の接収をなるべく避けたり、あるいは文化史跡を接収予定地から外したりしながら、必要な軍用地を慎重に取得していくことになる。かくして、九月下旬までに米軍は、ナイキ基地建設のために必要な土地をすべて確保するのであった。(44)

こうした情勢のなか、立法院はついに軍用地問題に対する院の態度を決めることになる。九月二六日、社大、人民、無所属が反対するなか、民主党が土地総連提出の「解決具体案」をベースとした「軍使用土地問題解決具体案」を本会議に提出し、これを一七対一〇の賛成多数をもって可決したのである（賛成票は民主党の一七、反対票は社大、人民、無所属の一〇）。同案の可決によって立法院では、これまでの軍用地四原則をめぐる論争に終止符が打たれ、次のような基本方針が確定する。すなわち、①条件付で新規接収を容認すること（不毛地に限って容認）、②更新可能な五カ年賃貸借契約を採用すること、③賃貸料を毎年払いにすること、④賃貸料を五カ年ごとに更新すること、である。(45)

1957年10月21日，上陸演習をしながら沖縄に移駐する第三海兵師団第九連隊。［提供：沖縄タイムス社］

「不毛地」に限って米軍の新規接収を認めるとしたこの民主党の提案に対し、社大、人民、無所属は激しく反発したが、同案が採択されたあとは、これに真正面から反対することはなくなっていった。かくして、軍用地の新規接収問題はここで事実上政治問題としては終息し、沖縄の政治指導者たちはこれ以後、基地の拡張を黙認していくのであった。

沖縄内部のこうした空気を反映してか、一〇月に入ると、本島北部の金武村が海兵隊基地の誘致を求めて積極的な陳情活動を展開することになる。米軍当局の一〇月一八日付の発表によると、金武村の村会議員、区長、そして地主代表らは米軍当局に対し、①同村に海兵隊の恒久基地を建設すること、②限定的土地保有権を米側が要求すれば、すすんでそれを受け入れて一括払い金を受領すること、③もし必要があれば、海兵隊による新規の土地接収にも同意すること、などを謳った陳情書を提出している[46]。このように新規接収問題への沖縄側の空気が変わりはじめるなか、第三海兵師団は一〇月二一日、第九連隊の主力部隊約三〇〇〇人を金武村の海岸に上陸させ、ここに八月から開始された海兵師団の沖縄移駐は完了するのであった[47]。

翌一九五八年に入ると、米軍は一括払い政策の実施も積極的に推し進めていくことになる。一月一五日から二四日にかけて現地米軍当局は、北谷、久志、国頭、嘉手納の既存軍用地約三〇九八エーカーに対し限定付土地保有権を設定すると告知し、さらに具志頭と三和の土地約一〇三エーカーを新たに接収し、限定付土地保有権を設定すると告知した[48]。また、一月二九日から三〇日にかけては、これまで定期賃借権を設定していた一四町村にあるナイキ基地も、限定付土地保有権に切替えたうえで地代の一括払いを行なうと告知したのである[49]。

こうした一括払い政策の実施は、沖縄の金融機関による水面下での行動を誘発することになる。金融機関はこぞって一括払い金を狙って軍用地主の自宅を回り、積極的な預金勧誘を展開したのである。この金融機関の裏面での動きを知った土地総連の吉元会長と桑江事務局長は、二月五日、各金融機関の責任者を招き、預金勧誘をただちに中止するよう要請することになる[50]。この吉元と桑江の積極的な働きかけが奏功し、二月一一日、金融協会はこれを取り止めることを決定するのであった[51]。

金融機関の行動を何とか食い止めた土地総連の吉元と桑江は、さらに二月一五日、立法院代表らと会談をもち、両者協力して一括払い阻止にあたることを申し合わせている。そして、吉元らの意を受けた立法院代表七名は、一括払い賛成の当間主席と会談をもち、彼を一括払い阻止の線に取り込むべく説得に取り掛かる。二月一七日に行なわれた同会談で立法院議長の与儀達敏は、「政治は多数意志に従ったものでなければならない。軍が（一括払い政策を）強行しようとするのも、住民の意思がバラバラという印象からで、主席が『民の態度はこうだ』と（一括払い反対で）立上れば、アメリカも反省する」とのべて、当間を説得している。これに対して当間は、なかなかみずからの態度を変えようとはしなかったが、この与儀ら立法院代表の半ば強引な説得によって、最終的には「民意としての一括払阻止」に取り組むことを表明するに至る[52]。かくして、当間主席の誕生以後一年以上にわたって対立してきた沖縄の政治指導者たちは、ここにきてふたたび一つの線でまとまりをみせるのであった。

(3) 兼次佐一那覇市長の誕生

このように沖縄内部が「一括払い阻止」の線でまとまりをみせたころ、ダレス率いる国務省は、一括払い政策の再検討を含む対沖縄政策の全面的な見直し作業を密かに開始することになる。その直接的なきっかけとなったのは、一九五八年一月の那覇市長選挙で元社大党那覇支部長の兼次佐一が市長に当選したことがあった。

そもそもこの那覇市長選挙が行なわれたのは、前任者の瀬長亀次郎が米軍の布令によって市長の座から追放されたことがあった。瀬長が那覇市長に選出されたのは、その追放からおよそ一年前の一九五六年一二月である。第二代行政主席に任命された当間重剛の後任を決める一二月二五日の那覇市長選挙で、人民党首の瀬長が当間派の仲井真宗一(元代議士)、反当間派の仲本為美(元那覇市長)を破って当選したのである。当初、市長候補に名乗りを挙げていたのは仲井間と瀬長の二人のみで、その時点では仲井真優勢とみられていたが、途中から「反当間」の仲本がこれに加わったことにより、選挙は三つ巴の戦いとなった。保守系の仲井真と仲本が互いに票を奪い合うなか、瀬長がいわば〝漁夫の利〟を得る形でこの選挙に勝利したのである(瀬長が一万六五九二票、仲井間が一万四六四八票、仲本が九八〇二票を獲得)。

アメリカの沖縄統治に最も批判的な態度をとっていた瀬長は、社大党幹部の兼次佐一とともに米軍から「アカ」のレッテルを貼られ、さまざまな圧力や弾圧をこれまでに受けてきた。その弾圧の最たるものが、いわゆる「人民党事件」における瀬長逮捕である。[53] 一九五四年一〇月、瀬長は沖縄から退去命令の出ていた奄美出身の人民党員、林義巳と畠義基の二名をかくまったとして、又吉一郎豊見城村村長(同党中央委員)とともに逮捕され、犯人隠匿幇助および偽証ならびに偽証教唆の罪で懲役二年の刑を受ける(又吉は犯人幇助の罪で懲役一年の刑を受ける)。さらにその瀬長らの不当逮捕に抗議するビラやポスターを印刷・配布したとして、大湾喜三郎立法院議員ら党員一九名も逮捕され、同党は結党以来最大の危機を迎えることになる。これが世にいう「人民党事件」である。

一年四カ月あまりの獄中生活を終えて瀬長が出獄したのは、一九五六年四月であった。プライス勧告が沖縄で発表されるおよそ二カ月前のことである。同勧告への反対運動が空前の盛り上がりをみせるなか、出獄間もない瀬長は兼次佐一とともに本土派遣の「代表」に選出され、全国各地でプライス勧告反対を訴えるのであった。このように米軍からさまざまな圧力や弾圧を受けてきた瀬長が同勧告への反対運動を展開したあと、一二月に入り、沖縄の中心都市那覇市の市長に選出されたわけである。

この瀬長勝利の結果を受けて当間行政主席は、モーア民政副長官に対し、最高権限を行使して瀬長を追放するよう要請している。また、モーアら現地米軍当局も、瀬長の那覇市長就任を前に彼を布令によって追放することを検討していた。しかし、この強引な瀬長追放策によって逆に瀬長人気と反米ムードを高めてしまうことを恐れたスティーヴス総領事らがこれに反対し、結局のところモーアは瀬長追放を控えることになる(54)。

しかし、モーアは瀬長に圧力をかけることまで控えたわけではなく、富原守保率いる琉球銀行を介して那覇市に対する融資や補助金を打ち切ったり、市の預金を凍結したりして、瀬長に経済的側面から圧力をかける。また、那覇市議会で多数を占める「反瀬長」の市議会議員も、一九五七年六月に市長不信任案を議会に提出し、これを圧倒的多数の賛成をもって可決させる。これを受けて瀬長が即座に議会を解散したことにより、那覇市議会議員選挙が同年八月に行なわれるのであった。

反瀬長派勢力は「那覇市再建同盟」を結成し同選挙に臨むが、これに対し瀬長擁護派は、人民党と社大党那覇支部(支部長、兼次佐一)が中心となって「民主主義擁護連絡協議会」、通称民連を組織し、この選挙戦に打って出ることになる。同選挙は、反瀬長派が一七議席、人民党が六議席、親瀬長の無所属が四議席、親瀬長の社大党が二議席、仲本派が一議席という結果に終わり、これまで議会で少数派であった親瀬長派勢力が大きく躍進することになる。反瀬長派勢力は議会で過半数をとりはしたものの、瀬長を再度不信任するために必要な三分の二の議席を獲得することに失敗し、逆に瀬長はこの選挙を通じてみずからの権力基盤を強化するのであった。

しかし、これで反瀬長派勢力が「瀬長追放」をあきらめたわけではなかった。「反瀬長」の那覇市議会議員をはじめとする反瀬長派勢力は、「瀬長追放」のための布令公布を米軍当局に要請したのである。[55] これを受けてモーアは、一一月二五日、ワシントンの許可を得ることなく独断で、市町村自治法と選挙法を布令によって改正することになる。この市町村自治法の改正によって市長の不信任は三分の二の賛成ではなく過半数のそれでできるようになり、また選挙法の改正によって重罪または破廉恥罪の罪に処された者は市町村長または議員の被選挙権を有しないとされた。この法律改正を受けて反瀬長派議員は、ただちに市長不信任案を過半数の賛成をもって可決し、瀬長を追放することになる。そして「人民党事件」での有罪判決を槍玉にあげられた瀬長は、被選挙権を剥奪されるのであった。

米軍側の露骨で強引な法改正によって瀬長が市長の座を追放されるなか、瀬長の後任を決める那覇市長選挙が一九五八年一月一二日実施される。反米世論が高まるなかで行なわれたこの選挙では、社大党が党の独自候補として平良辰雄初代委員長を擁立するが、一方の民主党は、独自候補を出すに至らず平良支持に回る。これに対して瀬長率いる民連は、すでに社大党を離党していた兼次佐一元社大党那覇支部長を擁立し、彼を全面的にバックアップすることになる。第二章でのべたように、一時は社大党の委員長と書記長のコンビで互いに協力し、サンフランシスコ講和会議を前にして復帰署名運動を強力に推し進めた両人が、ここにきて相争う仲となってしまったのである。

この平良と兼次によって激しく争われた選挙戦は、結局のところ兼次勝利に終わる。平良辰雄が三万四五〇七票を獲得したのに対し、兼次はそれを一千票あまり上回る三万五四九一票を獲得し、市長に当選したのである。またこの選挙では、瀬長率いる民連が絶大なる人気を博し、「民連ブーム」なるものまで生み出されるのであった。

三　一括払い政策の再検討

(1) 国務省による検討

▼国務省の危機感

さて、兼次の勝利と民連ブームに危機感を抱いたのは、ダレスをはじめとするアメリカ国務省であった。同省は、この兼次の勝利を機に一括払い政策を含めたアメリカの対沖縄政策の全面的な見直し作業を開始したのである。[56]那覇市長選挙から一週間後の一月一九日、ダレス国務長官は沖縄政策の再検討をロバートソン国務次官補に命じるが、これを受けたロバートソンは、二月一日、今後とるべき行動指針を記した覚書をダレスに提出している。[57]この覚書でロバートソンは、瀬長の那覇市長当選から今回の兼次勝利と、沖縄の情勢がかなり悪化してきていることを指摘したうえで、今回の選挙で最も重要なことは、瀬長のときとは異なり兼次が多数の票を獲得したこと、兼次と平良両候補者とも強い米民政府批判を展開し、日本復帰を掲げていたことであると指摘している。

そしてロバートソンは、沖縄における軍事上の立場を維持していくためにはもっと沖縄の政治的、経済的な問題に注意を払う必要がある、と指摘したうえで、添付した沖縄に関する国家安全保障会議政策文書草案のなかで、次のような行動指針を挙げることになる。すなわち、アメリカの負担を軽減し、沖縄の経済的能力を改善するために日本資本を含めた外資の投下を促進すること、責任ある立場の日本人と沖縄人の経済的、文化的、政治的な交流を拡大していくこと、そして「軍事上重要でない土地はすべて遅滞なく琉球人に開放すること」、などである。[58]

また、沖縄現地の総領事館や東京の駐日大使館からも対沖縄政策の見直しを求める文書が相次いでワシントンに送られてくる。一月三〇日、沖縄のオルコット・デミング総領事は、長文の報告書を本省に送り、軍によるこれまでの統治を批判している。[59]この報告書でデミングは、世界の目からみて沖縄におけるアメリカの立場は「植民地主義」にきわめて近いものである、とのべたあと、沖縄における政治上の問題（自治の制限、主席公選など）、経済上の問題（長期計画の欠如、基地経済の脆弱性など）、土地問題、そして日本復帰問題などを詳しく取り上げている。そして、「琉球が潜在的にアメリカにとってキプロスである」[60]という見方をする者がでてきていることを指摘したうえで、沖縄の現状維持は「海外におけるわれわれの威信や琉球と日本との関係を悪化させる結果になる」と訴えることになる。

本書が関心を持つ土地問題に関しては、住民が一括払い政策に強く反対してきた経緯をのべたあと、「支払い方式として賃貸借を再考することはベターである」と主張するのであった。

また、一月二〇日には駐日大使館のホージー公使も、ハワード・パーソンズ北東アジア課長に手紙を出し、対沖縄政策の再検討を要求している[61]。この手紙のなかでホージーは、民主主義の制限、沖縄返還、そして貧困と並んで土地の問題が根本的なものであると指摘するが、その土地問題に関してホージーは、これまでの一括払い政策は個人的にみて「大きな間違い」であったとして、「更新可能な五カ年賃貸借契約」が望ましい旨をパーソンズに伝えるのであった。

さらにダグラス・マッカーサー駐日大使も、二月一日、ダレス国務長官に手紙を出し、対沖縄政策の再検討を要請している[62]。この手紙のなかでマッカーサーは、インドシナ、モロッコ、チュニジア、アルジェリアにおけるフランスの失敗に言及したあと、沖縄についても建設的な改善策が早急にとられない限り「頼みになる軍事基地」として利用できないこと、そして日米関係全般にも有害な影響を与えてしまう、と指摘する。そして、沖縄の施政権返還が保守を含めたすべての日本人の基本的な長期目標であることを説明したうえで、アメリカの国家利益が沖縄の施政権返還によってうまく維持されうると結論づける日がここ数年内にくるかもしれない、と主張するのであった。

ここでマッカーサーは、緊急かつ直接的な問題はアメリカの沖縄統治の様式にある、とのべたうえで、具体的に次の二つの問題点を挙げている。まずひとつは、文官統治の問題である。マッカーサーは、平時における軍政は政治的にも心理的にも大きな重荷となることや、アジアにおいてこれがつねに「植民地主義」と同一視されていることを指摘したうえで、アメリカの沖縄統治を軍人から文官に変更するよう強く要求するのであった。

いまひとつの問題は、一括払い政策の問題である。マッカーサーは、政治的、心理的な側面からみて一括払い政策がもし「間違い」であるとするならば、沖縄でのアメリカの立場を悪化させる前に、また反米主義が広がりをみせる前に、その「間違いを正すべき」である、と力説する。そしてダレスに宛てた二月二四日付の手紙のなかでマッカー

サーは、一括払い方式を改めて「通常の定期的な支払いシステム」を採用すべき、と主張したのである。(63)

こうした現地出先機関からもたらされた一連の一括払い政策見直し要求は、三月一六日に行なわれた立法院選挙を経て、ワシントンの本省にも受け入れられることになる。一月の那覇市長選挙に続いて行なわれた立法院選挙では、与儀達敏率いる琉球民主党が一七議席から七議席へと一気に議席を落としたのに対し、瀬長率いる民連が一議席から五議席へと大きく躍進する。そして安里積千代率いる社大党が八議席から九議席へと議席を伸ばし、民主党を抜いて立法院第一党となる。これにともない立法院議長には、与儀達敏に代わり社大党の安里積千代が就任するのであった。

この立法院選挙からおよそ二週間後の三月三一日、ロバートソン国務次官補はダレスに覚書を送り、沖縄統治の改善策を進言している。(64)同覚書のなかでロバートソンは、先の立法院選挙で民連が一議席から五議席に増大したことや、逆に民主党が一七議席から七議席へと減少したことを問題としながらも、当間主席の支持する候補者が九議席も獲得したことや、保守系議員がそれによって二九人中一八人になったことはまだアメリカにも打つ手が残されている、とダレスに説明するのであった。そしてロバートソンは、ただちにアメリカが関心を向けなければならない問題として、①土地計画、②経済開発、③地方自治の度合い、④対外関係に与えるインパクトに十分な関心を払わない高等弁務官（一九五七年七月に出された大統領行政命令によって沖縄現地の最高責任者が民政副長官から高等弁務官に変更。琉球軍司令官が兼任）の行動、の四つを挙げることになる。

第一の土地問題についてロバートソンは、根本的な問題はアメリカが一括払い政策によって期限に定めのない権利を獲得しようとしていることにある、とのべたうえで、更新可能な年払いの五カ年賃貸借契約と一括払い方式のどちらかを地主自身に選択させたほうがよい、と提案することになる。つまりここでロバートソンは、沖縄側の要求する五カ年賃貸借契約を全面的に支持したわけではなかったが、これと一括払い方式の選択制をダレスに進言したわけである。

かくして、東京と沖縄から相次いでなされた一括払い政策見直しの要求は、ワシントンの本省にも受け入れられ、国務省ではダレスとロバートソンが中心となって軍部の説得にあたることになる。四月九日、ダレスとロバートソンは、ジョン・アーウィン国防次官補らと協議をもち、一括払い政策の変更を求めるが、ここでダレスは、キプロス的状況を避けるためにも現地住民をときおりなだめる必要があるとのべ、さらにロバートソンも、一括払い方式と毎年払い方式の選択制を採用したほうがよい、と主張するのであった。(65)

これに対してアーウィンは、まず第一に、たとえ毎年払い方式を採用したとしても、住民側は賃貸料の増額を求めて闘争を行なうので、結局のところ土地問題は解決できないこと、第二に、賃貸料を毎年払いにすればアメリカの負担は増えてしまうこと、第三に、一括払い政策への反対は一般の人々の不満を示すものではなく、一部政治家による扇動にすぎないこと、などを指摘したうえで、国務省の要求に真っ向から反対するのであった。

会議ではこのように両者が対立したため結論は出なかったものの、ふたたび両省間で話し合いがもたれるようになったことは、重要である。土地総連や立法院などが一括払い政策の取り止めを求めてからおよそ一年を経て、ついにアメリカは同政策の見直しをめぐる議論を再開したのである。

▼「飛び地返還」案の検討

ところで、アメリカのはじめた対沖縄政策の再検討は、何もこの一括払い政策にのみ限定されたものではなかった。我部政明が明らかにしたように、これと並行して国務省は、より根本的な問題として、沖縄の施政権返還まで検討していたのである。(66) 四月一日、ダレスはアイゼンハワー大統領に対し、沖縄本島内で米軍が恒久的あるいは半恒久的に使用する「飛び地(enclave)」をアメリカ自身が保有し、残りの地域を日本に返還する、という案を提起している。この「飛び地返還」案への支持をアイゼンハワーから得たダレスは、さっそくロバートソンに対し、その具体的な検討を命じている。

ダレスから指示を受けたロバートソンは、四月一一日、その検討結果を彼に報告するが、そのなかでロバートソンは、沖縄の施政権返還の利点として、次の七点を挙げている。(67) まず第一に、琉球における軍事権を維持するための永続的基盤を提供すること、第二に、世界世論に良い影響を及ぼし、アジアにおけるアメリカの威信を高め、アメリカに対する植民地主義の批判に根拠がないことを立証できること、第三に、失地回復主義から生み出される日本の圧力を緩和するのに役立つこと、第四に、日米関係を整えるための新たなステップとなること、第五に、返還によって日本国内での領土防衛気運が高まり、日本にとってアメリカとの相互安全保障条約を発展させる新たな動機となること、第六に、日本で予定されている総選挙（おそらく五月下旬）を前に施政権を返還すれば、岸首相と自民党にとって有利となること、第七に、ソ連に対して領土問題で主導権を握ることができること、以上である。

沖縄返還の利点をこのように挙げたロバートソンは、つぎにその欠点として、以下の四点を挙げている。まず第一に、多くの日本人は沖縄基地と本土基地を同じようにみることから、沖縄での米軍の権利を本土並みに制限せよとの圧力が高まってしまうこと、第二に、将来、中距離弾道ミサイル（ＩＲＢＭ）を沖縄に展開する必要が生じた場合、その基地用地を確保する必要が出てくるが、それに日本側が強く反発することが予想されること、第三に、台湾や韓国が返還を批判し、また中国人、韓国人、その他の多くのアジア人がこれを日本の膨張主義への復帰とみなして警戒してしまうこと、第四に、電気や水道は基地と民間地域で共用されているため、日米間で行政責任を区分すれば、きわめて深刻な問題を引き起こしてしまうこと、以上である。

沖縄返還の利点と欠点をこのように列挙したロバートソンは、その結論として、沖縄返還こそがアメリカのとるべき方向である、と主張したうえで、その返還方式としてダレスの提案した「飛び地返還」を進言したのである。しかしその一方でロバートソンは、軍部への配慮も忘れずに、新規の土地接収が可能となるような仕組みをつくったうえで民間区域を日本に返還すべき、とダレスに進言するのであった。

またダレスは東京のマッカーサー大使にも電報を送り、この「飛び地返還」案についてのコメントを求めている(68)。これに対してマッカーサーは、四月一五日に返答し、同案が時期尚早であることを訴えている。すなわちマッカーサーは、第一に、日本政府が「飛び地返還」案に同意する可能性は高いこと、しかし第二に、同政府が土地の新規接収を事前に認める権限をアメリカに与える可能性は低いこと、したがって第三に、返還問題を時間をかけて検討するためにも、まずは緊急の措置として一括払い政策を中止し、更新可能な五カ年賃貸借契約を採用すべき、と進言したのである。[69]

こうした見解を聴取したダレスは、四月一七日、アイゼンハワー大統領に対し、沖縄返還をいますぐに実行に移すべきではないものの、軍部は三年ないし五年計画をつくってその準備を進めるべき、と進言するのであった。[70] これに対してアイゼンハワーは、この返還準備を大統領が承認していること、これを実行に移さなければ沖縄の「キプロス化」もありうることを、ニール・マッケルロイ国防長官に伝えるようダレスに指示することになる。かくして、アメリカ政府は一括払い政策の変更をめぐる議論を再開するとともに、より根本的な問題として、沖縄の施政権返還についても検討を開始するのであった。

(2) 日本政府の要請

沖縄現地のモーア高等弁務官が、「土地収用計画について現在ワシントン当局で再検討がなされている」というメッセージを立法院で読み上げたのは、四月一一日である。[71] 前述したように、ダレスとロバートソンがアーウィン国防次官補らと土地問題で会談した、その二日後のことであった。モーアのメッセージを受けた立法院は、その突然の表明に驚くとともに、長く待ち望んでいたこのアメリカ側の動きを歓迎した。立法院議長の安里積千代による次のような回想は、このメッセージを受けた沖縄の政治指導者たちの心情をよく表わしていた。安里はいう。「予想しなかった声明であり、私はハッと思った。おそらく全議員もそうであったことであろう。その外の演説は耳に入らないほど再検討の言葉をかみしめた[72]」。

アメリカ政府のこうした動きを受けて、沖縄の政治指導者たちはさっそく日本政府に対し、対米折衝を働きかけることになる。四月一七日、立法院は長嶺秋夫（民主党）、平良良松（社大党）、山川泰邦（新政会）の三名を日本本土に派遣し、対米交渉によって一括払い政策を中止させ、年払いの五カ年賃貸借契約に変更させるよう岸首相や藤山愛一郎外務大臣に要請する。[73] この動きに呼応して藤山外務大臣も、四月一八日、マッカーサー大使と会談し、沖縄の情勢が悪化すれば日本の国内情勢に直接影響を与え、日米関係にも悪影響を及ぼしてしまう、とのべたうえで、アメリカが一括払い政策に代えて更新可能な五カ年賃貸借契約を考慮するよう要望している。[74] また、四月三〇日には外務省が駐米日本大使館に電報を送り、日本側の意向を次のように伝えるよう指示している。まず第一に、限定付土地保有権の設定を取り止めて年払いの五カ年賃貸借契約にすること、第二に、賃貸料を引き上げて、土地の評価機関に住民も参加させること、第三に、不要軍用地は住民に返還し、やむをえない場合を除き新規接収を原則中止すること、以上である。[75] これを受けて朝海浩一郎駐米大使は、ただちにロバートソン国務次官補にこの日本側の意向を伝えるが、これに対しロバートソンは、一括払いのほうが住民にとって「経済的に利益」になるとのべて、五カ年賃貸借契約に難色を示す。[76] ロバートソンは、国防省に対しては一括払い方式と毎年払い方式の選択制を提案しながらも、一方の日本側に対しては、この選択制の代案を内に秘めて、一括払い方式の廃止に反対の意向を示したのである。

ロバートソンのこうした態度を受けて外務省は、五月七日、再度駐米日本大使館に電報を送り、アメリカ政府がふたたび一括払い方式を選択した場合、沖縄現地はおろか日本本土でも「好ましからざる事態」が生じることや、沖縄住民が一括払いに反対する理由（経済的、政治的、法律的な理由）を詳しく米側に説明するよう指示している。[77] これを受けた朝海大使は、ふたたびロバートソンに会ってそのことを説明するが、ロバートソンはいま一度、一括払い方式のほうが経済的には利点がある、とのべるのであった。[78] ただ、その一方で国務省北東アジア課のマーティンは、五月八日、安川壮日本大使館政務参事官に対し、国務省としては「一括払い方式と短期賃貸借契約」の選択制を考えており、国防省もこの方向で大体同調する見通しである、とその内情を打ち明けている。[79]

日本大使館がこのように対米折衝を繰り返すなか、東京においては山田久就事務次官がマッカーサー大使に対し、日本側の意向を次のように伝えている（五月一二日）。[80] まず第一に、軍用地政策に関する最終決定がなされる前に、その検討結果を日本政府に伝えること、第二に、一括払い政策を完全に放棄し、更新可能な年払い五カ年賃貸借契約を採用すること、第三に、賃貸料の評価は日本の調達庁が用いている基準を採用すること、第四に、土地の評価機関に沖縄住民を参加させること、第五に、特別な事情がない限り軍用地の新規接収は避け、既接収地のなかで返還可能なものは返還すること、第六に、賃貸借契約のなかに契約更新を可能とする条項を挿入すること、第七に、軍用地返還の際の恒久施設の譲渡については、地主にではなく日本政府に譲渡すること、第八に、沖縄住民の移民促進と沖縄への財政・技術援助に日本政府も協力したいこと、そして第九に、沖縄返還の際に在沖米軍基地の自由な使用について日本政府が保障すること、以上である。

最後の提案はとりわけ重要であるが、これについてパーソンズ北東アジア課長はロバートソンに対し、次のように説明している。「これはわれわれが沖縄を手離したあとも日本が同地の軍事基地を維持させることをわれわれに示した、最初の徴である」[81]。この沖縄の施政権返還時に基地の態様をどうするのかという問題については、それからおよそ一〇年後の沖縄返還交渉の際に最も重要な争点となるが（第六章）、この時点で外務省がこうした基地の「自由使用」論をアメリカ側に提起していたことは、注目に値する。

四　沖縄代表団の第二次訪米と軍用地問題の解決

(1)東京での打ち合わせ

▼沖縄代表団・マッカーサー会談

以上、外務省がこのように精力的に対米折衝を展開するなか、一方の沖縄現地では、直接ワシントンに代表団を派遣することを決定し、その準備にとりかかっている[82]。三年前の第一次訪米団に続くこの第二次訪米団のメンバーには、団長に立法院議長の安里積千代が選ばれたほか、団員に行政主席の当間重剛、民主党総裁の与儀達敏、土地連会長の桑江朝幸、市町村長会副会長の渡慶次賀善、そして琉球政府法務局長の赤嶺義信の五名が選ばれた。沖縄で最も有力な政治指導者たちでつくる、まさに〝オール沖縄〟の代表団であった。この沖縄代表団は来る訪米に備え、対米折衝に臨む基本的態度として、次の七項目を決定している。[83]

まず第一に、土地政策の変更を強力に求めること、第二に、賃貸借契約による毎年払いを要求し、三年ないし五年ごとの賃貸料更新を求めること、第三に、軍用地の使用は沖縄の施政権をアメリカが保有するまでの期間とすること、第四に、賃貸料や損害補償はアメリカの負担よりも住民の意向を中心に考えること、第五に、一括払い方式と毎年払い方式の選択制にあくまで反対すること、第六に、契約当事者を地主とアメリカにすることは避け、地主全体の権利を守る立場から他の方法を採用すること、第七に、法的正確さを期するために本土において検討を加え、現在および将来に支障を来たさないようにすること、以上である。

代表団はこの基本的態度七項目をはじめ関係資料を携えて、六月一〇日、ついにワシントンに向けて出発するのであった。沖縄を出発した代表団（当間主席は南米視察のため一足先に渡米していた）は、途中東京へと立ち寄り、岸首相から激励を受けると同時に、外務省をはじめ政府関係機関と綿密なる協議をもっている。また、駐日アメリカ大使館にマッカーサー大使を訪ね、直接沖縄側の意向も伝えるのであった。まずはマッカーサー大使との会談をみたうえで、次いで日本政府との協議をみていくことにしよう。

六月一一日に行なわれたマッカーサー大使との会談で沖縄代表団は、団長の安里が中心となって一括払い政策の完全廃止を要求するが、ここで安里は、もしアメリカ側が選択制を採用し、一括払い方式をわずかでも残したならば、住民はアメリカが「恒久的足場」を沖縄に獲得する意思を放棄していないとみなすであろうし、また米軍当局と協力しているわれわれの政治的キャリアも終わらせることになる、と主張するのであった。[84]団長の安里がこのように訴えたのは、瀬長亀次郎率いる民連が代表団の掲げる「賃貸借契約」方式に強く反対していたことがあった。民連は、アメリカと賃貸借契約を締結することは米軍基地の存続を認めることになると指摘し、契約ではなく米軍による土地の「不法占有」に対して補償を求めるべきだ、と主張していたのである。[85] 安里ら沖縄代表団はこの民連の批判を逆に利用したうえで、マッカーサーに一括払い方式の完全廃止を要求したのである。

また、この会談では、マッカーサーが去る四月に立法院で可決された原水爆基地化反対決議を突如持ち出すが、これに対して安里は、民連が土地問題と核問題を絡めてきたのでそれを切り離すために決議した、と説明している。さらにマッカーサーが、「沖縄における米軍基地の存在が日本、沖縄、そしてアメリカの安全だけでなく、自由世界の安全にとっても重要」であることについて代表団の同意を求めたところ、団長の安里はこれに同意するのであった。

続けてマッカーサーが、アメリカの核抑止と軍縮問題について代表団に説明したところ、安里はやや当惑した様子で次のように答えている。「核兵器の問題は軍事的問題であると同時に政治的、心理的問題である。沖縄人は軍縮の問題と同時にこの（核抑止に関する）全体的問題はよく分からない。しかし知らないことについてわれわれは心配しない。もしあなた方が最近の〝ソアー〟のような沖縄にあるＩＲＢＭを公開した場合、われわれはそれに抗議するし、また共産主義者が核兵器反対決議を提案すればそれに同調するが、たとえそうしたとしても驚かないでもらいたい。けれども、あなた方が基地内で起こっていることをわれわれに知らせない限り、われわれはいかなる現実の騒ぎも起こさない」。

このように団長の安里は、沖縄の米軍基地が日本を含む「自由世界」の安全のために果たしている軍事的役割に理解を示すと同時に、核兵器の持ち込みをも黙認したのである。このようにマッカーサーが突如核の問題を持ち出したことから、安里ら代表団は続く日本政府との協議の場で、この問題をワシントンで問われた場合にどう答えればよいのかを訊ねるのであった（後述）。

▼沖縄代表団・外務省会談

翌一二日と一三日の両日にわたり、沖縄代表団は外務省で政府関係者と長時間にわたる協議を行なっている。外務省から板垣修アジア局長、三宅喜二郎アジア局参事官、田中弘人アメリカ局参事官らが出席し、また総理府特別地域連絡局（総理府南方連絡事務局の後身）からは石井通則局長らが出席したこの会議では、沖縄代表団の策定した前述の七項目にわたる基本的態度について詳細な検討が加えられたほか、アメリカ側へのプレゼンテーションの仕方や、提出する資料の表現方法についてまで、実に細かな話し合いがもたれた。この政府関係者との協議でとりわけ詳細に検討が加えられたことは、支払い方式の選択制に対してどう反対していくのかという問題と、施政権返還後の米軍の土地使用に関してどのようなスタンスをとるのかという問題の二つであった。

まず前者については、板垣ら政府関係者がアメリカ側の納得できる反対理由を説明しなければならない、と指摘したのに対し、安里ら代表団は、経済的、政治的、社会的な理由を挙げて、あくまで沖縄側としては一括払い方式を完全に廃止させたい、と説明することになる。[86] この政府との協議の結果、代表団は二枚のメモを作成し、そのなかで「なぜ沖縄の土地所有者は一括払に反対するか」という点について、その理由を簡潔にまとめている。[87] まず第一は、「日本国民としての自覚並に感情上の立場から特に将来日本に復帰したいと言う国民的願望の面から言って沖縄の地域に米国による Determinable Estate（限定付土地保有権）が設定されることは容認出来ない」こと、第二は、「人口の割に土地が狭」い沖縄で一度土地を失ったら「他にこれを求める」ことは「困難」なため、「土地に対する執着は極めて強」く、したがって「かかる土地に対する伝統的観念並に農民の心理状態よりみて」一括払いは到底容認できないこと、第三は、「限定付土地保有権は我々にとって極めて理解し難い概念」であり、その内容からしても「実質的には土地の買上と同じではないか」、ということである。

第四は、沖縄では「地価並に賃貸料の上昇率は極めて高い」が、「一括払方式はかかる顕著な」上昇率が「考慮されていない」こと、よって「地主にとっては経済的に極めて不利」であること、第五は、軍用地返還の際に一括払い方式だと「復元補償がなされない」こと、第六は、一八七八年以来沖縄では「度々金融上の大変動があって銀行預金者が甚大な損害を蒙った」り、あるいは「今次戦争においても更に米国の管理下に移ってからも貨幣価値の大変動があった」ため、「心理的にいわゆる『金は一年土地は万年』の観念を強く持つようになっている」こと、そして第七は、「耕すに土地なく働くに仕事なき者にとっては僅かに確定した賃貸料のみが彼等を飢餓から救う道であると考えている者」が「決して少くない」、ということである。以上のような理由を挙げたうえで同メモは、もしアメリカが「賃貸借方式による毎年払」を実現するならば、沖縄側も「責任と自信をもつて沖縄の社会不安、政治的混乱を排除し反米的活動を封じ極力米国と協力する」とのべるのであった。

続いて後者の問題、すなわち施政権返還後の米軍の土地使用をどうするのかという問題に関しては、沖縄代表団は、「軍用地の使用は沖縄の施政権をアメリカが保有するまでの期間とする」という案を当初携えてくるが、これに対して外務省の板垣修アジア局長は、その意味するところを代表団に訊ねている[88]。これに対し団長の安里は、平和条約第三条や米軍の土地使用の法的問題点などを説明したうえで、米軍との賃貸借契約はあくまで日本復帰までの「暫定的な」ものである、と主張するのであった。これに対して板垣が、「そうするとその復帰後の問題は白紙だということですね」と訊ねたところ、桑江朝幸は、「復帰後の問題は、日本政府とアメリカとの協定になるわけです」と答えている。これを受けて三宅アジア局参事官が、「(それでは日本復帰後に土地をアメリカに)使わせないというのではないのですね」と念を押したところ、今度は安里が、「復帰すれば安保条約等が関係して来るから、米国が使うというのには(法的な)根源が新たなものになる」と答えるのであった。

こうしたやりとりを聞いたアメリカ局の田中弘人参事官は、沖縄側の案だとアメリカ側が「軍用地を必要とする限りは、施政権は返えさない」といってくる可能性があり、そうなると米軍基地の存続を認めたうえで沖縄の施政権返還を要求していくうえで「少し具合が悪い」のでは、と主張することになる。そこで三宅参事官が、「米軍の土地使用は米軍の軍事的必要の存続する期間を限度とする」という表現にしたらどうかと訊ねたところ、すかさず安里が、「軍事上の必要だから貸してやるということはわれわれ絶対にいいたくない。本当は使って貰いたくないのだから」とのべて、これを拒否するのであった。こうしたやりとりのあと田中参事官が、「お話を総合しますと、結局施政権を返えす場合は、土地使用の問題については、日米間の取決めが出来るのだというふうにはっきり書いてあれば、問題は一応解消だと思います」とのべて、結局そのとおりに表現が改められることになる。

かくして、沖縄代表団と政府関係者は先の七項目にわたる基本的態度についてひとつひとつ検討し、その結果できあがった「対米提案事項」なる文書は、次のように簡明かつ具体的な内容に変わっていた。[89]

一、（A）期限の定めのない賃貸借契約方式を採用し、一括払方式は全面的に廃止する。

（B）地料は毎年払いとし、三年及至五年毎に再検討する。返還の場合には米側において復元する義務を負う。

（C）地料の決定については、琉米双方からなる地料査定委員会（仮称）を設置する等の方法により、充分民意を反映せしめること。

二、米軍の土地使用は、その必要の存続する期間を期限としその期間内に施政権が返還された場合における土地使用については、日米間の話合いによる。

この「対米提案事項」が先の七項目にわたる基本的態度と大きく異なる点は、施政権返還後の米軍の土地使用について期限の設定を事実上放棄したところにある。つまり、先の基本的態度が「沖縄の施政権をアメリカが保有するまでの期間」としていたのに対し、この「対米提案事項」では、アメリカが「必要」とみなす期間内はそれを使ってもよいと改めたのである。そのため賃貸借契約の方式についても、「期限の定めのない」ものと明記されるのであった。この提案事項の変更について外務省の菅沼潔アジア局第一課長は、駐日アメリカ大使館に対し、「これは沖縄側のかなりの譲歩を意味している」、と説明するのであった。[90]

▼核持ち込みへの対応

このように板垣ら政府関係者と対米折衝方針案を練り上げていった沖縄代表団は、さらにマッカーサー大使から突然提起された核の問題に関しても、板垣らに助言を求めている[91]。団長の安里はいう。「われわれが（核兵器に）反対してもアメリカは持込む時は持込むでしょうが、この問題に対してどういうふうに受け応えするかデリケートです。日本でも大いに反対されておる問題でありますので、御教示願いたい」。これに対して外務省の田中弘人参事官は、「これは非常に機敏な問題で、私も非常な関心をもっておったのですが、こちらからお聞きすることを少しちゅうちょしておった」と前置きしたうえで、次のように助言している。「決して名案だというわけではありませんが、その問題が出ましたなら、沖縄の事情は、こういうものであるというふうに御説明になったらいいだろうと思います」。つまり田中は、政治家個人としての見解を表明するのではなく、核についての「沖縄の客観的情勢」について説明したほうがよいとアドバイスしたのである。

さらに田中は、核に対する日本政府の対応としては、先の国会で岸首相が答弁した線で「当面は押すことになる」、と説明している。すなわち、田中は岸の答弁についてこう説明している。「総理は沖縄は日本の施政権の及ばない地域であるから、そこにおけるアメリカの行動に対して関与することは出来ないという趣旨の答弁をしております」。つまり田中は、「高度の政治的決定」にかかわる核の問題に関しては、日本政府としては施政権が及ばないので発言できない、という態度をとる旨代表団に伝えたわけである[92]。

実際、この核の問題については、代表団が訪米した際にレムニッツァー陸軍参謀次長から提起されるが、安里ら代表団は、田中のアドバイスにしたがって次のように答えている。「沖縄住民の感情としては日本国民と同様核兵器持込みに反対せざるを得ない、ただし米軍が沖縄における任務遂行上いかなる兵器を必要とするかは現地住民の関知し得ないところであり、米軍としても兵器について、いちいち住民の同意を求めるつもりであるとは了解していない、ただ、核兵器持込みに賛成かと問われれば反対といわざるを得ない立場にある[93]」。

かくして、沖縄代表団がワシントンに向けて出発したあと、日本政府もただちに側面から支援することになる。まず外務省の菅沼潔アジア局第一課長は、駐日アメリカ大使館に対し、一括払い政策の完全廃止を次のように求めている。「沖縄代表団は、アメリカが一括払いと賃貸借契約の選択制という考えを放棄することを期待している。もしアメリカが地主の嫌がる選択制を無理強いしたなら、沖縄でかなり不幸な反響を引き起こすことになる」[94]。また六月一六日には、駐米日本大使館の安川壮参事官が国務省北東アジア課のマーティンに対し、代表団の意向を次のように伝えている。「(沖縄) 現地は一括払い……に絶対反対であること、ならびに一括払いには反対なるも、賃貸借契約は無期限とすることに同意しており、従って賃貸借契約一本としても米軍の計画的土地使用は保証される」[95]。

さらに五日後の六月二一日には、山田久就外務次官もマッカーサー大使に対し、沖縄側の意向を次のように伝えている。「現地代表は選択方式は種々の事情からどうしても呑み込めないとの態度をとっている。これは普通の常識ではわかり難い点であるが、問題は今回のレヴィーが具体的に沖縄人の対米感情を鎮静せしめるという所に狙いがある以上、……これを聞いてやることによって好ましい結果が齎らされるならば、そうすることが実益を挙げる所以ではないか」[96]。このように外務省が訴えるなか、六月一八日には総理大臣の岸信介までもが、マッカーサー大使に対し、沖縄でのドル通貨切り替え(アメリカ政府は沖縄で使用されていたB円をドルに変更する計画を立てていた)を認める条件として、アメリカが「沖縄の土地補償政策」を好意的に決定するよう要請するのであった[97]。

(2) ワシントン折衝

▼一括払い政策の完全廃止

このように沖縄側と日本側が一括払い政策の完全廃止に向けて動きはじめるなか、一方のアメリカ側はこれにどう対応したのであろうか。アメリカ側は、沖縄代表団との正式会談に入る直前まで、実は軍用地問題に対する態度を決めきれていなかった。四月の合同会議で国務省と国防省が一括払い政策をめぐって対立したことはすでにのべたが、その後数回にわたって開かれた合同会議でも、支払い方式の選択制を求める国務省と、一括払い政策の継続を求める国防省との溝は、まったく埋まらなかった[98]。六月一六日の安川参事官との会談で国務省のマーティンが、沖縄側が一括払いの完全廃止を要求していることは「充分承知」しているが、国務省としては選択制を採用することが「最大限の譲歩」であり、これ以上の譲歩を軍部に求めることは「不可能である」と説明していたことは、こうしたアメリカ側の事情をよく物語るものであった(99)。

しかしながら、その後事態は急速に動いていく。訪米する沖縄代表団と日本政府の要請を受けてついに国務省が、一括払い政策の完全放棄に向けて態度を変更しはじめたからである。六月一八日、パーソンズ北東アジア課長はロバートソン国務次官補に対し、なぜ沖縄代表団が選択制に強く反対しているのかを詳しく説明している(100)。パーソンズは、一九五六年七月に沖縄側がモーア民政副長官に提出した「プライス勧告に対する反論」(前章)や、前述したマッカーサー大使との会談における沖縄代表団の主張、そして沖縄代表団が東京を発ったあと外務省がマッカーサーに行なった先の要請などを持ち出したうえで、沖縄住民がいかに一括払い方式に反対しているのかを説明したのである。それから四日後の六月二二日、ダレス国務長官はドナルド・クォールズ国防副長官に書簡を送り、前述した岸のマッカーサー大使への要請を伝えたうえで、期限に定めのない賃貸借契約を提案するのであった(101)。

国務省の態度がこのように選択制放棄へと傾くなか、ただ一人ロバートソン国務次官補だけは、これに難色を示し続けた。六月二七日、ロバートソンは駐米日本大使館の朝海大使に対し、「少数の人が一括払いを希望している場合、その途さえも塞いでしまうことは適当でない。(中略)自分がその立場にあらば一括払いを受けて、今後の生計の資とするだろう」とのべて、選択制放棄に強い難色を示したのである(102)。

こうした状況のなか、訪米した沖縄代表団と駐米日本大使館は活発な対米折衝を展開し、一括払い政策の完全廃止を強く求めることになる。まず六月二七日、前述した朝海・ロバートソン会談のあと沖縄代表団は二時間近くにわたってロバートソンと会談し、東京でマッカーサー大使にのべたように民連の脅威などを理由に挙げて、一括払いの完全廃止を訴えるのであった(103)。また六月三〇日には、朝海大使と沖縄代表団がそれぞれ別個に国防次官補のマンスフィールド・スプレイグと会談し、対米協調を訴えながら一括払いの廃止を強く要求することになる(104)。

かくして、この日（六月三〇日）、マッケルロイ国防長官とダレス国務長官の出席する国防・国務両省会議が開催され、ついにアメリカは軍用地問題に関する態度を決定するのであった[105]。同会議でダレスは、岸との友好関係はアメリカにとって重要であるとのべたうえで、前述した岸の要請を説明している。またロバートソン国務次官補も、日本人は賃貸料の支払いとその五年ごとの再検討を提案していると指摘したうえで、みずからの持論であった選択制の考えを放棄している。一方、マッケルロイ国防長官は、一括払い政策に固執する態度を改めて、更新可能な一五カ年あるいはそれ以上に有効な賃貸借契約の採用をダレスに提案するのであった。ここにいたってアメリカは、一括払い政策を完全に放棄することを決定したのである。

おそらく、国防省側ではスプレイグ国防次官補が部内での調整にあたり、一方の国務省側ではロバートソンが選択制の考えを放棄したことが、この合意形成の鍵になったのではないかと推測される。また、スプレイグとロバートソンを最終的に動かしたのは、沖縄代表団の訴えであり、また駐米日本大使館の説得であったといえよう。のちに国務省のある職員は、駐米日本大使館員に対し、次のようにその内情を伝えている。「一括払いが地主にとって有利であり、これを拒むのは拒む方が馬鹿だと信じ切っていたロバートソンも、今度は一括払いに反対する理由が判ったらしい[106]」。

なお、この合同会議では、いまひとつの重要問題である「飛び地返還」案についても話し合われたが、ここでダレスは大統領の見解を伝えたうえで、米軍基地を沖縄本島のどこか一カ所に集中させたほうがよい、と主張することになる。これに対してレムニッツアー陸軍参謀次長は、この基地統合案の実現にはかなりのコストがかかるとして難色を示すが、マッケルロイ国防長官がこのダレスの要求に理解を示し、「飛び地返還」案の具体的な検討を陸軍省に命じるのであった（この「飛び地返還」案の結末については後述）。

▼「新土地補償計画」の策定

以上、アメリカ政府の態度が固まったその翌日から、訪米した沖縄代表団と陸軍省とのあいだで正式な協議が始まることになる[107]。七月一日の第一回協議で沖縄代表団のスポークスマンである安里積千代は、アメリカが自由世界を共産主義から防衛するために沖縄を重視していることについてまずは理解を示したうえで、①一括払い方式の完全廃止、②期限に定めのない賃貸借契約の採用、③賃貸料の毎年払い、④三年または五年ごとの賃貸料の更新、などを要求する。しかし、これに対してレムニッツアーは、前日の合意事項を無視するかのように、土地の処分に対する自由な選択肢を地主に与えることが民主主義ではないか、と主張し、沖縄側の要求に厳しく反発することになる。これに対して代表団は、第一に、地主のなかで一括払いを希望している者はわずかしかいないこと[108]、第二に、沖縄のほとんどすべてのグループが一括払いに反対していること、第三に、アメリカが選択制を採用すれば民連がそれを政治的に利用すること、第四に、一括払いを希望する地主には琉球政府が責任をもって対応すること、などを理由に挙げて反論するのであった。午前一〇時から午後六時半まで行なわれたこの第一回協議では、大半の時間がこの問題に費やされたが、一括払いの完全廃止を要求する沖縄代表団と、それに難色を示す陸軍省との溝はまったく埋まらなかった。

続く翌二日の第二回協議でも、またもや一括払い問題をめぐって両者が対立することになる[109]。レムニッツアーは、前日同様に地主の自由意志の問題を持ち出したうえで、「アメリカはいくつかの選択肢をオファーするかもしれない」とのべて、あくまで陸軍省としては選択制にこだわっていることを明示する。これに対して団長の安里は、一括払い政策は租税収入も生み出さないし、また一度に大量の金が沖縄に入ると物価を引き上げ経済的、社会的な問題を引き起こす可能性もあり、しかも一括払い政策を継続すれば政治的な不安定さや反米感情を増幅させてしまう、と主張して、レムニッツアーの発言に強く反発するのであった。しかもそればかりか、安里はレムニッツアーに対し、政治的な不安定を沖縄にもたらしてまで個人の自由を認めるべきか、と逆に問い返す場面さえみられた。しかし、この第二回協議においても両者の主張が歩み寄りをみせる気配など、まったくみえなかった。

この二回にわたる協議に出席していた国務省のパーソンズ北東アジア課長は、こうした予想外の展開に憂慮して、この協議内容をロバートソン国務次官補に報告している。これを受けてロバートソンは、ただちにスプレイグ国防次官補に直接会って、陸軍省が沖縄代表団の要望にいかなる配慮もみせていないことを訴える。これに対してスプレイ

1958年，国防省で協議する沖縄代表団。手前中央が与儀達敏，左に安里積千代，当間重剛，赤嶺義信，桑江朝幸，渡慶次賀善。奥の席の左から三番目がレムニッツァー陸軍参謀次長（月日は不明）。［提供：沖縄県公文書館］

グは、国防省はいかなる形の一括払い政策も廃止することに同意している、とロバートソンに返答するのであった[110]。

かくして、翌七月三日、スプレイグは第三回協議の始まる前に沖縄代表団をみずからのオフィスに招き、次のような見解を伝えている。われわれはあなたがた代表団の異議申し立てに印象づけられた。代表団と住民が一括払いを全面的に認めていないことは明らかである。したがってわれわれは、早急に軍用地政策の再検討を完了させ、新しい方式をあなたがたに提案するだろう。その後、現地の高等弁務官とあなたがたで協議することを望む。そして最終的な態度を固めたあと、われわれはその解決策を高等弁務官を通じて発表するだろう[111]。非公式の会談とはいえ、スプレイグからこうした説明を受けた沖縄代表団は、問題解決への確かな感触を得て、陸軍省との最終協議（七月七日）を終えたあと、空路沖縄へと帰任するのであった。

ドナルド・ブース高等弁務官（モーアの後任）がスプレイグの説明どおり、一括払い方式の完全放棄を現地で発表したのは、それから一カ月後の七月三〇日である。これを受けてただちに沖縄側と米軍側はそれぞれ一二名の代表を出し、八月一一日から三つの分科委員会に分かれて本格的な協議に入る。[112] この現地協議はその後約三カ月にわたって精力的に続けられるが、ついに一一月三日、両者のあいだで意見の一致をみ、「新土地補償計画」なるものが完成する（一一月二六日にワシントンが正式承認）。この沖米間で合意に達した「新土地補償計画」とは、以下のようなものである。

まず第一に、米軍が取得する権利は布令一六四号に定められた「限定付土地保有権」、「定期賃借権」、「地役権」の三つに代えて、「不定期賃借権」、「五カ年賃借権」の二つに改められた。第二に、賃貸借契約の方式は地主と米軍とのあいだの「直接契約方式」ではなく、地主と琉球政府がまず契約を結び、その後に琉球政府と米軍が転貸し契約を結ぶというわゆる「間接契約方式」が採用されることとなった。ただし、地主が琉球政府との契約に応じない場合には、米軍によって強制使用ができるとされた。第三に、一括払い方式が完全に廃止され、代わって毎年払い方式が採用された。なお、不定期賃貸借契約の場合にのみ、特別の理由（沖縄外への移住、農地の購入、住宅の購入・建設など）によりまとまった資金を必要とする地主には、一〇年を超えない範囲内で賃貸料の前払いが認められることとなった。第四に、賃貸料の評価に関しては五年ごとに再評価がなされることとなり、一九五八年七月から支払われる年間賃貸料は、総額で五九六万八四三七ドルと決められた。これは、一九五三年の年間賃貸料の約六倍にあたるものである。

以上、訪米した沖縄代表団が行なった諸要求、すなわち①一括払い方式の完全廃止、②期限に定めのない賃貸借契約、③賃貸料の毎年払い、そして④賃貸料の五年ごとの更新要求などはすべて実現をみるのであった。そしてこの「新土地補償計画」は、翌一九五九年に入り、法制度化されることになる。まず一月一三日には「土地借賃安定法」が琉球政府によって公布され、軍用地と民間地の最高賃貸料が設定される。[113] 続く二月一二日には布令第二〇号「賃借権の取得について」が高等弁務官によって公布され、米軍の取得する軍用地の権利が「不定期賃借権」と「五カ年賃

1958年7月21日，ワシントン折衝を終えて帰任する沖縄代表団。先頭で手を振っているのが団長の安里積千代，その後方が与儀達敏。［提供：沖縄県公文書館］

借権」の二つに切り替えられた(114)。

もっとも、法制度化された「新土地補償計画」が、沖縄側からみて何の問題点もなかったかというと、決してそうではなかった。「土地借賃安定法」第一四条第一項は、「土地借賃評価委員会」が最高賃貸料を決定した場合、それを「ただちに、行政主席に提出し、その許可を得る」ことを謳っている。しかし問題は第二項である。第二項では、「前項の許可は、高等弁務官の承認を得るものとする」と謳われており、そのため現地米軍当局は、この規定をうまく利用して、その後軍用地の賃貸料を民間のそれに比べて低く抑えることになる(115)。軍用地主の連合組織である土地連がそれを改めるために、沖縄返還時に精力的な活動を展開していったことについては、第八章でのべるとおりである。

以上、新しく策定された軍用地政策は、沖縄側にとって問題となるような点も含んでいたものの、全体的にみて、沖縄側の意向を十分に汲み取った内容となっていた。そのこともあって、米軍の利用する軍用地のおよそ九七パーセントは、その後任意の契約によって米軍側に提供されるのであった（一九六一年二月現在）[116]。かくして、あれほどまでに沖縄住民の反発を浴び、またあれほどまでに紛糾した軍用地の補償問題は、以上のような形で決着をみるのであった。

▼「飛び地返還」案の問題点

さて、こうした新軍用地政策の策定作業と並行してアメリカ政府内部で進められていた「飛び地返還」案は、いったいどのような結末を迎えたのであろうか。結論から先にいえば、この「飛び地返還」案は、軍部の強い反対によって潰え去ることになる。新軍用地政策が策定されてからおよそ半年後の一九五九年六月、ブース琉球軍司令官は太平洋軍司令官に対し、「飛び地返還」案の検討結果を報告している[117]。この琉球軍司令部のまとめた長文の報告書は、とくに嘉手納統合案（嘉手納、普天間、金武などを含む地域に基地を統合する案）と南部統合案（那覇、与那原、糸満などを含む地域に基地を統合する案）を詳細に検討しているが、まず後者の南部統合案に関しては、次のような問題点を指摘している[118]。まず第一に、一三の市町村が廃止になってしまうこと、第二に、住民約一一万人（約二万二〇〇〇戸）の移動が必要になってしまうこと、第三に、沖縄農業にダメージを与えてしまうこと、第四に、区域内にある戦没者記念碑の問題が生じてしまうこと、第五に、四三の学校が閉鎖になってしまうこと、第六に、五〇〇〇万ドルもの膨大な経費がかかってしまうこと、などである。

一方、嘉手納統合案に関しては、この南部統合案に比べて既存の基地を利用することができ、しかも水などの資源に恵まれているとしながらも、やはり次のような問題点があると指摘している。まず第一に、たとえ既存の基地を活用できたとしても、新たに二万五〇〇〇エーカーの土地を接収しなければならないこと、第二に、八つの町村が廃止になってしまうこと、第三に、住民約一四万九〇〇〇人（約三万五〇〇〇戸）の移動が必要になってしまうこと、第四に、四八の学校やその他の公共施設を閉鎖しなければならないこと、そして第五に、南部統合案より経費は安くなるが、それでも約三〇〇〇万ドルもの経費がかかってしまうこと、などである。

さらに報告書は、軍事戦略的な観点からみても、「飛び地返還」案が問題を抱えていることを指摘している。すなわち、軍事施設が一カ所に集中していると敵の攻撃の標的になりやすく、その被害も大きくなってしまう、というのである。

このように「飛び地返還」案に対してきわめて否定的な評価を下した琉球軍司令部の報告書を受け取った統合参謀本部は、一〇月一日、マッケルロイ国防長官に対し、この評価結果を同本部が支持している旨を伝えている。[119] そして、マッケルロイからこの評価結果を伝えられたアイゼンハワー大統領は、ついに一一月三〇日、同案の実行を断念するのであった。[120] 一一万人から一五万人規模での住民移動の必要性や、大規模な土地接収の必要性、そして三〇〇〇万ドルから五〇〇〇万ドルもの膨大な建設コストがかかってしまうことなど、この「飛び地返還」案のもつ問題点を指摘されたアイゼンハワーは、同案の実現が到底不可能であり、しかも望ましくないものとして結論づけたのである。かくして、一年半以上にわたってアメリカ政府内部で検討されたこの「飛び地返還」案は、結局のところアイゼンハワー大統領の判断によって廃棄されるのであった。

以上、本章では沖縄で最大の政治問題となった軍用地問題がどのようなプロセスを経て終息したのかを詳しく論じてきた。そこで最後に、沖縄の米軍基地が一九五〇年代のあいだにどのような変貌を遂げたのかについて、簡単に触れておきたい。まず、沖縄本島中南部地域に集中していた米軍基地は、一九五〇年代後半に入ると、海兵隊の沖縄移駐によって北部地域にまで拡大し、結局のところ本島全域にまで広がることになる。これを基地面積からいえば、約四万エーカーであった米軍基地は、一九五〇年代の末までには、約七万五〇〇〇エーカーにまで拡大したのである。[121] つまり、一九五〇年代に入って米軍は、新たに約三万五〇〇〇エーカーの土地を接収し、沖縄本島陸地総面積に占める基地の割合を、これまでの一四パーセントから二一パーセントにまで増大させたのである。本章でのべたように、この大規模な新規接収を沖縄の政治指導者たちが黙認していくなか、沖縄の米軍基地はこうしてその姿を大きく変えていったのである。

第6章　沖縄返還と基地のありかた

一　佐藤政権の取り組み

(1)沖縄返還の始動

▼佐藤政権の発足

一九五〇年代を通じて沖縄で最大の政治問題となった一括払い問題は、最終的にはアメリカ側が年払い賃貸借契約を採用し、賃貸料も大幅に引き上げたことによって、一応の決着をみた。また、いまひとつの大きな政治問題であった海兵隊の沖縄移駐にともなう大規模新規接収問題に関しても、最終的には沖縄の政治指導者たちがこれを黙認したことによって収束していった。かくしてアメリカ側は、この軍用地問題を解決したことによって、新規接収分も含めて七万五〇〇〇エーカーにおよぶ広大な米軍基地を安定的に使用できるようになったのである。

こうした一九五〇年代末の軍用地問題の解決や、一九六〇年七月に制定されたプライス法に基づくアメリカ政府の援助拡大、そして岸政権期から始まった日本政府による技術・経済援助の拡大などによって、一九六〇年代前半の沖縄では日米沖の協調ムードが漂うことになる。(1) こうした状況のなか、メースBミサイルの配備などが政治問題となったりはしたものの、全般的にみて、米軍基地の存在そのものを問題視するような動きは表面化しなかった。しかし、これが一九六〇年代も中盤以降になると、米軍基地の存在ないしそのありかたを問う動きが表面化してくることになる。一九六四年に誕生した佐藤（栄作）政権が沖縄返還問題を本格的に扱うようになったことや、一九六五年の北爆を機にヴェトナム戦争がいよいよ本格化していったことなどが、こうした動きを浮上させるきっかけとなったのである。そこで本章では、まず最初に、佐藤政権が沖縄返還を模索するにあたって米軍基地をどのように扱ったのかをみていくことにしよう。

一九六四年一一月に発足した佐藤政権が沖縄の施政権返還に向けて本格的に動き出すようになるのは、それからおよそ二年数カ月後の一九六七年に入ってからである。[2] しかし、その佐藤および周辺では、すでに一九六四年七月の自民党総裁選挙のころから、政権獲得の際には沖縄の「施政権返還を文書をもって正式に米国に要求する」ということを考えていた。[3] また、池田勇人の後を継いで首相に就任した佐藤は、翌一九六五年一月一二日、リンドン・ジョンソン米大統領との首脳会談においても、沖縄の「施政権の返還が沖縄住民のみならず、日本国民全体の強い願望である」ことを伝えていた。[4]

しかし佐藤は、現実には沖縄の施政権返還が当分は困難であるとみて、まずは沖縄における自治権の拡大や日本政府援助の拡大などに務めることになる。実際、佐藤は、「当面は自治権を拡大し、沖縄住民の政治的、社会的自由の確保に努力することが、米国の軍事基地運営のため住民の協力をうる所以である」[5] とジョンソンに訴えたあと、八月一九日、現職の総理として初めて沖縄を訪れ、現地の人々に対して直接教育援助の拡大や社会福祉制度の整備、そして経済援助の拡大などを約束している。[6] 沖縄訪問の初日、佐藤はアルバート・ワトソン高等弁務官と会談するが、ここでみずからの訪問目的を次のようにのべている。[7]

今回当地を訪問した最大の理由は、今朝那覇空港での挨拶で述べたとおり、本土から二〇年間特殊の状況下で隔離されてきた沖縄同胞に対し、その苦労を総理自からが率直にねぎらいたいということである。特に本国政府が沖縄島民のためには、あまりなにもしてやることができなかったことについて謝まりたいという気持ちをも有している。

自分は沖縄島民がここまで戦後の荒廃から立ち直り又子供達が健康に成長していることを眼のあたり見、又沿道に何万の人々が歓迎のため立ち並び『早く祖国に復帰』をというプラカードを掲げているのをみて眼頭の熱くなるのを禁じ得なかった。島民の祖国復帰の悲願は、日本国民全体の願いであり米側の理解を得たい点であるが、国際情勢よりみてこれが急々に実現されうるものでないことは承知している。その点、沖縄にある米軍基地を真に価値あらしめるためには、沖縄住民と米側との協力関係が必要であり、そのため米側は住民の自治拡大といったことに今後とも努力していただきたい。この自治拡大の問題を含め、島民の福祉、教育の向上、沖縄産業の振興等については本年一月ジョンソン大統領との共同声明において合意されたとおり日米協議委員会の機能が拡大されたことでもあるので、今後ともこの委員会を通じ密接な連絡をとって努力していきたいと考える。日本政府としては特に福祉教育の面で援助を強化していく所存である。

みずからの思いをこのように率直にのべた佐藤は、沖縄からの帰任後ただちに沖縄問題閣僚協議会を設置し、義務教育教員給与の二分の一国庫負担や、義務教育教科書の無料配布、そして福利厚生施設の強化など、沖縄援助の基本方針を策定している。この方針に基づき佐藤は、同年一一月、第八回日米協議委員会で義務教育教員給与の二分の一国庫負担を含む五八億九〇〇〇万円の日本政府援助を米側に認めさせるのであった(8)。

▼返還条件の模索

佐藤はこのように日本政府援助の拡大などを具体的に進めたうえで、一九六七年に入り、いよいよ沖縄の施政権返還に向けて本格的に動き出すようになる。しかしアメリカとの協議に入るにあたり、佐藤が最も問題としたのは、施政権返還後の「沖縄の米軍基地の地位」をどうするか、ということであった。そもそも沖縄の米軍基地に対する佐藤の認識は、それが日本を含む極東の安全にとって重要な役割を果たしている、ということで一貫していた。前述したジョンソンとの首脳会談で佐藤が、「沖縄における米軍基地の保持が極東の安全のため重要であることは十分理解している」とのべたことは、そのことを端的に示している。[9] 佐藤にとってアメリカが沖縄の米軍基地をしっかりと保持することは、日本を含めた極東地域の安全にとって最も重要なことだったのである。[10]

このことを佐藤がより強く認識するようになるのは、隣国中国による核開発があったといえる。佐藤政権発足のわずか数週間前、すなわち一九六四年一〇月一六日、中国は原爆実験成功の報を世界に流すが、その二カ月後の一二月一四日、佐藤はワトソン高等弁務官に対し、「沖縄の軍事的意義は、中共の核爆発以後ますます増大した」とのべている。[11] 中国の推し進める核開発に対して、佐藤は自国の核保有について思い描くこともあったが、現実にはアメリカの「核の傘」（拡大核抑止力）によって自国の安全を確保する道を選択し、アメリカに対して「核の傘」の保証を含む自国防衛へのコミットメントを要求していくのであった。[12] こうしたスタンスの佐藤にとって、アメリカが沖縄の米軍基地を今後もしっかりと確保することについて何の疑念もなかったばかりか、最も重要なこととして認識されていたのである。ただ問題は、極東における沖縄の「軍事的役割」と、施政権返還という「国民的願望」をいかに「調整」するかというところにあり、しかもここでの問題の核心は、施政権返還後の「沖縄の米軍基地の地位」をどうするか、というところにあったのである。[13]

この問題について佐藤政権下の三木武夫外務大臣は、一九六七年七月一五日、アレクシス・ジョンソン駐日アメリカ大使に対し、アメリカが「沖縄の基地に要求する最小限度」の「要件」とはいったい何なのかを訊ねている。[14] これに対してジョンソンは、「問題は米側が何を望むかではなく、日本が何を望むかである」と返答したうえで、沖縄からの米軍の戦闘作戦行動について次のようにのべている。「米国が沖縄から在来戦力（通常戦力）をオペレートし得たということが、中共に対する抑止力となってきたのである。米国がこれをなし得ないならば、抑止力は減少することになる」。つまりジョンソンは、「中共がラオス、タイ、等に大規模な在来兵力による侵略」を行なった場合、「現在では米国が沖縄から中共内の補給路を攻撃する」ことが可能である、とのべたうえで、それを「中共が知っていることが、中共を抑制している」と説明したのである。このように沖縄からの戦闘作戦行動の自由が中国の侵略行為を抑制している、とのべたジョンソンは、もし沖縄の施政権が将来返還されることとなった場合、日本政府が事前協議に際して「positive consent を与えなければならない」と三木に伝えるのであった。

続けてジョンソンは、沖縄への核配備の問題についても言及している。すなわちジョンソンは、かりにポラリス（核搭載潜水艦）から戦略核ミサイルを発射すれば、それが「世界の破滅」を招くことを中国も知っているので、彼らは「われわれがポラリスを使用する勇気を持っていない」と認識するかもしれない、とのべたうえで、こう三木に告げている。「これは、いわゆる credibility の問題であり、このことからポラリス（に搭載した戦略核兵器）に至らない核兵器（戦術核兵器）の必要が生じるわけである」。このように指摘したジョンソンは、戦術核兵器を「沖縄から取去ることはできなくはない」としながらも、それによって「中共に対する抑止力は減少されるであろう」と説明するのであった。

このように駐日大使のジョンソンは、中国の脅威を持ち出したうえで、核兵器と基地の自由使用に関する問題を日本側に提起したのである。このジョンソンとの会談を通じて外務省事務当局は、問題の焦点がやはり施政権返還後の「沖縄の米軍基地の地位」にあることをはっきりと認識することになる。

ジョンソンとの会談を受けて外務省事務当局は、八月八日、佐藤首相との打ち合わせの場で、次のような認識を佐藤に示している。[15]「（一）沖縄の施政権返還の鍵は、沖縄の基地の使用について『現状どおり』と『本土並み』の間に日米双方が満足し得る取極をなし得るや否やである、（二）『現状どおり』と『本土並み』の間のもっとも重要な相異は、（イ）核弾頭及び中距離ミサイルの持込み、並びに同ミサイルの発射基地建設、および（ロ）戦斗作戦行動のための基地使用とわが方との事前協議の対象とするや否やにある」。こうした認識を示したうえで事務当局は、佐藤に対し、次のような進言を行なっている。「米側との交渉にあたっては、基本的には核兵器に関する事項は事前協議の対象とするよう極力努力するも、戦斗作戦行動については少なくとも極東の情勢に好転（ある）までは事前協議の要なきこととするだけの腹づもりが必要である」。つまり外務省事務当局は、核の持込みに関する事前協議についてはアメリカ側に積極的に求めていくべきだとしながらも、戦闘作戦行動については同国にその自由使用を認める「腹づもり」も必要であることを、佐藤に進言したのである。

この外務省の説明に対して佐藤は、「沖縄の施政権返還は高次の政治的判断を要する問題」なので、その腹づもりはみずからが「決定する」こと、よって事務当局は「予め腹づもりを云々することなく、施政権返還を強く要求」して「米側の施政権返還に対する条件を探究」すべき、と指示することになる。佐藤にしてみれば、やはり問題は「米側が何を望むか」であって、「日本が何を望むか」ではなかったのである。「極東における抑止力としては、何と云っても米側が主体なのであるから、沖縄基地のあり方についても、まず米側からその希望を切りだすよう仕向けるべきである」、というのが佐藤のスタンスであった。

佐藤から明確な指示を受けた外務大臣の三木は、九月一六日、ディーン・ラスク国務長官と会談し、沖縄返還を要求するとともに、その返還のための条件を問うている。[16] しかし、これに対してラスクは、アメリカが日本を守っているという根本的な現実を次のように突きつけている。「米国は日本に対し、安全保障上のコミットメントをしている。これに対し日本は、自国の防衛に関するものを除き、米国に対し安全保障上のコミットメントはしていない。われわれは、日本に対し開戦後一時間に一億の米国民の生命を賭けることを誓約しているのである。自分がゴルフをしているときでも、常に傍らに無線受信機がある」。

両者がこのような態度をとったために、施政権返還後の沖縄基地の地位に関する協議は平行線をたどり、まったく進展をみせなかった。そこで外務省事務当局は、「兎も角従来の共同声明での『極東情勢の変化待ち』から一歩踏み出して施政権返還と云う基本方針を確認」することにその目標を定め直すことになる。[17] ここで事務当局が「極東情勢の変化待ち」とのべているものは、一九五三年一二月の奄美返還にあたりダレス国務長官が発した「極東に脅威と緊張の状態が存する限り、残りの琉球諸島（中略）において、米国政府が現在の権限権利を行使しつづける」という声明を念頭に置いたものであった（第二章）。

しかし、一方の佐藤首相は、「極東情勢の変化待ち」から抜け出すだけでなく、沖縄返還の時間的目途もつけたいと考え、みずからの諮問機関である沖縄問題等懇談会（座長大浜信泉）の打ち出した次のような方針、すなわち「ここ両三年の内に施政権の返還時期を決定することの合意をみることが望ましい[18]」という方針を採用して、その方向で来る一一月の日米首脳会談に臨むことを決意するのであった。そしてこの「両三年内」というタイム・スケジュールの設定をアメリカに認めさせるために、佐藤が当時京都産業大学の教授であった若泉敬を「密使」としてワシントンに送り、外務省とは別ルートで交渉を進めたことは、今ではよく知られた事実である[19]。

(2)日米首脳会談（一九六七年一一月）

さて、一九六五年の第一回会談に続く二度目の日米首脳会談が開かれたのは、一九六七年一一月である。同月一四日に行なわれたジョンソン大統領との会談で佐藤は、ポンド防衛やヴェトナム戦争に対するアジア諸国の態度等について意見を交わしたあと、沖縄返還問題を次のように切り出している[20]。「緊迫した国際情勢を話した挙句、沖縄、小笠原を持ち出すのは理解しにくいかもしれないが、国民はこぞって返還を強く希望しており、これは今や国民的願望となっている。しかし、すぐ返せというのではない。即時返還を要求しているのは社会党だけであり、自分はそういうことは言わない。自分は一〇〇万近い日本人が日本に復帰したい気持ちは尊重せねばと思う」。

沖縄返還問題をこのように切り出した佐藤は、続けてジョンソンに対し、次のようにのべている。「一方、総理として、日本、極東の安全を考えるのは当然である。この問題と沖縄、小笠原の返還は同時に考えられる。（中略）今日のようにヴェトナムの戦いがあり、中共が核武装している最中に沖縄の基地をなくすことが考えられないのはもちろんである。しかし、適当な時期に復帰できないものかと思っている。これが、戦略的な安全保障を阻害しないでできないか」。つまりここで佐藤は、日本を含む極東の安全保障の観点からみて「沖縄の基地をなくす」ことなどまったく考えられないことをジョンソンに伝えたうえで、しかもアメリカの「戦略的な安全保障を阻害」するつもりなどないことを説明したうえで、沖縄返還問題を持ち出したのである。

佐藤がこのように日本の安全保障をより重視していたことは、ジョンソンに対する次のような発言をみても明らかである。「沖縄、小笠原より全体の安全保障体制はもっと大切である。日本は核能力を持っていない。そこで、米国の核の傘の下に安全を保障されている。長期にわたる日本の安全保障がどういう形をとるかは研究する。現在の安全保障の取決めが長く続くことは絶対に必要である。こういう基本的な考えの下に、沖縄、小笠原返還までに、軍事基地、その他の問題で何ができるか国民を教育することを考えている[21]」。

佐藤はこのように日本の今後の安全保障のあり方やそれと関連した沖縄の米軍基地のあり方を検討していくとのべたうえで、沖縄返還のタイム・スケジュール設定の問題をジョンソンに持ち出している。「オリンピックをやるというと、いつやるかがはっきりしているから準備ができる。EXPOも同じである。沖縄、小笠原についても、target dateがないと準備が困難である。具体的に何時と言えないのは分るが、この二、三年のうちにいつ返せるかと目途をつけられないか。date ではなく timing のことである」。佐藤は会談の最後に、「in a few years に、両国の満足しうる返還の時期に合意することを目的として」と書いた紙片をジョンソンに手交し、共同声明の案文としてこれを「考えてみてくれ」と要望している（のちにこの in a few years〔両三年内〕という表現は、首脳会談後に発表された日米共同声明のなかに取り入れられる）。

こうした佐藤の要請に対してジョンソンは、「具体的な timing や date はわれわれにとって問題であろう。しかし、日本が経済その他で that part of the world における責任を引き受けられるならば、we can work in that。ラスク、マクナマラに日本として何ができるかを話してほしい」と返答している。つまりここでジョンソンは、日本の責任分担の問題を持ち出したのである。

ジョンソンに続いて行なわれたロバート・マクナマラ国防長官との会談では、この日本の責任分担の問題や沖縄基地に関する問題などが、より具体的かつ率直な形で話し合われることになる。まず前者の問題についてマクナマラは、「米国民は、自由世界防衛の責任を負いたがらなくなってきている。Impatient になってきている。したがって、日本がわれわれを援助してくれることは非常に大切である。財政的な意味においてというよりも、自由世界の防衛に対する日本の参加が大切なのである」とのべている(22)。これに対して佐藤は、「日本は軍事的援助は一切出来ない。これは米国政府も理解されていると思う。そこで、せめて経済財政的役割を果たしたい」とのべて、マクナマラの見解に反論している。

これを受けてマクナマラは、「総理のリーダーシップの下に、アジア諸国の経済開発のための日本の役割が増大していることを喜んでいる。今後とも、その役割を増大されることを希望している」と返答するも、再度次のようにのべて将来日本が軍事的な役割を担うことを希望するのであった。マクナマラはいう。「日本が、今後とも経済的、政治的な、そして究極的には軍事的な役割をも増大していくことは、両国の利益に合致する」。

つぎに後者の沖縄基地の問題についてマクナマラは、以下のような興味深い発言を佐藤にしている。「これら諸島〔琉球諸島〕はいづれ返還されることとなっている（They are bound to return）。従って、問題は返還にあるのではなく、米国の基地にある。中共の核脅威に対処すること、安保条約、核のブラックメールに対する非保有国の保護等、一連の問題の unwritten premise は、保護を受ける側が、保護する側との共通の利益のため、保護する側が必要な行動をとることを可能にするということである」（〔　〕部分は筆者によるもの。（　）は原文のまま）。つまりここでマクナマラは、「保護を受ける側」すなわち日本側が、「保護する側」すなわちアメリカ側の必要とする基地使用を認めるべきだ、と佐藤に訴えたわけである。

さらに続けてマクナマラは、「米国民は、われわれがこの地域で日本の支持、すなわち、行動に対する政治的黙認なしに operate することを決して許さないであろう」とのべるとともに、「日本が（沖縄への）核の持ち込み、作戦行動の自由を許すのが困難であり、時間がかかるのは知っているが、国民が、それが自分の安全保障のためであると納得すれば、（日米両政府はこの核持ち込みと基地の自由使用で）合意することができよう。核、琉球、安保体制は相関関係にある。今後、共同して検討したい」と伝えるのであった。

沖縄への核持ち込みと基地の自由使用問題をマクナマラから提起された佐藤は、「今の前提の話は分かる。総理として、日本は極東の安全の中に自らの安全を確保すべきと考える」とのべつつも、「今の状態で核基地、自由使用を論議するのは早い。（沖縄が）返ってくる時までに論議が尽くされればよい。今は議論が先走っている」とやり返すことになる。

こうした佐藤とマクナマラとの会話のやりとりには、施政権返還後の沖縄基地のありようとして、アメリカが何を望んでいるのか、また今後の日米交渉のなかで何が最大のポイントになるのかが端的に示されていた。次章でのべるように、一九六九年に入って本格的に始まる沖縄返還交渉では、この核の問題と基地の自由使用問題が最大の争点となるのであった。

以上のように、佐藤の登場によって沖縄返還問題が日米間で急速に、また日本国内でもクローズアップされてくるなか、沖縄現地の政治指導者たちはこれにどう対応したのだろうか。次節では、これについてみていくことにする。佐藤が日本を含めた極東の安全のために沖縄基地の軍事上の役割を認め、それをアメリカが今後もしっかりと保持していくことを望んだのに対し、沖縄の政治指導者たちは果たしてこの基地の問題についてどう捉えたのであろうか。

二　基地問題の非争点化

(1) 沖縄自民党の結成

佐藤政権発足後の沖縄の政治指導者たちの動きをみる前に、まずは一九五〇年代後半から一九六〇年代前半にかけて、彼らがどのような行動をとったのかを概観しておこう。まず一九五八年の立法院選挙で大敗した琉球民主党であるが、同党はその後、総裁を与儀達敏から松岡政保に代えたあと、翌一九五九年一〇月、当間主席を支持する当間派と山川泰邦率いる新政会と合流し、新たに沖縄自由民主党（以下、沖縄自民党という）を結成する[23]。党首には当間重剛のあとを継いで三代目行政主席（一九五九年一〇月に就任）となった大田政作が就任し、幹事長には吉元栄真元土地総連会長が就くことになる。同党は、その結党から一年後の一九六〇年一一月の立法院選挙で歴史的な大勝利をおさめ、立法院第一党へと返り咲くことになる（二九議席中二二議席を獲得）。前章でみた軍用地問題の解決や、プライス法に基づくアメリカ政府の援助拡大、そして岸政権期から始まった日本政府による援助拡大等によって、一九六〇年代前半の沖縄では日米沖協調のムードが漂うことになるが、この沖縄自民党の大勝は、こうしたムードを象徴するものであった。

大田政作率いる沖縄自民党の日本復帰へのスタンスは、沖縄の米軍基地を本土の米軍基地と同様に日米安保条約の適用下に置いたうえで、施政権の日本復帰を求める、というものであった。ただし同党は、「きびしい国際情勢」を考えれば「今すぐに祖国復帰が実現できる」とは「全く考えられない」という見解を示したうえで、いわゆる「祖国との一体化」路線を提唱することになる[24]。すなわち、日米沖の三者間協力のもとで「布告布令等の非民主的立法を逐次民立法に打ちかえること、主席公選をはじめ司法立法行政三権の制度を住民意思によって運営できる完全自治をめざして逐次改善してゆくこと、琉球を日本の府県なみに処遇するよう、たえず祖国政府に要求して逐次実行させること」、等々をひとつひとつ解決していき、「東京都民や鹿児島県民と何ら異なるところのない国民生活」を実現し、「実質的に祖国と一体となる」、という構想を打ち出したのである[25]。また米軍基地に対して沖縄自民党は、これを基地経済と関連させながら次のようにのべている[26]。

ドルの王国といわれ、奇跡的繁栄の島といわれ、少くとも戦前の生活水準を上廻るようになっている国民所得の根源は、米軍基地に由来しているものが多い。これまでに米国が沖縄基地建設に注ぎ込んだ金は、すでに七十億ドルに達しており、これからも三十億ドルを投ずるという。もしも今直ちに基地が無くなって米軍が引き上げるとなると沖縄の経済は立所にお手上げとなることは、火を見るよりも明らかである。このような、基地依存の消費経済から一日も早く脱却して、生産を高め、貿易収支の著しい不均衡を矯めて自立経済に立て直し、復帰の暁には、沖縄県として立派に地方自治をまかなってゆけるだけの経済基盤を築くことをも併せ考えてこそ正々堂々の復帰論だと思う。

米軍基地から得ている恩恵を率直に認めつつも、将来的には基地依存経済から脱却を図らなければならないとするこの沖縄自民党の態度は、後述するように、一九六五年に沖縄民主党がとった態度と、一九六八年の主席選挙の際に西銘順治沖縄自由民主党総裁がとった態度と、ほとんど同じものであった（沖縄自民党は一九六四年に一時分裂したあと再結集し、党名を沖縄民主党に変え、さらに一九六七年になって沖縄自由民主党に党名を変えている[27]）。

一方、立法院第一党であった社大党は、この一九六〇年の選挙で大敗し、議席を九議席から五議席へと落とすことになる。また、瀬長亀次郎率いる人民党も、これまた社大党と同じく議席を五議席から一議席へと減らし、両党の退潮は明らかであった。

(2) 復帰協の結成

こうした状況のなか、一九六〇年四月二八日、沖縄教職員会と沖縄青年団協議会（沖青協）、そして一九五八年一一月に結成された沖縄県官公庁労働組合連合会（官公労[28]）の三団体が世話委員となって、祖国復帰運動を担う中心的な組織として沖縄県祖国復帰協議会、通称復帰協が結成される[29]。この復帰協結成の中心メンバーは、官公労委員長の赤嶺武次、副委員長の糸州一雄、宣教部長の亀甲康吉、そして沖縄教職員会の福地曠昭らであった。そしてその彼らに復帰協結成の必要性を何度も訴えたのが、一九五八年二月に結成された沖縄社会党の岸本利実と宮良寛才の二人であった。岸本らは赤嶺らに対して復帰運動の組織化の必要性を事あるごとに説き、赤嶺を通じていわば間接的に復帰のための組織構築をめざしたのである(30)。

岸本らが直接主導権を握って組織化を進めることをせず、官公労委員長の赤嶺武次らを通じてそれをなしたのはなぜか。それは、当時政党間に存在していた確執や主導権争いによって、超党派の組織構築が困難になることを岸本らが危惧したからである。当時沖縄社会党労働部長であった新垣善春は、こう回想する。「党が先頭に立つとなかなか……。人民党や他の政党との関係もあるからね。それで労働組合がまず呼びかけなさいということで、そして呼びかけを赤嶺委員長にやってもらった(31)」。実際、一九五八年一月の那覇市長選挙では、前章でのべたように、人民党の推す兼次佐一と社大党の推す平良辰雄とが真っ向から対立し、両党は明確な対立関係に入っていった。また、那覇市長に当選した兼次を党首に据えて同年二月に結成された沖縄社会党は、その後市政運営や労働運動の主導権をめぐってこれまた人民党とのあいだで対立関係に入っていったのである。こうして三党が対立するなか、復帰運動の組織化は主として労働組合や民間団体の幹部らのあいだで進められていくことになる。

社大、人民、社会の三政党を含む一七の諸団体でスタートした復帰協は、結成前、実は大田政作率いる沖縄自民党にも参加を呼びかけている(32)。沖縄自民党は、「復帰協」結成の趣旨に賛同し、結成準備会に参加したものの、二回目の準備会に出たあと次のような声明を発表し、復帰協への参加を断っている。同党はいう。「民族運動というものは、反米に傾きがちな傾向があり、それでは復帰を促進させるどころか、日米琉の双互信頼の上に重大な障害を与えるものだと思う(33)」。

結成準備会に参加した沖縄自民党事務局長の大城朝亮は、のちにこの復帰協不参加について次のようにのべている。「復帰という分母が同じだったから一緒になっていたのです」。「ところが、話し合っているうち復帰に向けての運動や方法論で食い違いが出てきた。分母は同じでも分子が違ってきた」[34]。日米沖三者間の「政治的話し合い」によって漸進的に「祖国との一体化」を図っていこうとした沖縄自民党にとって、結成準備会が重視した「大衆運動」路線は、受け入れ難いものだったのである[35]。

こうして結成された復帰協の米軍基地に対するスタンスは、次のようなものであった。すなわち、米軍基地をのちに否定する復帰協からすればやや意外な感をもつかもしれないが、この時期同組織は、意識的にこの問題を復帰運動の場から排除したのである[36]。これについて復帰協調査研究部長の福地曠昭は、「基地に賛成する政党や団体を網羅したいため」に、基地の問題を復帰運動の場に持ち込まなかった、と回想している[37]。つまり、復帰運動を誰にでも参加できる幅の広いものにしていこうとした復帰協は、各政党や諸団体で見解が一致する「復帰」問題のみを取り上げて、内部対立の芽となりうる「基地」問題については、これを復帰運動の場から排除したのである。

こうしたなか、米軍基地の問題は復帰協の場ではなく、一九五八年六月に結成された原水爆禁止沖縄県協議会（以下、沖縄原水協という）の場で取り扱われることになる。福地曠昭はこれについて、「復帰協では復帰にだけ絞って、基地問題についてはほぼ完全に沖縄原水協に移した」と述懐している[38]。すなわち、「復帰」問題は復帰協が担い、「基地」問題は沖縄原水協が取り扱うという、いわば役割分担が行なわれたのである。

ただ、復帰協に代わって「基地」問題を担当した沖縄原水協にしても、当時はまだ全面的な「基地撤去」方針を打ち出すまでに至らなかった。沖縄原水協初代理事長中根章の証言によると、当初中根ら原水協執行部は、「基地の全面撤去」方針を打ち出す意向も持っていたが、これに琉球民主党（沖縄自民党の前身）が「絶対反対」したというのである[39]。中根によれば、琉球民主党の基地に対する見解は、「原水爆基地」についてはそれを「沖縄に置いてはいかん」というものであったが、基地の全面撤去までは考えていなかったという。そこで中根ら執行部は、この琉球民主党の立場にも配慮して、結局のところ「基地の全面撤去」ではなく「原水爆基地の反対」という方針で原水協の態度を調整するのであった[40]。

米軍基地の問題を沖縄原水協にまかせ、みずからは復帰問題に絞った復帰協であるが、一九六三年に入ると、みずからもその運動方針のなかに「沖縄の原水爆基地を撤廃させる」という文言を挿入することになる。[41] しかし、この「原水爆基地の撤廃」方針（翌年からは「撤去」に表現が変更）が挿入されたからといって、復帰協内部で見解の一致があったかというと、決してそうではなかった。復帰運動の指導者の一人であった亀甲康吉は、次のようにその内情を打ち明けている。「原水爆基地撤去ということよりは『施政権を返せ』という運動の方がより幅広く結集できる。しかしこの二つの問題は関連するだけに、『原水爆基地を撤去すれば施政権は自ら返るんだ』という議論を持ち込まれると、いまの復帰協の体質としてこれを消化できない。最近の足並みの乱れもこの辺にあると思うんです[42]」。このようにさまざまな団体が加盟する復帰協では、運動をより幅広いものにするために、まだ見解の一致しない基地問題を取り上げることには、強い抵抗感があったのである。

しかし、その復帰協にしても、一九六〇年代も中盤以降になると、基地問題を避けては通れない状況下に置かれることになる。新しく発足した佐藤政権が沖縄返還問題に積極的に取り組むようになったことや、いわゆる「北爆」を機にヴェトナム戦争が本格化したことなどによって、復帰協は基地問題から目を逸らすことはできなくなっていったのである。

(3) 「主席指名阻止」闘争

この復帰協の米軍基地に対する態度は後述することにして、まずはその前に、一九六四年一〇月に行なわれた「主席指名阻止」闘争についてみておくことにしよう。この「主席指名阻止」闘争によって復帰協は闘う組織へと大きく脱皮し、また一方の沖縄自民党はこれに前後して、党分裂→再結集という事態を迎えるからである。この「主席指名阻止」闘争に復帰協を駆り立てた背景には、「自治神話説」を唱えたポール・キャラウェイ高等弁務官による強権統治があった。[43] 予算案や法律案に対する米軍当局の事前事後調整が強化されたことや、医療法案や労働災害補償保険法案など立法院で可決された諸法案がキャラウェイによって相次いで廃案にされたことなどが、この強権統治の典型的な例である。

この強権統治に対する大田行政主席の弱腰姿勢が沖縄自民党内部で批判にさらされ、一九六四年六月、ついに同党所属議員一一名と西銘順治那覇市長らが脱党する。脱党派はその後キャラウェイの強権統治に強く反発していた復帰協の「主席公選、自治権獲得」運動に合流し、七月二七日、社大、人民、社会の三党と共同で大田行政主席の「即時退陣要求」を決議するに至る。しかしその後、高等弁務官がキャラウェイからワトソンに代わったのを機に、脱党派は態度を一変し、一〇月八日、そのワトソンの立会いのもと沖縄自民党と長時間にわたる話し合いをもち、次期行政主席に松岡政保を立法院で指名することを申し合わせる（同じ日、脱党派は新しく沖縄自由党を結成）。この脱党派の態度変更を受けて復帰協は、ただちに臨戦態勢に入り、松岡の指名阻止をはかるべく大衆運動に打って出る。

一〇月二九日、自民、自由両党が主席指名のために立法院臨時議会の開催を求めるや、復帰協は三〇〇〇人の阻止団を動員して立法院を取り囲み、本会議開催を断念させる。翌三〇日も、阻止団の圧力によって会議開催を断念させられた両党は、翌三一日を決戦の日と想定する。一方復帰協も、三一日の本会議を是が非でも阻止するために、「ウルトラC作戦」なるものを考え出す。復帰協事務局長の吉元政矩らによって考え出されたこの作戦は、立法院規則第一四〇条（「議事は速記法によってこれを速記する」）の規定に着目して、なんと議事課と記録課の立法院職員全員を「拉致」することによって、速記者が議事録をとることを不可能にし、本会議開催を不成立にする、というものであった。(44)

さて、運命の三一日。吉元らは前夜の打ち合わせどおり「拉致作戦」を実行に移す。しかし、うまくいくかにみえたこの作戦は、「拉致」した職員の一人（記録課長）がそこを脱出し、本会議議事録をとったために、あえなく失敗に終わる。その後、院外の阻止団が一斉に立法院構内へとなだれ込むなか、自民・自由両党の議員が主席指名投票を強行し、次期行政主席に松岡政保を指名するのであった。

この「主席指名阻止」闘争から二カ月後の一二月二六日、自民・自由両党は再度合流し、沖縄民主党を新しく結成する。総裁には第四代行政主席となった松岡が就任し、幹事長には吉元栄真が、また総務会長には元土地連会長の桑江朝幸がそれぞれ就くことになる。一方、敗北に終わった復帰協は、この闘争を機に闘う組織へと大きく脱皮し、一九六五年以後の復帰運動を大いに盛り上げていく。そしてこの復帰協の大衆運動は、三年後に展開された大闘争、すなわち「教公二法阻止」闘争へと結実し、沖縄民主党の提案した二法案を廃案へと持ち込むのであった（次章）。

さて、このように再度保守合同を果たした沖縄民主党であるが、同党は、翌一九六五年九月、来る一一月に行なわれる立法院選挙に臨むにあたり、党の基本政策を明らかにする。選挙前に作成した『祖国復帰への道』という小冊子によれば、同党の復帰に関する方針は次のようなものであった。すなわち、「米国のもっている施政権は、日本に返し（中略）沖縄の米軍基地は、本土の基地同様、安保条約で双方協力体制のもとに維持する」、というものである[45]。つまり、沖縄民主党の掲げた復帰方針は、のちに佐藤政権が掲げた「本土並み返還」と、ほぼ同じ内容であった。

この沖縄民主党の「復帰」と「基地」に関する考え方について、長嶺秋夫立法院議長は、一九六五年一月末、アメリカ日本大使館の中川進公使に対して、次のように説明している。「今回佐藤総理が訪米中米政府に対し沖縄の施政権返還を強く要望せられたことにわれわれ沖縄住民は大いに満足している。（中略）沖縄住民としては米国の軍事基地の保持は止むを得ないと考えておりこの撤廃まで要求しているのではない。沖縄住民の不満は米軍が沖縄の自治に介入していることにある。（中略）沖縄の自治改善につき今後とも貴大使館においても御協力下さる様お願いする」[46]。自治権拡大への協力を要請した長嶺は、ここで明確に、米軍基地の撤廃を要求しているわけではない旨を伝えたうえで、施政権の返還こそが沖縄住民の希望であると説明したのである。

三　全軍労と「基地撤去」論争

(1)復帰協における基地論議

▼撤去論の台頭

では、一方の復帰協は、この「復帰」と「基地」について、いかなる態度を示したのであろうか。一九六五年の立法院選挙で再度沖縄民主党が一九議席を獲得して勝利（社大党は七議席、人民党は一議席、沖縄社会党は二議席、無所属は三議席を獲得）をおさめた同じ年、復帰協は第一〇回定期総会を開き、初めて基地の全面的な「撤去」について議論することになる。二月二二日に開かれたこの定期総会では、全沖縄農民協議会連合会（全沖農。人民党系の組織）の代議員が、「原水爆だけでなく普通基地の撤去の問題までとり組むべきだ」と訴えたり、また琉球大学学生会（琉大学生会）の代議員が、「沖縄では原水爆基地と普通基地の区別がつかない。基地撤去を積極的に進めるべきだ」とのべたりして、「基地の全面撤去」論が浮上してくることになる。これに対して復帰協執行部の福地曠昭は、「基地撤廃についてはまだ各団体意見がまとまらず方針には打ち出していない」とのべ、昨年同様に「原水爆基地の撤去」に方針をとどめたことを説明する。[47] 結局、この執行部提案を加盟団体の多くが受け入れたことによって、一九六五年度運動方針は、前年に引続き、「原水爆基地の撤去」という方針で落ち着くことになる。

しかし、翌一九六六年に入ると、これまで慎重なスタンスを保持してきた執行部が、「軍事基地撤去」方針を提起することになる。[48] 二月三日に開かれた第一一回定期総会で復帰協執行部は、「原水爆基地」以外の基地もすべて撤廃すべし、という方針を提案したのである。同執行部がこれを提案した理由のひとつには、調査研究部長の福地曠昭がいうように、いわゆる「ベトナム問題」があった。[49] 一九六五年二月、アメリカは北爆を機にヴェトナム戦争に本格介入するが、これにともない沖縄の米軍基地も活発に機能しはじめ、米海兵隊の南ヴェトナムへの派遣（同年三月）、戦略爆撃機B－五二の南ヴェトナムへの直接出撃（同年七月）、そして軍事演習の活発化などが続くことになる[50]。米軍基地がこのようにヴェトナム戦争に深く結びつけられていくにしたがい、現地住民は戦争に巻き込まれるのではないかという不安と恐怖を募らせていき、また軍事演習にともなう事故や米兵による犯罪も多発し、生命と財産に対する沖縄住民の不安と恐怖は増大していった[51]。復帰協執行部が「原水爆基地の撤去」に代えてすべての「基地撤去」を提案した理由のひとつには、こうしたヴェトナム戦争を契機に深刻さを増してきた、さまざまな「基地問題」から避けて通ることができなくなったからである。

復帰協執行部を「基地撤去」に走らせたいまひとつの理由には、前述した沖縄民主党の打ち出した復帰論があった。同定期総会で福地曠昭は、こうのべている。「これ（沖縄民主党の復帰論）に対処するためにも基地問題はとりあげるべきだと思います[52]」。基地の存在を容認したうえで日本復帰を求める沖縄民主党の復帰論に対抗するためにも、復帰協執行部としては、基地へのスタンスを明確にしなければならなかったのである。

しかし、これに対して沖縄県労働組合協議会（県労協。一九六四年に発足）加盟の官公労、沖縄全逓信労働組合（全逓労）、全日本海員組合（全日海）沖縄支部の代議員らは、この「基地撤去」方針に反対することになる。復帰協結成に中心的役割を果した一人である全逓労代議員の亀甲康吉（全逓労委員長・県労協議長）は、「文面からすると……基地撤去が前面に出ざるをえません。そうなると従来のたたかいの転換になるのではないでしょうか」と執行部を問いただしている。また、同じく復帰協結成時にその準備委員長まで務めた官公労代議員の糸州一雄（官公労委員長）も、「県労協は全軍労が加盟していますので、これ（基地撤去方針）を問題視しています。軍労働者の間では原水爆基地の撤去についても抵抗があるほどですから……」。それで、運動をよりはばひろくするために、『軍事基地の撤去』は昨年なみの文章にしてほしいと思います」と主張するのであった。社会党や全沖農の代議員が「基地撤去」方針を支持するなか、執行部はこうした亀甲や糸州らの意見を受け入れて、結局のところ「基地撤去」方針を撤回し、昨年と同様に「原水爆基地の撤去」という方針にとどめるのであった[53]。

このように「基地撤去」論争のなかで沖縄最大の組織力を誇る全沖縄軍労働組合（全軍労）が主要なアクターとして登場してきたことは、重要である。なぜなら、以後三年間も続くこの「基地撤去」論争は、この全軍労問題を中心に進められていくからである。

▼全軍労の登場

基地労働者でつくる全軍労が沖縄最大の組織へと成長したのは、一九六五年以後である。一九六一年に基地内労組の連合組織として出発し、二年後の一九六三年に単一組織へと改組した全軍労は、その当時、約五八〇〇人の組合員を擁し、官公労に次ぐ組織力を誇っていた[54]（官公労は六二〇〇人余）。しかし、これが翌一九六四年に入ると、全軍労が官公労を簡単に追い越すこととなり、さらに一九六五年以降になると、両者の差は一層大きくなる。官公労の組合員数が一九六八年の時点で約八二〇〇人であったのに対し、全軍労は一九六五年の段階ですでに一万人を超え、続く六六年には約一万三九〇〇人、六七年には約一万七二〇〇人、そして六八年には約二万四〇〇〇人と、その数を急激に伸ばしていくのであった。ちなみに、全軍労に次ぐ大組織であった沖縄教職員会は、一九六九年当時で、約一万二〇〇〇人の会員数であった。全軍労が沖縄でいかに巨大な組織であったのかがよく分かる。

全軍労の組合員数がこうして一九六五年以後急激に伸びていった背景には、第二種雇用員の組合加盟があった[55]。一九五三年八月に公布された布令一一六号によって沖縄の基地労働者は、雇用形態に応じて次の四種に分類されていた。まず第一種が「米国政府割当資金から支払いを受ける直接被用者」、第二種が「米国政府非割当資金から支払いを受ける直接被用者」、第三種が「琉球列島米国軍要員の直接被用者」、そして第四種が「契約履行中の米国政府請負業者の被用者」である（第二条）[56]。一九六四年の後半に入るまで、全軍労にはこの布令一一六号でいう第一種雇用員しか加盟しておらず、残りの第二種から第四種までの雇用員はまだ加盟していなかった。しかし、一九六四年一一月にREX支部労組が結成されたのを皮切りに、第二種雇用員でつくる労組もつぎつぎと結成されていくのであった。

この第二種雇用員が労組結成へと動いた背景には、全軍労がこれまで強く訴えてきた退職金制度が一九六三年一一月に実現し、翌年七月一日から実施されたことがあった。基地労働者の誰もが望んでいたこの退職金制度が実現したことによって、組合結成の意義は誰の目にも明らかになり、第二種雇用員の職場などでも組合結成の気運が急速に高まっていったのである。マリン支部の結成（六五年一〇月）等に加えて、この第二種雇用員の組織化が進んでいったことが、一九六五年以降に全軍労の組合員数が急速に伸びていった、その原動力となったのである。

こうして組織を拡大させていった全軍労にとって、そもそも自己の存立基盤となる米軍基地を真っ向から否定することなど、到底できるものではなかった。全軍労問題と「基地撤去」問題に直面した復帰協は、ここで深刻なジレンマに陥ることになる。復帰協執行部としては、「運動をよりはばひろくするため」には沖縄最大の組織力を誇る全軍労の支持を得なければならなかったが、しかしその全軍労の支持を得るためには、「基地撤去」に対して慎重にならざるをえなかった。しかしそうすると、今後は逆に基地を容認する沖縄民主党の「復帰論」との違いを明確にすることが困難となり、しかも復帰協内部で「基地撤去」を叫ぶ勢力を納得させることも難しかったのである。復帰協が「基地撤去」論争に約三年もの長い年月を費やした最大の理由は、まさにここにあったのである。

一九六六年八月、全軍労は復帰協に正式加盟し、復帰協の組織力は強化される。復帰運動をより幅の広いものにすることをめざしていた復帰協執行部が、この全軍労の加盟を喜んだことはいうまでもない。復帰協加盟を決めた全軍労第六回定期大会に来賓として招かれた喜屋武真栄復帰協会長が、「全軍労を（復帰協に）迎えることが出来れば百万の味方を得たことになる」とのべていることは、この執行部の喜びと期待をよく表わすものであった[57]。

一方、復帰協に加盟した全軍労は、そこに至るまでの間、基地労働者の組合というその性格からして、他の労組や民間団体にはない苦労があった。上原康助を初代委員長として結成された全軍労は、そもそも国際自由労連（一九四九年一一月に創設された反共・資本主義諸国の労働組合から成る国際組織）の支援のもと、米軍基地内で結成された労組であり、なおかつ布令一一六号によってストライキ権などが禁止されていたこともあり、官公労や全逓労など他の労組と比べてかなり穏健な性格を有していた。

全軍労の前身となる全軍労連がその結成から一年後の第一回定期大会（一九六二年）で、「祖国復帰を促進しよう」というスローガンを掲げたところ、来賓として招かれていた現地米軍の人事部長がこれに「激怒」し、それを降ろすよう要求したことは、当時基地労働者が復帰運動を行なうのがいかに困難な状況にあったのかをよく示している。(58)全軍労はその後復帰協加盟までの約五年間、「復帰運動は必要ではあるが、徐々に取り組んでいく」というスタンスのもと、ボーナスの獲得、退職金制度の実現、そして給与の改善など、主に基地労働者の労働条件の改善に取り組むことになる。(59)

このように穏健な態度をとり続けてきた全軍労が、みずからの運動路線の「質的転換」を図ったのは、復帰協加盟を決めた一九六六年の第六回定期大会である。この定期大会で初めて全軍労は、「布令一一六号の撤廃」という激しいスローガンを掲げるとともに、「政治色の強い各種大衆行動にも積極的に参加していく」方針を打ち出したのである。(60)このように全軍労が運動路線の「質的転換」を図ったのには、いくつかの理由がある。全軍労委員長の上原康助によれば、「①組織化がどんどん拡大し、賃金や労働条件がある程度改善されると運動に中だるみが生ずる。これを除去し、組合員の意識を鼓舞する必要があった。②布令一一六号の撤廃、スト権奪還を本気でやっていくには、これまでの運動姿勢からの脱皮が迫られていた。③労働運動は経済闘争だけに限られるものでないことを、組合員全体が理解せざるをえない組織内外の厳しい社会・労働情勢になりつつあった。④やがてくるであろう首切り合理化闘争への心構えとそれに対応していける闘争態勢の強化が必要であった」、というのである。(61)

こうした理由に基づいて上原ら全軍労執行部は、復帰協加盟を第六回定期大会にかけ、これを満場一致で採択する。復帰協加盟を提案するにあたって全軍労執行部は、その意気込みを、次のように組合員に説明している。「今年度は基地労働者の前途に立ちはだかっているあらゆる困難を克服打開して、復帰運動の底辺を拡大し、かつ復帰運動に対して基地労働者の意見を反映させて強力な民族運動へと発展強化していく意味から、沖縄県祖国復帰協議会へ正式に加盟することを提案したい[62]」。このように全軍労が万難を排して復帰協に加盟したことによって、復帰協の運動はいよいよ幅の広いものになっていく。しかし同時に、この全軍労が加盟したことによって、復帰協は「基地」をめぐる問題でますますジレンマに立たされていくのであった。

⑵全軍労の影響力

さて、復帰協に正式加盟した全軍労は、その当時米軍基地に対してどのようなスタンスに立っていたのであろうか。当時全軍労で書記長を務めた友寄信助は、こう述懐している。「復帰協に加盟する前から基地の問題は議論があった。なかにはいつまでも基地にだけ依存していてはいけないいんじゃないか、やはり将来は基地をなくして、……基地にかわる職場というものを開拓していくべきではないか、という声も大会では出はじめていた。しかし大勢としては、みんな（この基地の問題を）整理できなかった。基地で働いていて基地を撤去しなさいというこの矛盾をどうするのか、もちろん、将来基地はなくなったほうがいいんだが、じゃあ基地がなくなったら俺たちの職場はどうするんだ、という組合員の不安が依然として根強くあった」。「まだ未組織の職場があって徐々に徐々に（全軍労に）加盟してくる組合があったわけですから、（中略）基地撤去なんていうとみんな尻込みをする雰囲気がまだありました。だから（執行部としては）全体的な状況をみながらそういう問題についてもう少し整理していこうということでした[63]」。

つまり、復帰協に加盟する前から全軍労のなかでは基地からの脱却を求める声が出はじめていたが、友寄ら執行部としては、基地労働者が基地撤去を求めるこの「矛盾」をうまく整理することはできなかった、というのである。また、徐々に全軍労への組合加盟が増えてきている状況下であえて問題のある「基地撤去」方針を持ちだし、組合加盟の流れを後退させてしまうことも、友寄らとしては懸念していたのである。

このように「全体的な状況」をみながら基地問題に対処していくというスタンスをとった全軍労は、一九六七年の復帰協定期総会において、復帰協が明確に「基地撤去」方針を打ち出すのを抑える行動に出る。三月二八日に開催さ

1967 年 3 月 28 日,「基地撤去」論争が行なわれた復帰協の第 12 回定期総会。[提供:沖縄タイムス社]

れた第一二回定期総会で復帰協執行部は、昨年の「原水爆基地撤去」方針に代えて「原水爆基地撤去、軍事基地反対」方針を提起することになる。前年の定期総会で県労協加盟労組から批判を受けた「基地撤去」方針を出すのを控えながらも、「基地反対」という方針を提案したのである(64)。この「基地反対」方針について復帰協会長の喜屋武真栄は、のちに南方連絡事務所の高杉幹二所長に対し、次のように説明している。

「復帰協の中には基地は全面撤廃というグループもあるが、復帰協全体としては核基地の撤去、本土にもあるようないわゆる一般基地については基地反対という表現をしている。この『反対』という言葉の意味は、基地から派生する問題例えば沖縄の基地がベトナムに直結していること、外人事件犯罪が増えていることなどが問題であり、それで反対という表現で云っている。一般の本土にある姿の基地でその使用も本土と同様であれば直ちに反対だとは云わない(65)」。

「基地反対」の意味をこのように捉え、「本土並み」基地であれば反対しないという態度をとった復帰協執行部に対して、琉大学生会の代議員は、「復帰協が軍事基地撤去を運動の基本目標とせず、ただ反対することにとどまるのは運動の姿勢の弱さにほかならずもっときびしく姿勢を打ち出すべき」だ、と主張し、これに強く反発することになる。また、琉球新報労組の代議員が「基地撤去」方針に変えるべきだとの動議を出すや、他の代議員からも、「現時点での祖国復帰運動は階級的な闘いになりつつあり、復帰協としてはもっと強い方針を打ち出してもよいのではないか」という意見が飛び交うことになる[66]。

執行部提案に対する強い批判がこうして出されるなか、復帰協の中心団体である沖縄教職員会や県労協加盟労組の代議員は、「現時点では侵略とか米帝、あるいは基地撤去という強い表現を用いると、どうしても抵抗を感じる組織があり、個人もある。また、復帰運動を階級的闘争にもっていけとの意見であるが、運動の底辺を広げるにはどうしても県民的な運動でなければならない。それで皆が参加できるように復帰運動路線は引き下げて運動を高める必要がある。路線を下げたからといって必ずしも運動の後退にはならない。更に復帰と基地撤去は不離一体だと主張しているが、なるほど理想ではある。しかし、沖縄基地の撤去の実現は見とおしがない。それでは基地撤去が実現するまでは復帰を待たなければならないのでかえって復帰を遅らせることになる」とのべて、これに真っ向から反対するのであった。さらに、加盟間もない全軍労の上原康助代議員も、「私達基地で働いている多くの労働者も今度からようやく復帰協の下に結集してきた段階で、いま基地撤去を明確に打ち出すことは今後の運動の進め方に疑問を残す」とのべ、執行部提案を支持することになる。結局のところ、大半の代議員らが執行部提案を支持することになり、一九六七年度運動方針は「原水爆基地撤去、軍事基地反対」という線で落ち着くことになる。

以上、「軍事基地」の「撤去」かそれとも「容認」かという、まさに復帰政策の根本にかかわる重要問題について、復帰協が一九六五年から一九六七年にかけていかなる態度をとったのかをみてきた。これまでの記述から分かるように、復帰協にとって「軍事基地」をあからさまに「容認」することは、到底できるものではなかった。なぜなら、第一に、ヴェトナム戦争の激化にともない物心両面にわたる基地被害が増大していたこと、第二に、沖縄と本土の保守勢力が基地の存在を容認する返還論を打ち出していたこと、そして第三に、琉大学生会や琉球新報労組などが「基地撤去」方針を求めていたこと、などの理由からである。

しかし一方で、「軍事基地」のあからさまな「撤去」を主張することも、基地をみずからの存立基盤としている沖縄最大の労組全軍労を抱える復帰協にとっては、到底できるものではなかった。当時、復帰協で事務局長の要職にあった仲宗根悟は、筆者とのインタビューのなかで、この「基地撤去」問題で全軍労に「配慮」したことを認めている。[67] また全軍労は全軍労なりに、盛り上がりをみせていた復帰運動を壊してはいけないという「配慮」があった。全軍労元書記長の友寄信助は、当時の状況を振り返って次のようにのべている。「まず自分らの組織の強化。やっぱり団結が大事ですからね。その（基地撤去）方針を打ち出すことによって組織がガタガタしたり、脱落者が出るようなことがあれば、本当に組織が弱体化するわけですよ。そうするとむしろ復帰運動などに全部影響を与えますからね。もし全軍労の組織内で復帰協の運動方針をめぐって、（つまり）基地撤去方針をめぐって全軍労の復帰協への運動が消極的になったりしたら、かえって（復帰運動にとって）マイナスにもなりますからね」[68]。全軍労内部で整理のできなかった「基地撤去」方針を復帰協が打ち出してしまうと、その復帰協の推し進める復帰運動に基地労働者が参加することを躊躇してしまい、復帰運動にブレーキをかけてしまう、というのが友寄ら全軍労側の言い分であった。

かくして、基地に対してまったく見解を異にする諸団体を内に抱える復帰協執行部としては、基地の「撤去」でも「容認」でもない、いわゆる「反対」という表現を用いることで、この問題を糊塗するのであった。また、団結の維持と復帰実現を最優先に考えた復帰協加盟団体の多くも、この曖昧な「基地反対」方針を受け入れることになる。

以上、ここまでは復帰協内部で展開された「基地撤去」論争についてみてきたが、続いて、一九六七年に下田武三駐米大使が提起した、いわゆる「核つき返還」論に対する沖縄側の反応についてみていくことにする。

四　「核つき返還」論の波紋

(1) 社大党幹部の反応

駐米日本大使としてワシントンに赴任する下田武三がみずからの沖縄返還構想を明らかにしたのは、復帰協第一二回定期大会からわずか三カ月後の一九六七年六月である。同月二日、上京中の山川泰邦立法院議長や安里積千代社大党委員長らと会談した下田は、「沖縄が核基地もやむを得ないからそれをふくめて早く(施政権を)返還してほしいと一致して要望すれば」、本土世論の一部にある「核持ち込み反対論」は「押えることができる」として、沖縄側がみずから「復帰の青写真」をつくるよう要請する。[69] また下田は、ワシントンに赴任する前に開かれた同月一五日の記者会見でも、「核基地があるまま返還されても意味がないという人もいるが、沖縄に住んでいる人にとっては、いつまでも外国の施政権下におかれることは耐えがたいことだろう。そこでもし沖縄の人がそういう要求を出せば、本土でも反対できないはずだ。沖縄の意思がはっきりすれば、対米折衝はしやすくなる。キャスチングボートは沖縄の同胞が握っている」とのべて、再度みずからの考えを披瀝している。[70] 沖縄の施政権返還後の米軍基地のありかたについて、このように率直に問題を提起した下田の構想は、一般に「核つき返還」論といわれ、沖縄内外で大きな反響を呼ぶことになる。

この下田の構想を受けて沖縄民主党幹事長の桑江朝幸は、ただちにコメントを発表し、「下田構想は核付き返還でも復帰したいとする民主党の方針と完全に一致し、歓迎する」、とのべることになる。[71] 一方、野党第一党の社大党委員長安里積千代は、この桑江発言を「軽率」であると非難するとともに、「〝核付き返還〟という下田発言は、一外交官の発言であって日本政府の責任ある考えではない」とのべて、この構想を拒否している。[72]

しかし、このようにコメントした安里であるが、実は裏面においては、桑江同様に、「核つき返還」論を容認する態度を示していた。南方連絡事務所の高杉幹二所長が本土から帰任したばかりの安里を六月一三日に訪ね、下田構想についての個人的な見解を聴取したところ、安里は次のようにのべている。「(あなたがた政府与党の)肚が出来てないのに、沖縄にむかって全島の意思統一をして復帰の青写真をまず沖縄で作って本土政府に持って来るべきであるとの態度は面白くない」。このようにのべた安里は、その一方で、「核つき返還」論についてこうのべている。「核持込みを許さなければどうしても施政権を返さないと云うならばそれでも止むを得ない」[73]。

このように日本政府の態度に不満をのべつつも「核つき返還」論について容認する態度を示した安里であるが、この態度は安里一人にとどまらず、同党幹事長の平良幸市にしても同じであった。六月二〇日、南方連絡事務所の柳井洋蔵事務官と会談した平良は、「(核持ち込みも止むをえないということは)政治の衝に当たる者としては……公式には云えない立場にある」とのべつつも、議論が進むなかで次のようにのべている。「下田大使の発言は沖縄としては辛うじて容認しうる返還条件である」[74]。

安里と平良はともに沖縄の日本復帰を最優先に考え、核つきでなければ復帰ができないのであればこれも止むをえない、という態度を示したわけであるが、二人ともこの「核つき返還」論の線で初めから対米交渉を行なうことについては、反対であった。安里は高杉に対し、対米交渉をはじめる際には日本政府として「一〇〇%の要求」を行なうべきだ、と主張し、一方の平良は柳井に対し、「これ(「核つき返還」論)をアメリカ側の意図も考慮せずに公言して、もし、この条件で日米交渉が開始された場合アメリカ側から、さらにきつい条件を申入れられたときには、沖縄としてはどうしようもない」と伝えるのであった。

このように下田構想についての意見を聴取した高杉や柳井は、さらに沖縄において浮上してきた「基地撤去」論についても、両人に意見を訊ねている。この問いに対して安里は、「基地撤廃は、社会党が云っているが、非現実的であるので我々はとらない。自分は復帰協の指導者にはこのことを日頃よりよく云っている」と高杉に説明し、一方の平良は、より具体的にこう柳井にのべている。「われわれは現在、基地撤去ということは前面に打ち出してはいない。昨年の党大会(注：昭四一・一・一四 社大党中央執行委員会)で、はっきりと基地撤去を政策として打ち出すべきだという意見の提出があったが、私は執行部代表としてこれに反対した。つまり、スローガンとしてならばよいが、政策として出すにはこれに相伴う具体的計画がなければ、現実の問題として果して可能かと反対した。その結果、

『撤廃』ではなく『反対』という表現で調整しとどまったのである」（括弧は原文のまま）。

実際、平良のいうように、第二〇回党大会（六六年一二月）に向けて開かれた拡大中央委員会では、若手の仲本安一らから、「執行部案には〝原水爆を撤去させ原潜寄港に反対する〟となっているが、原水爆基地と限定しないで、基地撤去にかえるべきである」、という意見が出されている。これに対して党書記長の平良は、「基地反対と基地撤去とは大きな相違がある。基地撤去を明確にうち出すなら、それをうらづける政策がなければならないのでもっと検討する必要がある」と答えるのであった[75]。

基地の全面撤去の主張を非現実的なものとみなし、「撤去」ではなく「反対」という表現にとどめたことを柳井に説明した平良は、さらに、かつて沖縄を訪問した日本社会党議員（吉田法晴）とのあいだでもこの問題について「夜中まで論争した」ことを打ち明けている。平良はいう。「彼（吉田氏）は『君達は何故基地撤廃を叫ばないのか、施政権返還よりは基地撤廃が先ではないか』と云うので、私は『沖縄は戦後施政権が本土から切り離された。基地は存在しているが、本土にも基地はあるのではないか。われわれはまず本土と同じ条件になるためには異民族の支配を皆の力で取り除いていくことが先決である。そのあと、基地の問題は日本国民全体の問題として解決していくべきであると思っている。何故貴方（吉田氏）は基地、基地と云うのか。』と反論した」（括弧は原文のまま）。

⑵復帰運動指導者の反応

このように「核つき返還」論や「基地撤去」論について野党第一党の社大党幹部から意見を聴取した高杉らは、さらに復帰運動の指導者である沖縄教職員会会長の屋良朝苗（のちの行政主席）と、復帰協会長の喜屋武真栄からも意見を聴取している。七月八日に両人と会談した高杉は、「沖縄現地側では基地の全面撤廃と唱えて騒いでいる場合、われわれ外交の衝に当る者が各種の場合を考慮し、例えば基地の自由使用を認めた上での施政権の返還といった線で対米交渉をしても沖縄側では基地全廃全面返還を望むと云っているではないかと米側から指摘されるおそれがある。

その辺のところをもう少し考えてよいのではないか」と問いかけている。[76]これに対して屋良は、「たしかにおっしゃるとおりである。外交をおやりになる方々はいろいろと情勢を分析してこういった場合にはどうするかということを相当つめてあらゆる研究をしておられるであろうから、その点は有難いことと思う」と返答したうえで、こうのべている。「しかし、私達現地で大衆運動している者が全面返還の旗印はおろせない。この旗印をかかげても、外交折衝で具体的に『この線でどうか』と示していただければ、若しその線が現状より一歩前進であればその段階で真剣に検討し復帰協をまとめることもできるし、その様な弾力性、柔軟性はもっているつもりである」。

屋良はこうのべながらも、一方で、「(しかし)下田発言はずるいと思っている。沖縄側からものを言ってくれと云われても、云い出せない立場がある。前にも云った様に一たん上げたスローガンを何の動機もなく指導者として修正しえない訳である」とのべて、安里同様に下田の態度を批判している。これに対して高杉は、一九五二年に沖縄が日本から分離された際、日本側は沖縄側のいい分を聞くことができなかったので、今回はそれを積極的に聞くようにしている、と説明したうえで、こう問いかけている。「野党的な皆様方の本心は大衆運動指導者として一たん上げたスローガンを何の動機もないのに修正できないから本土側で何か具体的に示してくれればそれに反応して従来の方針を修正するなり何なりやりやすいということなのか」。

これに対して屋良は、率直にこう答えている。「そのとおりである。私どもも子供のようにすねてばかりおれない。復帰をまず考える必要もある。したがって、かくかくの条件でならば対米交渉をはじめて施政権返還ができるという見透であれば、その段階では全面復帰の旗印は降ろさないが(全面返還は最終の目標であり施政権だけの返還は全面返還への布石であると云う説明をするつもりであると付言した)、一応それを受ける気持ちはある。そのためには、本土側で具体的な検討材料を示してくれればその時点で私どもは検討を進めることができる」(括弧は原文のまま)。また復帰協会長の喜屋武真栄も、これとは別の機会(六月二八日)に柳井事務官と会談した際、屋良と同様な見解をのべている。「われわれとしても文句だけ云ってもはじまらないし、また放っておかれても困る。復帰協内部では一部基地撤廃を強硬に唱え、労働運動とか階級斗争の立場から復帰運動をとらえていくグループもあり、こういうグループからは時折意見としてつき上げがあるので、復帰協内部を割れさせずにまとめていくためには非常に苦労が伴う。したがって、現地意見を先にといわれると困難が伴う。本土側で意見の統一をはかりたいから現地の資料を提出しないというのであれば、やりやすくなる」(77)。

一九五六年の島ぐるみ土地闘争のころ、安里積千代や吉元栄真、そして与儀達敏などの有力政治指導者たちが、沖縄の政治状況からみてみずからが妥協案を提示することは困難であるとし、日本政府にそれを求めたことは、第四章でのべたとおりである。これとまさに同じようなことを、教職員会会長の屋良と復帰協会長の喜屋武も日本側に求めていたのである。

(3) 平良辰雄の反応

このように下田構想の反応を確かめるべく、南方連絡事務所の高杉らは安里や屋良といった野党第一党や大衆運動の指導者らと水面下で会い、彼らの意見を聴取したのであるが、それと同時に高杉は、復帰問題研究会の会長になったばかりの平良辰雄を訪ね、彼の意見も聴取している。平良辰雄は、第二章でのべたように、サンフランシスコ講和会議を目前に控えた一九五〇年に沖縄群島政府知事となり、復帰署名運動を中心となって推し進めた人物であり、また社大党初代委員長を務めた人物でもある。この平良が七月一〇日に発足した各界の有力者でつくる復帰問題研究会の会長に選任されて、復帰に関する諸問題を研究したり、あるいは世論調査を実施する責任者となっていたのである(78)。この平良を七月一三日に訪ねた高杉は、率直にこうのべている。「革新系は基地撤廃を本土復帰の条件として主張しているが、(中略)住民の大多数は、基地は多少性格が変るかも知れないが、基地が存続したままで施政権が返還されればそれでよいと考えているであろう」(79)。これに対して平良は、「そのとおりである。ただ、問題は核の存在ということである。今迄沖縄の人々は一般に沖縄が核基地であるか否かについて余り関心がなかった。私などもそのたぐいであったが最近になって初めてこの点に問題意識を持つようになった」(80)。

この平良の発言を受けて高杉は、下田大使の構想を「核つき返還」論として強調したのは沖縄側であって、大使は基地の自由使用を容認する必要があるとのべたまでであり、沖縄の記者から「核兵器の持ち込みもそうか」と質問されたので、「そうだ」と答えたまでであると弁明し、「核つき返還」という表現自体を変える必要がある、と訴えるのであった。これに対して平良も、「おっしゃるとおりもっと表現の仕方があるのではないかと思う」とのべ、これに同意している。

核配備を問題にしながらも、基本的には基地の存続を容認する態度を示した平良辰雄は、さらに高杉に対し、次のようにのべている。「社大の指導者層の人達には、この際基地があってもよいというグループがあれば、復帰問題は社会党、人民党とその線ではっきり手を切りなさいと云っている。立法院の議員(社大)にも基地の問題を復帰問題にからませて決議してはいけないということを云っている」。「復帰問題が何時の間にか核と憲法問題に焦点を移されて、それが更にイデオロギーの論争となり沖縄だけが取り残されるようなことがあることを自分(平良)は憂慮している」。「社会党にはできもしない基地撤廃を金科玉条にして施政権返還をことさらに遅らせていると云ってやりたい」(括弧は原文のまま)。

こうした率直な意見を聞いた高杉は、さらに平良に対し、「大衆運動の指導者なり、野党(社大党)政治家は基地撤廃、全面返還のスローガンとか旗をいったん揚げてしまうとなかなか降せないと云っている反面、本土側から何か具体的にものをいってくれればその段階で弾力的柔軟的に考えると云っているがそうなのか」(括弧は原文のまま)と質問したところ、平良はこれに対し、「皆そうですよ。いつでも自分の立場が悪くならないように大衆の場ではものを云うが、個人的には大部違う《ママ》。(中略)その点では、下田さんは勇気があり、たいした政治家だと思っている。本当をいうと、立法院はこうこうしてこうしかできないと本土側から云われれば、大体は本土側が示してくれる案に賛成し、そんなにむずかしくなくまとまる」、と答えたのである(81)。

下田構想に対してこのように率直な意見をのべた野党・復帰運動の指導者らの共通したスタンスは、まず第一に、「基地撤去」論は非現実的なものであるとして否定したこと、第二に、日本復帰が実現できるのであれば基地のありかたについては柔軟に対処する用意があること、しかし第三に、これをみずからがのべるのは沖縄の政治状況からみて困難なので、基地のありかたを含めた返還構想については、日本政府がまず成案を作成し、これを沖縄側に提示すべき、というものであった。こうした革新勢力のリーダーたちの見解をみると、「核付きの返還でもいいから復帰したい」と表明した保守沖縄民主党の見解とのあいだに、どれほど大きな相違があったのかは疑問である。この時期沖縄の有力政治指導者たちは、保革を問わず、日本復帰を最優先に考え、基地のありかたについては柔軟に対処するという姿勢をとっていたのである。

第7章　「基地反対」から「基地撤去」へ

一　主席選挙と基地論議

(1)復帰運動の高揚

一九六七年三月に開かれた復帰協第一二回定期総会で「基地撤去」論争が繰り広げられたことについては、前章でのべたとおりである。そして翌一九六八年四月一四日に開催された第一三回定期総会においても、やはり最大の争点となったのは、「基地撤去」問題であった。復帰協執行部が前年と同じく「原水爆基地撤去、軍事基地反対」方針を提起したのに対し、琉大学生会、琉球新報労組、そして社会党代議員などは、前年に引き続き「基地撤去」を明確に打ち出すべきだと強く要求したのである。(1)

しかし、これに対して全軍労代議員は、「基地撤去か反対か。復帰協の持つ性格（を考えた場合）実際の運動は観念論では発展しないと思う。（中略）平和斗争の観点からみれば基地撤去だが、復帰協の場に結集した力をさらに拡大すべきだと思う」とのべて、基地撤去方針を打ち出すことに難色を示す。さらに別の全軍労代議員は、「基地撤去に伴って派生するすべての問題に対処しなければならない。離職者対策、基地経済脱皮にともなう業者の保護（などがそれである）。現時点では全軍労としては基地内で（基地撤去闘争を）くむことはできない」とのべて、同じく

「基地撤去」方針に反対の意思を示すのであった。[2] つまり、「戦争に反対するという意味で基地に反対するが、現実に五万組合員（二万四〇〇人の誤り）が基地労働によって生活を支え、また基地依存の沖縄の経済を考えても基地撤去の戦いは組めない。そのまえに米軍基地離職者対策臨時措置法の立法などを推進すべきだ」というのが、全軍労の言い分であった。[3]

これに対して官公労の代議員は、「軍事基地撤去を強引に入れた場合、運動論として不団結になるおそれ（がある）」とのべて、執行部提案を支持することになる。[4] さらに他の代議員たちも、「個々の組合の運動方針としては、基地撤去を打ち出しているが、復帰協の場として考えた場合、基地反対の線で全体の足並みをそろえたい」とのべて、「基地反対」方針を支持するのであった。[5] かくして、この一九六八年度運動方針に関しても、結局のところ、昨年同様に「原水爆基地撤去、軍事基地反対」という方針が採用されることになる。

このように復帰協が「基地撤去」論争を展開したその二カ月半ほど前（二月一日）、フェルディナンド・アンガー高等弁務官は来る一一月に初の行政主席選挙を実施すると発表し、世間を驚かすことになる。宮里政玄が明らかにしたように、この「主席公選」の実施にアメリカ側が踏み切った直接的な要因には、前年二月に繰り広げられた「教公二法阻止」闘争があった。[6] 復帰運動の盛り上がりを注意深く観察し、しかもこの「教公二法阻止」闘争を機に沖縄の政治情勢が極度に悪化してきたことを認めたアメリカ側が、「主席公選」で譲歩を示すことによって、情勢緩和を図ろうとしたのである。そこでまず最初に、アメリカ側に「主席公選」を踏み切らせた「教公二法阻止」闘争と、そこに至るまでの復帰運動の高揚について簡単にみておくことにする。

まず、復帰運動が盛り上がりをみせる大きなきっかけとなったのは、前章でみた一九六五年の佐藤訪沖である。復帰協は、この佐藤の沖縄訪問を前に協議を重ね、最終的には「抗議」行動をとることで意見の一致をみる。[7] 復帰協の主な「抗議」理由は、日本政府は沖縄を戦後二〇年間アメリカの「軍事的植民地支配下に放置し、原水爆基地としてたえず戦争の恐怖の中にさらしてきた」、というものであった。[8] 佐藤が訪沖したその日の晩（八月一九日）、復帰協は約五万人（琉球新報発表）を動員して「祖国復帰要求県民大会」を開催し、予定どおり佐藤への「抗議」行動を行なうが、大会終了後、そこから流れた一万人（琉球新報発表）を超える人々が首相宿舎となる東急ホテル前で「抗議」デモを展開し、結局のところ佐藤は、不測の事態を避けるために、米軍施設内の迎賓館で一夜を明かすことになる。(9)

この佐藤に対する「抗議」行動を機に復帰運動は徐々に高まりをみせはじめ、一九六七年に入るや、その高まりを一気に加速させる。たとえば、佐藤訪沖の際に開かれた祖国復帰県民大会や翌一九六六年四月二八日に開かれた祖国復帰県民大会（以下「四・二八」県民大会ともいう）には、約五万人（琉球新報発表）の人々が参加したのに対し、この一九六七年の「四・二八」県民大会には、これまでの二倍の約一〇万人（琉球新報発表）の人々が参加したのである。(10)

復帰運動がこのように急激な盛り上がりをみせるようになった背景には、少なくとも次の三つの出来事があったといえる。まず第一は、前章でみたように、日本政府が沖縄返還に向けていよいよ本格的に動き出したということと、それに呼応する形で日本国内でも沖縄返還を求める世論が急速に高まりはじめたということである。本土におけるこうした動きに連動する形で、沖縄における復帰運動もまた、急激に高揚していったわけである。第二は、前年八月に基地労働者でつくる全軍労が正式に復帰協に加盟したということである（前章）。沖縄で最大の組織力を誇る全軍労が復帰運動に本格参入したことによって、しかも基地内から復帰を叫ぶ声が本格的に上がってきたことによって、沖縄における復帰運動はいよいよその勢いを増すのであった。

最後に第三の背景として考えられるのは、一九六七年一月から二月にかけて繰り広げられた「教公二法阻止」闘争である。(11) 琉球政府から立法勧告を受けた教公二法（地方教育区公務員法と教育公務員特例法）案が立法院で実質的な審議に入ったのは、同年一月である。教職員の政治行動を規制する諸条項が組み込まれたこの二法案に対し、教職員会をはじめとする革新勢力は真っ向から反対した。一方、保守政党の沖縄民主党からすれば、教公二法案の立法化は、敵対する革新勢力のなかでも顕著な影響力をもつ教職員会の政治行動を抑えるために、是が非でも実現したいものであった。

かくして、この教公二法案の立法化をめぐる問題は、両者一歩も退くことのできない重要案件として、政治過程に浮上してくることになる。同二法案の立法かその阻止かをめぐる全面対決のクライマックスは、二月二四日の日に訪れた。沖縄民主党が同二法案の立法化を狙って本会議を開催しようとしたのに対し、これまで阻止行動を展開してきた革新勢力は、二万人あまりの阻止団を動員して本会議開催阻止の構えをとったのである。午前一〇時ごろ、早朝から小競り合いを続けてきた二万人あまりの阻止団と九〇〇人あまりの警察官とが激しく衝突し、数で優る阻止団がつぎつぎと警察官を排除していき、ついに立法院前を包囲する。そして二万人あまりの阻止団が院外を囲むなか、院内の革新議員団と沖縄教職員会の屋良朝苗らが与党沖縄民主党の議員団に同二法案の廃止を強く迫り、結局のところ午後六時過ぎ、沖縄民主党は阻止団の圧力に屈する形で「廃案協定」に調印するのであった。

この「議会制」の枠を大きく超えて展開された保革全面対決は、こうして革新勢力の勝利に終わった。教公二法案の立法化によって教職員の政治行動を抑えようとした沖縄民主党の意図は挫かれることとなり、逆に革新勢力の勢いはこれを機にますます活性化されていくのであった。教公二法案を廃案に持ち込んだこの大衆運動の強力なエネルギーは、それから二カ月後の復帰協主催「四・二八」県民大会に直結し、さらに同年一一月の佐藤・ジョンソン会談に対する復帰協の「抗議」行動へと連動していくのであった。

この佐藤・ジョンソン会談が行なわれたのは、前章でみたように、一一月一四日から一五日にかけてである。復帰協はこの首脳会談が開かれるおよそ二週間前（一一月二日）、約一〇万人（琉球新報発表）を動員して「県民総決起大会」を開催し、訪米準備中の佐藤に対し抗議行動を展開した。復帰協は、訪米する佐藤の政治的意図が「沖縄の現状固定化」にあるとして、激しく抗議したのである(12)。また、佐藤・ジョンソン会談の結果、「両三年内」に返還時期の目途をつけるとした日米共同声明が発表されるや、復帰協はすぐさま「抗議声明」を発表し、この共同声明が「沖縄基地の重要性を改めて確認」したことや、沖縄返還そのものの時期が何ら明らかにされていないことを激しく非難する。[13] そして一一月二〇日には、約七万人（主催者発表）を動員して抗議県民大会を開催し、日米両政府の姿勢を厳しく「糾弾」するのであった。[14]

翌一九六八年に入ってもこの復帰協の主導する復帰運動の盛り上がりは、とどまるところを知らなかった。同年四月二八日に開催された「四・二八」県民大会では、これまで最高の約一六万（主催者発表）の人々が参加し、沖縄の祖国復帰を力強く叫ぶことになる。[15] この県民大会のおよそ二週間前、前述したアンガー高等弁務官が「主席公選」実施を発表したことによって、復帰運動の強力なエネルギーは、その後すべて一一月の「主席公選」へと流れ込んでいくのである。

(2) 「イモ・ハダシ」論と「基地反対」論

▼屋良朝苗と西銘順治の基地論

革新勢力が候補者に推したのは、沖縄教職員会を長年にわたり率いてきた屋良朝苗であった。屋良は、同会の会長に就任する前、沖縄群島政府文教部長や沖縄諸島祖国復帰期成会会長などを歴任し、さらに復帰協結成の際には、会長にも推されたことのある、まさに革新勢力にとっては「切り札」ともいえる存在であった。屋良は初め、同選挙への出馬を渋ったが、四月三日、革新勢力の強い要請を受けて、ついに出馬を決意する。一方、沖縄自由民主党（沖縄民主党が一九六七年一二月に党名を変更。以下、沖縄自民党という）が候補者に推したのは、屋良の教え子であり、当時那覇市長の職にあった西銘順治である。こちらも保守勢力のホープであり、まさに選挙戦は保革激突の様相を呈した。

この選挙戦でとくに注目したいのは、両候補者の基地に対するスタンスである。西銘が、「基地の本土並み」方針を掲げ、いわゆる「イモ・ハダシ」論を展開したのに対し、一方の屋良は、「基地反対」方針を掲げてこの選挙戦に臨んだのである。まず西銘についてだが、彼は主席選挙に先がけて行なわれた嘉手納村長選挙（同年八月）における

応援演説で、次のように「イモ・ハダシ」論を説いている。(16)

戦前の沖縄の生活は悲惨なものであった。見るべき産業もなく、台湾や南方に出かせぎに行き、その送金でかろうじて経済がなりたっていた状態で、食う物もイモとスルルーグヮー（きびなご）だけ。それほどみじめな生活をし本土の人たちにもバカにされていた。ところが、いまはどうだろう。（中略）生活が向上したのは基地収入のおかげである。基地がすぐなくなると、県民の六〇％は路頭に迷い、再び戦前のようにイモを食い、ハダシで歩く生活に逆もどりする。

このように「基地収入のおかげ」で沖縄住民の「生活が向上」したと訴える西銘だが、その一方で彼は、この状態を決して好ましいものとは考えていなかった。西銘は同年一〇月に開かれた主席選挙の演説会で、基地依存の現状を説明したうえで、次のように訴えている。(17)

しかしながら、いつまでも基地依存の経済を持続するわけにはいかないのであります。そこで本土経済との密接不離な関係を確立することが必要になってくるのであります。すなわち、沖縄経済の将来の発展の方途および本土経済の一環としての沖縄経済の役割り、これらを達成するために本土からの必要な経済援助のあり方などに関してその基本的方向を確定し、具体的施策を樹立することが必要であります。

「本土経済との密接不離な関係を確立」し、将来的にはこの「基地依存の経済」から脱却すべきと説く西銘に対し、屋良は次のように応戦している。(18)

沖縄の現状は、アメリカの巨大な軍事基地がおかれ、ベトナム戦争の足場とされています。B五二は嘉手納飛行場から直接ベトナム爆撃にとびたっており、原子力潜水艦は自由に出入りし、コバルト六〇の検出にみられるように、放射能をまきちらしています。だから沖縄はいま、戦争と深いかかわり合いをもつ位置におかれているわけです。（中略）私は戦争につながる一切のことに反対します。そして現実に核基地とされていることからくる不安をとり除き、ベトナム戦争と基地の自由使用に反対し、平和なゆたかな生活を築くために県民とともにはたらきます。

このように「基地反対」を訴えた屋良であったが、実はこの方針を決める前、みずからの選挙母体である革新共闘会議が「基地撤去」の方針を準備していたところ、屋良本人がそれを「反対」に変えるよう提案していた。屋良はその理由について、次のようにのべている。「（「基地撤去」は）基本的な理念ではあるけれども、あまりに現実から遊離すると、相手につけ入れられるおそれがある」[19]。また、屋良の応援演説に立った安里積千代社大党委員長も、次のようにのべて両者の違いを説明している。「われわれは基地撤去というものを考えていない。しかし、基地を撤去すべきことをるのだ。基地撤去は目標であり、屋良さんも基地撤去は最初からかかげていない。基地反対をかかげてい目標にする以上、基地反対を強く表明するのは当然である」[20]。

そのほかにも屋良は、「即時無条件全面返還」という方針を掲げるが、この方針について屋良のブレーンである宮里松正は、一二月一一日、外務省の大河原良雄北米局外務参事官に対し、次のようにのべている[21]。

屋良政権は、即時、無条件、全面返還を唱えているが、これは、沖縄住民にとって、当然の要求を述べたまでのことである。即ち、自分達の真意に関係なく嫌応なしに米国の施政権下におかれ、基地に囲まれて暮している沖縄住民にとり、返還の時期を問はれれば『即時』と答え、条件を問はれれば『無条件』と云い、部分返還か全面返還かと問はれれば『全面返還』を望むのは当然であろう。しかし、このことは、返還即基地撤廃を主張しているることでは絶対にない。自分達も沖縄のおかれて居る現状は十分承知して居る。問題は本土政府の態度であり、どういう条件で返還を実現するかは、沖縄住民の最も望んでいる形を米側にぶつけて、米側の反応をみて、最後のギリギリの線というところであらためて考えれば良いことであり、はじめから沖縄住民にどの程度の譲歩が出来るかを問うこと自体、沖縄を馬鹿にした態度としかいえない。

屋良の主張が「返還即基地撤廃」でないことをはっきりと説明した宮里は、さらに次のようにのべて、「基地の本土並み」方針について賛意を表わしている。宮里はいう。「施政権返還後に残される基地が本土のものと異なれば、施政権返還後も住民ぐるみの基地闘争は残ろうが、『本土並み』ということになれば、日本全体としてのイデオロギー的基地闘争はなくなろう。イデオロギー的基地闘争は、沖縄住民には浸透しえない」。

以上のような態度をとった両候補者であったが、そのほかにも西銘は、「本土との一体化施策の強力な推進」、「一九七〇年までの復帰の目途づけ」などを掲げ、一方の屋良は、この「即時無条件全面返還」を前面に掲げて選挙戦に臨むことになる。こうして両者相激突するなかで行なわれた主席選挙（一一月一〇日）は、結局のところ、屋良朝苗が西銘に三万票あまりの差をつけて勝利するのであった[22]。

▼日本政府沖縄事務所の分析

この選挙結果を受けて日本政府沖縄事務所（日本政府南方連絡事務所の後身組織。一九六八年五月に設置）は、屋良の勝因や今後の対応策について詳しく検討している。その検討結果をまとめたものが、四〇ページにおよぶ「一一月選挙後の沖縄政策」なる文書である[23]。同文書は、屋良の勝利についてこう分析している。「さまざまの要因を押さえて、屋良政権を誕生させたものは、（中略）二三年にわたる異民族支配への拒絶反応、言葉をかえていえば、祖国復帰の熱願であり、祖国復帰に取り組む政治姿勢のいかんであったということができる」。屋良は、対日平和条約の発効後一貫して沖縄の祖国復帰運動の中心的存在であったが、沖縄事務所はこの復帰運動のカリスマ的存在であった屋良が当選するのは「自然の成行き」であった、というのである。

このように分析した沖縄事務所は、さらに今回の選挙について、次のような興味深い分析を行なっている。すなわち、異民族統治下の沖縄で権力を握っているのはアメリカであり、その意味で現地住民はすべて「野党」的存在とい え、そのなかでアメリカへの「『抵抗』の先頭を歩んで来た屋良朝苗氏が『与党』から立候補できなかったのは当然」であり、その「『非与党』、すなわち野党候補者であるというただそれだけの理由でもって、本土の社会党、民社党、共産党が支援することとなったのは、今回の選挙の有する大きな矛盾」である、というのである。また、逆に、「復帰反対分子」も一部含まれる沖縄自民党を本土自民党が全面的に支援したことも、現地住民から「強い反発」を招いた原因であった、と分析している。そして同事務所は、「このようにみてくると、屋良朝苗氏の主席当選はけっして本土革新政党の沖縄政策が支援されたことを意味するものでもなく、また、その基地、安保政策が支持されたことを意味するものでない」とのべたうえで、こう指摘している。「本土革新政党が、その基地、安保政策を一方的に沖縄県民や屋良政権に押しつけることが誤りであると同じく、本土自由民主党が屋良政権を『敵視』することが誤りである──それは沖縄県民の異民族支配を拒否して祖国へ復帰しようとするのを、その『祖国』が敵視することを意味するから」である。

さらに沖縄事務所は、今後の屋良政権とのかかわり方について次のようにのべている。すなわち、屋良政権の失脚を狙うべきだとの意見もあるが、それは「きわめて危険」な考えであり、なぜならそれは、第一に、屋良をたとえ失脚させたとしても、県民世論が沖縄自民党を支持する可能性は「きわめて少ない」こと、第二に、もし沖縄自民党が党利党略から屋良を失脚させた場合、あるいは日本政府や本土の自民党が屋良を「保守主席と異なる取扱い」をして失脚させた場合、「県民全体の野党化、少なくとも県民の一層多くの部分を革新陣営へ追いやる結果を招」いてしまうこと、そして第三に、屋良失脚にともなう革新勢力の挫折感が、彼らをしてより一層基地に対する「直接行動」を

「増加」させてしまう可能性があること、以上の理由からである。

よって屋良政権との今後のかかわり方について、沖縄事務所は、「米施政権の返還にプラスとなるか、少なくともマイナスとならない屋良主席の政策については、本土政府、与党が支援してメリットをあげさせ、その代償として米施政権の返還にマイナスとなる屋良主席の政策を抑止又は放擲させる方策」をとるのが良い、と進言するのであった。この施政権返還を遅らせる屋良政権のマイナス要因として、同文書は、「基地撤去、安保解消を要求する人民、社会両党と本土共産、社会の両党が（屋良の）支援団体となっている」ことを挙げている。実際、政府自民党は、後述するように、B－五二の撤去問題や基地労働者の解雇問題等で屋良を積極的に支援し、逆に屋良の「反基地」「反安保」の姿勢に対してはこれを牽制するのであった。

以上、ここまでは復帰運動の高揚と主席選挙についてみてきたが、つぎに、屋良の主席就任直後に発生したB－五二戦略爆撃機の墜落事故に対する沖縄側の反応についてみていくことにする。

二　「二・四ゼネスト」の挫折から基地撤去闘争へ

(1)「二・四ゼネスト」

▼B－五二墜落事故の衝撃

屋良革新主席の誕生からわずか九日後の一九六八年一一月一九日、嘉手納基地を飛び立とうとしたB－五二戦略爆撃機が離陸に失敗、墜落爆発するという大事故が起こる。同事故は、それが嘉手納基地内で起こったものとはいえ、ヴェトナム戦争の激化にともない米軍基地から派生するさまざまな事件・事故の多発に不安と恐怖を募らせていた沖縄住民にとって、衝撃的なものであった。この事故の衝撃を受けてただちに労働組合や各種民間団体、政党などが抗議行動をはじめ、一二月七日には、復帰協、原水協、県労協、そして教職員会などが呼びかけ団体となり、「生命を守る県民共闘会議」（以下、共闘会議と略記する）が結成されることになる。この共闘会議の議長には、県労協議長の亀甲康吉が選出され、また事務局長には復帰協事務局長の仲宗根悟が選出される。

亀甲率いるこの共闘会議の特徴は、まず第一に、復帰協の四八団体を遥かに上回る一三九もの各種団体が参加したということである。革新勢力だけでなく、沖縄キリスト教団、創価学会などの宗教団体、沖縄医師会、沖縄中小企業連合会、琉球林業協会などの業界団体、そして沖縄市町村長会や沖縄市町村議会議長会など、実に多岐にわたる諸団体がこれに参加した。まさに一九五〇年代の「島ぐるみ闘争」を彷彿させる、超党派の住民組織がここに誕生したのである。

第二に、こうした各種団体から成る組織であったがために、その目的を「B五二撤去・原潜寄港阻止・一切の核兵器撤去」の三つに限定したことである（のちに「総合労働布令の撤廃」も加えられる）[24]。つまり、沖縄内部で見解の分かれる「基地撤去」に関しては、共闘会議の運動方針としては採用されなかったのである。もちろん、共闘会議の最大の目的が「B五二の撤去」にあったことはいうまでもない。

第三の特徴としては、この三つの目的を達成するために、その手段として「ゼネスト」の採用を決めたことである。最大の抗議行動ともいえるこのゼネストを提案したのは、B－五二墜落事故のあった嘉手納基地周辺に住み、事故を目の当たりにした全軍労委員長の上原康助であった。

結成からちょうど一週間後の一二月一四日、亀甲率いる共闘会議は「B五二撤去要求県民総決起大会」を開催し、本格的な活動を開始する。約八カ月前（四月一一日）に開かれた沖縄原水協主催の「B五二撤去要求県民総決起大会」には、約九〇〇〇人（主催者発表）の人々が参加したのに対し、この一二月一四日の「総決起大会」には、実に四万人あまり（主催者発表）の人々が参加したのである[25]。B－五二撤去を求める運動は、ここにきて一気にその勢いを増したのである。

その後、ゼネスト態勢は着実に構築されていき、共闘会議は翌一九六九年一月六日、ゼネスト決行日をちょうどB－五二の常駐から一年目にあたる二月四日の日に設定する。このゼネスト準備の中心となった共闘会議事務局長の仲宗根悟は、「電力も水も全部止めるつもりでいた。それで対応もとれていた」と述懐している。[26]ゼネスト準備態勢を着実に整えていった共闘会議執行部や、ゼネスト参加をすでに決定していた各種諸団体にとって、残る最大の関心事は、沖縄最大の組織全軍労がこれに参加するか否かにあった。

一方、米軍側は、このゼネスト計画の鍵を握る全軍労が基地内から政治ストに参加するのを是が非でも阻止するために、さまざまな手段を用いて基地労働者の切り崩しを図った。そのひとつの策が、争議行為禁止規定の拡大や、基地内でのピケ禁止、そして組合活動に対する罰則強化などを謳った「総合労働布令」（高等弁務官布令第六三号）の公布である。全軍労がゼネスト参加を決める臨時大会を開催しようとしていたまさにその前日（一月一一日）に公布されたことから分かるように、同布令が全軍労牽制のためのものであったことは、誰の目にも明らかであった。[27]しかし全軍労は、翌一二日、予定どおり臨時大会を開き、ゼネスト参加を決定する。かくてこの全軍労の参加決定によって、ゼネスト気運は一気にその高まりをみせるのであった。

全軍労が万難を排してゼネスト参加を決定したあと、共闘会議議長の亀甲康吉や全軍労委員長の上原康助ら共闘会議代表四名は、B－五二撤去の政府折衝のため、本土へと出発する。一月二六日、東京に到着した亀甲は、羽田空港における記者会見で、「現地のゼネストの態勢はすでに完成した。最終的に実施するかどうかの判断は政府との折衝のあと下す」とのべて、ゼネスト決行の成否は日本政府の態度いかんにかかっている、と明示することになる。[28]二日後の一月二八日、床次徳二総務長官や愛知揆一外務大臣らと会談した亀甲は、B－五二撤去の確かな返答が得られなかったとして、ついに東京からゼネスト準備指令を発するのであった。[29]翌日、総評、同盟などからゼネスト支援の確約を取り付けた亀甲ら共闘会議代表団は、明けて一月三〇日、東京での行動を終えて空路沖縄へと帰任することになる。

1969年2月1日，ゼネスト回避をめぐって混乱した県労協幹事会。［提供：沖縄タイムス社］

▼ゼネスト回避

しかし、事態はここから急速にゼネスト回避の方向へと進むことになる。本土からゼネスト準備指令を出した亀甲その人が、態度を一変し、ゼネスト回避に動き出したからである。もちろん、沖縄内部は大混乱である。[30]

共闘会議の中核組織である県労協では、ゼネスト決行を主張する官公労や自治労などと、その回避を主張する亀甲や全軍労などとが真っ向から対立し、議論は大紛糾する。しかし結局のところ、県労協は二月一日未明、亀甲らの意見を受け入れて、ゼネスト回避を決定する。[31] この県労協の回避決定によって事実上、ゼネスト態勢は崩れ去ったといってよい。二月一日午後、共闘会議幹事会が開かれるが、ゼネスト回避を主張する県労協と、ゼネスト決行を叫ぶ教職員会、沖青協、人民党などとが激しく対立し、幹事会は大荒れとなる。さらに、決行派の下部労組員や学生らが会議室の外から騒ぎ立てたり室内になだれ込んだりして、会議は混乱を極めることになる。その後、共闘会議幹事会は場所を転々としながら議論を重ね、ついに二日午前四時ごろ、ゼネスト取り止めを決定するのであった。[32]

このように混乱を極めたゼネスト回避劇であったが、そもそも共闘会議議長の亀甲康吉は、なぜゼネスト準備指令まで出し

1969年1月31日，共闘会議代表にゼネスト回避を要請する屋良朝苗行政主席（中央）。屋良を挟んで右が亀甲康吉，左二人目が上原康助。［提供：沖縄県公文書館］

ておきながら、沖縄に帰任するやいなや、その態度を一変させ、ゼネスト回避へと動いていったのであろうか。その理由のひとつとして考えられるのは、行政主席屋良朝苗からなされた、ゼネスト回避要請がある。ゼネストによる「不測の事態」を憂慮してこれをできる限り回避することをめざした屋良は、亀甲らのあとを追うかのごとく、一月二八日上京し、愛知外務大臣をはじめ日本政府関係者にB－五二撤去を要請している。ゼネスト回避のための説得材料を得たかった屋良は、ヴェトナム情勢の変化により今年秋ごろにB－五二が沖縄から撤退するのではないかという木村俊夫官房副長官の言葉を、それがあくまで推測の域を出ないものであることを承知しつつ、ゼネスト回避の説得材料として沖縄に持ち帰る。そして一月三一日、屋良は「忍びがたきを忍んで……」という一節の盛り込まれた「ゼネスト回避要請書」を亀甲ら共闘会議執行部に提出するのであった[33]。屋良はこのときの心境について、のちにこう述懐している。「ゼネストへ盛り上がった県民の気持ちを思うと忍びないし申しわけないことではあるが、不測の事態はどうしても避けなければならないという悲痛な選択であった[34]」。亀甲がゼネスト回避を決めた理由のひとつには、この屋良からの回避要請があったといえる。主席に当選したばかりの屋良を窮地に立たせてはいけないという心理が、亀甲に働いたとしても何ら不思議ではないのである。

いまひとつの理由として考えられるのは、全軍労のゼネストからの離脱である。このゼネスト決行の成否を握っていた全軍労の戦線離脱の意向を亀甲は、上京中、上原から聞いている。上原本人の証言では、本土滞在中にそれを亀甲に伝えたというが[35]、亀甲本人の記憶では、本土折衝の帰りの飛行機のなかで上原から打ち明けられたという[36]。両人の証言はこのように食い違いをみせているが、いずれにしても亀甲は、沖縄に帰任する前に、それを上原から打ち明けられたことになる。上原からゼネスト不参加を打ち明けられたときの心境を、亀甲はのちにこう述懐している。「それを言われた時の私の気持ちは何というか、ショックで二の句がつげないほど複雑だった。(中略)私の頭はかなり混乱し、事態を深刻に受けとめはじめた[37]」。

では、一方の全軍労委員長の上原は、なぜ土壇場でゼネスト不参加を亀甲に打ち明けたのか。上原が亀甲にそれを伝えたのは、全軍労に対する米軍の激しい圧力によって組織がかなり動揺しているとの報告を、彼が沖縄現地から受けていたことがあった。上原の留守をあずかっていた全軍労書記長の友寄信助は、こう回想している。「各支部から次々あがってくる米軍のゼネスト切り崩しの報告は、このままストに突入した場合、組織の崩壊につながりかねないほど厳しいものだった。(中略)ゼネスト決行への自信が揺らぎはじめ、スト回避も仕方ないとの雰囲気になりつつあった。それで上京中の上原委員長に、その旨電話で報告した[38]」。友寄によれば、米軍による「ゼネスト切り崩し」策とは、次のようなものであった。「(米軍は)ゼネスト参加者は解雇するといって、基地内にスト不参加者の泊まり込み準備を進める。野戦用のベッドや食料品、医薬品などを持ち込む。昼間は管理職を使って、ゼネストは違法な政治ストだとの警告をくり返(した)[39]」。

ゼネスト計画が最終的に中止になった背景には、このように不測の事態を何とか避けたかった屋良主席の回避要請と、米軍の切り崩し策によって組織崩壊の危機に立たされた全軍労のゼネスト離脱の二つがあったといえる。前述した復帰協内部における「基地撤去」論争の時と同じように、ここでもまた全軍労の態度が、ひとつの鍵を握っていたわけである。

(2)「基地撤去」・「安保廃棄」方針へ

さて、このゼネスト中止から一カ月半後の三月二二日、復帰協は第一四回定期総会を開催する。同総会は、それが復帰協の運動路線を大きく変えたという意味では最も重要な総会のひとつであった。この定期総会で復帰協は、ついに「軍事基地撤去」と「日米安保条約の廃棄」を打ち出したのである。[40]「基地撤去」論争にこれまで多大なる時間と精力を費やしてきた復帰協がここで「基地撤去」方針を明確に打ち出した背景のひとつには、沖縄を取り巻く情勢の変化があった。その情勢の変化とはもちろん、「二・四ゼネスト」計画の盛り上がりとその挫折である。「二・四ゼネスト」計画の盛り上がりが、沖縄革新勢力をして現実に「復帰」のみならず「基地」にも関心を向けさせ、さらにこの「二・四ゼネスト」計画の挫折が、彼らをしてより一層急進化させ、「基地撤去」へと走らせたのである。

この定期総会で復帰協会長の喜屋武真栄は、「基地撤去」方針を打ち出した理由についてこう説明している。[41]すなわち、喜屋武は、昨年から今年にかけて「沖縄をめぐる情勢の変化」があり、「基地あるがゆえに生命、財産、人権」を脅かすような問題が広がっており、「県民の生活の不安、生命の危機」も広がっている、と訴えたのである。さらに喜屋武は、「(昨年まで基地撤去の)うらづけはどうするのかといっていちばん問題を強烈に取り上げたのは全軍労の皆さんであった」とのべたうえで、「その全軍労の皆さんでさえも、今日特に反戦・平和の立場から、基地撤去も、これはというところまで意しきが高まってきている」、と説明している。

しかし、そうはいうものの、この「基地撤去」方針を打ち出すにあたり、復帰協が全軍労への「配慮」も忘れなかったことは、次のような態度をみればよく分かる。すなわち、復帰協は「基地撤去」方針を「基本目標」として掲げるとともに、その下位にある「当面の目標」のなかに、「復帰時点及び復帰後の平和経済の確立」という項目を新たに設け、そのなかで全軍労が以前から要求していた「軍雇用者に対する離職者等臨時措置法を制定させる」という一文を挿入したのである。[42]「基地撤去」方針を打ち出すにあたってその「うらづけ」となる方針があれば、「基地労働者の皆さんも、それならば反戦・平和の立場からも、又、基地経済の脱却という立場からも合意がえられるんじゃないか」、というのが会長の喜屋武をはじめとする復帰協執行部の考えであった。[43]これに対して全軍労は、おそらく、この新しい方針が打ち出されたことや、ゼネスト態勢崩壊を導いた自己の組織に対する不信感を払拭する必要から、これまで反対してきた「基地撤去」方針を容認することになる。

いまひとつ重要なことは、この「基地撤去」方針と並んで復帰協が、「安保廃棄」の方針も打ち出したということである。これまで「日本復帰」という問題に精力を傾けてきた復帰協が、ここにきて国の安全保障政策、ひいては国の政治体制そのものにもかかわる「日米安保」の問題に関心をシフトさせてきたのである。

そもそも復帰協が「安保」について初めて言及したのは、結成時の一九六〇年に岸信介首相に宛てた抗議文においてである。この抗議文で復帰協は、「世界の緊張は、東西両首脳の会談（一九五九年九月、キャンプ・デーヴィドで行なわれたアイゼンハワーとフルシチョフによる米ソ首脳会談を指す）の実現により緩和への明るいきざしがみえはじめている今日、（岸政権は）国民の反対を押しきって軍事同盟である新安保条約の調印を終え批准しようとしているが、このことは沖縄の祖国復帰をおくらせるものであり、断じて許せるものではない」とのべて、新安保条約の調印に否定的な態度をとっている。[44]

「安保」に対するこうした復帰協の見解は、彼らの認識する「米国の沖縄政策」との絡みで理解されなければならない。復帰協は結成時の運動方針のなかで、こう記している。「『極東に緊張と脅威がある限り、米国は沖縄を手放さない』ということが、米国政府、軍首脳がくり返しのべている一貫した沖縄政策の基本になっている。沖縄が日本に返還されない理由として、たえずこの『緊張と脅威』が持ち出され沖縄県民の一致した熱願は、いつもこの理由で達成のみちをふさがれてきた」。つまりここで復帰協は、極東の「緊張と脅威」が「復帰」を妨げているという認識を示し、だからこそ「国際緊張緩和」が「沖縄の祖国復帰を可能にする」、という論理を展開したのである[45]。

こう認識する復帰協にとって、「軍事同盟である新日米安保条約」は、まさに沖縄の祖国復帰を可能にする「国際緊張緩和」の流れを逆行させるものとして映ったのである。「復帰」との距離で「安保」を測る復帰協の姿がここにある。その後復帰協は、一九六二年に入って初めて「安保反対」という運動方針を打ち出すが、しかしそれでも「祖国復帰」を至上命題とする復帰協にとって、「安保」は二次的なものにすぎなかった。一九六三年から六四年にかけて復帰協事務局長を務めた吉元政矩は、こう述懐している。「日米安保条約は沖縄に適用されていなかった。安保の議論というのは日常的な五〇年代、六〇年代の復帰運動のなかでは必要なかった[46]」。

一九六九年に入って復帰協が「復帰」の問題から「安保」の問題に関心をシフトさせていったのは、彼らがその最大の目標にしていた「日本復帰」がいよいよ現実のものになりつつあったからである。前章でみたように、一九六七年以降、日米両政府による「沖縄返還」への取り組みは本格化していき、一九六九年一一月には佐藤とニクソンとのあいだで日米首脳会談も予定されており、「沖縄返還」はもはや必至の情勢となっていた。

もっとも、だからといって復帰協が、この「安保廃棄」を打ち出すにあたって、内部で本格的な議論を行なったという形跡はみられない。当時この「安保廃棄」方針を起草し、これを復帰協定期総会にかけた事務局長の仲宗根悟は、「安保条約をどうするかという議論は、復帰協のなかではそんなにしてません」と証言している[47]。また、当初事務局原案は、この「安保廃棄」方針を「基地撤去」方針と並ぶ「基本目標」には掲げてはおらず、あくまでその下位の「当面の目標」のなかの「反戦平和の闘い」の一項目に掲げていたにすぎなかった。これを三月一〇日の執行委員会で「基本目標」に引き上げるよう要求したのは、沖縄人民党であった。同党は、「アメリカの沖縄基地は日米安保条約の要因とみなされなければならない。反戦平和の闘いを主軸にした軍事基地撤去の闘いは、正に日米安保条約破棄の闘いそのものである」とのべて、「基本目標」への引き上げを求めたのである[48]。つまり復帰協は、とくに議論らしい議論もしないまま、「安保廃棄」方針をここで打ち出して、しかもそれを運動の「基本目標」にまで格上げしたのである。

この「基地撤去」・「安保廃棄」方針を打ち出した復帰協第一四回定期総会においていまひとつ注目しておきたいのは、同盟系労組の全日海沖縄支部と、全繊同盟沖縄支部の代議員六名が途中退場したことである。この同盟系二労組が途中退場した最大の理由は、復帰協が「基地撤去」と「安保廃棄」方針を打ち出したことにあった。同盟系二労組はまず「基地撤去」について、昨年実施された世論調査の結果を持ち出したうえで、果たしてそれが沖縄「県民の集約された世論であるのか」という疑問をぶつけ、執行部提案に反対している[49]。彼らの持ち出した世論調査とは、前年（一九六八年）五月に復帰問題研究会（会長平良辰雄）が実施した世論調査のことを指すと思われるが、それによると、「原水爆を含めての自由使用基地」に賛成する者は一・五パーセント、「原水爆のない自由使用基地」に賛成する者は九・〇パーセント、「本土と同じような基地」に賛成する者が四〇・一パーセント、「基地を全部とりはらって」ゼロにするのを望む者が三五・〇パーセント、そして「わからない」と答えた者が一三・八パーセントとなっていた[50]。

また、「安保廃棄」の方針について同盟系二労組は、「下部討議がなされていない」と批判しただけでなく、「日米安保条約を廃棄することによって我々国民がどのような道を歩むかについて（運動方針では何も）書いていない」と疑問を提示するのであった。「（安保条約については）自動延長しようという考え方、並びに廃棄をしようという考え方、段階的に解消していこうとする三つの考え方がある」と指摘する同盟系二労組は、安保を「段階的に解消」していくべきだとしながらも、当面は「日本の安全を守る」という立場に立って、この「安保廃棄」方針に反対したのである[51]。

こうした「基地撤去」・「安保廃棄」に対する同盟系二労組の反対は、それをもっと広くいえば、復帰協の日本社会党路線傾斜に対する反対であった[52]。つまりこの対立は、本土における社会党・総評路線と民社党・同盟路線との対立の、まさに直輸入であった。同盟系二労組の退場は、一九六〇年代半ばから徐々に進行していた沖縄側労組と本土側労組との系列化を、まさに象徴する出来事だったのである（翌一九七〇年にこの同盟系二労組は復帰協を正式脱退する）。

さらに同盟系二労組の行動を奥深くで規定した要因は、これまで沖縄革新勢力をひとつに結びつけてきた「日本復帰」という第一義的目標が弱体化したことにあったといえる。沖縄の「日本復帰」が現実のものになりつつあるなか、この第一義的目標は求心力を失い、ひるがえってそのことが復帰協加盟団体それぞれの自己主張を許す結果になった、ということである。

かくして、「基地撤去」と「安保廃棄」に反対する同盟系労組を削ぎ落としてみずからの立場を鮮明にした復帰協は、来る一一月に予定されている佐藤・ニクソン会談に向けて、その精力を最大限に注ぎ込むのであった。次節では、この「七二年返還」を決めた佐藤・ニクソン会談とそこに至るまでの日米交渉を、返還後の「基地の態様」に関する日米両国の基本的態度に焦点をあてながら、考察していくことにする。(53)

三　「核抜き・本土並み」返還と基地機能の維持

(1) 日米両国の方針

▼核と基地使用のありかたをめぐって

一九六七年一一月の日米首脳会談以後、佐藤は沖縄返還後の米軍基地の態様について「白紙」の立場をとり続けてきた。しかしその佐藤がついに基地の態様についてみずからの立場を鮮明にしたのは、一九六九年三月のことである。同月一〇日、参議院予算委員会で答弁に立った佐藤は、間接的な表現ながらも、「核抜き・本土並み」方針で対米交渉に臨むことを明らかにしたのである。(54)前章でのべたように、一九六七年の日米首脳会談の際、マクナマラ国防長官は沖縄への核持ち込みと基地の自由使用の意向を佐藤に伝えていたが、このアメリカ側の意向を佐藤はそのまま受け入れることなく、いやそれを否定する形で、「核抜き・本土並み」方針を明確にしたのである。

佐藤がなぜこのタイミングで「核抜き・本土並み」方針を公表したのかについては、今もって確かなことは分からないが、中島琢磨が指摘するように、この時期までに日本国内における「核抜き・本土並み」世論は熟していたのである[55]。下田武三駐米大使の回想によると、佐藤はすでに一月の段階で、みずからの意向を下田に伝えていた。一時帰国した下田に対し、佐藤は次のようにいう。「下田君、やはり核付きの返還なんて考えられんよ。あくまで核抜きでいこう[56]」。また佐藤は、東郷文彦アメリカ局長にも翌二月、みずからの意向を次のように伝えている。「返還の形式は事前協議を含めて何とか本土並みと云う形をとりたい、その枠内でどうしても問題が残ると云う場合には重大な決心をする[57]」。

この佐藤の「核抜き・本土並み」方針を受けて、外務省は四月に入ると、東郷アメリカ局長をワシントンに派遣し、日本側の意向を米側に伝えるとともに、その反応を探っている。四月二八日から二九日にかけてワシントンでヘンリー・キッシンジャー大統領補佐官やデイヴィッド・パッカード国防副長官、そしてジョンソン国務次官らと会談した東郷は、ここで日本側の「ポジション・ペーパー」を示したうえで、日本側の意向を次のように伝えている[58]。すなわち、①沖縄返還は遅くとも一九七二年までに行なわれること、②安保条約と事前協議制は返還後の沖縄にも適用されること、③返還後の沖縄に核を貯蔵することについては反対であること、④通常の沖縄からの軍事作戦については事前協議制が適用されるが、それについて日本側は柔軟に対応する考えをもっていること、以上である。ここで「七二年・核抜き・本土並み返還」および「事前協議制の弾力的運用」という日本側の方針が、すでに明瞭な形で提示されていたのである。

では、一方のアメリカ側は、沖縄返還に関していかなる方針を立てたのであろうか。一九六八年一一月の大統領選挙で勝利し、翌年一月にホワイト・ハウス入りを果たしたリチャード・ニクソン大統領は、その就任からおよそ四カ月後の五月二八日、国家安全保障決定メモランダム第一三号（ＮＳＤＭ－一三）において、沖縄返還に関する基本方針を決定している[59]。同基本方針は、次の三点である。まず第一は、「米軍の軍事的使用を定める重要な項目」について一九六九年中に合意に達し、かつ一九七二年までに細部の交渉が完了していれば、沖縄の「七二年返還」に同意する、第二は、「朝鮮、台湾、ヴェトナムとの関連」で「軍事基地の通常の使用」が「最大限自由である」ことを求めていく、そして第三は、できる限り「沖縄にある核兵器を保持」することを希望するが、もし返還交渉のなかで「他の分野で満足のいく」合意が得られるのであれば、「交渉の最終段階で、緊急時における（核の）貯蔵と通過の権利を保持することを条件」に、大統領が「核兵器の撤去を考慮する」。つまり、この文書でニクソン政権は、朝鮮、台湾、ヴェトナムとの関連で通常兵器による沖縄基地の自由使用を最大限に確保することと、緊急時の核兵器の貯蔵・通過権を確保することを条件として、沖縄の「七二年返還」を受け入れることを決定するのであった。

▼NSSM－五

この核と自由使用に関する二つの基本方針は、同年四月二八日に国家安全保障会議で承認された研究レポート（NSSM－五）に基づいて決定されたものであった[60]。まず核の問題について同レポートは、アメリカがとりうる政策として次の五点を挙げている。①核の貯蔵と作戦のための自由使用を現状のまま維持すること、②核の貯蔵と作戦のための自由使用を暫定期間内維持すること、③緊急事態に核を持ち込む権利を確保すること、④核搭載艦船および航空機の通過権を確保すること、⑤悪天候と人道的な理由でのみ核を一時的に持ち込むこと、以上である。もちろん、最初の政策がアメリカの軍事能力を最大限維持するものであり、順にその能力が制限されることはいうまでもない。

①と②の政策に関して研究レポートは、日本政府が政治的に受け入れることは困難であり、とくに①に関しては返還交渉そのものを行き詰らせてしまう危険性がある、と指摘している。そして③の政策に関しては、ある程度の柔軟性は失われるものの、アジア地域でのアメリカのコミットメントを果たすことができ、しかも交渉のなかで日本側からある一定の支持を引き出しえるかもしれない、と指摘するのであった。

この核の問題に関して研究レポートは、統合参謀本部や国務省などの見解も併記しているが、まず沖縄から核を撤去することについて統合参謀本部は、一刻を争うような攻撃目標への打撃能力を低下させてしまうことや、米軍の前方展開能力が提供する抑止力の信頼性を低下させてしまう、といった理由などを挙げてこれに難色を示している。一方、国務省、国防長官、そして国防次官補は、次のような理由を挙げて、沖縄からの核撤去に理解を示している。

「韓国で緊急事態が発生した場合、同国と第七艦隊には大量の核兵器が配備されているので、その影響は最小限度に抑えられるであろう。（中略）沖縄から核兵器を撤去すれば、たしかに一定の心理的影響はあると思われるが、米太平洋軍の管轄する地域での全体的な抑止力の信頼性は、われわれの戦略的なポラリス・ポセンドン、ミニットマン、B－五二に加え、西太平洋の他の基地と第七艦隊に配備された核兵器の存在によって、おそらくは維持できるであろう」。つまり、統合参謀本部が沖縄の核兵器のもつ抑止力を理由に挙げて「核撤去」に反対したのに対し、国防長官や国防次官補などは、沖縄から核兵器を撤去しても抑止力は維持できる、と主張したわけである。

こうした両者の見解や研究レポートを踏まえたうえで、ニクソン政権は先に挙げたＮＳＤＭ－一三において、日本政府から支持が得られるかもしれないとみた上記③の政策、すなわち緊急時の核持ち込み方針を採用し、核の貯蔵については放棄する方向でそのスタンスを固めるのであった。

つぎに、通常兵力による基地使用の問題であるが、これについて研究レポートは、アメリカがとりうる政策として次の四点を挙げている。①現在アメリカが享受している無制限の基地使用権を確保すること、②期限を定めたうえで、あるいは日米両国が終了と合意するまでの期間、無制限の基地使用権を保持すること、③制限付きの基地の自由使用権を保持すること、④安保条約に基づく軍事行動を沖縄にも適用すること（いわゆる本土並み）、以上である。①の政策に関して研究レポートは、政治的にみて日本が受け入れることは困難であり、②の政策に関しても、自由使用権をアメリカが保持している期間中、つねに野党勢力からそれを廃止せよとの圧力がかかってしまう、と指摘するのであった。また④の政策に関しては、日本にとって最も政治的に受け入れやすいものであるが、アメリカの前方展開戦略の遂行を制限してしまう、と指摘することになる。

しかし、③の政策について研究レポートは、「ある特定の緊急事態の場合には、基地の自由使用はおそらく認められるであろう」とのべたうえで、「台湾と韓国における米軍の活動を支援するために、日本との合意を必要としない行動権の獲得を、われわれとしてはとくに追求すべきである」、と指摘している。結局のところニクソン政権は、先のNSDM－一三において、この③の政策に沿ったもの、すなわち韓国、台湾、ヴェトナムにおける軍事作戦で基地の最大限の自由使用を確保していくという方針を立てるのであった。

沖縄返還に関してこうした基本方針を立てたアメリカ政府は、その後「核撤去」をひとつのカードとして、基地の最大限の自由使用を日本政府に求めていくことになる。ただ、ここで留意しておきたい点は、この核と基地使用の問題でアメリカ政府が、みずからが望む最大限の要望事項を日本政府に突きつけることはしなかった、ということである。もちろん、自国の利益を最大限に獲得することを追及しつつも、他国の事情も考慮して、ぎりぎりの線で妥協を図ろうとするのは、外交交渉においては当たり前のことである。しかし、ここでニクソン政権が現在享受している軍事上の既得権益をすべて確保しようとしたのではなく、日本側がおそらく政治的に受け入れることのできるぎりぎりの線で対日交渉方針を策定していたことは、やはり留意しておく必要がある。

▼アメリカ側の懸念

ニクソン政権がこうした態度をとった背景には、もし沖縄返還交渉が失敗して返還が実現できなかったり、あるいはそれが大幅に遅れるようなことにでもなれば、日米関係そのものが深刻な状況に陥ってしまう、という危機感があった。この危機感を先の研究レポートは、次のように記している。「もし沖縄返還問題について一九六九年中に目に見える進展がないならば、佐藤政権は倒れ、佐藤よりも返還要求を強硬に主張し、道理に合った条件を受け入れない他の保守政権に取って代わる結果となろう。もし日本と沖縄の一般民衆が返還はかなり遅れるであろうと結論づけたとき、日米関係はかなりの損害を受けるであろうし、日米安保条約は危機にさらされるであろう」。

一九六〇年に改定された日米安保条約（新条約）は、固定期間の一〇年を超えた場合、いずれか一方の終了通告で条約を一年後に終了させえると定めている（第一〇条）。この固定期間の終了する年が、まさに一九七〇年であり、アメリカはこの一九七〇年の「安保延長」を沖縄返還交渉の失敗によって達成できなくなることを恐れたのである。

いまひとつアメリカ側が懸念したことは、沖縄返還がかりに延びてしまうと、沖縄現地でデモ隊と米兵との衝突が起き、住民がアメリカの基地使用を黙認しなくなるのではないか、ということがあった。これについて研究レポートは、次のようにのべている。「返還が遅れれば遅れるほど、沖縄においてデモ隊と基地を警備する米軍兵士とのあいだで公然たる衝突が起こる可能性はますます高まることになる。琉球警察の動員力が制限されていること、学生と左翼急進主義者が増大していること、そして行政主席の屋良が不明瞭な立場をとっていること――屋良は即時返還の公約を掲げて昨年左派連合の支持を受けて行政主席に当選した――を考慮に入れると、事件が起こる可能性は一段と高まっている。沖縄基地の効果的な使用は、地元沖縄の人々の黙認に依存しているが、この黙認がしだいに失われつつある徴候がみえている」。

前述したように、沖縄現地では基地を包囲してゼネストを実行しようとする計画が立てられたり、あるいは復帰協が基地の全面撤去を打ち出すなどして、米軍基地を取り巻く状況は確実に変わりつつあった。またデモ隊と米兵との衝突がその後実際に起き、米兵の銃剣によって社大党委員長の安里積千代ら数名が負傷するという事件まで発生したのである（同年六月五日）。研究レポートが指摘するように、米軍の基地使用に対する沖縄住民の「黙認」は、たしかに失われつつあったのである。日米関係の深刻な悪化と沖縄住民の基地への反対などを考慮に入れて、アメリカは返還交渉の決裂を招く恐れのある厳しい条件を日本政府に突きつけるのではなく、日本政府が受け入れ可能なぎりぎりの線で、必要不可欠な軍事的権利を確保していこうと考えたのである。

(2) 沖縄返還交渉

さて、このように日米両国のそれぞれの基本方針が固まったところで、いよいよ本格的な返還交渉が一九六九年夏から開始される。六月三日、ワシントンで行なわれた愛知・ロジャーズ会談で外相の愛知揆一は、「日本自身の安全及びアジアの安定のため（沖縄）返かん後も在オキナワ基地は米国に使用してもらう」という基本的な立場を示すとともに、「復帰即基地撤去という誤った印象をいだく者がいるようだが、日本としては極東の安定のため米国のプレゼンスを必要とし、今後益々その重要性が増えると考えている」と主張している。続けて愛知は、その沖縄の米軍基地には「安保条約及び関連取極」を適用すべき、とのべながらも、同時に「米軍の戦闘作戦行動を不当に制限することがないようにするフォーミュラ」をもっている、とウィリアム・ロジャーズ国務長官に説明するのであった。(61)

そもそも沖縄基地から軍事作戦行動をとることについて事前協議制の適用を求めていた日本側にとって、アメリカ側に事前の同意を公式に与えることなど、到底できるものではなかった。かといって愛知がいうように、日本側は米軍の軍事作戦行動を「不当に制限する」ことも望んでいなかったのである。そこで日本側は、この互いに相反する要請をうまく整合させるために、「基地の作戦使用の事前協議について、わが方が（来る佐藤・ニクソン会談後に発表する日米）共同声明においてできるだけその立場を明らかにすると共に、更にこれを日本側の一方的発言で補足する」という方法を考え出すのであった。(62)

一方、こうした日本側の態度に対してアメリカ側は、結局この二段構えの方式（共同声明と一方的声明によって日本側がその態度をできるだけ明確にするという方式）を受け入れたうえで、この枠内で沖縄基地の最大限の自由使用を求めていくことになる。

以後、五カ月あまりにわたって精力的に行なわれた日米交渉の結果、両国は、日米共同声明および日本側の一方的声明（佐藤のナショナル・プレス・クラブでの演説）において次のような表現を用いることで合意に達するのであった。(63)まず共同声明の第七項において日本側が、「日本の安全は極東における国際の平和と安全なくしては十分に維持することができないものであり、したがって極東の諸国の安全は日本の重大な関心事である」という認識を明らかにし、続けて「かかる認識に照らせば、（中略）沖縄の施政権返還は、日本を含む極東の諸国の防衛のために米国が負っている国際義務の効果的遂行の妨げとなるようなものではない」、という見解を明らかにするのであった。

つぎに、韓国、台湾、ヴェトナムに関しては、次のような表現を用いることで意見の一致をみる。まず韓国に関しては、共同声明の第四項で、日本側が、「韓国の安全は日本自身の安全にとって緊要である」との認識を示し、さらに佐藤の演説のなかで、「韓国に対し武力攻撃が発生し、これに対処するため米軍が日本国内の施設、区域を戦闘作戦行動の発進基地として使用しなければならないような事態が生じた場合には、日本政府としては、（中略）事前協議に対し前向きに、かつすみやかに態度を決定する」、という見解を示すことになる。

つぎに台湾に関しては、同じく共同声明の第四項で、日本側が、「台湾地域における平和と安全の維持も日本の安全にとってきわめて重要な要素である」との認識を示し、さらに佐藤の演説のなかで、かかる「認識をふまえて」日本側は「対処」する、という表現を用いることになる。

最後にヴェトナムに関しては、共同声明第四項において、日米両国が、「ヴィエトナムにおける平和が沖縄返還予定時に至るも実現していない場合には、（中略）米国の努力に影響を及ぼすことなく沖縄の返還が実現されるように、そのときの情勢に照らして十分協議する」、ということで合意が得られるのであった。

かくして、同年一一月一九日から二一日にかけてワシントンで行なわれた佐藤・ニクソン会談では、まず第一に、沖縄の施政権を一九七二年に返還すること（共同声明第六項）、第二に、アメリカが引き続き沖縄の米軍基地を保持すること（同上）、そして第三に、返還される沖縄には日米安保条約およびそれに関連する諸取り決めを変更なしに適用すること（同第七項）、などが合意されるのであった。[64] また、韓国、台湾、ヴェトナムにおける軍事作戦で沖縄基地を使用することに関しても、前述のように、日米共同声明および佐藤のナショナル・プレス・クラブでの演説のなかで、日本側の態度が表明される。そして最後に核の問題に関しても、返還後の沖縄には核を貯蔵しないことが、共同声明の第八項で謳われるのであった。ただ、最後まで問題となった緊急時の核の持ち込みに関しては、佐藤とニクソンとのあいだで秘密の「合意議事録」が取り交わされたことについては、若泉の著書をはじめ近年の研究が明らかにしているところである。[65]

以上のように、日米両国は沖縄返還に合意したわけであるが、この返還合意に至るまでの交渉過程で日本側を悩ませたものは、交渉当事者であった東郷文彦アメリカ局長がのべているように、「返還に対するわが方の政治的要請と、極東の安全保障に対するアメリカの軍事的要請を如何に調整するか」というところにあった。そしてこの点で日本政府が最も苦悩したことが、「基地の作戦使用と核兵器の問題についての事前協議制に関して共同声明でどの様に扱うか」、というところにあったのである。(66) では、こうした問題ではなく、沖縄住民からみて最も関心の高かった米軍基地の整理縮小ないし基地の撤去問題に関しては、日本政府はいったいどのような認識をもち、またどのような態度をとったのであろうか。

まず復帰協などが要求した「基地の全面撤去」に関しては、当然の如く、日本政府はそれを拒否する態度を示した。沖縄返還の大前提が在沖米軍基地を引き続きアメリカ政府に使用させることにあったことからすれば、日本政府がこの要求をまったく受け付けなかったことは当然であった。六月の訪米を前に屋良主席と会談をもった愛知外相が、「沖縄が本土に復帰すれば基地は無くなるというふうに考えて貰っては困る。こうした考えは余りにも非現実的である」とのべていることは、こうした日本政府の態度をよく示している。(67)

しかし、日本政府がこのような態度をとったからといって、同政府が基地の整理縮小をまったく考えていなかったかというと、決してそうではなかった。政府は基地を現状のままでよいと考えていたわけでは決してなく、基地の整理縮小の必要性は認識していたのである。ただ、この問題は、沖縄返還後の課題として政府は考えており、九月の訪米を前に愛知外相が屋良主席に対し次のようにのべたことは、そのことを端的に表わしている。愛知はいう。「安保の締結時よりも本土の基地は件数、面積において整理縮小されている。返還後の沖縄もそうなる」。(68) 実際、次章でのべるように、日本政府は沖縄返還が実現したあと、この基地の整理縮小問題に取り組むのであった。

四　基地労働者の大量解雇

(1)「解雇撤回」闘争

このように一九六九年一一月の佐藤・ニクソン会談の結果、「七二年・核抜き・本土並み」返還が合意されるが、この首脳会談に対して復帰協は、一〇月一〇日、「一一月闘争行動要綱」なるものを作成し、佐藤訪米の一一月を「最大の斗い」と位置づけて、「即時無条件全面返還」を求めて「全力を挙げて斗う」ことを誓う。この「即時無条件全面返還」の具体的中身とは、同「行動要綱」によると、「①対日『平和』条約第三条の撤廃、②平和憲法の完全適用、③一切の軍事基地撤去、④安保条約の廃棄」の四つであった[69]。この「行動要綱」に基づき復帰協は、佐藤が訪米する直前の一一月一三日と一七日の両日にわたり、それぞれ五万七〇〇〇人（主催者発表）と二万人（琉球新報発表。主催者発表は四万人）を動員してストや集会、デモなどの「統一抗議行動」を展開する[70]。また、沖縄の七二年復帰を謳った日米共同声明が一一月二一日に発表されるや、ただちに復帰協は「抗議声明」を発表し、そのなかで、同共同声明が自分たちの要求してきた「即時無条件全面返還」とは「全く相いれないものである」とのべて、これに「断固抗議」するのであった[71]。安保条約を「堅持」し、沖縄基地の存続を容認したうえで施政権の返還をめざした日米両国と、「即時無条件全面返還」、すなわち安保条約を「廃棄」し、沖縄基地の全面「撤去」をめざした復帰協とでは、その隔たりはあまりにも大きすぎたのである。

この日米共同声明の発表からわずか二週間後の一二月四日、復帰協の中心組織である全軍労に危機が訪れる。基地労働者二四〇〇人を翌一九七〇年一月から五月にかけて米軍当局が解雇する旨を発表したからである[72]。米軍当局によれば、この大量解雇の理由は、「米国内外」における「軍事支出」の「節減」のためであった。これを受けて上原康助率いる全軍労は、翌一九七〇年に入るや、ただちに「解雇撤回」闘争を展開することになる[73]。一月八日から九日にかけて第一波四八時間ストライキを決行した全軍労は、さらに続けて同月一九日から二三日にかけて第二波一二〇時間ストライキを決行する。全軍労がこうして公然とストライキの呼称を用い、しかも長時間にわたってそれを決行したのは、このときが初めてである。全軍労がいかに危機感をもってこの闘争に臨んだのかが理解できよう。

1970年に行なわれた全軍労の解雇撤回闘争。横断幕に「不当首切り即時撤回せよ」の文字がみえる。［提供：沖縄県公文書館］

「解雇撤回」闘争に打って出た全軍労は、もちろん、解雇予定者の全面撤回を最大の要求事項としたが、その「全面撤回がどうしても不可能な場合」には、その解雇を「保留もしくは延期」すること、退職金を「少なくとも本土並み」に増額すること、そして日米沖の三者間で「離職者対策」を図ること、などを掲げていた(74)。もっとも、こうした解雇撤回以外の要求を掲げたにしても、第二波一二〇時間ストライキを決行したそのときまで、上原ら執行部がやはり「解雇全面撤回」を最大の要求事項としていたことは間違いない。しかし、その「全面撤回」が困難であることが分かると、執行部はその重心を退職金の増額や離職者対策等の実現に移していくことになる。

第一波、第二波と立て続けにストライキに打って出たにもかかわらず、何ら譲歩をみせない米軍側の態度に焦りと危機感を強めた全軍労は、局面打開を図るために、本土へと渡り、日本政府や労働諸団体に協力を求めることになる。二月四日に上京した上原ら執行部は、全駐労、総評、中立労連、同盟などに協力支援要請を行なうとともに、山中貞則総務長官や愛知揆一外務大臣など政府関係閣僚に退職金の増額や間接雇用への移行、そして離職者対策などを訴えることになる。[75]また、行政主席の屋良朝苗も上原らに先んじてみずから上京し、山中長官に対し、「三千人の解雇予定者に見舞金を出してもらいたい」、と要請するのであった。[76]

こうした要求を受けて日本政府は、三月二八日、特別給付金という形で解雇者に対し、本土と沖縄の退職金の差額分約一億九六〇〇万円を支給することを決定する。苦境に陥っていた上原ら執行部が、この日本政府の決定を喜んだことはいうまでもない。この決定をひとつの契機として上原らは、闘争を終息へと向かわせることになる。四月八日、米軍の提示した「暫定協定案」(休戦協定案)を受け入れた全軍労は、第二波一二〇時間ストライキに参加した組合員の処分を軽減すること、米軍がこれまでに発表した解雇予定者を超えて解雇を実施しないこと、そして本年(一九七〇年)六月三〇日までに労働協定を労使間で交渉していくことを条件として、六月三〇日まではストライキ等の集団行動に一切出ないことを米軍側に約束する。

(2) 基地にしがみつく全軍労を支援する構図

一九七〇年初頭から取り組んだこの全軍労の「解雇撤回」闘争は、こうして一応の終結をみるのだが、同闘争およびこれに関連した出来事で注目しておきたいことは、次の五点である。まず第一は、この「解雇撤回」闘争に打って出た全軍労と、これがみずからの商売に悪影響を及ぼすとみたAサイン業者(米兵相手の飲食店業者)とが、正面衝突したということである。全軍労が基地のゲート前でピケを張るなか、米軍はオフ・リミッツを発令し、Aサイン業者たちをたちまち困難な状況に追い込むことになる。これを受けてAサイン業者たちは、全軍労のピケを阻止するため妨害活動に打って出るのであった。みずからの生活を守るために解雇撤回を求める基地労働者と、これまたみずからの生活を守るために基地労働者の行動を阻止しようとするAサイン業者たちとの対立の構図が、互いの存立基盤となる米軍基地を前にして現われたのである。

第二は、この「解雇撤回」闘争を県労協や復帰協をはじめとする革新諸団体が積極的に支援したということである。

いいかえれば、「解雇撤回」を求める形で事実上ますます米軍基地にしがみついていった全軍労を、「基地撤去」を前面に掲げる革新諸団体が物心両面にわたって支援したということである。

第三は、この全軍労を支援した革新諸団体のなかには、「日米両政府を相手どって要求をつきつけうる」全軍労に対し、「冷淡な眼差し」を向ける者もいたということである。[77] 日米両政府と真っ向から対決しているそのさなかに、両政府と協議をもって解決を図ろうとした全軍労に対して、一部の者は冷ややかな態度をとったわけである。しかし、全軍労はこうした「冷淡な眼差し」を横目にして、その後も間接雇用の問題や離職者対策等の問題で日本政府を「相手取って要求をつきつけ」ていくのであった。

第四は、〝休戦協定〟の締結によって一九七〇年四月から六月末までのあいだ、全軍労がデモや集会などの行動を一切とれなくなってしまったということである。このことは、復帰協主催の「四・二八県民大会」や「反安保県民総決起大会」に対して、全軍労が参加できないことを意味していた。同年四月二八日に開催された「基地撤去」・「安保廃棄」などを求める「四・二八県民大会」が、前年を大きく下回る約一万五〇〇〇人（琉球新報発表）の参加者しか得られなかったことや、安保自動延長の直前（六月二二日）に開かれた「反安保県民総決起大会」が約一万五〇〇〇人（警察発表。主催者発表は二万五〇〇〇人）の参加者しか得られなかったことは、沖縄最大の組織である全軍労が両大会に参加できなかったことと、まったく無関係であったとは言い切れない。[78]

第五は、この「解雇撤回」闘争によって一躍脚光を浴びた全軍労委員長の上原康助が、同年一一月に行なわれた国政選挙（衆議院選挙）に日本社会党から出馬し、当選したということである。全軍労の第二波一二〇時間ストライキの決行からおよそ二カ月後の四月二四日、国会は「沖縄住民の国政参加特別措置法」を成立させ、沖縄住民の国政参加を復帰を前に実現させる。これを受けて沖縄の諸政党、諸団体は、来る一一月の国政選挙に向けて活発な動きを展開することになる。自民党沖縄県連（沖縄自民党の後身）は、先の主席選挙で屋良に敗れた県連顧問の西銘順治と、戦後米軍の基地建設工事などによって財と地位を築いた国場組社長国場幸太郎の弟で県連副幹事長の国場幸昌と、県連総務会長の山川泰邦の三名を候補者に擁立する。一方、社大党と人民党は、長きにわたって党を率いてきた安里積千代と瀬長亀次郎をそれぞれ候補者に擁立する。また、結成間もない公明党沖縄県本部（一九七〇年二月結成）も、本部長の友利栄吉を擁立することになる。

一方、当時立法院でわずか二議席しか持たなかった社会党沖縄県連（沖縄社会党の後身）は、労働組合幹部らと協議をもった結果、「解雇撤回」闘争で一躍時の人となった全軍労委員長上原を候補者に擁立することを決定する。しかし当の上原本人は、「解雇撤回」闘争を米軍と戦っているさなかであることや、県労協議長の亀甲康吉や社会党県連委員長の宮良完才らを差し置いて出馬することに躊躇し、社会党からの要請を断っている[79]。

しかし、社会党幹部や労働組合幹部らからの執拗な要請を受けて上原は、六月三日、ついに出馬を決意する。これ以後、社会党と県労協は一丸となって、政治家としての経験も実績もない上原を当選させるべく、精力的な選挙運動を展開するのであった。これが功を奏したのか、一一月一五日の選挙では、上原が予想を大きく上回って七万三三三一票を獲得し、西銘、瀬長に次いで三位で当選することになる（なお、四位は国場、五位は安里、山川と友利は落選）[80]。「基地撤去」を前面に掲げる社会党と県労協が、その基地を生活基盤とする基地労働者のリーダーである上原を衆議院議員に押し出していくという構図である。

このように、二四〇〇人という大量解雇発表を受けて全軍労は、一九七〇年初頭から「解雇撤回」闘争を展開し、しかもこれを背景に上原委員長を国政へと押し出していったのであるが、しかしその上原当選の興奮も醒めやらぬ一二月二一日、全軍労にふたたび危機が訪れる。米軍が約三〇〇〇人におよぶ基地労働者の大量解雇計画を発表したからである[81]。これを受けて全軍労は、翌一九七一年に入るや、ただちに「解雇撤回」闘争を展開することになる。上原のあとを受けて二代目委員長となった吉田勇を先頭に立てて全軍労は、二月一〇日から一一日にかけて第一波四八時間ストライキを決行し、続く三月二日から三日にかけて第二波四八時間ストライキを完遂する。そして四月一四日から一五日にかけて第三波四八時間ストライキを波状的にかけ、昨年以上に激しい闘争を展開するのであった[82]。

この一九七一年の闘争でも、やはり前年と同様に全軍労とAサイン業者との正面衝突の場面もみられたが、しかし今回の闘争で重要なことは、前年とは異なって、それが復帰協の主催する「五・一九統一行動（五・一九ゼネスト）」や「一一・一〇統一行動（一一・一〇ゼネスト）」と連動し、これら統一行動を盛り上げる役割を果したということである。二年にわたり「解雇撤回」闘争を展開した全軍労は、いまや復帰協の推し進める反基地闘争にブレーキをかける存在ではなく、逆に同闘争を先導する存在にまで大きく「成長」していたのである。「基地撤去」と「安保廃棄」を前面に掲げて沖縄返還協定の調印および批准の阻止にあたった復帰協の統一行動を、「解雇撤回」闘争によって事実上ますます基地にしがみついていった全軍労が引っ張っていくという構図である。

まず、沖縄返還協定の調印阻止をめざして開かれた五月一九日の「五・一九統一行動」には、ストライキに約一〇万人（琉球新報発表）の人々が、その後開催された県民総決起大会に約五万人（琉球新報発表）の人々が参加し、低迷していた一九七〇年以降の大衆運動を大いに盛り上げることになる。[83] また、協定の批准阻止をめざして開かれた一一月一〇日の「一一・一〇統一行動」には、ストライキに約一〇万人（琉球新報発表）、その後開催された県民総決起大会に約六万人（主催者発表）の人々が参加し、先の「五・一九統一行動」に並ぶ盛り上がりをみせるのであった。[84]

後者の「一一・一〇統一行動」に関連してとくに注目しておきたいことは、全軍労がついに「基地撤去」をみずから前面に掲げてこれに参加したということである。統一行動のおよそ半月前（一〇月二四日）、全軍労は第二四回定期大会で、みずからの存立基盤となる米軍基地の「撤去」を盛り込んだ運動方針を採択したのである。[85] ここに至って全軍労は、「基地撤去」・「安保廃棄」を掲げる復帰協の運動を先導する役割を果たしただけでなく、みずからも「基地撤去」を前面に掲げてその運動をリードする存在にまで変化していたのである。なお、衆議院で沖縄返還協定が承認されたのは、この「一一・一〇統一行動」からおよそ一カ月後の一二月二四日であった。

第8章　軍用地の提供と基地の整理縮小

一　土地連と防衛施設庁の取り組み

⑴土地連の動き

「本土並み返還」すなわち返還後の沖縄にも日米安保条約およびそれに関連する諸取り決めを変更なく適用するということは、日本政府の側からみれば、同条約第六条および日米地位協定第二条に基づきアメリカに沖縄基地を提供する義務を負う、ということである。日本政府としては、その義務を果たすために、軍用地の所有者と賃貸借契約を締結するか、あるいは強制使用の措置をとるかして、その土地の使用権を獲得しなければならなかったのである。一方、軍用地主の側からみれば、この問題は日本政府と賃貸借契約を結んでみずからの土地を引き続きアメリカに使用させるか、あるいはそれを拒否するか、という形で現われてくる。では、日本復帰を前にして三万数千人の軍用地主たちは、いったいいかなる選択をし、またいかなる行動をとったのであろうか。

軍用地主の連合組織である土地連が「本土並み」返還に備えて日本本土へと調査団を送り込んだのは、一九七〇年四月である。桑江朝幸のあとを継いで二代目会長となった比嘉貞信は、総勢六〇名の大調査団を組んで上京し、中曾根康弘防衛庁長官や山中貞則総務長官、そして自民党沖縄問題特別委員会（以下、自民党沖特委という）などに、みずからの要望事項を列挙した「軍用地問題に関する提議書」を手交している。この九項目にわたる要望事項のなかでとりわけ注目すべきは、次の二点である。

まず第一は、沖縄返還にあたっては、地主との「合意に基づく新規の賃貸借契約等の措置を講じて貰いたい」と謳っている点である。第二は、この新規の賃貸借契約を締結する際には、「沖縄における特殊事情も考慮した上、地主の同意し得る適正な賃借料の評価を図るべき」と謳っている点である。つまりここで早くも土地連は、日本政府と新規の賃貸借契約を結ぶ意向を持っていること、しかしその際には沖縄の特殊事情をも考慮に入れて地主の納得し得る「適正」なる賃貸料を提示するよう要求したわけである。(1)

このようにみずからの要望事項を日本政府に伝えた土地連調査団は、そればかりでなく、本土における各米軍基地を視察し、その軍用地の所有形態や地主との関係などを調査している。福岡を皮切りに、愛知、神奈川、東京の各米軍基地を視察した調査団は、その調査結果を次のようにまとめている。まず第一は、本土における軍用地は国有地が多く、私有地や市町村有地は少ないこと、第二は、地主に支払われる賃貸料の評価は基地周辺民間地域の発展度合いに沿った、いわゆる「宅地見込み地」評価(後述)が大幅に採用されていること、そして第三は、日本政府との賃貸借契約は一年ごとに更新されるので賃貸料が現状より低く評価されることは少ない、ということである。(2)この調査結果をみても分かるように、土地連にとって最大の関心事は、契約を結んだ際に支払われる賃貸料の評価問題であった。

この本土視察からおよそ五カ月後の九月二五日、土地連は臨時総会を開催し、「軍用地に関する復帰対策事項」なるものを採択している。同対策事項は一七項目からなるが、そのうちの九項目は先にみた「提議書」とほぼ同じ内容であり、残り八項目が新たに付け加えられたものであった。(3)この八項目のなかには次節でのべるような軍用地返還要求も含まれていたが、やはりここで注目しておきたいのは、復帰後の賃貸料について扱った項目である。先の「提議書」では、「沖縄における特殊事情も考慮した上、地主の同意し得る適正な賃借料の評価を図るべき」と謳っていたが、同対策事項では、それをさらにもう一歩進め、①契約にあたっては「いかなる理由があっても現行地料を上回

1970年3月，総勢60名の大調査団を組んで上京する土地連。最前列左から五番目が会長の比嘉貞信。［出典：土地連五十周年記念誌編集委員会編『土地連五十年のあゆみ』通史・資料編（沖縄県軍用地等地主会連合会，2006年），779頁より］

る」こと、②「価値増大の制限を受けている土地」については「適正かつ妥当な方法」で評価を行なうこと、③「基地の密度が本土に比較して著しく高い状態にある沖縄の特殊事情を考慮」すること、以上の三点を付け加えていたのである。

この臨時総会で副会長の赤嶺慎英は、「沖縄における特殊事情」とはいったい何を意味するのかという代議員の質問に答えて、こう説明している。「簡単にいいますと北海道で一〇万坪借りるのと、狭い沖縄の一〇万坪を借りるのとでは意味が違い、同じ条件での取り引きはできないということです。我々の土地は一坪でももったいないので、本土と同じような考え方で同じ規則にはめていったら困るということです」。「我々は我々の土地を君達政府に貸すのだから、借りる必要があれば高く借りてくれ、沖縄は狭いぞということをいっているのです」[4]。つまり、ここで土地連執行部は、本土の他の地域と比べて土地面積が小さく、一坪の土地でも貴重な財産とみなしている沖縄の特殊事情をも十分に考慮して、日本政府は賃貸料を高く設定し、「いかなることがあっても」現行の賃貸料より引き上げるよう要求したわけである。

臨時総会が開かれる一〇日ほど前（九月一四日）、日本政府沖縄事務所の事務官が土地連の動向を聴取するために会長の比嘉と副会長の赤嶺を訪ねるが、その際に両人は、「今後の地主の動向を左右する重要なポイント」は、個々の地主との賃貸借契約方式にすること、そして賃貸料を返還前よりも引き上げることである、と答えている。[5]

この一七項目にわたる「復帰対策事項」を採択した土地連は、翌一九七一年に入るや、政府自民党に対する陳情活動を活発に展開していくことになる。まず同年一月、比嘉会長をはじめとする土地連幹部が本土へと渡り、防衛施設庁をはじめとする政府関係諸機関や自民党沖特委などに対し、直接この一七項目を訴えている。[6] また同年二月には、本土訪問中の桑江朝幸土地連顧問（自民党沖縄県連政調会長）が、自民党沖特委で軍用地問題に関する陳情を行なっている。そして三月には、比嘉会長ら土地連幹部がふたたび上京し、島田豊防衛施設庁長官も同席した自民党沖特委で土地連側の要求を訴えるのであった。[7]

このように政府自民党に対する積極的な陳情活動を展開した土地連は、ただ単に賃貸料の増額を政府与党に要求しただけでなく、みずからも「地料算定研究委員会」（以下、算定委員会ともいう）を内部に設置（一九七〇年一〇月）し、独自の立場から賃貸料の算定作業を進めることになる。この算定委員会のメンバーには、会長の比嘉貞信や副会長の赤嶺慎英のほかに、弁護士の久貝良順と宜野座毅、琉球銀行参事の稲泉薫、沖縄税理士会会長の当山真清、琉球土地建物取引業者会会長の浦崎直次、そして元米陸軍沖縄地区工兵隊評価官の大工廻朝盛の六名を外部から招きいれ、この八名をもって独自に賃貸料の算定を試みるのであった。[8]

一方、これと並行して土地連は、これから本格化するであろう賃貸料をめぐる日本政府との折衝を「スムーズ」にし、かつ「地主の意向をより強く反映させる」ために、折衝権限の土地連への委任を各市町村地主会に求めている。[9] 一九七一年四月の段階で土地連は、那覇市をはじめとする一三市町村の地主会から委任状を取り付けるが、その一方で浦添市や北谷村の地主会からは、賃貸料に関する具体的な「数字が出てこない限り」、折衝権限の委任はできないという返答をもらっている。[10] これをみても分かるように、浦添、北谷の地主会にとって最大の関心事は、いやおそらく大部分の軍用地主にとって最大の関心事は、土地連内に設置された算定委員会が果たしていかなる数字を出してくるのか、ということにあったといえる。

(2) 防衛施設庁の動き

では、一方の日本政府は、この沖縄の軍用地問題に関して、いかなる態度で臨んだのであろうか。同問題の主務官庁である防衛施設庁は、沖縄返還が合意されておよそ一年後の一九七〇年一〇月、調停官の銅崎富司を団長とする総勢一七名の調査団を沖縄に送り込み、現地の実情把握と関係資料の収集にあたっている。(11)

この銅崎調査団の沖縄訪問からおよそ二カ月後の一二月九日、防衛施設庁は庁内に「沖縄復帰対策本部」(沖縄復帰対策室ともいわれる)を設置し、復帰に向けた準備作業を本格的に開始するのであった。(12) 同対策本部の本部長には沖縄調査団の団長を務めた銅崎が選任され、そのメンバーには本庁各部および各支局から人材が集められた。この銅崎率いる復帰対策本部には、全般的な総務業務を扱う総務班、国会対策業務を担当する企画班、漁業補償などを担当する水域班、そして賃貸料算定業務を担当する借料班が設置され、各班はそれぞれ「七二年返還」に備えて、連日連夜、徹夜でその準備作業を進めることになる。(13)

沖縄復帰対策本部に集まった施設庁職員がまず最初に行なったことは、沖縄についての基礎的知識を仕入れることであった。沖縄の事情に詳しいものがほとんどいなかった対策本部では、まず沖縄とはそもそもどういうところなのか、アメリカ統治下にある沖縄の実情はどうなっているのか、等々の基礎的知識を詰め込むことからスタートしたのである。(14) 年内はほとんど図書館通いをした対策本部の部員らは、翌一九七一年に入るや、沖縄現地をつぎつぎと訪問し、現地の実情把握に努めることになる。また一方で防衛施設庁は、一九七一年四月に谷口修一郎総務部補償課長ほか一八名を沖縄現地の沖縄・北方対策庁沖縄事務局に出向させ、「七二年返還」に備えた現地における準備作業もスタートさせる。(15) この沖縄に派遣された谷口ら出向職員と本庁の沖縄復帰対策本部とが連携しながら、「七二年返還」

に備えたさまざまな活動を展開していくのであった。

沖縄復帰対策本部長の銅崎によると、この対策本部の最も重要な課題は、軍用地主と賃貸借契約をスムーズに結び、アメリカに基地を「円満」に提供することにあった。[16] したがって、その課題を達成するために銅崎らが最も関心を寄せたのが、軍用地主に支払う賃貸料をどう評価するのか、というところにあった。つまり、三万数千人におよぶ軍用地主が日本政府と賃貸借契約をスムーズに結ぶか否かの鍵は、彼らに支払われる賃貸料をどう算定するのかにかかっていたのである。

この賃貸料算定という重要な任務を担当したのが、長谷川清用地専門官を班長とする借料班であった。長谷川ら借料班が算定作業を進めるにあたってまず必要としたのは、もちろん、現地の実情把握と必要な資料を収集することであった。そこで長谷川ら借料班は、一九七一年二月二三日、沖縄現地を訪問し、およそ二週間にわたって現地調査を実施することになる。調査を終えて東京に戻った借料班は、その後賃貸料に関する一九七二年度予算の概算要求書を作成するため、連日徹夜の作業を実施するのであった。[17]

二　賃貸料引き上げをめぐる政治過程

(1) 引き上げを求めて

▼「宅地見込み地」評価

さて、土地連内に設置された地料算定研究委員会がおよそ一〇カ月にわたる研究のすえ、「賃貸料試案」をまとめ上げたのは、一九七一年七月七日である。同試案の内容は、年間賃貸料総額を現行の九四五万五六七二ドルから五四六二万二四八一ドルに引き上げる、というものであった。これを一坪あたりで換算すると、これまで一六セントであった平均年間賃貸料を九一セントにまで増額するという内容である。つまり算定委員会は、年間賃貸料を現行の五・七七倍にまで引き上げることを提案したのである。[18]

賃貸料の総額を出すにあたって重要なことは、もちろん、その評価の基盤となる軍用地そのものの土地価格をどう算定するかにあった。この土地価格の算定にあたって算定委員会が基本とした方針は、次の四点である。まず第一は、これまで地目別で算定されていた軍用地の土地価格を新たに市町村別、施設別で算定すること、第二は、算定の時期を復帰予定年の一九七二年とすること、第三は、これまでの「地目方式」に代えて「価格方式」と「生産方式」の二つを採用すること、第四は、同一施設には同一の算定方式を用いること、以上である。

ここで算定委員会が用いた「価格方式」とは、基地周辺地域の土地の売買推定額や銀行評価額、そして賃貸料の実例額を基礎にして軍用地の土地価格を算定するという方式で、これは那覇市や中部地域など都市化の進んだ地域に適用された。いまひとつの「生産方式」とは、基地周辺地域の田、畑、山林、そして原野の生産率を基礎にして算定する方式のことで、これは都市化の進んでいない地域に適用された。前者の方式が適用される軍用地の地目は、「宅地」と「宅地見込地（準宅地）」の二種類で、後者の方式が適用される地目は、「宅地」、「田」、「畑」、「農地見込み地」、「山林」、「原野」の六種類であった。[19]

この算定委員会による軍用地算定でポイントとなるのは、これまでの「地目方式」に代えて「価格方式」を導入したことと、この「価格方式」のなかに「宅地見込み地」評価を導入したことであった。つまり、基地周辺地域の地価を参考とする「価格方式」を採用したことと、基地周辺地域が宅地化されていたり、あるいは宅地化されることが十分に予測できる周辺地域の軍用地を「宅地」に準じた「宅地見込み地」として評価したことが、賃貸料大幅引き上げを可能にしたのである。

これまで採用されていた「地目方式」とは、土地登記簿に細かく記載された地目・等級を基礎にして軍用地の価格を算定する方式であるが、地主にとってこの方式の最大の問題点は、算定の基礎となる地目・等級が二〇年以上も前の、いわゆる接収当時のものになっていたということと、その地目・等級の変更が米軍によって許可されていなかったということにあった。那覇市やコザ市などの民間地域では宅地化が進み、地目の変更等によって地価・賃貸料が上昇していったのに対し、その周辺の軍用地だけは、依然として地目が接収当時のままにとどめられ、賃貸料の上昇も抑えられていたのである。つまり、那覇市やコザ市など都市化の進んだ民間地域の地目が以前の「田」「畑」「原野」などから、より価値の高い「宅地」へと変更されていったのに対し、その周辺の軍用地だけが、「宅地」よりも価値の低い「田」「畑」「原野」などにそのまま据え置かれていたのである。したがって、算定委員会が「宅地見込地」評価を導入した背景には、これまで接収時の地目のままであった「田」「畑」「原野」などを宅地に準じた「宅地見込地」として扱うことによって、こうした基地周辺地域との格差を解消する狙いがあったのである。つまり、年間賃貸料総額が現行の五・七七倍にまで引き上げられたその最大の要因は、この「宅地見込み地」評価を採用したところにあったわけである。(20)

では、一方の防衛施設庁は、この年間賃貸料総額をどう算出したのであろうか。土地連が現行の五・七七倍を打ち出したちょうど同じころ、沖縄復帰対策本部の借料班は、現行の二倍から三倍程度の引き上げを考えていた。七月一三日、防衛施設庁は、「いまの見積もりだとソロバンをどうはじいても二倍ないし三倍の増額にしかならない。これは本土なみの適正な額である。地主連合会も本土の算定方式を知っているはずだし、これにもとづいて算定しているならこんな大きな差は出てこない」とのべて、土地連側の算定結果に疑問を呈している。(21) また八月五日には、沖縄訪問中の島田豊防衛施設庁長官も、「土地連が要求している五・七七倍はとうていのめない」とのべて、土地連側の試案を拒絶している。(22)

当時、長谷川清班長のもとで算定作業を進めた藤河浩三も、「通常の本土の積算方式」でやると「二倍から三倍」程度にしか積み上がらなかった、と証言している。(23) また復帰対策本部長を務めた銅崎富司も、「事務的にはせいぜい二、三倍」であった、と述懐している。(24)

藤河によれば、通常本土で採用されていた算定方式には「価格方式」と「収益方式」の二つがあり、借料班はこの二つの方式を沖縄にも適用したというのである。前者の「価格方式」とは、地目が「宅地」の軍用地に適用され、その周辺民間地域における売買の事例などを参考にして算定する方式のことで、後者の「収益方式」とは、地目が「田」「畑」「山林」などの軍用地に適用され、その土地の生産性などを基盤にして算定する方式のことであった[25]。これをみても分かるように、借料班の採用したこの二つの方式は、土地連側の採用した先の二つの方式（「価格方式」と「生産方式」）と、ほぼ同じものだったのである。しかし、両者のあいだで大きく異なっていた点は、土地連側が「宅地見込み地」評価を導入したのに対し、借料班はそれを導入していなかったところにあった[26]。この「宅地見込み地」評価を導入するのか否かによって、両者のあいだにはこれだけ大きな開きが生じてしまったわけである。

▼五・七七倍から六・八三倍へ

では、こうした防衛施設庁の態度を受けて土地連は、いかなる反応を示したのであろうか。算定結果がこれほどまでに大きく異なっていたのであれば、土地連側がみずからの要求額を引き下げて、譲歩の姿勢を示したとしてもおかしくはなかった。しかし土地連は、そうした態度をまったくみせなかったばかりか、逆に要求額を引き上げるという行動に出るのであった。土地連がこうした行動をとったのは、土地連加盟の北谷村、嘉手納村、宜野湾市のそれぞれの地主会が、土地連試案に強く反対したことがあった。

村の面積の約七五パーセントを軍用地が占める北谷村の地主会（会長嘉陽田朝興、地主数約一八〇〇人）では、両隣にある嘉手納村と宜野湾市に比べて一坪あたりの平均賃貸料が低いことに不満を漏らし、賃貸料を「嘉手納、宜野湾市と同様かもしくはそれ以上」にしなければ日本政府との賃貸借契約を拒否する、という意向を明らかにしている[27]。また、北谷村が比較の対象とした嘉手納村の地主会（会長徳里政助、地主数約一五〇〇人）も、これと同様に隣のコザ市と比べて、一坪あたりの平均賃貸料が低いと不満を漏らし、土地連試案に反対している。たとえば、嘉手納空軍基地は、嘉手納、コザ、北谷の三市村にまたがる形で形成されているが、この嘉手納基地の賃貸料について試案では、コザ市側が一坪あたり平均四ドル一一セント、嘉手納村側が二ドル九四セント、北谷村側が二ドル一三セントと評価していた。同基地の賃貸料は前述した「価格方式」に基づき基地周辺地域における宅地の売買価格を基礎にして算定されたものであったため、どうしても都市化の進んだコザ市のほうがその賃貸料は高くなってしまうのである。これに対して嘉手納村地主会は、地域の発展が阻害されているのは村面積の八八パーセントを軍用地が占めているからだ、と主張し、もし賃貸料の引き上げがなされないなら「村独自で本土政府と折衝する」、という態度を明らかにするのであった[28]。

また、嘉手納村と同じく北谷村が比較の対象とした宜野湾市の地主会（会長比嘉賀信、地主数一八〇〇人）も、これまた隣の浦添市との比較で土地連試案を批判している。試案では、一坪あたりの平均賃貸料が浦添市で三ドル九〇セントとなっていたのに対し、宜野湾市ではそれを五〇セント下回る三ドル四〇セントとなっていた。そこで宜野湾市地主会は、この土地連試案をさらに一二セント引き上げて、三ドル五二セントとするよう要求したのである[29]。

当時、この算定作業に深くかかわっていた土地連元事務局長の砂川直義は、こうした地主会の反応について次のように述懐している。「隣接の市町村との比較でなんで向うよりも（我々の軍用地の地価は）低いのですか、という言い方をするわけです。那覇を中心にして北部へ行くと地価は下がっていく構図になるわけですが、（その地価）の低いところの市町村は高いところ（の市町村）をみて、向うとの差がありすぎるから認めるわけにはいかない、せめてその隣の自分より（地価の）高い隣接の市町村並みにもっていってくれ、という。そうすると、そう言われた市町村は……なぜ君らと一緒の価値しかないのか、じゃあ自分らも高いところにもっていけ、というわけです[30]」。また土地連会長の比嘉貞信も、これについて後年次のようにのべている。「我々としては、ただやみくもに数字を出しても、理論的にひっくり返されるだけだから、筋がとおるように理論武装して要求すべきであるということで、しぼりにしぼって五・七七倍という数字をはじきだしたんですが、（宜野湾、北谷、嘉手納の地主会が）絶対了解しないんですね。（中略）それでまた、計算し直したんです[31]」。

土地連試案に対するこうした地主会の要求を考慮に入れて、土地連執行部は地料算定研究委員会が「しぼりにしぼって」算定した額をさらに四四一万一六九二ドル引き上げて、年間賃貸料総額を五九〇三万四一七三ドル、日本円に直すと約二一二億五二三〇万円とすることを決定するのであった。[32] しかし理由は定かでないが、土地連はさらにこの決定を修正し、約二一五億八〇〇〇万円とすることになる。[33] これによって土地連の要求する年間賃貸料総額は、現行の六・八三倍にまで引き上げられるのであった。

この二一五億八〇〇〇万円の要求額を携えて会長の比嘉貞信は、一〇月六日、宮崎で開かれた「一日内閣（国政に関する公聴会）」に出席し、佐藤首相をはじめ一三閣僚を前にして沖縄の軍用地問題を訴える。ここで比嘉は、軍用地の賃貸料が「接収時の地目等級により算定されている」ため、開発の進んだ基地周辺地域と比べてかなり低く設定されていること、九州における自衛隊、米軍基地の賃貸料と比べても「七分の一」しかないことを指摘しつつ、土地連側の要望額を佐藤らに要求する。この比嘉の報告を聞いた佐藤首相は、「占領当時の地目等で決められている軍用地料についてては適正を図らなければならない」とのべ、また防衛庁長官の西村直巳も、「復帰後の沖縄の軍用地料については（土地連の）要求に沿う額にするよう努力する」と返答することになる。[34]

▼政治的意向

こうした土地連による積極的な陳情活動を前にしてみずからの態度を変更したのは、防衛施設庁の側であった。比嘉が「一日内閣」で訴えてから三日後の一〇月九日、島田豊防衛施設庁長官は沖縄の軍用地関係予算の概要を公表し、一九七二年度の年間賃貸料を総額で一五〇億円、「関連経費」として三八億円、合わせて一八八億円とすることを明らかにするのであった。[35] この関連経費も含めた一八八億円という金額は、土地連側の要求する二一五億八〇〇〇万円より二七億八〇〇〇万円ほど低かったが、それでも同庁としては、現行賃貸料の二倍から三倍程度という当初の試算から、一気に六・五倍にまで引き上げたのである（関連経費を含めず賃貸料だけだと五・一七倍）。

では、なぜ防衛施設庁は、これを六・五倍にまで一気に引き上げたのであろうか。同庁による賃貸料の大幅引き上げには、実は政治的な意向が強く働いていたのである。これについて沖縄復帰対策本部長の銅崎富司は、次のように述懐している。「どうも全額らしいということが、どこからともなく伝わってきた。どうも山中（貞則）さんがね、それを強くいっておられるようだという……。だから反対できないですよ(36)」。さらに銅崎は、「山中さんがね、沖縄のことはちゃんとしてやれと……。総務長官で（当時沖縄のことに）一所懸命だったからね。だから自民党はそういうアレで、とにかく沖縄側の言い分は呑めという感じだったんじゃないですかね」とのべている(37)。つまり、銅崎ら防衛施設庁の側には、山中貞則総務長官辺りから土地連側の要求を「全額」呑むようにという意向が伝わっていたのである。

すでに「政治的に決まっている」ことだから「しょうがない」という気持ちで銅崎は、長谷川率いる借料班に算定のやり直しを命じている(38)。これを受けた借料班も、とにかく「なんとかしなければいかん」ということで、その引き上げ方法を考えるが、検討の結果出した結論は、「宅地見込み地」評価を導入することであった(39)。この「宅地見込み地」評価が富士の演習場で適用されていることを知った長谷川ら借料班は、そこを管轄する横浜防衛施設局から資料を取り寄せて、それを参考に評価をやり直すことになる(40)。かくして、この「宅地見込み地」評価を導入した結果、借料班は現行の五倍程度にまで賃貸料を引き上げることができたのである(41)。

賃貸料をこのように引き上げる過程で銅崎は、大蔵省の担当者と予算折衝を行なっている。その際に銅崎は、借料班が積み上げた概算要求案を提示するが、これに対して担当者は、「これじゃあ、まだアレだな」といって、銅崎にそれを差し戻している(42)。通常、大蔵省は、各省庁が提出した概算要求案を厳しく査定し、できるだけ予算の支出を抑えようとするものだが、この沖縄の軍用地賃貸料に関しては、それとはまったく逆に、予算の引き上げを暗に求めたのである。銅崎はいう。「そのときはね、いくらとは言わないんですよ。大蔵もずるいから……。ただ差し戻すんですよ。（でももっと引き上げろというのは）何となく感じで分かるからね(43)」。

この大蔵省の態度をみても分かるように、防衛施設庁だけでなく、すでに大蔵省にも、政府自民党辺りからの意向が伝えられていたことが伺える。かくして、政治的な意向を背景に算定のやり直しを求められた沖縄復帰対策本部は、

「宅地見込み地」評価を導入し、「理屈」のつくぎりぎりの線にまで積み上げていった結果、先にみた現行の五倍程度にまで賃貸料を引き上げたのである。

ただ、それでも土地連の要求する全額には完全に届かなかったことから、対策本部は大蔵省とも相談のうえ、残りの金額については「見舞金」という形で補うことを決定する。(44) 対策本部がさらに積算して賃貸料を引き上げなかった理由は、これ以上積算して賃貸料を引き上げてしまうと、それを正当化する「理屈」がつかなくなってしまうからであった。またいまひとつの理由には、「理屈」のつかない金額を国民の税金から支払うわけにはいかない、という思いがあったからである。(45) かくして、防衛施設庁としては、年間賃貸料を現行の五倍程度にまで引き上げて、残りを「見舞金」という形で支払うことで、何とか現行の六・五倍にまでもっていくことができたのである。(46)

以上、防衛施設庁としては、政府自民党辺りから伝わってきた政治的な意向を受けて、こうした数字をいやいやながらも打ち出したわけであるが、その政府自民党自体は、いかなる理由から土地連側の要求を呑むという決断を下したのであろうか。おそらく、山中総務長官の「沖縄のことはちゃんとしてやれ」という政治的意向も大きかったと思われるが、それ以外にも、次のような政治的考慮が働いたのではないかと推測される。

すなわち、日米安保条約に基づき沖縄の米軍基地をアメリカに提供することを至上命題としていた政府自民党にとって、地主と賃貸借契約をスムーズに結ぶことは何より重要なことであった。しかし、このまま施設庁の試案どおりに現行の二倍から三倍程度で賃貸料を設定してしまうと、それよりも遙かに高い要求額を示している軍用地主を納得させることはできず、契約を拒否される恐れがあった。しかも、地主が契約を拒否した場合、強制的手段を用いて土地を使用しなければならず、そうすると問題はさらに紛糾し、事態の収拾がつかなくなる可能性もあったのである。したがって、政府自民党としては、こうした事態を是が非でも避けるために、土地連側の要求をできる限り認めることによって、地主との契約をスムーズにもっていこうと考えたのではないか、と思われるのである。

(2) 契約拒否地主への対応

▼水面下でのエール

政府自民党が土地連側の要求を受け入れる姿勢を固めたと思われる八月から九月にかけて、ちょうど沖縄では基地の「全面撤去」を唱える復帰協と革新共闘会議が、日本政府との賃貸借契約を拒否することを求める、いわゆる契約拒否運動を進めていた。沖縄返還協定の調印に反対して「五・一九統一行動」を闘い抜いた復帰協が、その勢いに乗って返還協定の批准阻止をめざした「一一・一〇統一行動」を行なったことは、前章でみたとおりである。この「一一・一〇統一行動」を準備するかたわら、復帰協は屋良主席を生み出す母体となった革新共闘会議(事務局長福地曠昭)と連携して、契約拒否と軍用地返還を求めるいわゆる「反戦地主会」の結成準備会を七月五日の日に立ち上げる。そしてその翌日、準備会は、契約拒否を求める要請書を各市町村に出し、反基地闘争の一環として契約拒否運動を具体的に進めていくのであった(47)。

軍用地を日本政府に提供することを前提に賃貸料の増額を求めていた土地連側は、この契約拒否運動をどうみたのであろうか。土地連元事務局長の砂川直義によれば、この契約拒否運動を土地連としてはそれほど問題にせず、何か「いちゃもん」をつけるということもなかったという(48)。強制使用立法である「公用地暫定使用法案」(後述)が国会で審議されているさなかの一二月九日、いわゆる「反戦地主会」(会長上原政一)が結成されるが、その結成を伝えた当時の新聞記事は、「契約を拒否する地主は全部で約四、五千人いるといわれる」と報道している(49)。砂川によれば、土地連からみて契約拒否地主は本当に「そんなにいるのか」、という思いであったという(50)。また日本政府沖縄事務所が砂川にこの件を問い合わせた際も、砂川は、「五〇〇〇人の地主が契約に反対するというような異常事態は予想していない。日本政府が賃貸料に好意的な態度を示すかぎり、契約拒否者は極めて少数に留るであろう」と答えている(51)。実際、一九七二年五月に沖縄が返還された際、日本政府との契約に応じなかった地主は二四〇〇人ほどいたが、その数字にしても、土地連側からみればまったく予想外のものであった(52)。

ただ、ここで興味深いのは、土地連側が単に契約拒否運動を問題にしなかっただけでなく、実はその運動に水面下でエールを送っていたということである。同じ中部出身で同級生でもある旧知の仲宗根悟復帰協事務局長に対して土地連会長の比嘉貞信は、この運動をもっと盛り上げるよう催促している。仲宗根は、当時を振り返って次のようにのべている。「何かあるとね、（比嘉貞信が）電話してくるんですよ。復帰協が自治体をね、うんと抗議してくれと。やってくれと。あなた方が反対運動をするからね、賃貸料も上がるんだという言い方を（比嘉は）するんですよ[53]」。

比嘉はこのように仲宗根らの推進する契約拒否運動に密かにエールを送り、この運動の高まりをひとつのカードとして、政府自民党から賃貸料の引き上げを勝ち取ろうとしたのである。第五章でみたように、一九五八年に訪米した沖縄代表団が、反米民連の脅威を理由に挙げて一括払い政策の完全廃止を訴えたのと同じように、ここで土地連は、「基地撤去」を前面に掲げる復帰協の主導する契約拒否運動をひとつの脅威として挙げ、政府自民党から譲歩を引き出そうと考えたのである。

▼覚書の調印をめぐって

契約拒否運動まで利用して賃貸料の増額を求めた比嘉率いる土地連は、防衛施設庁の出した先の六・五倍という算定結果に対し、これをある程度好意的に受けとめはしたものの、あくまで既定の方針（現行の六・八三倍）に沿って政府に要求していくことを一〇月一八日の役員会で決定する[54]。そして一〇日後の一〇月二九日、自民党本部で開かれた全国政調会長会議の場で土地連顧問の桑江朝幸（自民党沖縄県連政調会長）が、土地連側の要求する二一五億八〇〇〇万円の支払いを小坂善太郎政調会長に要求するのであった。

桑江の回想によれば、これを受けた小坂は、もし土地連側の要求を受け入れたなら地主は「何パーセント位」契約に応じるだろうか、と桑江に訊ねている。これに対して桑江が、即座に「八十五パーセント以上の契約はできると思います」と答えるや、小坂は会議の運営を副政調会長に任せて席を立ち、佐藤首相をはじめ党幹部・関係閣僚のところに相談に行く[55]。約一時間後に戻ってきた小坂は、桑江を会議室の廊下に呼び出して、こうのべている。「桑江君できたよ、沖縄地主連合会の要求を満額認めることになった。佐藤総理、幹事長、総務会長に総務長官を駆け巡って、OKを取り付けた。喜んでくれ、確約のための覚書を交わしたいので、直ぐ（沖縄の比嘉会長に）連絡を取ってくれぬか」。[56]

これを受けて桑江はただちに比嘉にそのことを伝え、翌一一月一日、比嘉が上京して小坂と協議をもつことになる。[57]ここで小坂は、事前に用意した「沖縄基地の借地料引き上げに関する覚書案」と「了解事項」を比嘉に提示し、これに調印するよう要求する。しかしこれを受けた比嘉は、即座に調印することを拒み、これを組織内に持ち帰ることを願い出る。ここで小坂が提示した覚書の内容は、土地連の要求する六・八三倍の引き上げを自民党が認める代わりに、土地連側は「責任をもって全地主の了解をとりつける」、というものであった。覚書と一緒に提示された「了解事項」によると、ここでいう「全地主」とは、現時点（一九七一年一〇月時点）で米側と契約している約九五パーセントの地主を指すとされていた。つまり自民党は、現在米側と契約している軍用地主が復帰後も引き続き日本政府と契約を結ぶことを条件として、土地連の要求する金額を満額認めようとしたのである。

帰任した比嘉は、この小坂の提示した覚書を役員会に諮って検討するが、役員会の出した結論は、次の二つであった。まずひとつは、これまで要求してきた二一五億八〇〇〇万円という金額にさらに一六億三〇〇〇万円（道路など公用地の賃貸料として）を上積みして、総額で二三二億円あまりを日本政府に要求していく、というものであった。いまひとつは、自民党との覚書は取り交わさずに、あくまで同党との信頼関係に基づいて地主から契約了解を取り付ける努力をする、というものであった。

この二つの決定事項を携えて比嘉ら土地連執行部は、再度上京し、一一月九日、自民党本部で小坂と協議をもつことになる。比嘉の回想によれば、ここで小坂は比嘉らに対し、「桑江君は調印すると約束したのに君達はどうしてそれを履行しないんだ。約束違反じゃないか」と怒り、土地連側の態度を厳しく非難している。[58]しかしこれに対して比嘉らは、「ああだこうだといって理屈を付け」、この覚書調印には応じられない旨を説明するのであった。最終的には小坂が折れ、土地連側が同党との信頼関係に基づき九五パーセントの地主から契約を取り付ける努力をする、ということで話がつく。また、一方の土地連側も、上乗せした一六億三〇〇〇万円の要求を引っ込めることになる。かくして、政府自民党の政治的配慮によって土地連は、ついに総額二一五億八〇〇〇万円の支払い確約を勝ち取ることになり、一方の政府自民党も、覚書の調印には至らなかったものの、これによって地主とのスムーズな契約締結に見通しがつくのであった。

▼公用地暫定使用法

このように契約締結への見通しのついた政府自民党にとって残る大きな課題は、契約に応じる意思のない地主をどう扱うか、ということであった。この契約拒否地主に対処するため、日本政府は、一〇月一六日に開幕した「沖縄国会」(第六七臨時国会)において、強制使用立法である「沖縄における公用地等の暫定的使用に関する法律案」、すなわち「公用地暫定使用法案」を提出することになる。

そもそも日本本土においては軍用地の強制使用立法である「米軍用地特措法」が、講和条約発効後の一九五二年五月に制定されていた[59]。占領期にアメリカが使用していた軍用地を引き続き同国に使用させるために、日本政府はこれを制定したのである。同特措法は、日本政府との契約を地主が拒否した場合、その附則において、軍用地を暫定的に六カ月間使用できると定めていた[60]。一方、沖縄の軍用地に適用予定の「公用地暫定使用法案」は、その使用期間を「五年をこえない範囲内」と規定していた(第二条)[61]。この使用期間の設定について西村直巳防衛庁長官は、一一月六日、衆議院本会議で次のように説明している[62]。

本土におきまする平和条約発効の際は、条約の発効以前からすでに日本政府自体が全部の契約の当事者となっておりまして、契約をそのまま引き継いでいけば事が足りたのでありまして、そこに格別の困難はなかったのであります。このたび沖縄の復帰にあたりましては、従来琉球政府が契約の当事者となってきた土地につきまして、日本政府が全く新しく契約を締結するという事情、また、契約の相手方が三万数千人という数にのぼっておりますし、一部には海外移住者あるいは居所不明の方もあるわけであります。しかも、復帰前には沖縄の土地は米国の施政権下にありますから、事前準備にも相当な制約を受けております。このような状況から、今回は、小笠原の先例もありますので、五年限りということにいたしたのであります。

つまり日本政府は、対日平和条約発効時の本土における場合と異なり、今回は三万数千人におよぶ軍用地主と新規の賃貸借契約を締結しなければならないこと、そしてそのなかには海外に住んでいる者や住所不明者もいることなどを理由に挙げて、暫定使用期間を五カ年内とすることを説明したのである。こうした政府の説明に対して各野党は、五カ年ものあいだ、私権を制限するのは憲法で保障する財産権の侵害にあたり憲法違反である、と厳しく批判し、その廃案を求めることになる。しかし政府は、憲法に抵触するものではないという見解を示し、法案の可決、成立を狙うのであった(63)。

沖縄では「基地撤去」を唱える復帰協など革新勢力がこの法案に反対したのはいうまでもないが、政府と賃貸借契約を結ぶ意向を示していた土地連までもがこれに反対の姿勢を示す(64)。このように本土の野党各派、沖縄の革新勢力、そして土地連までもがこの法案に反対するなか、アメリカへの基地提供を至上命題としていた政府自民党は、一二月三〇日、衆議院本会議で全野党が欠席するなか、単独で同法案を可決、成立させるのであった。

この公用地暫定使用法の成立からおよそ二週間後の一九七二年一月一一日、軍用地関係予算が正式決定される。防衛施設庁の管轄する米軍基地と自衛隊基地関連の賃貸料は、合わせて一六五億三四〇〇万円、運輸省の管轄する那覇空港用地と建設省の管轄する道路など公用地関係の賃貸料は、合わせて二三億七四〇〇万円、合計で一八九億八〇〇万円が、一九七二年度予算として承認されたのである。この一八九億円という金額は、土地連と自民党との間で合意された二一五億円より二六億円ほど低く設定されていたが、これは四月一日と想定されていた沖縄返還が五月一五日にまで延びてしまったからである。つまり、四月一日から一年分で計算した金額が二一五億円であったが、それから五月一五日までの四四日分の賃貸料を差し引いた金額が、この一八九億八〇〇万円であったというわけである。[65]

かくして、沖縄返還（五月一五日）からおよそ一カ月後の六月八日時点で、日本政府は、三万三四五人の軍用地主と賃貸借契約を締結することになる。[66] これは、全軍用地主（三万二七八〇人）の九三パーセントにあたり、日本政府としてはほぼ満足のいく結果であったといえる。また、契約に応じなかった残り七パーセントの軍用地主の土地に関しても、同年八月に入ってから、段階的に公用地暫定使用法を適用して強制使用を開始するのであった。

三　基地の整理縮小を求めて

(1) 基地縮小論の浮上

このように年間賃貸料の大幅引き上げを勝ち取った土地連であるが、同組織は復帰に際して単にそれだけを求めていたわけではなかった。土地連はこれに加え、条件付きの基地返還も求めていたのである。土地連がこの基地返還について態度を明らかにしたのは、一九七〇年九月の臨時総会の時である。同総会で採択された「軍用地に関する復帰対策事項」において土地連は、「市町村の地域開発等を推進するための障害となっている軍用地については、解放してもらいたい」（第二項）、と打ち出したのである。[67] つまり、各市町村の地域開発を阻害することになる軍用地に関しては、これを「計画的」に土地所有者に返還してもらいたい、というのが土地連の要求であった。[68]

また、これに関連して土地連は、いわゆる復元補償の問題も取り上げている。復帰対策事項の第四項で土地連は、軍用地を返還する際には元の状態に戻してから返還するか、もしくは原状回復が困難な場合には、それ相当の補償を行なうべきだ、と要求したのである。[69] これまでアメリカ側は、一九五〇年七月一日以前に接収した軍用地のなかで一九六一年六月三〇日までに返還した土地については、「恩恵的措置」により補償を行なってきた。しかし、一九六一年七月一日以後に返還した土地に関しては、補償の法的責任を拒否し、また将来返還する土地についても原状の回復や補償を行なう意思のないことを明らかにしていた。対日平和条約第一九条A項において、「日本国及び日本国民」は「米国への請求権」を「放棄」している、というのがアメリカ側の言い分であった[70]。

第一章でみたように、北部の演習地域などを除いて沖縄の軍用地は、そのほとんどが沖縄戦の終結から数年以内に接収されたものであり、そのなかには米軍の基地建設によってコンクリートやアスファルトなどで敷きつめられたり、あるいは表土が削りとられたりして元の状態に戻すことがほとんど不可能な土地が多く存在した。このように軍用地をみずからの都合で返還する場合、アメリカとしては、その土地の原状回復ないし補償を行なう意図をまったく持ち合わせていなかったのである。

かくして土地連は、地域の発展にそれほど大きく寄与しない土地を返還されても地主個人はもちろんのこと、地域全体にとっても利益にならないと判断し、地域の発展を阻害するような軍用地については「計画的」に返還するよう日本政府に求めたのである。また、その軍用地の返還にあたっても、それをきちんと原状回復してから返還するか、あるいはそれが無理な場合には、十分な補償を行なうよう要求するのであった。

以上、土地連側がこのように「計画的」な土地返還を要求するなか、一方のアメリカは、沖縄米軍基地の整理縮小が困難であることを日本政府に伝えていた。たとえば、国務省のハワード・マッケルロイは一九七〇年七月、駐米日本大使館の木内昭胤に対して、次のようにのべている[71]。

> オキナワ返かんに伴ない、同地にある米軍基地の若干を整理、しゅく少《ママ》すべしとの意見が日本側内部にあるやに承知しているが、それは、極めて困難である。(中略)オキナワ基地が現在より強化されることはないとしても、しゅく少《ママ》されるようなことは到てい考えられない。(中略)日本側がオキナワ基地のしゅく少《ママ》整理に期待をかけ

られたら必ず将来失望されることとなるほかないと思う。

アメリカの今後の極東戦略の趨勢からみて、沖縄基地の整理縮小は「極めて困難」であり、それを日本側が「期待」すれば必ず「失望」に終わる、というのがマッケルロイの主張であった。しかしその一方で、米議会や陸軍省のなかでは、沖縄の基地を整理縮小すべきではないか、という意見も出ていたことは注目に値する。一九六九年二月二八日、民主党米下院議員のジェームズ・オハラは、駐米日本大使館の木内に対し、日本と沖縄への「オーヴァー・コミットメント」や、「駐留過多に対する反省」、そして「経費削減」という観点から、「在日米軍、オキナワ駐留の軍及び施政を整理して米軍のプレゼンスを縮小させた方がよい」とのべている(72)。また、同じ民主党下院議員のジェフリー・コヒーランも、木内に対し、「オキナワ、本土共に駐留米軍が多すぎて種々まさつ発生の要因となっており、不要不急なものは整理、引きあげさせるべき」と語っている(73)。

さらに、三月六日には民主党のフランク・モス上院議員も、木内に対し、沖縄基地のありかたについて次のようにのべている(74)。「自分は二回オキナワを訪問し、上空からも同基地の威容をみた。ヴィエトナム戦継続中はB－五二の基地として有効に働いており、また核ちょ蔵も必要と思われる。しかし、これらの基地はやたらにひろがりすぎているのが実感で、縮小しなければいけないと感じている」。このようにのべたモスは、「経費節減の観点から、各地の基地を必要最少限度にとどめるべきだ」という要請を日本側からしたほうがよいのではないか、とアドバイスまでするのであった。

また、翌一九七〇年七月には陸軍次官代理のデイヴィッド・ウォードも、木内に対し、次のようにのべている。「オキナワの米軍基地はヴィエトナム戦後、韓国（からの米軍）撤退後ますます強化されるとの観測が日本の一部にあるようだが、米国としてはなんとしてでも経費を削減しなければならないので、基地は縮少過程にあっても強化拡大されることはない(75)」。国務省のマッケルロイが今後の極東戦略の趨勢から基地縮小は「極めて困難」であるとのべたのに対し、一方のウォード陸軍次官は、逆に米軍基地は縮小過程にあると主張したのである。

(2) 基地縮小をめぐる日米協議

▼愛知・マイヤー会談

このようにアメリカ内部の見解が分かれているなか、翌一九七一年四月から、沖縄の施政権返還後の米軍基地のありかたについて本格的な検討が日米間でなされることになる。まず四月一日、アーミン・マイヤー駐日大使と会談した愛知外務大臣は、昨年一二月に同大使に伝えた日本側の見解、すなわち日米安保条約上必要な基地は提供し、沖縄住民の福祉や経済発展にとって有用な土地は返還すべき、という見解をいま一度示したうえで、とりわけ日本側が望むのは、①那覇市内およびその周辺の基地を返還すること、②返還される基地の面積や件数をできる限り大きくすること、③施政権返還後に返す予定の基地を明らかにすること、であると訴えている。これに対して同席したリチャード・スナイダー公使は、対日平和条約発効時の本土の場合と同じく基地は施政権返還後に縮小されていくが、それ以前に返還されるものは「多数というわけにはゆかない」、と返答するのであった[76]。

この愛知・マイヤー会談の後、吉野文六アメリカ局長とスナイダー公使とのあいだで事務レベルでの折衝が行なわれるが、四月八日、吉野がスナイダーに対し、返還希望の基地リストを手交したうえ、その内容を説明している。まず第一に那覇空港の完全返還、第二に那覇軍港の一部返還、第三に与儀ガソリンタンクの完全撤去、第四に牧港住宅地区の移転、第五に演習場の一部返還、第六に読谷補助飛行場の完全返還、そして第七に閉鎖中のミサイルサイト等の完全返還、などであった。これに対してスナイダーは、「全体として日本側要請はテークノートするが、大半は復帰後解決される問題である」とのべて、いま一度日本側の提案に釘を刺すのであった[77]。

続く四月二一日、ふたたび吉野・スナイダー会談が行なわれるが、ここでスナイダーは、統合参謀本部と太平洋軍の見解を吉野に伝えている。まず那覇空港に関しては、そこに配備されているＰ３部隊（Ｐ３対潜哨戒機）の移転が問題であるとして、軍部が嘉手納・普天間両飛行場への移転に難色を示していると伝えている。前者の嘉手納移転については、空軍が「費用切詰」のために台湾等の基地を縮小し、それを嘉手納に統合する予定があるため同飛行場の「使用増大が見込まれる」こと、また駐機場やエプロンなどの必要施設の建設に一八〇〇万ドルの費用がかかってしまうこと、などを指摘している。後者の普天間移転に関しては、移転費用として一六〇〇万ドルの費用がかかってしまうこと、滑走路や気象状況、そして地理的条件等で嘉手納飛行場に劣っていること、などを指摘している。また那覇軍港に関しては、沖縄の兵站基地としての役割増大を指摘するとともに、那覇軍港と同程度の軍港を建設するためには五〇〇〇万ドルから七〇〇〇万ドルの費用がかかってしまう、と指摘しながら、同軍港の一部返還に難色を示す。しかし一方の与儀ガソリンタンクに関しては、施政権返還時に「返還の見込」があると伝え、また牧港住宅地区に関しても、「同程度の住宅区域が米側が一切費用を負担せざる条件で他に建設されうる場合返還の用意あり」、と返答するのであった。また、ほかの基地に関しても、軍部は「相当多数」の返還ないし面積削減を検討している、と吉野に伝えることになる(78)。

このようなアメリカ軍部の意向を聞いたうえで愛知外務大臣は、四月二六日、再度マイヤー大使と会談し、日本側の意向を伝えている(79)。ここで愛知は、のちに沖縄返還協定の調印時に日米間で取り交わされる「基地リスト」に沿って議論を進め、P3部隊を撤退させて那覇空港を返還すべきことや、牧港住宅地区をリストB表に含めることを強く要求している。愛知がここで示した「基地リスト」とは、A表とB表からなる日米間の「了解覚書」のことで、A表はアメリカが施政権返還後も引き続き使用する基地を列挙したものであり、B表は沖縄返還後一定期間内に日本国に返還される基地を示したものであった。また愛知は、この「基地リスト」にC表を加えることを提案し、このC表には日本復帰前に返還される基地のリストを挙げるべきだ、と主張するのであった。

これに対して同席したスナイダー公使は、那覇空港に関しては、「日本側へ無償で管理権を渡す」つもりであるが、P3部隊の移転については日本側がその費用を負担し、かつ有事の際には再駐留が必要である、と答えている。また牧港住宅地区に関しては、代替施設が提供され、かつ日本側が移転費用を出すのであれば可能である、と伝えるとともに、C表の追加提案については、「なんとかWORKOUTできるであろう」と答えている。

その後、P3部隊の移転問題は大きな懸案事案として日米間で話し合われるが、沖縄返還協定の調印時には解決せず、結局のところ、一九七五年になってようやく嘉手納基地への移駐という形で決着をみる。また、牧港住宅地区の移転問題に関しても、同じく協定調印時には決着をみず、一九七四年に入ってから日米間で合意をみるのであった(後述)。

続く五月一一日の愛知・マイヤー会談では、マイヤーが愛知に対し、恒久使用の北部演習場二万一〇〇〇エーカーに加え、一時使用分の演習場七〇〇〇エーカーも日米地位協定第二条四項(b)[80]でいうアメリカへの提供施設に加えたいと提案している。これに対して愛知は、恒久使用分の演習場二万一〇〇〇エーカーのなかから一時使用分の面積と同じ七〇〇〇エーカーを「削除しなければ」その記載には応じられない、と反論するのであった[81]。

さらに五月二四日の会談では、愛知はふたたびマイヤー大使に対し、この演習場の問題を持ち出すが、これに対してマイヤーは、「日本政府の立場、沖縄住民の利益及び不要な地域は保有しないとの米国の基本政策を勘案」した結果、一時使用分の総面積一万三四五五エーカーのうち最大規模の奥演習場九六一八エーカーの返還を決定した、と愛知に告げるのであった。またこの会談で愛知は、沖縄本島中部の北谷村の代表から陳情を受けたとして、同村の米軍基地をB表、すなわち沖縄返還後一定期間内に日本に返還される基地リストに加えるよう要求する。これに対してスナイダー公使は、「那覇WHEEL区域への自衛隊移駐に伴う米軍部隊の移転先が多分この地域となるべく、よってただ今の段階ではB表に載せることはコミットできない」と返答するのであった[82]。

▼基地リストの公表

以上、こうしたやりとりのすえに両政府は、六月一七日、沖縄返還協定の調印時にこの「基地リスト」を公表することになる[83]。日米間の「了解覚書」なるこのリストによれば、まずアメリカ側が沖縄返還後も継続して使用する米軍基地（A表）は、嘉手納飛行場など八八カ所で、その面積は約七万二五七一エーカーであった。これに対して沖縄返還後に自衛隊や運輸省など日本政府に移管される米軍基地（B表）は、那覇サイトの一部など一二カ所で、その面積は約五〇〇エーカーとなっていた。また、沖縄返還時までにその使用を全部ないし一部解除される米軍基地（C表）は、那覇空港など三四カ所で、その面積は一万二三四二エーカーであった[84]。

　那覇空港や与儀ガソリンタンクなど一部の基地を除き、C表で示された基地のほとんどは、「市町村、地主会が早期解放を要求した地域外の利用度の低い」地域であり、逆に市町村の都市計画や農業開発にとって「利用度の高い地域」についてはA表に基づいてアメリカが引き続き使用することとなっていたのである[85]。しかも、C表に挙げられた基地は、そのすべてが必ずしも土地所有者に返還されるものではなく、実際に返還の目玉であった那覇空港は、運輸省に移管され、那覇空海軍補助施設（一部）や那覇ホイール・エリア、そしてホワイトビーチ（一部）などは、自衛隊に移管されるのであった。しかも、C表に記載された基地のなかで返還面積の大きかった本部飛行場（全面返還）やキャンプ・シュワブ（一部返還）、そして東恩納弾薬庫（一部返還）などの一〇カ所は、すでに沖縄返還協定の調印前に米軍から返還通告の出されていた施設であった。したがって、土地連からみて「実際に地主に返される〝目玉商品〟的なもの」は、「石川ビーチ、与儀貯油施設ぐらい」しかなかったのである[86]。

　沖縄返還協定の調印翌日（六月一七日）、屋良行政主席は次のような談話を発表している。「『本土並み』といっても、那覇航空基地、与儀ガソリン貯蔵地、フィールエリア、モトブ飛行場、その他一部が帰されるだけで、嘉手納空軍基地、海兵隊基地、ズケラン陸軍施設第二兵站部、那覇軍港、宜野湾・読谷飛行場等をはじめ主要基地はほとんどそのまま残り……県民の切実な要望が反映されておりません。私は基地の形式的な本土並みには不満を表明せざるを得ません。私は今後とも県民世論を背景にして基地の整理縮小を要求し続けます[87]」。この屋良のコメントは、基地の実質的な整理縮小を望む屋良本人の気持ちをよく表わしていると同時に、基地の全面撤去あるいは整理縮小を望む沖縄住民の意向をもよく代弁するものであったといえる。

沖縄返還協定の調印翌月、琉球新報社が実施した沖縄住民を対象とした世論調査によれば、返還協定に「どちらかというと満足」と答えたものは、わずかに九・四パーセントで、「どちらかというと不満」と答えたものは、四七・六パーセントであった。後者の「不満」を持つと答えたものが一番に挙げた理由は、「核ぬき本土なみになると思えない」三四・九パーセントであった。また、同調査によれば、復帰後の沖縄基地は「今のままでよい」と答えたものは、わずかに五・六パーセントで、「少なくとも核はとりのぞくべきだ」と答えたものは、一七・六パーセント、「本土なみに縮小すべきだ」と答えたものは、二六・六パーセント、そして「(全面的に)撤去すべきだ」と答えたものは、二七・二パーセントであった。数字の取り方にもよるが、この時点で基地の全面撤去および整理縮小を求めたのは、合わせて五四パーセント近くいたのである(88)。

(3) さらなる基地縮小を求めて

では、基地の全面撤去は別にしても、軍用地主や市町村当局は返還協定の調印前後、どれだけの規模の軍用地を返還してほしいと望んだのか。返還協定が調印される直前に琉球政府がまとめた調査結果によると、基地のある二一市町村の返還要求は、総面積にして約六四二八エーカーであった(89)。また、同年一一月には土地連も各市町村地主会から集めた調査結果を公表するが、それによると、各地主会の要求も琉球政府のまとめたそれに近く、約七一五一エーカーであった(90)。この時期、復帰協など革新諸団体が基地の全面撤去を掲げて反基地闘争を展開していたのに対し、基地のある市町村当局や地主会は都市計画や農業開発にとって必要になる土地の返還を、すなわち既存軍用地(国県有地を除く)の約一三パーセントから一五パーセントの返還を求めていたのである。

では、こうした沖縄側の要望を受けて日本政府は、基地の整理縮小問題に対してどのような態度をとったのであろうか。まず、返還協定の調印からおよそ三カ月後の九月二六日、愛知揆一のあとを受けて外務大臣となった福田赳夫は、ワシントンでロジャーズ国務長官と会談し、在沖米軍基地の整理縮小を求めている(91)。さらに福田は、一一月一三日、来日中のジョンソン国務次官とも会談し、基地の整理縮小に関する日本側ペーパー[92]を手交している。本ペーパーを手交した福田は、ジョンソンに対し、すでにジョン・コナリー財務長官にも本ペーパーは手交済みであると前置きしたうえで、「かかる方向で在沖施設・区域を縮小していくことは是非とも必要であり、米側においても、出来るだけ前向きに検討して欲しい」と伝えるのであった[93]。

さらに福田は、一一月二五日、駐日アメリカ大使のマイヤーとも会談し、基地の整理縮小について次のように要求している。「基地の縮小については、これまでにも……コナリー長官やジョンソン次官に再三要望してきたところであるが、今回の国会の決議もあるので、更にオキナワの基地の縮小について、努力してほしい……。ことに人口ちよう《ママ》密地域にある基地や米軍のごらく施設について減らすことを考慮してほしい[94]」。

福田が言及した国会決議とは、この会談の前日（二四日）に衆議院本会議で採択された「非核兵器ならびに沖縄米軍基地縮小に関する決議」を指しているが、同決議は第一項で、核兵器の「持たず、作らず、持ち込まさず」のいわゆる「非核三原則」の遵守を謳ったあと、第二項で、「政府は、沖縄米軍基地についてすみやかな将来の縮小整理の措置をとるべきである」と謳っている。この国会決議は、沖縄返還協定の承認をめぐる与野党全面対決のなか、自民党幹事長の保利茂が局面打開を図るために野党三党（社会、民社、公明）の書記長と長時間にわたる折衝を行なうなかで、野党側から出された案である[95]。自民党は、この「非核三原則・基地縮小」決議案を受け入れることによって、辛くも国会での返還協定承認を得るのであった。

基地の整理縮小に関するこうしたアメリカとの折衝状況について、福田は、一一月一八日、上京した屋良行政主席に対して、次のように説明している。「基地の整理については、（「了解覚書」の）A表の変更はできないが、復帰後の縮小については既に（アメリカ側と）話を始めており、今後アメリカの財政状態が一番影響を及ぼす要素と考える。なお極東軍事情勢に関しては速断できず、ニクソン訪中については予断はできない。むしろ自分としてはゴルフ場等が多過ぎることや、那覇周辺に基地が密集していること等をとりあげて努力してゆく考えである[96]」。

さらに福田は、翌一九七二年一月、佐藤首相とともにアメリカを訪問した際、ロジャーズ国務長官に対して再度沖縄基地の整理縮小を要求している。すなわち、一月八日のロジャーズとの会談で福田は、「避けられない摩擦は一国の軍隊が他国の領土に駐留するときに生じる。これは、軍による統治が二五年も続いて一定の感情的な態度が生み出されている沖縄においてはとくにそうである」と切り出したうえで、米軍基地の記された沖縄の地図をテーブルに広げ、こう訴えている。[97]「アメリカが八八カ所の施設を維持することを沖縄返還協定が規定していることはよく承知している」。「しかし両国にとって関心のある安全保障関係において、これら八八カ所の基地が引き起こす潜在的危険性というものも十分に理解してほしい」。ここで福田は、テーブルに広げた地図を用いて、「アメリカの基地がいかにどっしりと住民の居住地に集中しているのかを説明」しながら、ロジャーズに基地集中の問題性を訴えたのである。

日本政府がアメリカとの折衝のために用意した基地返還リストでは、全面返還を求めていくとした施設は、牧港住宅地区、読谷補助飛行場、ハーバービュー・クラブなど一八施設で、面積は約五一四八エーカーであった。また、部分返還を求めていくとした施設は、泡瀬ゴルフ場、ボーロ・ポイント射撃場など五施設で、その面積は約一六〇七エーカーであった。つまり、日本政府は合わせて約六七五五エーカーの軍用地の返還をアメリカ側に求めていく方針を立てていたのである。土地連自体がのべているように、この返還面積は、土地連や市町村当局が求めていた上記返還面積に「ほぼ近いもの」であった。[98]

その後行なわれた日米協議の結果、アメリカは、一九七二年から一九七四年にかけて実際に基地の全面返還ないしは一部返還に応じることになる。[99] まず一九七三年七月までにハーバービュー・クラブやトリイ通信施設など一〇施設（約六六〇エーカー）が返還され、翌一九七四年一月には北部訓練場やボーロ・ポイント射撃場など三八施設（約六五六九エーカー）の全面返還または一部返還が合意される。[100]

この合意された返還面積だけをみると、先に挙げた日本政府の返還リストや、土地連および各市町村当局が求めていた要望面積に近いものとなっていたが、その合意内容をみると、返還される三八施設のうち条件なしに返還されるのは屋嘉訓練場（全部）、北部訓練場（一部）、そしてボーロ・ポイント射撃場（一部）など二〇施設（約二五三六エーカー）で、残りの牧港住宅地区、那覇港湾施設、嘉手納弾薬庫地区など一八施設（四〇三三エーカー）は、代替施設の提供を条件とするものであった[101]。この返還合意について土地連は、これのもつ問題点と今後沖縄で何が問題になるのかをいみじくも指摘している。土地連はいう。「条件つき解放（移設措置の実施に係る合意成立のあと解放）ですが、これは代替地が確保されない限り解放されません。例えば那覇港湾ですと他の地域に新しく軍港を建設して米軍に提供しなければなりませんし、住宅地区だとその地区の米軍住宅を移すことが解放の前提となるわけです。那覇港湾の場合、その代替地として政府は浦添市を候補に上げていますが、浦添市は『基地の強化と恒久化につながる』として強く反対しています。この代替地提供を条件とする解放は、実質的な軍用地解放とならないばかりか、移設される地域で基地が恒久化されるとして問題となっており、移設実施の段階でさらに大きな反対運動が起きることが予想されます[102]」。果たして、土地連が指摘したとおり、その後沖縄では基地のさらなる整理縮小が求められたり、あるいは復元補償の問題が提起されるほか、この代替施設をめぐる問題が大きな政治マターとして浮上してくるのであった。沖縄基地をめぐる政治過程は、これ以後新たな局面に入っていくのである。

終　章　沖縄基地問題の構図

沖縄の米軍基地に対して日米両政府と沖縄の政治指導者たちが戦後二七年間にわたり、いったいいかなる態度をとってきたのかを明らかにすることが、本書の課題であった。より具体的にいえば、まず第一に、沖縄の米軍基地を構築、維持、拡張するためにアメリカ政府はどのような政策をとったのか、第二に、こうしたアメリカの基地政策に対して沖縄の政治指導者たちはいかなる態度をとったのか、そして第三に、そのアメリカの基地政策および沖縄側の反応に対して日本政府はどう対応したのか、ということである。本書をしめくくるにあたり、この米軍基地に対するアメリカ、沖縄、日本のそれぞれの認識と態度をあらためて整理し、その基地をめぐって展開された三者間関係の基本的構図を明らかにしたい。

一　アメリカの基地政策

(1)沖縄の反米化と日米関係の悪化を恐れたアメリカ

まずアメリカについてだが、そもそも同国が沖縄に軍事基地を構築したのは一九四五年の沖縄戦のさなかであった。日本軍の建設した飛行場群を奪取し、そこを起点に基地を拡張させたアメリカ軍部の目的は、あくまで対日戦争を勝ち抜くために沖縄を本土進攻の拠点とすることにあった。しかし、日本の敗北からわずか数カ月後、アメリカ軍部は仮想敵国をソ連と定めたうえで、沖縄基地を対ソ軍事戦略上、最も重要な基地のひとつとして位置づけ直すことになる。アメリカはみずからの安全を確保するために、沖縄基地の使用目的を変えたわけである。

この重要な沖縄基地を自由に使用するために、アメリカ軍部が要求したことは、沖縄そのものをみずからの支配下に置くことであった。この要求は、一九五一年に調印された対日平和条約の第三条によって実現をみるものの、そのわずか数カ月後、アメリカ国務省が沖縄基地を日米間の特別基地協定の適用下に置いたうえで、沖縄の施政権を日本に返還すべき、という提案をしたことによって、両者間で大きな争点となる。この国務省の提案は、日米行政協定を上回る権利を保証されていただけでなく、沖縄統治にかかる政治的・経済的な負担からも解放され、しかも日本復帰を切望する沖縄住民や日本国民の感情をも満足させ、それによって日米関係も良くできる、といった利点があった。それにもかかわらず、軍部がこれに激しく反発したのは、つまるところ、今後予定されている基地の拡張や既存基地の使用に対して沖縄住民が反対し、日本政府に訴えることを懸念したからである。つまりアメリカ軍部は、日本政府が介入することによって沖縄の基地使用が日米間の政治的争点となることを嫌ったのである。

しかし、この提案を拒否してまで沖縄をみずからの支配下に置いた軍部の狙いは、その後完全に裏切られることになる。軍部はほかならぬ、この基地の拡張と使用にかかわる問題で、現地住民から大反発を受け、しかもあれほど嫌った日本政府の関与を招くという結果になってしまったからである。一九五〇年代の半ばから大きな政治問題となった地代の一括払い政策と、各地で行なわれた「銃剣とブルドーザー」による土地の強制接収、そして海兵隊の沖縄移駐にともなう大規模な新規土地接収計画などがそれである。当初、軍部はこれらを強硬に推し進めようとしたが、住民の抵抗が反米化の傾向を強め、しかも日米関係に悪影響を与える可能性も出てきたことを受けて、結局のところ国務省の意見を受け入れて一括払い政策を放棄する。一九五六年七月にダレス国務長官がスティーヴス総領事に対し、「沖縄における諸行動を日米関係から切り離すことは不可能であり、極東におけるアメリカの安全保障は沖縄の基地と友好的な日本との協調にかかっている」(第四章)とのべたことを、アメリカ軍部は遅まきながら理解したのである。

一九六〇年代に入って沖縄側と日本側が沖縄返還を強く求めるなか、最終的にアメリカがこれに応じたのは、沖縄現地の人々が基地を黙認しなくなるという事態を恐れたことと、日米関係が悪化して日米安保条約の延長ができなくなることを懸念したからであった。したがって、アメリカの基地政策が何に根本的に基づいていたのかといえば、それはつまるところ、沖縄現地の人々と日本側の支持ないし黙認にかかっていたということである。つまり、この支持ないし黙認なくしてアメリカは、沖縄の基地を安定的に運用することができないばかりか、沖縄に基地を置くことさえ難しくなるのである。だからこそ同国は、最終的には沖縄側と日本側に譲歩を示してまで、住民の反米化と日米関係の悪化を避けようとしてきたのである。

もっとも、アメリカがみずからにとって重要な利益を放棄してまで、両者に譲歩を示すということは、まずありえないといえる。つまりアメリカは、ある一定の範囲内で譲歩を示すことによって、逆にみずからにとって重要な利益を保守してきたといえるのである。一九五〇年代において同国は、最終的には一括払い政策を放棄したとはいえ、これによって現地の人々の理解を得て、既存の基地を安定的に使用できるようになったばかりか、彼らの黙認のもと基地の拡張まで行なうことができた。これによって沖縄の基地は、四万エーカーから七万五〇〇〇エーカーにまで拡大し、北部から中南部にかけて広がる現在の基地の原型を形づくっていったのである。さらに一九六〇年代には、沖縄の施政権返還でアメリカは譲歩を示したものの、結局のところみずからにとって重要な基地機能を確保することになる。すなわち、韓国、台湾、ヴェトナムに関する基地の最大限の自由使用と、緊急時の沖縄への核持ち込みを認めることを条件として、同国は沖縄の施政権返還に応じたのであった。

(2) 必ずしもコンセンサスがあったわけではない沖縄の基地

アメリカ軍部がここまで執着した沖縄の米軍基地であるが、その形成プロセスを概観すると、まず戦後初期は飛行場を中心とする空軍基地として開発され、次いで一九五〇年代に入ると海兵隊および核基地としての姿をみせるようになる。そして一九七二年の「核抜き返還」によって核兵器が撤去されたあとは、空軍と海兵隊を中心とする基地として、その姿を整えていくのであった。しかし、この基地形成のプロセスをいま少し詳しくみれば、こうした基地の形態が当初から自明のものであったわけでは決してなく、アメリカ軍部内部でさまざまな構想が検討され、あるものは現実化し、またあるものは潰え去るなかで、いま現在につながる基地の姿が形成されていった、ということである。

まず沖縄の基地がアメリカにとって最も重要な「主要基地」のひとつに位置づけられたのは、前述したように、第二次世界大戦終結直後の一九四五年一〇月である。当初「二次的基地」に位置づけられていた沖縄基地を決定直前に「主要基地」に格上げするよう要求したのは、のちに空軍として独立する陸軍航空隊の総司令官アーノルド大将であった。アーノルドは、「アメリカが現在利用できる空軍力を資産として活用できる基地を確保するため」（第一章）にも、沖縄を「主要基地」化すべき、と要求したのである。

しかしながら、沖縄を「主要基地」に格上げすることを要求したその空軍自体が、そのわずか四年後、沖縄からすべての戦術部隊を本国に撤退させ、沖縄を「有事駐留基地」として利用することを検討したのは、歴史の皮肉である。

空軍参謀総長のヴァンデンバーグによれば、空軍がこの案を提起した最大の理由は、基地建設にかかるコストをできる限り低く抑えたい、ということであった。しかも重要なことは、この案を打ち出す前、空軍は戦術部隊を日本かフィリピンに移転させることも検討していた、ということである。このことは、必ずしも戦術部隊を沖縄に配備する必要性を、少なくともその当時の空軍がもっていなかったことを示すものであった。空軍からみて戦術部隊の駐留先は、日本やフィリピンでも可能であり、必ずしも沖縄ではなくてもよかったのである。しかし、統合参謀本部がこの案を却下し、米議会も基地建設予算を承認したことによって、その後沖縄は恒久基地として本格的に開発されていくのであった。

沖縄がこうして空軍基地として開発されるなか、一九五〇年代も中盤以降になると、今度は新しく海兵隊基地としての姿もみせるようになる。朝鮮戦争によって増大した軍事予算を削減することを大きな課題としたアイゼンハワー政権は、韓国を中心に配備された地上兵力の大幅削減を実施に移していくが、このプロセスのなかで海兵隊の沖縄移駐構想が浮上してきたのである。しかしこの構想も、国家安全保障会議が承認した直後、軍内部から異論が出されるのであった。

批判の急先鋒となったのは、極東軍司令官のハルである。ハルは、海兵隊に代えて陸軍部隊を沖縄に移駐させるべきだと主張するが、その理由としてハルは、新規の土地接収にともなう住民立ち退きが少なくて済み、しかも移転コストも陸軍の計画が安く済む、ということを挙げている。一方、統合参謀本部の下部機関である統合戦略計画委員会は、ソ連との全面戦争が勃発した場合、第三海兵師団はヨーロッパ戦線に派遣される予定のため、沖縄への移駐は実際的ではない、と主張するのであった。両者の提案は結局のところ統合参謀本部によって却下されるが、この一連のプロセスから読み取れることは、海兵隊の沖縄移駐構想が必ずしも軍内部でコンセンサスがあったわけではなく、住民立ち退きや移転コストの問題、そして戦略上の問題など、多岐にわたる問題点が提起されていたということである。

このように、軍内部の構想をみて分かることは、戦略的要因だけでなく、政治的要因や財政上の要因が、これらの構想に大きな影響を及ぼしていたということである。とりわけ、財政上の要因がアメリカの基地政策を大きく規定していた側面があったということは、政策が予算の裏づけを必要とすることは当然であるとしても、やはりいま一度確認しておく必要がある。一九四九年にヴォーヒーズ陸軍次官が推進した基地の本格的な開発や、基地の大幅返還案なども、こうした財政上の要因を考慮して打ち出されたものであり、また一九五〇年代の沖縄で最大の政治問題となった地代の一括払い政策も、これが大きく関係したものであった。

沖縄で本格的な基地開発をはじめるにあたってヴォーヒーズは、その開発コストをできる限り低く抑えるために、「軍工事に日本と沖縄の業者を参加させ、日本からは建設資材を輸入し、労働者は可能なかぎり沖縄で採用する」（第二章）という方針のもと、それを進めていった。また、近い将来土地所有者に対して支払わなければならない土地使用料を極力抑えるためにも、彼は不要な軍用地を所有者に返還することによって、そのコストを削減していこうとしたのである。つまりヴォーヒーズは、「経済的コストをいかに低く抑えていくか」という観点から、沖縄の経済復興を基地開発に結びつけて推進したばかりか、基地開発と基地の整理縮小をも同時にはかっていこうとしたのである。

これと同じように、一九五〇年代に米軍が推し進めた地代の一括払い政策にしても、土地使用にかかる経済的コストをいかに低く抑えていくか、という観点から主として打ち出されたものであった。長期にわたって沖縄基地を使用する場合、毎年賃貸料を払い続けるよりも、一括で土地代金を支払ったほうが経済的に安く済む、というのが米軍側の主張であった。しかも土地代金をなるべく低く抑えるために米軍は、軍用地そのものの価格も低く算定したのである。のちに日本政府が経済的考慮よりも政治的考慮を重視して、地主の望みどおり賃貸料を大幅に引き上げたのに対し、米軍は政治的考慮よりも経済的考慮を重視して、逆に住民の反発を浴び、政治的コストを高めてしまったのである。

二　基地に対する沖縄の政治指導者の態度

(1)基地の根本的否定にまで至らなかった沖縄の政治指導者

続いて沖縄の政治指導者たちの基地に対する態度であるが、本書の考察を通じて明らかになったことは、一九六〇年代の後半に入るまで、彼らが基地の全面的な否定、すなわち基地の全面撤去を要求することはなかったということである。しかも、一九六〇年代後半から「基地撤去」を前面に掲げた革新諸勢力にしても、事実上、基地にますますしがみついていった全軍労を先頭に立てる形でみずからの基地撤去闘争を進めていった。したがって、沖縄返還に至るまでの二七年間、少なくとも政治指導者レベルにおいては、基地の全面的な否定、すなわち基地の全面撤去を本格的に推し進めていくことはできなかった、あるいはしなかった、ということである。

沖縄の国際的地位を決める一九五一年のサンフランシスコ講和会議を前にして沖縄の政治指導者たちは、「基地提供反対」を主張せず、日本への復帰を要求した。また、一九五三年から開始された祖国復帰運動にしても、「米国の沖縄に於ける基地の維持には、理念的にも経済的にも、反対する立場にはない」(第二章)というスタンスのもと、推し進められていった。さらに一九五〇年代の軍用地問題に取り組むにあたって沖縄の政治指導者たちは、「基地撤廃等の根本的要求」(重光葵の言、第四章)を突きつけることなく、一括払い政策の廃止や賃貸料の増額などを要求していったのである。立法院議長の与儀達敏が、「アメリカがこの島で軍事基地を必要としているのは理解している。われわれはこの島での米軍基地建設の中止をあなた方に要求するのは望んでいない」(第三章)とのべたことは、こうした一九五〇年代の沖縄の政治指導者たちの基地に対するスタンスをよく表わしていた。

もっとも、既存の基地についてはこのような態度をとった指導者たちであるが、基地の拡張、すなわち新規の土地接収に関しては、当初は「絶対反対」の立場に立ってこれに抵抗した。しかし、一括払い政策を廃止にもっていくための譲歩策として、彼らは「不毛地」に限って新規接収を認めるという態度をまずは示し、次いでその立場をも事実上放棄して、基地の拡張を黙認するという方向に動いていったのである。

かくして、一九五〇年代末に一括払い政策を廃止にもっていった沖縄の政治指導者たちは、その後しばらくのあいだ、メースBミサイルの沖縄配備などはあったものの、全般的にみて、深刻な基地問題に直面することはなかった。しかし、これが一九六〇年代も中盤以降になると、今度は沖縄返還問題との絡みで米軍基地に対してどのようなスタンスをとるのかを迫られることになる。まず一九六〇年代を通じて立法院第一党の地位にあった民主党（のちに自民党沖縄県連）は、基地の存続をひとまず容認したうえで、日本政府や自民党と連携して日本復帰を求めていった。また、立法院第二党の地位にあった社大党も、基地問題は復帰後に日本国全体で考えるべき課題であるとして、日本復帰を何よりも優先して求めていった。桑江朝幸など民主党に集う政治指導者たちはもちろんのこと、社大党のリーダーである安里積千代や平良幸市などにしても、沖縄の有力政治指導者たちの基地に対する基本的なスタンスは、あくまで「基地の整理縮小」であって、「基地の全面撤去」ではなかったのである。

しかも興味深いことに、一九六七年に下田武三駐米大使が「核つき返還」論を提起した際、これら有力政治指導者たちは皆同じく、日本復帰が実現できるのであれば核兵器を沖縄に残すこともやむをえない、という態度を示したのであった。一九五八年に沖縄代表団がアメリカへと向かう途中、東京でマッカーサー大使と会談した際、団長の安里積千代が「基地内で起こっていることをわれわれに知らせない限り、われわれはいかなる現実の騒ぎも起こさない」（第五章）とのべて沖縄への核持ち込みを黙認するという態度を示したが、このことを考えれば、一九六七年に彼らが核に対してこのような態度をとったことは、何も驚くべきことではなかったのである。

一方、沖縄で復帰運動を推進した復帰協にしても、一九六九年に入るまで、一部加盟団体から「基地撤去」を打ち出すべきだとの要求を受けながらも、「基地反対」という方針にとどめることになる。復帰協がそうした態度をしばらくのあいだとり続けたのは、ほかならぬ基地を存立基盤とする全軍労に配慮してのことであった。しかも復帰協が全軍労の意見を無視できなかったのは、彼らが二万人以上もの組合員を擁する沖縄最大の組織であり、彼らの参加によって復帰運動をより幅の広いものにしていく必要があったからである。また、一九六八年の主席選挙に臨むにあたって屋良朝苗は、「基本的な理念ではあるけれども、あまりに現実から遊離すると、相手につけ入れられるおそれがある」（第七章）として、「基地撤去」ではなく「基地反対」という方針を採用するのであった。

一九六九年初頭に「二・四ゼネスト」計画が失敗に終わったあと、復帰協は「基地撤去」方針をついに打ち出すことになるが、皮肉にもその後復帰協の展開した基地撤去闘争は、解雇撤回闘争によってますます基地にしがみついていった全軍労を先頭に立てて推進されていくのであった。

(2) 基地依存という現実と基地縮小の要望

ところで、そもそも沖縄では米軍基地が存在するがために、さまざまな問題が起こり、しかもその基地を自由に使用するためにアメリカは沖縄そのものを二七年間もみずからの統治下に置いた。そのことを考えれば、米軍基地を根本からなくしていこうという動きが、沖縄内部から湧き起こったとしても、何ら不思議ではなかった。しかし、沖縄の政治指導者たちは、運動のスローガンとして掲げたものは別にしても、基地の全面撤去を本格的に推し進めていくことはしなかった、あるいはできなかったのである。それはなぜであろうか。やはりここで考えるべき重要なことは、戦後の沖縄社会が米軍基地と深く結びつき、その米軍基地に極度に依存した社会だったということである。

米軍が戦後基地として囲い込んだ広大な地域は、北部の山林地域を除いて戦前最も多くの住民が居住し、また最も農地の多い地域であった。そのため元の居住地に戻ることのできない住民の多くは、基地周辺地域に住むことを余儀なくされた。戦前の沖縄社会が農業を中心とする社会であったことから、米軍当局は沖縄版「農地改革」を検討したり、あるいは基地内農地を大幅に返還することを計画するものの、どれも結局のところ実現までに至らず、沖縄の経済は米軍基地に依存したものとなっていったのである。

ピーク時には六万人以上もの雇用を生み出した米軍基地は、まさに住民にとっては切っても切れない存在として立ち現われ、しかも軍人・軍属が基地外で消費する資金は、基地周辺地域はもちろんのこと、沖縄経済全体にとってきわめて重要なものであった。一九五五年当時、いわゆる「基地関連収入」（四九九三万ドル）は対外受取総額（七四八〇万ドル）の六七パーセントを占めていたが、なかでも基地労働者の稼ぐ賃金は約一八〇〇万ドル、また軍人・軍属が基地外で落とす消費資金は約二〇〇〇万ドルとなっていたのである。また、北部の山林地域を除いてそのほとんどの軍用地が国有地ではなく民有地であったため、多いときで五万人あまりの軍用地主を生み出すこととなり、その彼らに支払われる年間賃貸料も、一九六三年時点でおよそ五〇〇〇万ドルとなっていたのである。[1]

こうした基地労働者の所得や軍人・軍属の消費資金、そして軍用地賃貸料といった基地関連収入は、日本復帰間際の一九七一年でも約二億九四九〇万ドルあり、その対外受取総額（六億五五五〇万ドル）に占める割合も、ピーク時より減少したとはいえ、実に四五パーセントもあったのである。[2] 沖縄の経済が日米両政府からの経済援助とともに、この基地関連収入から成り立っていたことを考えれば、沖縄の政治指導者たちが基地の全面撤去を本格的に推し進めていくことは、きわめて困難であったといえよう。

しかし、こうした基地依存の現実にあっても、程度の差はあれ、沖縄の政治指導者たちが戦後一貫して基地の整理縮小を求めたことは、事実である。この要望は、一九六〇年代の後半からとくに強くなってくるが、そもそも米軍基地ができたその当初から、志喜屋孝信率いる沖縄民政府は、米軍キャンプに収容された住民の元居住地への移動を促進するため、不要軍用地の開放を米軍に求めている。また一九五〇年代には、一括払いと新規接収の問題にかくれてそれほど大きな争点にならなかったものの、沖縄の政治指導者たちは皆一致して、不要軍用地の開放を日米両政府に求めたのであった。そして一九六九年に沖縄返還合意がなされたあと、屋良行政主席をはじめとする沖縄の政治指導者たちは復帰後の重要課題のひとつとして、基地の整理縮小を求めていったのである。

(3)日本政府に妥協案の提示を求めた沖縄の政治指導者

このように米軍基地に依存しながらも基地の整理縮小を求めていった沖縄の政治指導者たちであるが、その彼らの行動でとりわけ興味深いのは、日本政府との関係の持ち方についてである。まず一九五〇年代に関していえば、みずからの力のみでは軍用地問題を解決しえないと判断した沖縄の政治指導者たちは、その後日本政府を頼りとし、政府の対米折衝力に期待をかけた。これが一九六〇年代に入ると、本土における保革対立の枠組みが沖縄にも徐々に浸透し、日本政府との関係の持ち方も大きく二分されるようになる。すなわち、一方の民主党は一九五〇年代に引き続き日本政府を頼りとし、その連携を強めていくが、もう一方の革新諸勢力は本土革新勢力との連携を深めていき、日本政府と敵対していくようになる。もっとも、日本政府と敵対した革新諸勢力にしても、個々の場面をみた場合、ときおり日本政府に助けを求めたり、あるいは日本政府の対米折衝力に期待をかけることもあった。たとえば、B－五二爆撃機の沖縄からの撤退を求めて一九六九年一月に亀甲康吉ら共闘会議代表が本土へと渡り、日本政府に対米折衝を求めたことや、あるいは解雇撤回闘争の局面打開を図るため、上原康助ら全軍労執行部が日本政府に問題を訴えたことは、その一例である。

いまひとつ興味深いのは、沖縄の政治指導者たちが日本政府に対米折衝を求める際、その解決具体案（妥協案）の作成も求めたということである。一九五六年の島ぐるみ闘争のころ、アメリカとの全面対決によって軍用地問題が「引込みのつかない線」にまで「押し上げられて」しまった結果、市町村長会会長の吉元栄真が日本政府に妥協案の提示を求めたことは、その典型である。また、一九六〇年代に入ってからも、屋良朝苗や喜屋武真栄といった大衆運動の指導者たちでさえ、こうした行動をとったことは注目に値する。一九六七年、屋良は南方連絡事務所長に対し、「一たん上げたスローガンを何の動機もなく指導者として修正しえない」旨を説明しつつ、「外交折衝で具体的に『この線でどうか』と示して」もらえれば、それが「現状より一歩前進」であれば「真剣に検討」する（第六章）とのべて、一九五〇年代の吉元同様、日本政府のほうから妥協案を提示すべき、と主張していたのである。

沖縄の政治指導者たちが保革を問わずこのような態度をとった背景には、元沖縄群島政府知事平良辰雄が指摘しているように、「自分の立場が悪くならない」（第六章）ようにするため、という側面はあったのかもしれないが、同時にそこにはまた、妥協案をみずからが作成してこれを沖縄全体のコンセンサスにまで持っていくことが、きわめて困難な作業であったということもある。一九五七年に桑江朝幸土地総連事務局長が軍用地問題解決のための妥協案を作成し、これを関係諸団体に提示したとき、各方面から非難を浴び、「コップを投げつける」ほどの激論になったことは、そのよい例である。しかも、この桑江の妥協案で沖縄全体がまとまるのに一年近くの時間を要したことを考えれば、いかにそれが困難な作業であったのかがよく分かる。いずれにしても、一九五〇年代から一九六〇年代にかけて沖縄の政治指導者たちは、みずから妥協案を作成することに消極的な姿勢を示し、その役割を日本政府に委ねようとしたことだけは、確かである。

三　基地に対する日本政府の態度

(1) 基本的スタンス

最後に、日本政府の態度についてみてみよう。まず最初に指摘できることは、吉田茂から岸信介を経て佐藤栄作に至るまでの歴代保守政権が、一貫して沖縄の米軍基地をアメリカが使用することに理解を示していたということである。日本を含む極東の安全のために沖縄の米軍基地は重要な役割を果たしている、というのが歴代政権の基本的な認識であった。したがって、一九六七年の日米首脳会談で佐藤がジョンソン大統領に対し、日本を含む極東の安全保障の観点からみて「沖縄の基地をなくす」（第六章）ことはまったく考えられないとのべたことは、こうした日本政府の基本的なスタンスからみて当然のことであったといえる。

これを前提に一九五〇年代は、鳩山・岸両政権が沖縄住民の最も重視した軍用地問題に取り組み、また一九六〇年代後半には佐藤政権が沖縄返還という外交上最も重要で、かつ困難な課題に取り組んだのである。このことは、少なくとも歴代保守政権が、その強弱は別にして、その時代時代に沖縄側が求めた最重要問題に取り組んだということである。しかも重要なことは、その解決の方向性が、実は沖縄の有力政治指導者たちの求めた方向性と、それほど大きな開きはなかったということである。

たとえば、吉田茂政権は、沖縄基地を米側に提供することを前提としたうえで、沖縄の日本からの分離を阻止することを模索した。一方、沖縄の政治指導者たちも、「基地提供反対」を主張せずに、沖縄の日本復帰を求めたのである。また、鳩山・岸両政権期には、沖縄の政治指導者たちは一括払い政策を廃止にもっていくためにさまざまな行動を展開するが、これに対して両政権も、一貫して沖縄側の行動を側面から支援し、またみずからも対米折衝を試みたのである。しかも、両者とも海兵隊の沖縄移駐に関しては、これを完全に取り止めさせることは困難であると認識し、新規接収面積をできる限り小さくすることをアメリカ側に求めていった。そして佐藤政権期には、沖縄の政治指導者たちが保革を問わず日本復帰の実現をまずは優先的に考えるなか、同政権も沖縄返還の実現に向けてアメリカ政府と積極的な外交交渉を展開したのである。さらに、沖縄返還が合意されたあと、日本政府は沖縄側の求める基地の整理縮小に取り組み、代替施設の提供など問題はあったものの、実際に一九七三年から一九七四年にかけて基地の一部ないし全面返還、あるいは返還合意を実現させるのであった。

このようにみると、その時代時代に生じた重要問題に対する解決の方向性について、沖縄の政治指導者たちと日本政府とのあいだにはそれほど大きな開きはなく、むしろある一定の共通基盤さえもっていたといえるのである。従来、日本政府と沖縄側の対立の側面だけが強調される傾向があったが、これをみると、少なくとも一九七二年の沖縄返還に至るまでの間、両者の政策距離は以外にも短かったとさえいえるのである。

しかし一方で留意しておかなければならないのは、こうした日本政府の態度が日米協調という基本的なスタンスを前提としたものであった、ということである。先に挙げたダレスの言をみても分かるように、アメリカが日米協調の基本的なスタンスに立って沖縄問題を処理しようとしたのと同じく、日本政府もまた、そうしたスタンスに立って沖縄問題の解決に取り組んだのである。一九六九年一一月、訪米前の佐藤に屋良行政主席が「安保反対」を訴えたところ、佐藤が「主席の口から安保反対が出ては困った」という表情をみせ、再度安保について屋良に問うたことは、こうした日米協調路線に立つ日本政府のスタンスをよく表わしていた[3]。

(2)妥協の線を明らかにするよう求めた日本政府

日本政府がみせた態度でいまひとつ興味深いことは、容認しえる妥協の線を沖縄の政治指導者みずからが明らかにするよう求めたことである。日本政府がこうした態度をとった理由のひとつには、対米折衝を試みる際、その容認しえる最低限度の線を事前に考えておかなければならなかったからである。一般に、両国の利益が相対立しているとき、どちらか一方の利益だけがすべて通るということは、よほどの力の差がない限り、外交交渉においてそう起ることではない。したがって、その妥協の線をできる限りみずからに有利なほうにもっていこうとするのが、外交交渉の要諦とさえいえる。日米交渉の結果ある妥協の線が成立したとしても、それを沖縄側に提示した途端、彼らが完全に拒絶してしまうようでは、これまでの交渉は意味をなさなくなってしまう。したがって、日本政府としては、沖縄側が最低限度受け入れ可能な妥協の線がどこにあるのかを事前に確認しておくことは必要だったのである。しかし、一方の沖縄側からすれば、妥協の線を内部でとりまとめることはかなりの政治的なリスクをともなうものであり、みずからが進んでそれを行なおうとはしなかったのである。

いまひとつの理由には、対米折衝を行なう際に沖縄内部で意見が分裂していると、そこをアメリカ側がついてくる可能性もあり、またそれを実際に行なわないまでも、それを見透かして行動する恐れがある、ということであった。実際、一九五六年の島ぐるみ闘争のころ、スティーヴス総領事が沖縄内部の分裂を効果的に使い、とりわけ米軍寄りの姿勢を示す比嘉秀平や当間重剛の動向をワシントンに報告し、それが国務省の政策形成に大きな影響を及ぼしたことは、第四章でみたとおりである。

この沖縄内部の分裂に関連して日本政府のとった行動でいまひとつ興味深いのは、このように沖縄内部で分裂がある場合、日本政府としては、内部の意見をまとめるよう沖縄側に働きかけるだけでなく、時には事態の推移を見守ることもあったということである。一九五七年三月、地代の一括払いと新規の土地接収問題で沖縄内部が真っ二つに別れていたとき、外務省の中川融アジア局長が、「事態の推移を注視」し、「特に米側と積極的話合をする必要はない」(第五章)という態度をとったことは、その一例である。また、沖縄側が日本政府に対米折衝を要求するのを控えた場合も、同じように日本政府は対米折衝を一時中断することもあった。一九五六年八月、レムニッツアー書簡を受けて沖縄側が、「現地折衝による局面打開に望みをかけ米側のでかたをまつという受動的態度に漸次移行した」ことにより、外務省が対米折衝を一時中断したことは良い例である(第四章)。日本政府にとっては、沖縄側が政府に対米折衝を要求していることがまず重要であり、しかもその際には沖縄内部の意見がある程度まとまっていることが、対米折衝を試みるうえでは必要だったのである。

(3)「側面支援者」から「折衝当事者」となった日本政府

さて、最後にひとつだけ指摘して、本書を閉じることにしたい。それは、沖縄の施政権返還が実現したことによって、これまでアメリカの負っていた沖縄統治にかかる負担を日本政府が引き受けることになってしまった、ということである。逆にいえば、これによってアメリカは、これまで負っていた沖縄統治にかかる政治的・経済的な負担から解放されたのである。このことは、基地使用についてもいえ、アメリカはこれまでのように三万数千人におよぶ軍用地主に対して毎年賃貸料を支払うような経済的・行政的負担からも解放され、逆に日本政府はこれらの地主とできる限りスムーズに賃貸借契約を結び、アメリカへの基地提供を果たさなければならなくなった、ということである。沖縄返還にあたってみせた日本政府と土地連とのあいだの賃貸料引き上げをめぐる政治プロセスは、アメリカへの基地提供という課題がいかに日本政府にとっては重く、また困難のつきまとうものであったのかをよく示している。もはや土地連をはじめ沖縄側からみて、日本政府はこれまでのようにアメリカとのあいだに立って「側面支援」してくれる存在ではなく、さまざまな要求を突きつける「折衝当事者」として立ち現われたのである。賃貸料の増額を求めるにあたり土地連副会長の赤嶺慎英が、「我々の土地を君達政府に貸すのだから、借りる必要があれば高く借りてくれ」（第七章）とのべたことは、まさにそのことを象徴するものであった。

アメリカ統治の時代にあって日本政府は、アメリカとの関係に配慮しつつ沖縄側をサポートするという役割を演じてきた。しかし、沖縄返還が実現したあと、政府はこれまでと同様に日米関係に配慮しつつも、みずからが直接沖縄側とあらゆる面でやりとりをしなければならなくなったのである。これはある意味、アメリカに向けられていた沖縄住民の各種要求や不満がストレートに日本政府にくるということである。逆にいえば、この沖縄側の各種要求や不満を直接受けることによって、日本政府のフラストレーションもまた高まるということである。契約拒否運動に裏面からエールを送り、賃貸料の増額を要求した土地連に対してみせた防衛施設庁の不信感は、まさにこの関係を象徴的に示すものであった。

沖縄返還後の米軍基地をめぐる政治過程は、これまでのように沖縄・アメリカ間のやりとりに日本政府がかかわったり、あるいは日米間のやりとりに沖縄側がかかわるという基本的な構図から、沖縄・アメリカ間の直接的なやりとりが後方へと退き、日米両国、そして沖縄と日本政府とのやりとりが前面に出てくるという形に、その基本構図を大きく変えていくのであった。沖縄基地をめぐる政治過程は、以後、新たな構図のもと、しかしアメリカ統治時代に形成された枠組みを色濃く残しながら、次なる局面へと入っていくのである。

註記

序章　基地をめぐる政治史

（1）本書において基地面積の単位は、基本的にアメリカの単位であるエーカーを用いることにする。

（2）沖縄県知事公室基地対策課『沖縄の米軍及び自衛隊基地（統計資料集）』（二〇一一年三月）。なお、同資料の数値は筆者がエーカーに換算した。在沖米軍基地は沖縄本島に集中しており、その地域別割合でみれば、本島北部が一九・八パーセント、中部が二三・七パーセント、南部が〇・六パーセントとなっている（なお、本島以外の八重山は〇・二パーセント）。また、沖縄本島陸地総面積に占める割合は、一八・四パーセントとなっている。

（3）西村熊雄『サンフランシスコ平和条約・日米安保条約』（中央公論新社、一九九九年）、四八頁。この西村の表現に光をあてたのは、坂元一哉『日米同盟の絆』（有斐閣、二〇〇〇年）である。

（4）一九五九年に起きた石川宮森小学校への米軍機墜落事故を扱った最近の研究として、櫻澤誠「石川・宮森小ジェット機墜落事件に対する補償問題の展開――戦後沖縄における人権擁護運動の転機として」広川禎秀・山田敬男編『戦後社会運動史論②――高度成長期を中心に』（大月書店、二〇一二年）がある。

（5）なかでも代表的な研究は、新崎盛暉『戦後沖縄史』（日本評論社、一九七六年）である。

（6）これと同じような問題意識で琉球政府行政主席と日本政府とのやりとりを分析した最新の研究に、小松寛「日本・沖縄間の『本土並み』復帰を巡る交渉過程」『国際政治』一六八号（二〇一二年）がある。なお、戦後沖縄をアメリカ、沖縄、日本の三者間関係でみる必要性を最初に指摘したのは、宮里政玄『日米関係と沖縄　一九四五―一九七二』（岩波書店、二〇〇〇年）である。

（7）この両方の政策決定過程を扱った重要な研究に、渡辺昭夫『戦後日本の政治と外交――沖縄問題をめぐる政治過程』（福村出版、一九七〇年）、河野康子『沖縄返還をめぐる政治と外交――日米関係史の文脈』（東京大学出版会、一九九四年）、宮里『日米関係と沖縄』、Nicholas Evan Sarantakes, *Keystone: The American Occupation of Okinawa and U.S.-Japanese Relations* (College Station: Texas A&M University Press, 2000) がある。また前者のテーマを詳細に扱った代表的な研究に、ロバート・D・エルドリッヂ『沖縄問題の起源――戦後日米関係における沖縄　一九四五―一九五二』（名古屋大学出版会、二〇〇三年）がある。また後者のテーマについては近年に入りさまざまな角度から研究が進められているが、その代表的な研究として、我部政明『沖縄返還とは何だったのか――戦後日米交渉史の中で』（日本放送出版協会、二〇〇〇年）、河野康子「沖縄返還と地域的役割分担論（一）――危機認識の位相をめぐって」『法学志林』一〇六巻一号（二〇〇八年）、同「沖縄返還と地域的役割分担論（二）――危機認識の位相をめぐって」『法学志林』一〇六巻三号（二〇〇九年）、同「沖縄返還と有事の核の再持ち込み」外務省有識者委員会『いわゆる「密約」問題に関する有識者委員会報告書』（二〇一〇年三月）、波多野澄雄『歴史としての日米安保条約――機密外交記録が明かす「密約」の虚実』（岩波書店、二〇一〇年）、中島琢磨「初期佐藤政権における沖縄返還問題」『法政研究』七三巻三号（二〇〇六年）、同「佐藤政権期の日米安全保障関係――沖縄返還と『自由世界』における日本の責任分担問題」『国際政治』一五一号（二〇〇八年）、同「一九六七年一一月の佐藤訪米と沖縄返還をめぐる日米交渉」『年報政治学　二〇〇九―Ⅰ』（二〇〇九年）、同「一九六八年の沖縄返還問題の展開――『核抜き・本土並み』返還の争点化」『九大法学』一〇一号（二〇一〇年）、同「沖縄の施政権返還交渉の開始」『九大法学』一〇二号（二〇一一年）、同「沖縄返還交渉の『第二ラウンド』――一九六九年六月～七月」『龍谷法学』四四巻一号（二〇一一年）、同『高度成長と沖縄返還』（吉川弘文館、二〇一二年）などがある。また沖縄返還交渉で活躍した若泉敬に焦点をあてた最近の研究として、後藤乾一『「沖縄核密約」を背負って　若泉敬の生涯』（岩波書店、二〇一〇年）、森田吉彦『評伝若泉敬』（文藝春秋、二〇一一年）、信夫隆司『若泉敬と日米密約』（日本評論社、二〇一二年）がある。

（8）この両方を扱った先駆的研究として、新崎『戦後沖縄史』がある。また両方を扱った最新の研究として、櫻澤誠『沖縄の復帰運動と保革対立――沖縄地域社会の変容』（有志舎、二〇一二年）がある。前者のテーマを扱った近年の研究として、鳥山淳「戦後初期沖縄における自治の希求と屈折」『年報日本現代史』第八号（二〇〇二年）、池田慎太郎「占領初期沖縄における米信託統治論と独立論」平成一四年度～平成一七年度科学研究費補助金《基礎研究（A）》研究成果報告書（研究代表者我部政男山梨学院大学法学部教授）『沖縄戦と米国の沖縄占領に関する総合的研究』（二〇〇六年三月）、ロバート・D・エルドリッヂ「講和条約に対する沖縄の反応の考察――沖縄の復帰運動、政党、世論を中心に」『沖縄戦と米国の沖縄占領に関する総合的研究』、上地聡子「競われた青写真――一九五一年の帰属論議における『復帰』支持と、論じられなかったもの」『琉球・沖縄研究』二号（二〇〇八年）などがある。また後者のテーマを扱った先駆的研究に、比嘉幹郎「沖縄の復帰運動」『国際政治』五二号（一九七四年）、我部政男「六〇年代復帰運動の展開」宮里政玄編『戦後沖縄の政治と法』（東京大学出版会、一九七五年）がある。

（9）　鳥山淳「軍用地と軍作業から見る戦後初期の沖縄社会――一九四〇年代後半の『基地問題』」『浦添市立図書館紀要』一二号（二〇〇一年）、同「一九五〇年代初頭の沖縄における米軍基地建設のインパクト」『沖縄大学地域研究所　所報』三一号（二〇〇四年）、同「破綻する〈現実主義〉――『島ぐるみ闘争』へと転化する一つの潮流」『沖縄文化研究』三〇号（二〇〇四年）、同「閉ざされる復興と『米琉親善』――沖縄社会にとっての一九五〇年」中野敏男ほか編『沖縄の占領と日本の復興』（青弓社、二〇〇六年）、同「一九五〇年代沖縄の軍用地接収――伊江島と伊佐浜そして辺野古」『歴史評論』七一二号（二〇〇九年）、同「占領と現実主義」同編『イモとハダシ――占領と現在』（社会評論社、二〇〇九年）。なお、櫻澤誠「戦後沖縄における『基地問題』の形成過程」『部落問題』一九七号（二〇一一年）も、「保守」的立場と「革新」的立場という概念を用いて、一九五〇年代の基地問題を考察している。

（10）　与那国暹『戦後沖縄の社会変動と近代化――米軍支配と大衆運動のダイナミズム』（沖縄タイムス社、二〇〇一年）。なお、若林千代「ジープと砂塵――占領初期沖縄社会の『変容』と『変位』」『沖縄文化研究』二九号（二〇〇三年）も、米軍基地と沖縄社会の変容について論じている。

（11）　我部政明『戦後日米関係と安全保障』（吉川弘文館、二〇〇七年）、明田川融『沖縄基地問題の歴史――非武の島、戦の島』（みすず書房、二〇〇八年）。

（12）　林博史『米軍基地の歴史』（吉川弘文館、二〇一二年）。

第1章　沖縄米軍基地の形成

（1）　日本陸軍は同じ時期に西表島にも船浮要塞を構築している。

（2）　なお、石垣島と南大東島に海軍の簡易飛行場が設置されていた。

（3）　徴兵事務を取り扱う機関として那覇に陸軍の沖縄聯隊区司令部が置かれていた。

（4）　大城将保「第三二軍の沖縄配備と全島要塞化」沖縄県文化振興会公文書管理部史料編集室編『沖縄戦研究Ⅱ』（沖縄県教育委員会、一九九九年）、九〇頁。なお、正確には一八七六年から一八九六年までの二〇年間、沖縄には陸軍沖縄分遣隊が配備されていた。同分遣隊の動向については、原剛『明治期国土防衛史』（錦正社、二〇〇二年）、一六七～一七六頁を参照のこと。

（5）　大城「第三二軍の沖縄配備と全島要塞化」、九〇頁。

（6）　陸戦史研究普及会編『陸戦史集九　沖縄作戦（第二次世界大戦）』（原書房、一九六八年）、一一頁。

（7）　防衛庁防衛研修所戦史室『陸軍航空作戦　沖縄・台湾・硫黄島方面』（朝雲新聞社、一九七〇年）、二四頁、大城「第三二軍の沖縄配備と全島要塞化」、九七頁。

（8）防衛庁防衛研修所戦史室『沖縄方面陸軍作戦』（朝雲新聞社、一九六八年）、二六～二七頁。
（9）大田嘉弘『沖縄作戦の統帥』（相模書房、一九七九年）、五七頁。
（10）正式には読谷飛行場は陸軍沖縄北飛行場、嘉手納飛行場は陸軍沖縄中飛行場、仲西飛行場は陸軍沖縄南飛行場、西原飛行場は陸軍沖縄東飛行場と呼ばれていた。そのほかにも、第三二軍は陸軍首里秘密飛行場を建設している。なお、宮古島に中飛行場と西飛行場の二つを、そして石垣島には白保飛行場も建設している。
（11）なお、海軍も宮古島に新たな飛行場を建設している。第三二軍と海軍の飛行場建設については、大城「第三二軍の沖縄配備と全島要塞化」を参照のこと。
（12）林博史『沖縄戦と民衆』（大月書店、二〇〇一年）、三四頁から再引用。
（13）大城「第三二軍の沖縄配備と全島要塞化」、一〇〇頁。もっとも、住民は基地建設のために徴用されただけでなく、陣地構築にも徴用され、しかも食料や資材なども供出しなければならなかった。
（14）林『沖縄戦と民衆』、一九～三四頁。
（15）日本復帰後の一九七八年に沖縄県が作成した『旧日本軍接収用地調査報告書』は、「旧地主」等へのアンケート調査や聞き取り調査の結果に基づいて、旧日本軍による土地取得は「民法上の売買、双務契約に基づく取得とは到底言えず」、「威圧的、強制的命令により接収したもの」である、と結論づけている。沖縄県総務部総務課『旧日本軍接収用地調査報告書』（一九七八年）、二頁。
しかし、これに対して大蔵省は、一九七八年四月に衆議院予算委員会に提出した「沖縄における旧軍買収地について」と題する文書において、旧日本軍による土地の取得は「私法上の売買契約により正当な手続きを経て」行なわれたものである、と結論づけている。同省は、沖縄県と同じく「旧地主」等へのアンケート調査や聞き取り調査の結果に基づいて、また沖縄本島や伊江島と同じ時期に土地取得が行なわれた宮古島や石垣島に残存していた関係書類（土地の売買が行なわれたことを示す「土地売渡証書」など）の内容から推測して、こうした結論を導き出している。大蔵省衆議院予算委員会提出資料「沖縄における旧軍買収地について」（一九七八年四月一七日）財団法人南西地域産業活性化センター『旧軍飛行場用地問題調査・検討報告書』（二〇〇三年度沖縄県受託事業、二〇〇四年三月作成）、一四九～一五六頁。
（16）TAB “A”, Principal Pre-Invasion Japanese Military Land, attached to USCAR, “Study of Land Problems in Okinawa,” October 1, 1955, 0000000836, Okinawa Prefectural Archives（以下、OPA と略記する。上の一〇桁のコードは沖縄県公文書館の資料コード）. この数値は宮古島と石垣島の基地用地を除いたものであるが、両島を含めると、約二五九一エーカー（約三一七万一七〇〇坪）であった。なお、沖縄本島と伊江島の基地用地面積一四〇八エーカーの内訳は、伊江島飛行場が二四四エーカー、読谷飛行場が五三五エーカー、嘉手納飛行場が一一九エーカー、牧港（仲西）飛行場が一五〇エーカー、与那原（西原）飛行場が一三八エーカー、那覇飛行場（海軍小禄飛行場）が二〇〇エーカー、そして中城湾臨時要塞用地が二二エーカーであった。

（17）Chief, Real Estate Division to District Engineer, Informal Conference Concerning Real Estate on Okinawa, November 1, 1949, U90005715B, OPA.

（18）陸戦史研究普及会編『陸戦史集九　沖縄作戦』、三〇頁。

（19）司令官は渡邉正夫中将から牛島満中将に、参謀長は北川潔水少将から長勇少将に変更。

（20）大城「第三二軍の沖縄配備と全島要塞化」、九五頁。

（21）陸戦史研究普及会編『陸戦史集九　沖縄作戦』、四一頁。なお、米軍の上陸が想定されていなかった北部地域の防衛には、独立混成第四四旅団がその任務に就いていた。

（22）同前、四九頁。

（23）台湾攻略から沖縄攻略への変更については、以下を参照した。Major Chas. S. Nichols, Jr., USMC, Henry I, Shaw, Jr, *Okinawa: Victory in the Pacific*, Historical Branch G-3 Division Headquarters U.S. Marine Corps, 1955（reprinted by The Battery Press, 1989）, pp. 14–17.

（24）この時期米軍は欧州戦線に兵力を投入しており、台湾攻略のために必要な兵力を確保することができなかったからである。

（25）Nichols and Shaw, *Okinawa*, pp. 16–17.

（26）沖縄県文化振興会公文書管理部史料編集室編『沖縄県史　資料編一二　アイスバーグ作戦　沖縄戦五（和訳編）』（沖縄県教育委員会、二〇〇一年）、四六頁。

（27）Headquarters 5223rd Engineer Construction Brigade, Okinawa Base Command Historical Report, March 21, 1946, p. 7, U00002099B, OPA. 沖縄県文化振興会公文書管理部史料編集室編『沖縄県史　資料編一二　アイスバーグ作戦　沖縄戦五（和訳編）』、五八二頁。なお、米軍は伊江島と宮古島での基地開発計画も立案するが、これら両島の基地開発計画にしても、その中心は沖縄本島の場合と同じように、飛行場の建設にあった。*Ibid*, pp. 9–13.

（28）*Ibid*, p. 7.

（29）米第一〇軍の沖縄での戦闘記録については以下の文献を参照のこと。Roy E. Appleman, James M. Burns, Russell A. Gugeler, and John Stevens, *Okinawa: The Last Battle* (Washington, D.C.: United States Army, Center of Military History, original edition, 1947, reprinted edition, 1991).

（30）なお、当初計画が立てられていた宮古島での基地建設は、沖縄本島と伊江島だけで十分な飛行場を確保できるという理由から、取り止めとなっている。Headquarters 10th Army, Okinawa Campaign -26 March- 30 June, 1945, Base Development, p. 1, U00002112B, OPA.

（31）JCS 570/40, October 25, 1945, 0000037300, OPA.　なお、このＪＣＳ五七〇／四〇に関する先駆的な研究は、宮里政玄『アメリカの対外政策決定過程』(三一書房、一九八一年)である。また、この宮里の研究を踏まえてより深く掘り下げた研究として、我部政明『日米関係のなかの沖縄』(三一書房、一九九六年)、同『戦後日米関係と安全保障』(吉川弘文館、二〇〇七年)、ロバート・D・エルドリッヂ『沖縄問題の起源——戦後日米関係における沖縄 一九四五—一九五二』(名古屋大学出版会、二〇〇三年)などがある。

(32) JCS 570/37, October 10, 1945, 0000037300, OPA.

(33) なお、「二次的基地地域」にはミッドウェー島、南鳥島、小笠原諸島、そしてトラック島など二〇地域が含まれており、「主要基地と二次的基地のシステムの柔軟性を増すために必要」とされた「補助的基地地域」には、台湾、パラオ、カリアナ諸島など一八地域が含まれていた。

(34) 柴山太『日本再軍備への道——一九四五〜一九五四年』(ミネルヴァ書房、二〇一〇年)、一三〜二〇頁。

(35) 同前、一五頁。

(36) なお、この対ソ戦を想定して米陸軍が当時検討していた計画案(一九四五年九月二一日にマーシャル陸軍参謀総長がマッカーサーに示した計画案)では、まずフィリピンにおいて三個超重爆撃機航空団、四個戦闘機航空団、一個戦術爆撃機航空団、その他の航空部隊、そして一個師団以内の陸上兵力を常駐させ、戦時においてはこれに加えて五個陸上師団と一八個航空団から構成される攻撃用部隊を展開することを考えていた。一方沖縄においては、一個超重爆撃機航空団、二個戦闘機航空団、一個軽爆撃機航空団、そして一個連隊の地上軍を常駐させ、戦時にはこれらの兵力に加えて九個航空団と二個師団からなる攻撃部隊を展開することを想定していた(同前、一七頁)。この計画案に対してマッカーサーは、一〇月四日、これらの部隊を収容・運用するうえで、フィリピンと琉球諸島の基地は十分である、と返答している(同前、一七頁)。

(37) 同前、二一頁。

(38) 同前、一四頁。

(39) 同前、二一〜二二頁。

(40) 同前、二二頁。

(41) Memorandum for the President, September 10, 1946, 0000037320, OPA.

(42) 以下でのべる米比間の基地協定交渉については、断りのない限り、伊藤裕子「フィリピンの軍事戦略的重要性の変化と一九四七年米比軍事基地協定の成立過程」『国際政治』一一七号(一九九八年)を参照した。

(43) 伊藤裕子「戦後アメリカの対フィリピン軍事政策と日本要因 一九四五〜一九五一」池端雪浦、リディア・N・ユー・ホセ編『近現代日本・フィリピン関係史』(岩波書店、二〇〇四年)、三三三〜三三四頁。

（44）伊藤「フィリピンの軍事戦略的重要性の変化と一九四七年米比軍事基地協定の成立過程」、二一九頁。なお、伊藤裕子によれば、この即時使用のための一六基地のなかで「純粋な軍事基地」といえるものは、「クラーク・フィールド陸軍航空基地とフォート・ストッツェンバーグ陸軍陸上基地、および、スビック湾、サングレー・ポイント、レイテ＝サマール各海軍基地」の五基地のみであった。

（45）この統合参謀本部と国務省の対立については、宮里『アメリカの対外政策決定過程』、我部『日米関係のなかの沖縄』、同『戦後日米関係と安全保障』、エルドリッヂ『沖縄問題の起源』のほか、河野康子『沖縄返還をめぐる政治と外交――日米関係史の文脈』（東京大学出版会、一九九四年）を参照のこと。なお、国連の信託統治制度とは、国連の信託を受けた国家（施政国）が国連の監督下で特定地域の統治を行なう制度のことをいい、同制度には戦略地域と非戦略地域の二つがあった。前者の戦略的信託統治は安全保障理事会が監督し、後者の非戦略的信託統治（通常信託統治）は信託統治理事会の援助を受けて国連総会が監督することとなっていた。

（46）Headquarters 5223rd Engineer Construction Brigade, Okinawa Base Command Historical Report, March 21, 1946, pp. 13–16.

（47）*Ibid.*, pp. 50–54.

（48）Historical Record, Okinawa Base Command, November 1945, p. 4.（琉球大学附属図書館所蔵複写資料『占領初期米軍統治関係資料 Okinawa Base Command（二）』）琉球大学付属図書館。

（49）*Ibid.*, p. 1.

（50）*Ibid.*, pp. 49–50.

（51）沖縄県文化振興会公文書管理部史料編集室編（アーノルド・G・フィッシュ二世著／宮里政玄訳）『沖縄県史　資料編一四　琉球列島の軍政　一九四五―一九五〇　現代二（和訳編）』（沖縄県教育委員会、二〇〇二年）、六七頁。

（52）鳥山淳「軍用地と軍作業から見る戦後初期の沖縄社会――一九四〇年代後半の『基地問題』」『浦添市立図書館紀要』一二号（二〇〇一年）、六八～六九頁。

（53）もっとも、米軍の確保した軍用地がこれでしっかりと固定されていたかというと、決してそうではなかった。米軍はいったん住民に開放した土地をふたたび接収し、そこに軍事施設を建てたり演習地として利用したりした。鳥山淳の研究によれば、米軍は一九四七年に八一九四エーカーの土地を開放する一方、六一八エーカーの土地を再接収している。また一九四八年には三四五五エーカーの土地を開放する一方、三〇〇エーカーの土地を再接収し、さらに一九四九年一月から九月にかけては、五一九エーカーの土地を開放する一方、実に五一二五エーカーにも及ぶ土地を再接収した（同前、七五頁）。米軍のある報告書によると、米軍の再接収によって沖縄の全耕作者のうち四分の一の者が少なくとも一回はその土地から追い立てられており、ある者にいたっては二回も三回も移動を余儀なくされた。Memorandum for: Record, Ryukyu Islands: Land Tenure Practices and Problems, September 20, 1949.『沖縄戦後初期占領資

料 Papers of James T. Watkins』(以下、『沖縄戦後初期占領資料』と略記する)四七巻(緑林堂書店、一九九四年)、七八頁。

なお、米軍がこのように土地を接収する際には、住民側の行政機関であった沖縄民政府(一九四六年四月発足。知事は志喜屋孝信)に書面でその接収予定地を伝え、その内容を沖縄民政府が当該市町村長に通知するという形をとった。この沖縄民政府から各市町村に宛てた立ち退き命令書については、沖縄県公文書館が所蔵する沖縄民政府文書「法令及び例規に関する書類(禁止命令 一九四七年~一九四八年一二月 住民立退)」(R00020584B)に数多く含まれている。一方、日本本土における土地接収は、米占領軍が日本政府に調達要求書を提出し、それを受けた日本政府が同要求書に記載された土地の所有者と賃貸借契約を結び、そのうえで土地を占領軍に提供する形をとっていた。この日本本土における土地接収については、占領軍調達史編さん委員会編『占領軍調達史——占領軍調達の基調』(調達庁総務部調査課、一九五六年)を参照のこと。

(54) Report of Military Government Activities for Period From 1 April 1945 to 1 July 1946.『沖縄戦後初期占領資料』一二巻、一二五頁、鳥山「軍用地と軍作業から見る戦後初期の沖縄社会」、七〇頁。

(55) 鳥山「軍用地と軍作業から見る戦後初期の沖縄社会」、七〇~七一頁。

(56) 琉球諸島全体での引揚者数は約一二万人。この引揚問題に関しては、浅野豊美「南洋群島からの沖縄人引揚と再定住をめぐる戦前と戦後」浅野豊美編『南洋群島と帝国・国際秩序』(慈学社、二〇〇七年)を参照のこと。

(57) この「割当土地制度」については、土地連三十周年記念誌編集委員会編『土地連三十年のあゆみ』通史編(沖縄県軍用地等地主連合会、一九八九年)、二二一~三二頁を参照のこと。

(58)『アメリカの沖縄統治関係法規総覧(Ⅳ)』(編集・発行月刊沖縄社、一九八三年)、九六頁。同指令によって各村と各字にそれぞれ土地所有権委員会(委員は住民のなかから各市町村長が任命)が設置され、公有地(市町村有地)と所有権未確定地に関しては前者が、私有地に関しては後者がそれぞれ調査を行なうこととなった。また、県有地と国有地に関する係争や、各市町村レベルの土地所有権委員会で解決できない係争に関しては、中央土地調停委員会が処理することとされた。私有地に関していえば、土地所有者は「隣接の土地所有者たる保証人二名の連署」の入った「所有土地の申請書」を各字の土地所有権委員会に提出しなければならなかった。この土地所有権認定問題に関しては、砂川恵伸・安次富哲雄・新垣進「土地法制の変遷」宮里政玄編『戦後沖縄の政治と法』(東京大学出版会、一九七五年)を参照のこと。

(59) Memorandum for: Record, Ryukyu Islands: Land Tenure Practices and Problems, September 20, 1949.『沖縄戦後初期占領資料』四七巻、七八頁。

(60) 琉球政府文教局研究調査課編『琉球史料 第七集 経済編二』復刻版(那覇出版社、一九八八年)、一二〇頁。

(61) 同前、一二〇頁。
(62) 同前、一二一頁。
(63) 沖縄県立図書館史料編集室編『沖縄県史料　戦後二　沖縄民政府記録一』（沖縄県教育委員会、一九八八年）、五三八頁。
(64) 『琉球史料　第七集　経済編二』、一二一～一二二頁。
(65) 嘉陽安春『沖縄民政府　一つの時代の軌跡』（久米書房、一九八六年）、一三四頁。
(66) 同前、一三六頁。
(67) 同前、一三四頁。
(68) Size of Farmland Ownership Units, by Number and Percent of Owner Households, Okinawa Gunto, 1940.『沖縄戦後初期占領資料』四七巻、一一九頁。
(69) 『うるま新報』一九四九年一二月七日付。
(70) PPS/10, October 14, 1947, *Foreign Relation of the United States* (Washington, D.C.: Government Printing Office. 以下 *FRUS* と略記する), 1947, Vol. 6, pp. 536–543. なお、この「日本に近接する地域」についてPPS一〇文書は、具体的な地域名を挙げていないが、同文書が作成されるまでに行なわれた議論をみれば、それが沖縄や小笠原などの地域を指していたことは明白であった。沖縄をめぐる企画室内での議論については、エルドリッヂ『沖縄問題の起源』、一二八～一三六頁、柴山『日本再軍備への道』、三五～三八頁を参照のこと。
(71) このPPS一〇／一については、エルドリッヂ『沖縄問題の起源』、一三六頁を参照のこと。
(72) 同前、一〇五～一一二頁。なお、この「天皇メッセージ」の存在を初めて明らかにしたのは、進藤榮一「分割された領土」『世界』第四〇一号（一九七九年四月）である。
(73) 「駐日政治顧問部W・J・シーボルトから国務長官あて」（一九四七年九月二二日）山極晃・中村政則編『資料日本占領　一　天皇制』（大月書店、一九九〇年）、五七九頁。
(74) 租借地とは、条約によってある国家（租貸国）の一部領域が他国（租借国）に貸与された地域をいう。租借期間や租借国の権利は条約によって異なるが、たとえば日露戦争後のポーツマス条約では日本はロシアが租借していた中国の旅順口・大連湾を引き継いで、さらに一九一五年の日中条約では、その租借期限を九九年間に延長した。条約ではこれら地域の領土主権が中国にあることを明記していたが、日本は租借地の立法・行政・司法のすべての権力をにぎっていた。「租借地」国際法学会編『国際関係法辞典』（三省堂、二〇〇五年）、五六五頁を参照。
(75) エルドリッヂ『沖縄問題の起源』、一〇八、一三六頁。

（76）Conversation between General of the Army MacArthur, Under Secretary of the Army Draper, and Mr. George F. Kennan, March 23, 1948, *FRUS, 1948*, Vol. 6, pp. 706–712. なお、以下のマッカーサー・ケナン会談については、同資料からの引用。

（77）PPS/28, March 25, 1948, *ibid.*, pp. 691–696.

（78）Recommendations with Respect to U.S. Policy Toward Japan, May 26, 1948, *FRUS, 1948*, Vol. 6, pp. 776–782.

（79）DA（CSAC）to CINCFE, February 18, 1949, 0000024545, OPA.

（80）TAB "B", Subject: A chronological presentation of the decisions indicating the importance of Okinawa and subsequent actions which imply doubt in the continuance of that importance, attached to Memorandum for General Gruenther, October 20, 1949, P&O 091 Japan TS（19 Oct 49）, RG319. 本章で利用した陸軍省文書（RG319）は、すべて法政大学の河野康子教授がアメリカ国立公文書館において蒐集したものである。河野教授の御厚意により同文書をみせて頂いた。河野教授の御厚意に深く感謝する。なお、この空軍省の「本国撤退」案については、宮里『アメリカの対外政策決定過程』、二三七〜二三八頁が若干触れているだけで、他の研究ではまったく言及されていない。

（81）CINCFE to DA, July 29, 1949, 0000024278, OPA.

（82）『沖縄県史　資料編一四　琉球列島の軍政』、七五頁。なお、グロリア台風による被害は米軍側よりも住民側のほうがより深刻で、死者三六人、負傷者二三六人を出している。

（83）DA（CSCPO）Wash DC to CINCFE Tokyo Japan, September 3, 1949, 0000024545, OPA. 断りのない限り、以下のヴァンデンバーグの提案については、同資料からのもの。

（84）ロジャー・ディングマン（天川晃訳）「アメリカ海軍と冷戦――日本の場合」『エコノミア』七八号（一九八三年）、五四頁。

（85）Staff Study, Tab "A", "Strategic Role of Okinawa" attached to Bolte to C/S, November 18, 1949, P&O 370.02 TS（18 Nov 49）, RG319.

（86）ただ、第三一戦略偵察飛行隊に所属する対電子部隊のみは本国への撤退を要求しないとしている。その理由としてヴァンデンバーグは、同部隊の任務の重要性と、部隊をコストなしに極東軍に吸収できるからとしている。

（87）米軍がこの時期、フィリピン基地をそれほど重要視していなかったことについては、伊藤「戦後アメリカの対フィリピン軍事政策と日本要因」を参照のこと。

（88）なお、空軍省の「本国撤退」案に関する情報を極東軍司令部から受けたジョージ・ストラテマイヤー極東空軍司令官は、空軍戦術部隊を沖縄に残すことを求めるが、それがどうしても無理な場合にはアメリカ本国ではなく日本本土に移転させるようヴァンデンバーグに求めていた。その際、第五一戦闘機航空団は伊丹基地へ、第三一戦略偵察飛行隊は横田基地へ、第四戦闘機飛行隊は三沢基地へと移転させるよう要求していた。CG FEAF（Stratemeyer）Tokyo Japan to CSUSAF（Vandenberg）Wash DC, September 8, 1949, 0000024545, OPA.

(89) DA (CSCPO) Wash DC to CINCFE Tokyo Japan, September 3, 1949.

(90) CINCFE Tokyo Japan to DA Wash DC, September 6, 1949, 0000024545, OPA.

(91) TAB "B", Subject: A chronological presentation of the decisions indicating the importance of Okinawa and subsequent actions which imply doubt in the continuance of that importance.

(92) *Ibid.*

(93) Memorandum for Joint Staff (Capt Lalor), Subject: JCS Briefing for Trip to the Far East, January 19, 1950, 000005702, OPA. なお、一九四八年三月から五月にかけて策定された統合参謀本部の対ソ戦争計画（BROILER, HALFMOON）は、沖縄もイギリス領有の諸島やカイロ—スエズ地域と並んで、戦略爆撃のための主要基地として位置づけていた。また一九四九年一二月に策定された対ソ戦争計画（OFFTACKLE）でも、ヨーロッパで戦略的攻勢をとる一方、極東地域では戦略的防衛態勢をとり、そのなかで沖縄を軍事作戦と日本防衛のための主要基地として扱っていた。Kenneth W. Condit, *The History of the Joint Chiefs of Staff: The Joint Chiefs of Staff and National Policy, Vol. 2, 1947–1949* (Wilmington: Michael Glazier, Inc., 1979), pp. 283–302.

(94) Memo from Gruenther to Bolte, October 16, 1949, P&O 091 Japan TS (19 Oct 49), RG319.

(95) TAB "A", Subject: Answers to questions on U.S. construction objectives in Japan and Okinawa contained in 16 October memo of General Gruenther, attached to Memorandum for General Gruenther, October 20, 1949, P&O 091 Japan TS (19 Oct 49), RG319. なお、この軍上層部における「疑問」についてボルトは、「経済的な理由」から空軍省が「本国撤退」案を提起したことと、その提案を統合参謀本部が「確固たる」決断のもとに却下せず、同案への言及を「避けた」ことを説明している。

(96) Memo for Record, Subject: Occupation of Okinawa by Rotation of Units from Japan or Hawaii, October 5, 1949, P&O 370.02 TS (3 Nov 49), RG319. 断りのない限り、以下でのべる陸軍省の「ローテーション」案に関しては、同資料からのもの。

(97) Study, "Reduction in Okinawa Construction Program that could be achieved by the Periodic Rotation of Certain Units" attached to Bolte to C/S, November 4, 1949, P&O 370.02 TS (4 Nov 49), RG319.

(98) DA to RYCOM, November 20, 1949, 0000008031, OPA.

(99) Voorhees to MacArthur, October 5, 1949, attached to Okinawa: Report on Construction Program, November 23, 1949, U90003478B, OPA.

(100) さらにヴォーヒーズは、本来ならば占領地域における飢餓や疫病、社会不安などを防止するために使用されるべきガリオア援助を、軍民共同で利用できる道路や電気水道施設の建設、そして那覇港の改善や軍政府の関連建物および米軍家族住宅の建設にも利用していくことを考え出し、これをマッカーサーに説明していた。

(101) Okinawa: Report on Construction Program, November 23, 1949.
(102) *Ibid.*

第2章　経済復興と沖縄の分離

(1) DA (CSAC) to CINCFE, February 18, 1949, 0000024545, OPA.
(2) この一九五〇年度援助では、四九五八万一〇〇〇ドルもの予算が計上されたが、そのうちの一八九九万八〇〇〇ドルの予算が復興援助費用であった。琉球銀行調査部編（執筆代表者牧野浩隆）『戦後沖縄経済史』（琉球銀行、一九八四年）、八六頁。なお、このガリオア援助の支給方法は、同援助資金をもってアメリカ国内で必要物資を購入し、これを沖縄に提供するという方法が一九四九年度までとられたが、一九五〇年度からは、その必要物資を日本から購入し、沖縄に輸入するという形をとった。アメリカはガリオア援助を用いて沖縄の経済復興を促進したばかりでなく、日本本土を輸入先とすることによって、日本の経済復興も同時に促進させようとした。同前、八七～八八頁。
(3) そもそも基地労働者の稼ぎ出す賃金は、当初、対外購買力を有するドルによってではなく、それをもたないB型軍票円（B円）によって払われていた。そのため沖縄では、獲得したB円で必要な生産財や消費物資を輸入することができない状況に置かれていた。そこでケネス・ロイヤル陸軍長官が、一九四八年一一月、基地労働者の賃金を含む沖縄の経済復興費用を政府予算（ドル）から支出できるようにするため、NSC一三/二（五）の後段部分（北緯二九度以南の琉球諸島に対する……）を新たに挿入するよう国家安全保障会議に提案し、それがトルーマン大統領によって承認された。これによって基地労働者の賃金は、以後、アメリカの政府予算から直接支出されることとなった。この問題を詳細に扱った文献は、琉球銀行調査部編『戦後沖縄経済史』、一四四～一五一頁。
(4) 川平成雄『沖縄・一九三〇年代前後の研究』（藤原書店、二〇〇四年）、三二一頁。
(5) 仲原善忠「沖縄現代産業・経済史」『仲原善忠選集』上巻（沖縄タイムス社、一九六九年）、五〇九頁。
(6) 沖縄県編『沖縄県史　第七巻　各論編六　移民』（沖縄県、一九七四年）、一三頁。
(7) 同前、三九一頁。
(8) 川平『沖縄・一九三〇年代前後の研究』、三二一～三二二頁。
(9) 『沖縄県史　第七巻　各論編六　移民』、三〇頁。この数字に南洋群島や韓国・台湾などからの送金額は含まれていないので、その全体の送金額は、さらに大きなものであったと考えられる。
(10) 琉球政府文教局研究調査課編『琉球史料　第五集　社会編二』復刻版（那覇出版社、一九八八年）、一五六頁。

（11）浅野豊美「南洋群島からの沖縄人引揚と再定住をめぐる戦前と戦後」浅野豊美編『南洋群島と帝国・国際秩序』（慈学社、二〇〇七年）、三一七〜三一八頁。なお、後述する沖縄の土地問題と農業問題を調査するために同年六月と九月にそれぞれ東京とワシントンから沖縄に派遣されたグッドウィン調査団とビッカリー調査団も、このウェッカリングと同様に、海外移民の再開を勧告していた。

（12）同前、三一八頁。

（13）同報告書は、天然資源局からＧＨＱ民間財産局と極東軍司令部琉球軍政課に送付され、さらに極東軍司令官から沖縄現地の琉球軍司令官に送付されている。

（14）Memorandum for: Record, Ryukyu Islands: Land Tenure Practices and Problems, September 20, 1949.『沖縄戦後初期占領資料 Papers of James T. Watkins』（以下、『沖縄戦後初期占領資料』と略記する）四七巻（緑林堂書店、一九九四年）、七六〜七七頁。

（15）『うるま新報』一九四九年一二月七日付。

（16）Memorandum for: Record, Ryukyu Islands: Land Tenure Practices and Problems, September 20, 1949.『沖縄戦後初期占領資料』四七巻、七七頁。なお、他の都道府県と比べて戦前の沖縄で借地利用率（小作地率）が低かったのは、沖縄が日本に統合される以前から存在していた「地割制度」といわれた土地制度と、一八九九年から一九〇三年にかけて行なわれた「土地整理事業」が大きく関係していたといえる。「地割制度」とは、単純化していえば、「間切」（現在の市町村に相当）を構成する「村」（現在の字に相当）単位で土地が共有され、それを一定年限ごとに農民間で比較的公平に割り替えを行なう制度であった。この「地割制度」に基づいて土地を使用していた農民は、前出「土地整理事業」によってその土地の所有権を得ることになったのである。この時期の沖縄の農地に関する研究としては、仲地宗俊「農地」沖縄県農林水産行政史編集委員会編『沖縄県農林水産行政史』第三巻、農政編（農林統計協会、一九九一年）を参照のこと。

（17）Memorandum for: Record, Ryukyu Islands: Land Tenure Practices and Problems, September 20, 1949.『沖縄戦後初期占領資料』四七巻、八一、九二〜九六頁。

（18）これ以外の措置として、不在地主の全小作地の解放や、在村地主による平均一ヘクタールの小作地保有の容認などがあった。日本本土における農地改革については、暉峻衆三『日本農業問題の展開』下巻（東京大学出版会、一九八四年）、暉峻衆三・岩本純明「農地改革——地主制の終焉と自作農体制」袖井林二郎・竹前栄治編『戦後日本の原点』下巻（悠思社、一九九二年）、野田公夫「戦後土地改革と現代——農地改革の歴史的意義」『年報日本現代史』四号（現代史料出版、一九九八年）を参照のこと。

（19）Okinawa Civil Administration Recommendation for Solution of Land Tenure Problems.『沖縄戦後初期占領資料』四七巻、一四三〜一四五頁。

（20）こうした考え方は沖縄民政府だけでなく、一般住民のなかからも提起されていた。真和志村の平田吉作という人物が、おそらく沖縄民政府に宛てた一九四八年一〇月一九日付の要望書には、次のようなことが書かれていた。「農家に割当られたる耕地は平均僅かに四反歩に足らざるを以つて、かゝる猫額大の耕地に於て作物の輪作、緑肥作物栽培耕地の休閑、換金作物栽培、食糧自給、以上の作物栽培、耕地の休閑、適地適作、桑樹栽培、耕地整理等をなすこと不可能なり。（中略）故に人口耕地問題を速かに解決して農業経営のみにては一家の経済生活を維持し難き過小農は商工水産業方面に転向せしむると共に天然沃土の処女地多き八重山に移住せしめ、残れる農家は事変前の耕地反別一戸平均六反歩以上を耕作せしめ、専心一意農耕に努力して、科学的農業経営を遂行せしむることを急務なりと信ず」。沖縄県農林水産行政史編集委員会編『沖縄県農林水産行政史』第一二巻、農業資料編Ⅲ（農林統計協会、一九八二年）、二二六〜二二七頁。

（21）もっとも、軍用地の規模がそれほど大きく変動しないと想定しながらも、グッドウィン調査団が軍用地の境界線の安定化を求めたことは、やはり留意しておく必要がある。軍用地の境界線が米軍による土地の開放や再接収によって不断に変化し、かなり流動的であったことは、前章の註（53）でのべたとおりである。この軍用地の流動化が、農地の再配分を意図する沖縄版「農地改革」の実施に悪影響を与えると、同調査団は考えたのである。Memorandum for: Record, Ryukyu Islands: Land Tenure Practices and Problems, September 20, 1949.『沖縄戦後初期占領資料』四七巻、七八、九六頁。

（22）同前、九三〜九四頁。

（23）同前、七九〜八一、九四頁。

（24）Okinawa Civil Administration Recommendation for Solution of Land Tenure Problems.『沖縄戦後初期占領資料』四七巻、一四三頁。この海外移民の問題については、浅野「南洋群島からの沖縄人引揚と再定住をめぐる戦前と戦後」を参照のこと。

（25）Memo for: Colonel Cunkle, Conference on Real Estate, October 28, 1949; Chief, Real Estate Division to District Engineer, Informal Conference Concerning Real Estate on Okinawa, November 1, 1949, U90005715B, OPA.

（26）*Ibid.*

（27）A Report, Agriculture and Economic Reconstruction in the Ryukyu, November 1949, p. 24, 0000023413, OPA.

（28）*Ibid.*, pp. 23–24.

（29）*Ibid.*, p. 56.

（30）*Ibid.*, p. 20.

（31）*Ibid.*, p. 20.

（32）*Ibid.*, p. 18.

(33) DA (SAOUS) (CUSFE) Wash DC to CINCFE Tokyo Japan, April 23, 1950, 0000008125, OPA. なお、この二万七五〇〇エーカーの内訳は、二万エーカーが空軍と海軍の要求する軍用地、七五〇〇エーカーが陸軍の要求する軍用地であった。

(34) *Ibid.*

(35) History Twentieth Air Force, July - December 1950, U00000031B, OPA.

(36) Annual Command Historical Report, February 2, 1951, U90003088B, OPA. 鳥山淳「一九五〇年代初頭の沖縄における米軍基地建設のインパクト」『沖縄大学地域研究所　所報』三一号（二〇〇四年）、二二六頁。

(37) CINCFE to DA, October 10, 1950, 0000008125, OPA. なお、この三万三八一九エーカーの内訳は、空軍が一万三三〇五エーカー、陸軍が二万五一四エーカー（海軍の与那原基地を含む）であった。この見積もり面積は、三月の計画と同様に極東軍司令部の求めに応じて現地の琉球軍司令部が出したものである。

(38) CINCFE to DA, April 16, 1952, enclosure to Staff Study, Use of GARIOA Counterpart Funds to Purchase Land in Ryukyu Islands, RG319, NA. この陸軍省資料（RG319）は、法政大学の河野康子教授がアメリカ国立公文書館で蒐集したものである。河野教授の御厚意により同資料をみせて頂いた。河野教授の御厚意に深く感謝する。なお、この三万九〇〇〇エーカーの内訳は、空軍が一万八七〇〇エーカー、陸軍が一万八六〇〇エーカー、海軍が一七〇〇エーカーであった。

(39) 琉球銀行調査部編『戦後沖縄経済史』、一八一頁。

(40) 以下でのべる基地労働者の賃金引上げと「一ドル＝一二〇B円」の為替レート設定については、同前、一八九〜二〇八頁を参照した。

(41) 同前、一九六頁。

(42) 日本本土を輸入先とした理由は、日本の輸出産業を育成すること、および日本にドル外貨を稼がせることの二つであった。同前、一九三頁。

(43) 同前、一八九頁。

(44) 鳥山「一九五〇年代初頭の沖縄における米軍基地建設のインパクト」、二二九、二三一頁。

(45) 宮古・八重山・奄美群島からの労働力流入に関しては、同前、二三一〜二三四頁を参照のこと。

(46) 『うるま新報』一九五〇年一二月二一日付、鳥山「一九五〇年代初頭の沖縄における米軍基地建設のインパクト」、二三〇頁。

(47) 琉球銀行調査部編『戦後沖縄経済史』、一八九頁。

(48) 牧野浩隆「戦後沖縄の経済開発政策」『大田昌秀教授退官記念論文集　沖縄を考える』（大田昌秀先生退官記念事業会、一九九〇年）、一三二頁。

（49）琉球銀行調査部編『戦後沖縄経済史』、二〇〇頁。

（50）同前、二七九頁。以下の数値も同頁から。

（51）牧野「戦後沖縄の経済開発政策」、一三二頁。

（52）この対日平和条約と沖縄の国際的地位をめぐる問題を扱った代表的研究に、河野康子『沖縄返還をめぐる政治と外交——日米関係史の文脈』（東京大学出版会、一九九四年）、宮里政玄『日米関係と沖縄　一九四五—一九七二』（岩波書店、二〇〇〇年）、ロバート・D・エルドリッヂ『沖縄問題の起源——戦後日米関係における沖縄　一九四五—一九五二』（名古屋大学出版会、二〇〇三年）がある。

（53）Memorandum for the President, September 7, 1950, *FRUS, 1950*, Vol. 6, pp. 1293–1296.

（54）Draft of a Peace Treaty With Japan, September 11, 1950, *ibid*, pp. 1297–1303.

（55）Unsigned Memorandum Prepared in the Department of State, September 11, 1950, *ibid.*, pp. 1296–1297.

（56）エルドリッヂ『沖縄問題の起源』、一九九頁から再引用。

（57）同前、三一二～三一三頁から再引用。

（58）河野『沖縄返還をめぐる政治と外交』、三八頁から再引用。

（59）Memorandum by Mr. Robert A. Fearey of the Office of Northeast Asian Affairs to the Deputy Director of that Office（Johnson）, November 14, 1950, *FRUS, 1950*, Vol. 6, pp. 1346–1348.

（60）*Ibid.*, p. 1348 footnote 3.

（61）The Secretary of State to the Secretary of Defense（Marshall）, December 13, 1950, *ibid.*, pp. 1363–1364.

（62）The Commander in Chief, Far East（MacArthur）to the Department of the Army, December 28, 1950, *ibid.*, pp. 1383–1385.

（63）The Secretary of State to the United States Political Adviser to SCAP（Sebald）, January 3, 1951, *FRUS, 1951*, Vol. 6, Part 1, pp. 778–779.

（64）Report by the Joint Strategic Survey Committee to the Joint Chiefs of Staff, December 28, 1950, *FRUS, 1950*, Vol. 6, pp. 1385–1392.

（65）明田川融『沖縄基地問題の歴史——非武の島、戦の島』（みすず書房、二〇〇八年）、一三〇～一三二頁。

（66）柴山太『日本再軍備への道——一九四五～一九五四年』（ミネルヴァ書房、二〇一〇年）、第六章。

（67）外務省編纂『日本外交文書　平和条約の締結に関する調書　第一冊（Ⅰ～Ⅲ）』（外務省、二〇〇二年）、六四一～六四四頁。

（68）同前、六四六頁。

（69）同前、六四九～六五〇頁。

(70) 同前、六四七頁。

(71) 同前、六四七頁。

(72) 同前、五七〇〜五七二頁。

(73) 楠綾子『吉田茂と安全保障政策の形成——日米の構想とその相互作用　一九四三〜一九五二年』（ミネルヴァ書房、二〇〇九年）、一九六〜一九七頁。

(74) 『日本外交文書　平和条約の締結に関する調書　第一冊（I〜III）』、六二五頁。

(75) 同前、六二九〜六三二頁。

(76) この「D作業」が吉田の意向を踏まえて「米国による安全保障を原則としていた」ことについては、楠『吉田茂と安全保障政策の形成』、二〇七〜二一二頁。

(77) 『日本外交文書　平和条約の締結に関する調書　第一冊（I〜III）』、八五九頁。

(78) 外務省編纂『日本外交文書　平和条約の締結に関する調書　第二冊（IV・V）』（外務省、二〇〇二年）、二二頁。

(79) 同前、二二頁。

(80) 同前、二二頁。

(81) 同前、一五〇頁。

(82) 同前、一五八頁。

(83) 同前、三八頁。

(84) 外務省編纂『日本外交文書　平和条約の締結に関する調書　第三冊（VI）』（外務省、二〇〇二年）、四七四〜四七六頁。

(85) Provisional United States Draft of a Japanese Peace Treaty, March 23, 1951, *FRUS, 1951*, Vol. 6, Part 1, p. 945. 河野『沖縄返還をめぐる政治と外交』、五一〜五二頁。

(86) Memorandum of Conversation, by the Second Secretary of the Embassy in the United Kingdom (Marvin), March 21, 1951, *ibid*., p. 941.

(87) FE: Bacon to S: Allison, March 7, 1950.（YF-A10 R2）国会図書館憲政資料室。

(88) Japanese Peace Treaty: Working Draft and Commentary Prepared in the Department of State, June 1, 1951, *FRUS, 1951*, Vol. 6, Part 1, p. 1062.

(89) 細谷千博『サンフランシスコ講和への道』（中央公論社、一九八四年）、二三八頁。

(90) 河野康子は、この会談の結果、「講和条約における沖縄の信託統治とは、日本の主権放棄を伴わないものであるとの理解が米英間に成立した」と指摘する。河野『沖縄返還をめぐる政治と外交』、五三頁。

(91) Memorandum by the Consultant to the Secretary (Dulles), June 27, 1951, *FRUS, 1951*, Vol.6, Part 1, pp. 1152–1153.

(92) 河野『沖縄返還をめぐる政治と外交』、五九頁。

(93) 細谷千博・有賀貞・石井修・佐々木卓也編『日米関係資料集　一九四五―九七』（東京大学出版会、一九九九年）、一一二頁。

(94) Appendix to JCS 1380/129, December 5, 1951. 石井修・植村秀樹監修『アメリカ合衆国対日政策文書集成　アメリカ統合参謀本部資料　一九四八―一九五三』第一四巻（柏書房、二〇〇〇年）、四一～五五頁。

(95) Memorandum of the Substance of Discussion at a Department of State-Joint Chiefs of Staff Meeting, Held in Washington, April 2, 1952, *FRUS, 1952–1954*, Vol. 14, Part 2, pp. 1224–1227.

(96) ヴァンデンバーグはそのほかにも、空軍兵士が車で住民をはねた場合の裁判での米兵の権利問題を提起したり、危険地帯から住民の大多数を移動させたり、航空基地をさらに構築するために住民を移動させる場合の問題性も指摘している。さらにヴァンデンバーグは、日本人が嫌う核戦争が勃発した場合、アメリカは沖縄での行動の自由をもたなければならないが、もしそれができないなら、沖縄の米軍基地の価値は九〇パーセントも失われてしまう、とのべている。

(97) 河野『沖縄返還をめぐる政治と外交』、第三章、宮里『日米関係と沖縄』、第三章。

(98) 中野好夫編『戦後資料　沖縄』（日本評論社、一九六九年）、八五頁。なお、奄美返還については、ロバート・D・エルドリッヂ『奄美返還と日米関係――戦後アメリカの奄美・沖縄占領とアジア戦略』（南方新社、二〇〇三年）を参照のこと。

(99) 沖縄社会大衆党史編纂委員会編『沖縄社会大衆党史』（沖縄社会大衆党、一九八一年）、二一頁。なお、沖縄におけるこの時期の日本復帰論および復帰運動を扱った近年の研究としては、鳥山淳「戦後初期沖縄における自治の希求と屈折」『年報日本現代史』八号（二〇〇二年）、ロバート・D・エルドリッヂ「講和条約に対する沖縄の反応の考察――沖縄の復帰運動、政党、世論を中心に」平成一四年度～平成一七年度科学研究費補助金《基礎研究（A）》研究成果報告書（研究代表者我部政男山梨学院大学法学部教授）『沖縄戦と米国の沖縄占領に関する総合的研究』（二〇〇六年三月）、上地聡子「日本『復帰』署名運動の担い手――行政機構と沖縄青年連合会」『沖縄文化』四〇巻二号（二〇〇六年）、同「競われた青写真――一九五一年の帰属議論における『復帰』支持と、論じられなかったもの」『琉球・沖縄研究』二号（二〇〇八年）、櫻澤誠『沖縄の復帰運動と保革対立――沖縄地域社会の変容』（有志舎、二〇一二年）、第一章などがある。

(100) この沖縄群島政府知事選挙については、鳥山淳「復興の行方と沖縄群島知事選挙」『一橋論叢』一二五巻二号（二〇〇一年）を参照のこと。

(101) 『沖縄社会大衆党史』、二一五頁。

(102) 平良辰雄『戦後の政界裏面史――平良辰雄回顧録』(南報社、一九六三年)、一四八、二七六頁。
(103) 『沖縄社会大衆党史』、二三六～二三七頁。
(104) 平良『戦後の政界裏面史』、二七七頁。
(105) 同前、二七七頁。
(106) 同前、二七七頁。
(107) 人民党は日本復帰後の一九七三年一〇月、日本共産党への「組織的合流」を果たし、日本共産党沖縄県委員会となる。戦後初期の人民党に関する研究として、若林千代「第二次世界大戦後の沖縄における政治組織の形成、一九四五―一九五一――沖縄人民党を中心として」『沖縄文化研究』二八号(二〇〇二年)、森宣雄『地のなかの革命――沖縄戦後史における存在の解放』(現代企画室、二〇一〇年)などがある。
(108) 沖縄人民党史編集刊行委員会編『沖縄人民党の歴史』(同委員会、一九八五年)、九〇頁。
(109) 同前、九二～九三頁。
(110) 平良『戦後の政界裏面史』、二七七頁。
(111) 『沖縄人民党の歴史』、九三頁。
(112) 兼次佐一『真実の落書』(教宣社、一九七六年)、二二八～二二九頁。
(113) 日本復帰促進期成会の結成趣意書は次のようにのべている。「署名運動を完了し、関係要路に陳情書を提出すると同時に、本会は、自然解消することになっている」。沖縄県祖国復帰闘争史編纂委員会『沖縄県祖国復帰闘争史(資料編)』(沖縄時事出版、一九八二年)、二三頁。
(114) 同前、二三頁。
(115) 同前、二六頁。
(116) 同前、二六頁。
(117) 同前、三六頁。
(118) 同前、三七頁。
(119) 「屋良沖縄教職員会会長等との会見の件」那覇日本政府南方連絡事務所長から総理府特別地域連絡局長、一九六七年七月一一日、「会談録(日・琉球首脳、政府高官)Ⅷ」(0120-2001-02513, CD-R H22-009) 外交史料館。

第3章　軍用地問題の発生

（1）本章で扱う一九五〇年代前半の軍用地問題に関する先駆的研究として、宮里政玄『アメリカの沖縄統治』（岩波書店、一九六六年）、第三章〜第四章、我部政男『近代日本と沖縄』（三一書房、一九八一年）、一三一〜一四八頁、琉球銀行調査部編（執筆代表者牧野浩隆）『戦後沖縄経済史』（琉球銀行、一九八四年）、四一三〜四六五頁などがある。また近年の研究としては、宮里政玄『日米関係と沖縄　一九四五―一九七二』（岩波書店、二〇〇〇年）、鳥山淳「一九五〇年代初頭の沖縄における米軍基地建設のインパクト」『沖縄大学地域研究所　所報』三一号（二〇〇四年）、同「破綻する〈現実主義〉――『島ぐるみ闘争』へと転化する一つの潮流」『沖縄文化研究』三〇号（二〇〇四年）、同「閉ざされる復興と『米琉親善』――沖縄社会にとっての一九五〇年」中野敏男他編『沖縄の占領と日本の復興』（青弓社、二〇〇六年）、同「一九五〇年代沖縄の軍用地接収――伊江島と伊佐浜そして辺野古」『歴史評論』七一二号（二〇〇九年）、櫻澤誠「戦後沖縄における『基地問題』の形成過程」『部落問題』一九七号（二〇一一年）などがある。

（2）「日本における調達に関する件」（ＳＣＡＰＩＮ－Ａ－七七、一九四五年九月二五日発布）。本土における米軍の不動産調達については、占領軍調達史編さん委員会編『占領軍調達史――占領軍調達の基調』（調達庁総務部調査課、一九五六年）を参照のこと。

（3）なお、日本政府がアメリカに提供した軍用地の面積は、一九五二年四月二八日時点で約三四万五〇〇〇エーカーであった。これを所有形態で分けると、国有地が約一七万五四〇〇エーカー、公有地が約九九エーカー、民有地が約一六万九五〇〇エーカーであった。「駐留軍への提供施設区域数量」（一九五二年四月二八日現在）、同前、七五六頁。なお、坪単位で記されていたのを筆者がエーカーで換算した。

（4）DA（SAOUS）Wash DC to CINCFE Tokyo Japan, May 25, 1950, 0000024545, OPA. なお、マッカーサーがのちに同指令を連合国最高司令官の立場からではなく極東軍司令官の立場から発布したことを考えれば、「スキャップ指令」という呼び名は正確とはいえない。

（5）DA（SAOUS OUSFE）Wash DC to CINCFE Tokyo Japan, December 9, 1949, 0000024545, OPA.

（6）Memo for: Colonel Cunkle, Conference on Real Estate, October 28, 1949; Chief, Real Estate Division to District Engineer, Informal Conference Concerning Real Estate on Okinawa, November 1, 1949, U90005715B, OPA.

（7）Draft Directive to CINCFE for United States Civil Administration of the Ryukyu Islands, April 20, 1950, enclosure to Letter from Magruder（Deputy to Under Secretary of the Army）to Rusk（Assistant Secretary of State）, April 25, 1950, 794C.0221/4-2550, U90006084B, OPA.

（8）DA（SAOUS）Wash DC to CINCFE Tokyo Japan, May 25, 1950.

（9）DA（SAOUS）（CUSFE）Wash DC to CINCFE Tokyo Japan, April 23, 1950, 0000008125, OPA.

（10）CINCFE Tokyo Japan to DA Wash DC, May 13, 1950, 0000008125, OPA.

(11) DA (SAOUS) Wash DC to CINCFE Tokyo Japan, May 25, 1950.
(12) CINCFE Tokyo Japan to DEPTAR Wash DC, July 25, 1950, 794C.00/8-2950, U90006084B, OPA.
(13) *Ibid.*
(14) *Ibid.*
(15) Memorandum of Conversation, July 29, 1950, 794C.0221/7-2950, U90006084B, OPA.
(16) Doherty (NA) to Johnson (NA), July 28, 1950, 794C.0221/5-450, U90006084B, OPA.
(17) Memorandum Approved by the Joint Chiefs of Staff, October 4, 1950, *FRUS, 1950*, Vol. 6, pp. 1313–1319.
(18) この承認された民事指令（「琉球列島米国民政府に関する指令」）は、一週間後の一〇月一一日、陸軍省から極東軍司令部に伝達され、さらに二カ月後の一二月五日、同司令部から現地の琉球軍司令部に対して伝達された。
(19) DA (SAOOA) (OAEC) to CINCFE, September 23, 1950, 0000008125, OPA.
(20) CINCFE Tokyo Japan to DA Wash DC, October 10, 1950, 0000008125, OPA.
(21) DEPTAR (SAOOA) (OAEC) Wash DC to CINCFE Tokyo Japan, December 22, 1950, 0000008125, OPA.
(22) CINCFE Tokyo Japan to DEPTAR Wash DC, January 20, 1951, 0000010379, OPA.
(23) Beightler (Deputy Governor) to the Governor of the Ryukyu Islands, August 27, 1951, 0000008157, OPA.
(24) Beightler (Deputy Governor) to the Governor of the Ryukyu Islands, February 23, 1952, Box1135, E2, S1, RG260, National Archives II, College Park, MD, USA（以下、NAと略記する）.
(25) CINCFE Tokyo Japan to DEPTAR Wash DC for CAMG, April 30, 1952, enclosure to Staff Study "Use of GARIOA Counterpart Funds to Purchase Land in Ryukyu Islands," RG319. この陸軍省資料（RG319）は、法政大学の河野康子教授がアメリカ国立公文書館において蒐集したものである。河野教授の御厚意により同資料をみせて頂いた。河野教授の御厚意に深く感謝する。
(26) 桑江朝幸『民族の血は燃えて』（民族の血は燃えて再版委員会、一九八四年。なお初版は新星図書から一九七二年に出ている）、一一八〜一一九頁。
(27) 土地連三十周年記念誌編集委員会編『土地連三十年のあゆみ』通史編（沖縄県軍用地等地主連合会、一九八九年）、四九〜五〇頁。
(28) 桑江『民族の血は燃えて』、一三六〜一三七頁。
(29) 同前、一三五頁。
(30) Outline of Okinawa Engineer District, Real Estate Acquisition Activities, July 1, 1946-August 1, 1955, enclosure to USCAR, *Study of Land*

Problems in Okinawa, October 1, 1955, 0000000836, OPA. なお、この軍用地の土地評価に関しては、琉球銀行調査部編『戦後沖縄経済史』、四三六～四四〇頁を参照のこと。

(31)「米国政府依頼による沖縄地区土地評価報告書（勧銀調査団長溝淵政一）」（0000036257）沖縄県公文書館。

(32) USCAR, *Study of Land Problems in Okinawa*, p. 7.

(33) 土地連三十周年記念誌編集委員会編『土地連三十年のあゆみ』新聞集成編（沖縄市町村軍用地等地主会連合会、一九八四年）、三二頁。

(34)『アメリカの沖縄統治関係法規総覧（I）』（編集・発行月刊沖縄社、一九八三年）、二二～二四頁。

(35) 立法院「強制立退反対に関する陳情」（決議第四八号、一九五二年一一月一五日）琉球政府行政主席官房情報課編『軍用土地問題の経緯』（一九五九年六月）、九九頁、『中野好夫資料』（C2/18）法政大学沖縄文化研究所。

(36) 布令一〇九号「土地収用令」（一九五三年四月三日）『アメリカの沖縄統治関係法規総覧（II）』（編集・発行月刊沖縄社、一九八三年）、四三五頁。

(37) 立法院「琉球における米軍使用地に関する決議」（決議第四号、一九五三年五月五日）『軍用土地問題の経緯』、九九～一〇〇頁。

(38) 以下、立法院代表とオグデン民政副長官との会談については、Meeting with GRI Legislators, May 6, 1953, Box1135, RG260, E2, S1, NA. なお、会議に参加した立法院議員は、護得久朝章、平良辰雄、瀬長亀次郎、与儀達敏、新垣金造、平山源宝の六名。

(39) 琉球民主党は一九五二年八月三一日、共和党、民政クラブ、宮古革新党、そして八重山民主党が合併してできた政党。総裁は琉球政府行政主席の比嘉秀平、顧問は松岡政保。立法院議員三一名のうち一九名（与儀達敏、大浜国浩、護得久朝章、新里銀三など）が同党に所属。琉球民主党については、自由民主党沖縄県連史編纂委員会編『戦後六十年沖縄の政情　自由民主党沖縄県連史』（自由民主党沖縄県支部連合会、二〇〇五年）、一九～二八頁を参照のこと。また、民主党を含めた一九五〇年代の政治勢力の研究については、櫻澤誠「一九五〇年代沖縄における政治勢力の再検討」『年報近現代史研究』四号（二〇一二年）がある。

(40)『土地連三十年のあゆみ』通史編、三四三頁。

(41) Land Advisory Board to Deputy Governor, September 26, 1953, Box1136, E2, S1, RG260, NA.

(42) Memo to Commanding General, July 31, 1953, Box1134, E2, S1, RG260, NA.

(43) *Ibid.*

(44) なお、八月二〇日には、すでに買い上げ案を進言するオグデン宛て文書を土地諮問委員会は用意していた。Land Advisory Board to Ogden, August 20, 1953, Box1136, E2, S1, RG260, NA. また、同諮問委員会のある委員は翌年、那覇駐在の日本政府南方連絡事務所の所長に対し、内密に次のようにのべている。「軍用地中、道路、永久建築物、飛行場などに使用されている土地は、永久に返還される見込みはなく、又これらの土地を復旧するには多額の費用が掛る状況にあるので僅かの使用料を毎年毎年貰うよりも売却する値段に相当した金額を一括（で）支払って貰って更生資金にした方が良い。不必要になれば琉球政府に返還するようにして貰い度いと意見申したことがある。然し、之は何処までも土地を賃貸する建前であって売却するという意図ではない」。「軍使用土地に関する件」那覇日本政府南方連絡事務所長から総理府南方連絡事務局長、一九五四年四月二三日、「米国管理下の南西諸島状況雑件　沖縄関係軍用地問題（プライス勧告を含む）第一巻」（0120-2001-02812, CD-R H22-018）外交史料館。

（45）Draft, Subject: Land Appropriation in Okinawa, September 16, 1953, Box1138, E2, S1, RG260, NA.

（46）不動産に対する物権法は、大陸法が所有権概念を中心に構成されるが、英米法では estate 概念が中心になっている。この estate には、不動産を占有・収益する権利の終期を基準として、いくつかの種類があるが、そのなかでも fee simple は相続性に制限のない最大のものとされている。『英米法辞典』（東京大学出版会、一九九一年）、三四一頁。

（47）このオグデンがハルに送った一〇月一六日付の文書そのものは手元にないが、オグデンがそれを送ったことを示す文書は、以下のとおり。Memorandum for: G-4, Service Division, Subject: Land Acquisition in the Ryukyus and the Yaeyama Resettlement Project, July 26, 1954, Box23, E. 299 (NM3), RG319, NA.

（48）Letter from Hull to the Secretary of the Army, December 12, 1953, Box23, E. 299 (NM3), RG319, NA.

（49）*Ibid.*

（50）韓国を中心とする極東地域における米陸上兵力の配置転換問題に関しては、李鐘元『東アジア冷戦と韓米日関係』（東京大学出版会、一九九六年）、第二章第三節を参照のこと。

（51）R. Watson, *The Joint Chiefs of Staff and National Policy, 1953–54*, Washington, D.C.: Historical Division, Joint Chiefs of Staff, 1986, pp. 229–230.

（52）Memorandum of Discussion at the 173rd Meeting of the National Security Council, December 3, 1953, *FRUS, 1952–1954*, Vol. 15, Part 2, pp. 1636–1645.

（53）Watson, *The Joint Chiefs of Staff and National Policy*, p. 232.

（54）*Ibid.*, pp. 239–240.

（55）*Ibid.*, p. 240.

（56）以下でのべるヴァンフリート元陸軍大将がワシントンに送った文書（六月三日、七月三日）を初めて紹介し、その重要性を指摘したものに、ＮＨＫ取材班『基地はなぜ沖縄に集中しているのか』（ＮＨＫ出版、二〇一一年）がある。

(57) Report of the Van Fleet Mission to the Far East, 26 April-7 August 1954, Chapter 3–4, 0000073493, OPA.
(58) *Ibid.*, Chapter 2.
(59) *Ibid.*, Chapter 2.
(60) Van Fleet to Sec Def Wilson, July 3, 1954, 0000073500, OPA.
(61) Preliminary Report of the Van Fleet Mission to the Far East, June 3, 1954, 0000073500, OPA.
(62) Watson, *The Joint Chiefs of Staff and National Policy*, p. 240.
(63) Hull to Secretary of Defense, October 8, 1954, 0000064666, OPA.
(64) CINCUNC Tokyo Japan SGD Hull to DEPTAR Wash DC, March 15, 1954, 0000064662, OPA.
(65) Hull to Secretary of Defense, October 8, 1954.
(66) Commandant of the Marine Corps to Secretary of Defense , October 18, 1954, 0000064666, OPA.
(67) Analysis of Cost Estimate, 0000064666, OPA.
(68) JSPC 193/56, November 5, 1954, 0000064666, OPA.
(69) Watson, *The Joint Chiefs of Staff and National Policy*, p. 240.
(70) JSPC 193/61, December 23, 1954, 0000064667, OPA.
(71) *Ibid.*
(72) JCS 2147/123, December 23, 1954, 0000064667, OPA.
(73) なお、翌一九五五年に入って沖縄に赴任したスティーヴス総領事も、この海兵隊の沖縄移駐を懸念していた。たとえば、東京の駐日大使館に宛てた一九五五年五月一七日付の電報のなかでスティーヴスは、「海兵隊が沖縄に移駐することになれば、深刻な事態に陥っている土地問題は、解決できなくなるだろう」と伝えている（『沖縄タイムス』二〇〇二年四月二八日付）。
(74) Briefings presented in Tokyo, Japan to Sub-Committee of The House Armed Services Committee on the Okinawa Land Problem, October 21, 1955, by Brigadier General J. W. Earnshaw, Commanding General, 3d Marine Division（Forward）, FMP.
(75) John L. Gaddis, *Strategies of Containment: A Critical Appraisal of Postwar American National Security Policy*（New York: Oxford University Press, 1982）.
(76) Robert S. Norris, William M. Arkin & William Burr, "Where they were," *Bulletin of the Atomic Scientist*（November/December 1999）, p. 30.
(77) *Ibid.*, p. 30. ちなみに、韓国には六〇〇発、グアムに二二五発、フィリピンに六〇発、台湾に十数発が配備されていた。

(78) 宮里『日米関係と沖縄』、一一七頁、我部政明『戦後日米関係と安全保障』(吉川弘文館、二〇〇七年)、八〇頁。
(79) 我部政明『日米関係のなかの沖縄』(三一書房、一九九六年)、一三四頁。
(80)『沖縄タイムス』一九五四年三月一八日付。
(81)『沖縄タイムス』一九五四年三月二五日付。
(82) 立法院「軍用地処理に関する請願決議」(一九五四年四月三〇日) 土地連三十周年記念誌編集委員会編『土地連三十年のあゆみ』資料編(沖縄県軍用地等地主会連合会、一九八五年)、四七五頁。
(83) 同前、四七七頁。
(84) 同前、四七五~四七六頁。
(85)『沖縄タイムス』一九五四年一〇月一六日付。
(86)「軍用地無期限使用料一括払について立法院特別委員会と米軍との会談模様」那覇日本政府南方連絡事務所長から総理府南方連絡事務局長、一九五五年三月七日、「米国管理下の南西諸島状況雑件　沖縄関係　軍用地問題(プライス勧告を含む) 第一巻」(0120-2001-02812, CD-R H22-018) 外交史料館。同委員会と米軍側との会談については、以下、同報告書による。
(87) たとえば、沖縄で軍用地の買い上げ計画が報道され、立法院や軍用地主がこれに反対の意思を示した前年(一九五四年)五月、那覇の南方連絡事務所は東京の南方連絡事務局に対し、次のような報告を行なっている。「総じて云えば、本件は全住民の問題として取上げられており、土地買上げ又は無期限使用料の一括支払いは植民地政策であり、僅かの使用料の体裁良い誤魔化しであるとして絶対反対の意を表している。又、土地買上げ又は無期限土地使用料一括支払いと云うことが国際法上可能か何うかについて、疑問を持つている。若し土地買上げなどが事実であるならば、この際当地に潜在主権を持つ祖国政府の外交的措置を期待すべきであるとするものもある」。これを受けて石井通則南方連絡事務局長は外務省の中川融アジア局長に対し、この現地からの報告書を送付するとともに、次のように要望している。「現地住民の中には右の土地買上げが実行される場合には、日本政府の外交的措置を期待している向もあり、また政府としても極めて重大な問題と思われるので、本件に関する現地側の実情(別紙写)を御参照のうえ、現地住民の真意を米側に伝え住民要望実現のため御尽力を御願い申し上げます」(括弧は原文のまま)。「沖縄における軍使用地に関する件」総理府南方連絡事務局長から外務省アジア局長、一九五四年五月一七日、「米国管理下の南西諸島状況雑件　沖縄関係　軍用地問題(プライス勧告を含む) 第一巻」(0120-2001-02812, CD-R H22-018) 外交史料館。
(88) たとえば、沖縄で訪米団派遣の機運が高まっていた前年(一九五四年)一〇月、民法改正問題の研究のために本土へと渡った立法院議員の平良幸市と大山朝常(ともに社大党)は、外務省の中川融アジア局長に対し、次のように土地問題を訴えている。「米軍は約一万七千町歩の土地を使用しているが、地代が僅かに坪当り二B円（地主側の要求額は一九B円）であるので、住民の困窮甚しく、地代値上げについて米側に交渉されたい」（括弧は原文のまま）。「琉球政府立法院議員来訪の件」外務省アジア局第五課、一九五四年一〇月二六日、「米国管理下の南西諸島状況雑件　沖縄関係　軍用地問題（プライス勧告を含む）　第一巻」（0120-2001-02812, CD-R H22-018）外交史料館。

（89）一月一三日付の『朝日新聞』の特集記事については、中野好夫編『戦後資料　沖縄』（日本評論社、一九六九年）、一四五～一四八頁。

（90）「沖縄における米軍使用地の問題に関する対米折衝経緯」外務省アジア局第五課、一九五五年八月一六日、「米国管理下の南西諸島状況雑件　沖縄関係　軍用地問題（プライス勧告を含む）　第一巻」（0120-2001-02812, CD-R H22-018）外交史料館。

（91）「琉球住民が当面している若干の問題に関し非公式申入れの件」重光外務大臣から井口駐米大使、一九五五年五月二日、「米国管理下の南西諸島状況雑件　沖縄関係　軍用地問題（プライス勧告を含む）　第一巻」（0120-2001-02812, CD-R H22-018）外交史料館、「沖縄における米軍使用地の問題に関する対米折衝経緯」。

（92）Memorandum of Conference, May 17, 1955, Subject: Meeting with Ryukyuan Land Delegation- 12 May 1955, 1530 hours, U81101353B, OPA.

（93）Memorandum of Conference, May 17, 1955, Subject: Meeting with Ryukyuan Land Delegation- 13 May 1955, 1030 hours, U81101353B, OPA.

（94）*Ibid.* なお、大山はのちに自分一人だけが一括払いに反対したことを明らかにしている。大山朝常『大山朝常のあしあと』（うるま通信社、一九七七年）、四八二～四八三頁。

（95）「軍用地無期限使用料一括払について立法院特別委員会と米軍との会談模様」。

（96）沖縄タイムス社編『沖縄の証言』下巻（沖縄タイムス社、一九七三年）、二〇二頁。

（97）『沖縄タイムス』一九五五年四月二二日付。

（98）DEPGOVUSCAR to CINCFE, May 13, 1955, Box232, E1, S1, RG260, NA; CINCFE to DA, May 16, 1955, Box232, E1, S1, RG260, NA.

（99）「軍用地問題解決促進住民大会について」総理府南方連絡事務局長から外務省アジア局長、一九五五年六月一〇日、「米国管理下の南西諸島状況雑件　沖縄関係　軍用地問題（プライス勧告を含む）　第一巻」（0120-2001-02812, CD-R H22-018）外交史料館。

（100）琉球政府経済企画室編『軍用地問題の折衝經過』（一九五五年八月）（G00022540B）沖縄県公文書館。以下でのべる沖縄代表団の米下院軍事委員会での訴えは、断りのない限り、同資料からのもの。

（101）『土地連三十年のあゆみ』資料編、三九七頁。同要綱の第七条は、「使用スル土地ノ農業経営カラ得ラレル一切ノ推定農業収入カラ、支出スベキ推定農業経営費ヲ控除シタ推定年間農業所得額ノ八〇%ノ額」を農地の賃貸料とすることを定めている。

（102）「沖縄における軍用地補償問題に関する件」井口駐米大使から重光外務大臣、一九五五年六月一六日、「米国管理下の南西諸島状況

雑件　沖縄関係　軍用地問題（プライス勧告を含む）　比嘉主席一行訪米関係」（0120-2001-02818, CD-R H22-019）外交史料館。

(103) Statement of Major General William F. Marquat for the House Armed Services Committee RE H. R. 5700, June 7, 1955, 0000024785, OPA.

(104) Statement for Mr. Vinson, 0000024785, OPA.

(105) 現地公聴会については、Hearings before a Subcommittee of the Committee on Armed Services House of Representatives, Eighty-fourth Congress First Session, October 24 and 25, 1955, U00001978B, OPA.

(106) 軍用地問題解決委員会『沖縄における軍用地問題』一九五五年一〇月、『中野好夫資料』（C2/7）法政大学沖縄文化研究所。

(107) 「土地問題、米議会調査団」那覇日本政府南方連絡事務所長から総理府南方連絡事務局長、一九五五年一〇月一七日、情報公開第〇〇三四四号（開示請求番号 2006-00807）。

(108) 「『琉球問題に関する日本政府見解』の件」、重光外務大臣から井口駐米大使、一九五五年一〇月二一日、Views of Japanese Government on Ryukyuan Problems, Ministry of Foreign Affairs Japanese Government, October 1955.「米国管理下の南西諸島状況雑件　沖縄関係　軍用地問題（プライス報告書を含む）　プライス報告書関係（米国下院軍事委員会調査団訪沖関係を含む）　第一巻」（0120-2001-02816, CD-R H22-019）外交史料館。

(109) Memorandum for the Record, Subject: Conference of Mayors Relative to Marine Land Acquisition, July 22, 1955, Box1151, E2, S1, RG260, NA.

(110) 『沖縄タイムス』一九五五年八月二四日付。

(111) 『土地連三十年のあゆみ』新聞集成編、一四七頁。

(112) 同前、一五一頁。

(113) 『沖縄における軍用地問題』、九五〜九六頁。

(114) 「軍用地問題解決促進第二回住民大会（浦情報）」那覇日本政府南方連絡事務所長から総理府南方連絡事務局長、一九五五年九月一四日、「米国管理下の南西諸島状況雑件　沖縄関係　軍用地問題（プライス勧告を含む）　第一巻」（0120-2001-02812, CD-R H22-018）外交史料館。

(115) 「米下院プライス調査団の沖縄調査に関する報告書」那覇日本政府南方連絡事務所、一九五五年一一月一日、「米国管理下の南西諸島状況雑件　沖縄関係　軍用地問題（プライス報告書を含む）　プライス報告書関係（米国下院軍事委員会調査団訪沖関係を含む）　第一巻」（0120-2001-02816, CD-R H22-019）外交史料館。

(116) 同前。

(117) 同前。なお、公聴会の議事録については、『情報　第四号　軍用地問題はこう訴えた』（編集・発行琉球政府行政主席官房情報課、一九五六年三月)、九七〜一三九頁、『中野好夫資料』(C2/19) 法政大学沖縄文化研究所。また、沖縄側は現地公聴会のほかに調査団を大山陸軍病院付近の未使用軍用地や、強制収用にあった宜野湾村伊佐浜、そして金武村の演習地や宜野座村松田の新規接収予定地、さらには伊佐浜立ち退き住民の移動地である美里村高原などにも案内し、現地の実情を説明している。同前、一四一〜一四三頁。

(118)「米下院プライス調査団の沖縄調査に関する報告書」。

(119) 同前。なお、三番にある補足資料とは、日本勧業銀行の資料と旧日本軍の行なった軍用地接収に関する資料である。

(120) 同前。

(121)「行政主席比嘉秀平の談話」。この資料は南方連絡事務所が作成したものと思われるが、作成日付等は不明。「米国管理下の南西諸島状況雑件　沖縄関係　軍用地問題(プライス報告書を含む)　プライス報告書関係(米国下院軍事委員会調査団訪沖関係を含む)第一巻」(0120-2001-02816, CD-R H22-019) 外交史料館、のなかに含まれていた。

(122)「米下院プライス調査団の沖縄調査に関する報告書」。

(123) Steeves to McClurkin, October 27, 1955, 794C.00/10-2755, U90006092B, OPA.

(124) Report of a Special Subcommittee of the Armed Services Committee House of Representatives, 0000030365, OPA.

(125) Memorandum for record, Subject: Meeting between General L. L. Leminitzer, Governor of the Ryukyus and Group of Ryukyuans, July 6, 1956, Box1154, E2, S1, RG260, NA.

第4章　島ぐるみ闘争と日米交渉

(1)『琉球新報』一九五六年六月一〇日付。

(2)『琉球新報』一九五六年六月一五日付。

(3)『琉球新報』一九五六年六月一五日、一六日付。

(4)『琉球新報』一九五六年六月一九日付。

(5)『沖縄タイムス』一九五六年六月二一日、二六日付。

(6)『沖縄タイムス』一九五六年六月一三日、一七日付。

(7)『琉球新報』一九五六年六月一九日付。

(8)「軍用地問題の内面的考察(1)」那覇日本政府南方連絡事務所長から総理府南方連絡事務局長、一九五六年七月二日、情報公開第〇二八二八号(開示請求番号 2001-01904)(以下、「内面的考察」と略記する)。この「内面的考察」シリーズは、(5)と(6)については筆者が外務省に情報公開請求をして取得したものであり、それ以外の（1）、（2）、（3）、（4）、（7）については、すべて中京大学の浅野豊美教授が外務省に情報公開請求をして取得したものである。浅野教授の御厚意により同資料をみせて頂いた。浅野教授の御厚意に深く感謝する。なお、（5）と（6）を除く「内面的考察」シリーズの（1）、（2）、（3）については、浅野豊美・平良好利「アメリカ施政下沖縄への日本政府関与拡大に関する基本資料（一）」中京大学文化科学研究所編『文化科学研究』一五巻二号（二〇〇四年）に収録されており、また（4）と（7）については、同「アメリカ施政下沖縄への日本政府関与拡大に関する基本資料（二）」同『文化科学研究』一六巻一号（二〇〇四年）に収録されている。

（9）Naha to Secretary of State, June 16, 1956, 794C.0221/6-1656, U90006104B, OPA.

（10）*Ibid.*

（11）Command Report 1956, Ryukyus, p. 28, U90007025B, OPA.

（12）*Ibid.*, p. 28.

（13）なお、米軍当局と連携して事態の処理にあたったスティーヴス総領事にしても、この超党派の住民大会に関して大きな関心を示したという形跡はみられない。

（14）Tokyo to Secretary of State, June 15, 1956, 794C.0221/6-1556, U90006104B, OPA. なお、この立法院決議は本土在住沖縄出身者の伊江朝功（沖縄土地問題解決促進委員長）らを通じて日本外務省に伝達されている。『琉球新報』一九五六年六月一六日付。

（15）この沖縄代表団の日本本土での活動については、「沖縄軍用地問題接衝報告書」（一九五六年八月）を参照のこと。同資料は安里積千代の御遺族である大城光代氏よりみせていただき、そのコピーを頂いた。大城光代氏の御厚意に深く感謝する。現在、この資料は沖縄県公文書館に保管されており、閲覧も可能である。なお、沖縄軍用地問題に関する本土での反響については、小野百合子「『沖縄軍用地問題』に対する本土側の反響の考察——日本社会と『沖縄問題』の出会い／出会い損ない」『沖縄文化研究』三六号（二〇一〇年）を参照のこと。

（16）J5 to Chief of Staff, Subject: Conference- Okinawa Delegation and members of HQ FEC, on subject of Okinawan Land Problem, June 29, 1956, Box 1154, E2, S1, RG260, NA; Memorandum of Conversation, Subject: Okinawan Land Problem, June 29, 1956, enclosure to American Embassy, Tokyo to the Department of State, Washington, July 2, 1956, 794C.0221/7-256, U90006105B, OPA.

（17）「沖縄軍用地問題接衝報告書」。

（18）同前。

（19）「沖縄代表との第三回会談」外務省アジア局第一課、一九五六年七月九日、「米国管理下の南西諸島状況雑件　沖縄関係　軍用地問題（プライス報告書を含む）第三巻」（0120-2001-02814, CD-R H22-019）外交史料館。

(20)「沖縄代表との第二回会談」外務省アジア局第一課、一九五六年七月三日、「米国管理下の南西諸島状況雑件　沖縄関係　軍用地問題（プライス報告書を含む）第三巻」（0120-2001-02814, CD-R H22-019）外交史料館。

(21) 同前。

(22)「沖縄代表との第三回会談」。

(23) 外務省と法務省の対立について詳しくは、渡辺昭夫『戦後日本の政治と外交——沖縄問題をめぐる政治過程』（福村出版、一九七〇年）、河野康子『沖縄返還をめぐる政治と外交——日米関係史の文脈』（東京大学出版会、一九九四年）を参照のこと。

(24) 法務省「沖縄の土地問題について」（一九五六年六月二一日）『沖縄関係資料』（編集・発行南方同胞援護会、一九五七年）、五〇～五二頁。

(25)「沖縄軍用地問題接衝報告書」。

(26)「沖縄代表との第二回会談」、「沖縄代表との第三回会談」。

(27)「沖縄代表との第三回会談」。

(28) 同前。

(29)「内面的考察（2）」一九五六年七月一六日、情報公開第〇二八二八号（開示請求番号 2001-01904）。

(30)『朝日新聞』一九五六年六月一九日付（夕刊）、『沖縄タイムス』一九五六年六月二〇日付。

(31) Tokyo to Secretary of State, June 29, 1956, 794C.0221/6-2956, U90006104B, OPA.

(32)「内面的考察（2）」。

(33)『琉球新報』一九五六年七月八日付。

(34)「沖縄軍用地問題接衝報告書」。

(35) DEPGOVUSCAR to CINCFE, July 19, 1956, Box212, E1, S1, RG260, NA.「内面的考察（4）」一九五六年七月三〇日、情報公開第〇二八二八号（開示請求番号 2001-01904）。

(36)『沖縄タイムス』一九五六年七月一七日付。

(37)「内面的考察（3）」一九五六年七月一八日、情報公開第〇二八二八号（開示請求番号 2001-01904）。なお、比嘉がなぜこのように「緩衝地帯」論を唱えて五者協議会から距離を置くようになったのかについては、それを示す確かな資料が手元にないため、不明である。

(38) 沖縄タイムス社編『沖縄の証言』下巻（沖縄タイムス社、一九七三年）、二一四頁。
(39) DEPGOVUSCAR to CINCFE, July 19, 1956. なお、ここで比嘉はモーアに対し、日本政府南方連絡事務所長の言として、日本政府としてはアメリカと正式「交渉（negotiation）」する余地はない旨を伝えている。これまでモーアは、南方連絡事務所が軍用地問題に関与していることをまったく知らなかったが、比嘉のこの説明によって同事務所が「多くの沖縄住民に接触している」ことを知ることになる。
(40) 『沖縄タイムス』一九五六年七月一六日付（夕刊）。
(41) 当間重剛『当間重剛回想録』（当間重剛回想録刊行会、一九六九年）、二一五頁。
(42) 同前、二一六頁。
(43) American Consular Unit, Naha to the Department of State, Washington, June 20, 1956, 794C.0221/6-2056, U90006104B, OPA.
(44) 『琉球新報』一九五六年七月一九日付。
(45) 『琉球新報』一九五六年七月二八日付。
(46) 「軍用地問題の内面的考察（4）」。
(47) 同前。
(48) 「内面的考察（5）」一九五六年八月六日、情報公開第〇一〇三一号（開示請求番号 2004-00674）。
(49) 「沖縄の土地接収予算の件」谷駐米大使から重光外務大臣、一九五六年六月二〇日、「米国管理下の南西諸島状況雑件　沖縄関係　軍用地問題（プライス報告を含む）　第二巻」（0120-2001-02813, CD-R H22-018）外交史料館。
(50) 「沖縄問題に関する大臣、アリソン大使の会談に関する件」重光外務大臣から谷駐米大使、一九五六年六月二一日、「米国管理下の南西諸島状況雑件　沖縄関係　軍用地問題（プライス報告を含む）　第二巻」（0120-2001-02813, CD-R H22-018）外交史料館。
(51) Tokyo to Secretary of State, June 21, 1956, 794C.0221/6-2156, U90006104B, OPA.
(52) 「沖縄問題に関する大臣、アリソン大使の会談に関する件」
(53) 土地連三十周年記念誌編集委員会編『土地連三十年のあゆみ』資料編（沖縄県軍用地等地主会連合会、一九八五年）、四九五、四九七頁。
(54) 『朝日新聞』一九五六年六月一八日（夕刊）、一九日（夕刊）、二〇日付。
(55) Tokyo to Secretary of State, June 21, 1956, 794C.0221/6-2156.
(56) *Ibid.*

(57)「沖縄軍用地問題に関する対米折衝の経緯」外務省アジア局第一課、一九五七年四月、情報公開第〇二〇二八二八号(開示請求番号2001-01904)。この外務省開示文書は、中京大学の浅野豊美教授から御提供いただいた。浅野教授の御厚意に深く感謝する。なお、米側の史料では、この六月二九日の重光・アリソン会談でアリソンは、重光に対し、日米間で沖縄の軍用地問題を「討議(discussion)」することには歓迎するが、これを「交渉(negotiation)」として捉えることには反対である旨を説明している。これに対し重光は、「日米同盟」の重要性に言及しつつ、また感情的な行動は控えるべきだとの認識を示したうえで、アリソンのこの主張に同意し、「討議」という形で沖縄住民の要望をアメリカ政府に伝えていった。Tokyo to Secretary of State, June 29, 1956, 794C.0221/6-2956, U90006104B, OPA. また、同会談で重光はアリソンに対し、今朝の閣議で日本政府としては状況が悪化するまで軍用地問題で「明確な行動」をとらない旨を申し合わせた、と説明している(*ibid.*)。この重光の発言は、外交保護権の行使を主張する牧野良三法務大臣に対して、その発言を控えるようみずからが説得したことをアリソンに伝える文脈のなかで出てきた発言であったことから考えて、水面下での非公式「討議」まで否定したものではなく、表立って「交渉」する意思のないことをアリソンに伝えたものだったといえる。

(58)「沖縄土地問題に関する件」重光外務大臣から谷駐米大使、一九五六年六月三〇日、「米国管理下の南西諸島状況雑件　沖縄関係　軍用地問題(プライス報告を含む)　第二巻」(0120-2001-02813, CD-R H22-018)外交史料館。

(59)「沖縄土地問題に関する件」谷駐米大使から重光外務大臣、一九五六年七月二日、「米国管理下の南西諸島状況雑件　沖縄関係　軍用地問題(プライス報告を含む)　第二巻」(0120-2001-02813, CD-R H22-018)外交史料館。

(60)「沖縄土地問題に関する件」谷駐米大使から重光外務大臣、一九五六年七月九日、「米国管理下の南西諸島状況雑件　沖縄関係　軍用地問題(プライス報告を含む)　第二巻」(0120-2001-02813, CD-R H22-018)外交史料館。

(61)「沖縄問題に関する大臣とアリソン大使の会談に関する件」重光外務大臣から谷駐米大使、一九五六年七月一三日、「米国管理下の南西諸島状況雑件　沖縄関係　軍用地問題(プライス報告を含む)　第二巻」(0120-2001-02813, CD-R H22-018)外交史料館。

(62)「沖縄問題に関しロバートソンと会談の件」谷駐米大使から重光外務大臣、一九五六年七月一八日、「米国管理下の南西諸島状況雑件　沖縄関係　軍用地問題(プライス報告を含む)　第二巻」(0120-2001-02813, CD-R H22-018)外交史料館。

(63)「沖縄問題に関する大臣アリソン大使の会談に関する件」重光外務大臣から谷駐米大使、一九五六年七月二五日、「米国管理下の南西諸島状況雑件　沖縄関係　軍用地問題(プライス報告を含む)　第二巻」(0120-2001-02813, CD-R H22-018)外交史料館。

(64)「沖縄問題に関する件」外務省アジア局第一課、一九五六年六月二七日、情報公開第〇〇八四二号(開示請求番号2005-00122)。

(65)「軍用地問題の内面的考察(4)」。

(66)「沖縄問題に関する大臣とアリソン大使の会談に関する件」(七月一三日)。

（67）「沖縄問題に関し井口・アリソン両大使会談」外務省アジア局、一九五六年七月六日、「米国管理下の南西諸島状況雑件　沖縄関係　軍用地問題（プライス報告を含む）　第二巻」（0120-2001-02813, CD-R H22-018）外交史料館。
（68）「軍用地問題の内面的考察（4）」。
（69）『琉球新報』一九五六年七月一六日付。
（70）Tokyo to Secretary of State, July 14, 1956, 794C.0221/7-1456, U90006105B, OPA.
（71）Tokyo to Secretary of State, July 16, 1956, 794C.0221/7-1656, U90006105B, OPA.
（72）Tokyo to Secretary of State, July 17, 1956, 794C.0221/7-1656, U90006105B, OPA.
（73）Tokyo to Secretary of State, July 17, 1956, 794C.0221/7-1656, U90006105B, OPA.
（74）Tokyo to Secretary of State, June 21, 1956, 794C.0221/6-2156, U90006097B, OPA.
（75）Naha to Secretary of State, June 18, 1956, 794C.0221/6-1856, U90006104B, OPA.
（76）Naha to Secretary of State, June 22, 1956, 794C.0221/6-2256, U90006104B, OPA.
（77）Tokyo to Secretary of State, June 25, 1956, 794C.0221/6-2556, U90006104B, OPA.
（78）Telegram from the Department of State to the Consul in Naha, June 29, 1956, 794C. 0221/6-2856, U90006104B, OPA.
（79）Letter from Morgan to Hemmendinger, July 6, 1956, 794C, 0221/7-656, U90006105B, OPA.
（80）Letter from Horsey to Parsons, July 10, 1956, 794C.0221/7-1056, U90006105B, OPA.
（81）Telegram from the Department of State to the Embassy in Tokyo, July 15, 1956, 794C, 0221/7-156, U90006105B, OPA.
（82）Tokyo to Secretary of State, August 1, 1956, 794C.0221/8-156, U90006106B, OPA.
（83）Telegram from the Department of State to the Embassy in Tokyo, August 11, 1956, 794C.0221/8-1156, U90006106B, OPA.
（84）Naha to Secretary of State, July 17, 1956, 794C.0221/7-1756, U90006105B, OPA.
（85）Naha to Secretary of State, August 3, 1956, 794C.0221/8-356, U90006106B, OPA.
（86）SEC DEF to CINCFE, July 14, 1956, Box231, E1, S1, RG260, NA.
（87）CGAFFE/ARMYEIGHT（K）to SEC DEF（for Secretary Gray）, August 2, 1956, Box231, E1, S1, RG260, NA.
（88）DOD to CINCFE Tokyo Japan, attached to Memorandum for MR. Howard Parsons, FE/NA, August 8, 1956, 794C.0221/8-856, U90006106B, OPA.
（89）SEC DEF to CINCFE, August 16, 1956, Box231, E1, S1, RG260, NA; Sebald to Murphy, August 7, 1956, 794C.0221/8-756, U90006106B, OPA.
（90）「沖縄土地問題に関する件」谷駐米大使から高碕大臣、一九五六年八月一五日、「米国管理下の南西諸島状況雑件　沖縄関係　軍用地問題（プライス報告を含む）　第二巻」（0120-2001-02813, CD-R H22-018）外交史料館。

(91) Memorandum of Conversation, August 10, 1956, 794C.0221/8-1056, U9000106B, OPA; Telegram from the Department of State to the Embassy in Tokyo, August 11, 1956.

(92) 「沖縄土地問題に関する件」谷駐米大使から高碕大臣、一九五六年八月一五日、「米国管理下の南西諸島状況雑件　沖縄関係　軍用地問題（プライス報告を含む）　第二巻」（0120-2001-02813, CD-R H22-018）外交史料館。

(93) 「沖縄土地問題米案に対する意見に関する件」高碕大臣から谷駐米大使、一九五六年八月一八日、「米国管理下の南西諸島状況雑件　沖縄関係　軍用地問題（プライス報告を含む）　第二巻」（0120-2001-02813, CD-R H22-018）外交史料館。

(94) 「沖縄土地問題米案に対する意見に関する件」谷駐米大使から高碕大臣、一九五六年八月二〇日、「米国管理下の南西諸島状況雑件　沖縄関係　軍用地問題（プライス報告を含む）　第二巻」（0120-2001-02813, CD-R H22-018）外交史料館。Memorandum of Conversation, August 20, 1956, 794C.0221/8-2056, U9000106B, OPA.

(95) 「軍用地問題の内面的考察（4）」。

(96) 「沖縄土地問題米案に対する意見に関する件」（八月二〇日）。

(97) Memorandum of Conversation, August 20, 1956, 794C.0221/8-2056, U9000106B, OPA.

(98) 「沖縄土地問題に関し米大使館と会談の件」外務省アジア局、一九五六年八月三一日、「米国管理下の南西諸島状況雑件　沖縄関係　軍用地問題（プライス報告を含む）　第二巻」（0120-2001-02813, CD-R H22-018）外交史料館。

(99) 「沖縄問題に関する井口、ツルードゥ会談に関する件」高碕大臣から谷駐米大使、一九五六年九月四日、「米国管理下の南西諸島状況雑件　沖縄関係　軍用地問題（プライス報告を含む）　第二巻」（0120-2001-02813, CD-R H22-018）外交史料館。

(100) 「沖縄軍用地問題に関する対米折衝の経緯」。

(101) のちに土地協会長には沖縄教職員会会長の屋良朝苗が選出されるが、そのとき屋良は本土で軍用地問題を訴えていた。

(102) 『琉球新報』一九五六年七月二九日付。

(103) 『琉球新報』一九五六年七月二八日、二九日付。

(104) 「軍用地問題の内面的考察（6）」那覇日本政府南方連絡事務所長から総理府南方連絡事務局長、一九五六年八月一一日、情報公開第〇一〇三一号（開示請求番号 2004-00674）。

(105) 同前。

(106) 琉球銀行調査部編（執筆代表者牧野浩隆）『戦後沖縄経済史』（琉球銀行、一九八四年）、四八〇頁。

(107) Barred of Restricted Areas（Off Limits, Passes for）に所収の声明文（0000000780）沖縄県公文書館。

(108)『琉球新報』一九五六年八月一三日、一四日、一八日付。

(109)『琉球新報』一九五六年八月九日付。

(110)『琉球新報』一九五六年八月一〇日付。

(111) 南方連絡事務所長の高島は、この民主党による土地協解散要求が米軍の「意向内示を受けて」なされたものであると東京の本局に伝えているが、その真偽は不明である。「軍用地問題の内面的考察（7）」那覇日本政府南方連絡事務所長から総理府南方連絡務局長、一九五六年九月一二日、情報公開第〇二八二八号（開示請求番号 2001-01904）。

(112)『琉球新報』一九五六年九月一日付。

(113)「軍用地問題の内面的考察（6）」。

(114) 同前。

(115) Naha to Secretary of State, August 10, 1956, 794C.0221/8-1056, U90006094B, OPA.

(116)『琉球新報』一九五六年八月一一日付。

(117)『琉球新報』一九五六年八月一八日付。

(118)『琉球新報』一九五六年八月三一日付。なお、アメリカ側がレムニッツアー書簡とモーア声明を出したことについて、のちに外務省はこう分析している。「（六月以降の）対米折衝の結果本問題は『フィー・タイトル』を長期賃貸借に切替えること等の点であるいは解決への糸口が見出されるかの如く見受けられたが、この間、現地住民側の反対運動は米側の冷却戦術に乗ぜられ、かえつて住民間において分裂困乱を生じたため米側は慎重な対策のもとに事態を収拾すれば既定方針通り実施さしつかえなしとの判断を下し、昭和三十一年八月十六日レムニッツアー書簡による現地折衝方針、引続き同年八月三十日、ムーアー副長官声明による地主との直接折衝という基本方針を明らかにした」（「沖縄軍用地問題に関する対米折衝の経緯」）。

(119) Letter from Morgan to Hemmendinger, July 6, 1956, 794C.0221/7-656, U90006105B, OPA.

(120) *Ibid.*

(121) DEPGOVUSCAR to CINCFE, July 24, 1956, Box212, E1, S1, RG260, NA.

(122) GOVRYIS Tokyo Japan to DEPGOVRYIS Okinawa, August 12, 1956, Box212, E1, S1, RG260, NA.

(123)「軍用地問題の内面的考察（7）」。

(124)『琉球新報』一九五六年九月四日付。

(125)『琉球新報』一九五六年九月五日付。
(126)八月二二日に土地連は、軍用地主約一〇〇〇名を集めて第二回軍用地所有者大会を開催している(『琉球新報』一九五六年八月二三日付)。
(127)ただ、日本政府の関与を必要だとみなす考えを沖縄の政治指導者すべてが捨てたわけではなかった。これまで「日米交際交渉」案や「三者会議」案を模索してきた立法院議長の与儀達敏は、「もしも日本政府の介入がなく折衝をするならばそれは軍の意向をそのまゝおしつけられるおそれがあり危険極まるものである」とのべ、あくまで「日本政府の介入」が「必要」である旨を強調していたし(『琉球新報』一九五六年九月四日付)、また野党第一党の社大党や土地連なども、与儀と同様にあくまで日本政府の関与が必要であると主張していた(同前紙、一九五六年八月一八日付)。
(128)「軍用地問題の内面的考察(7)」。
(129)同前。
(130)同前。
(131)高島がこうした行動をとった背景には、九月一日に東京の南方連絡事務局長から送られてきた電報があったといえる。この電報で石井局長は高島に対し、次のような指示を出している。「米側は既報の米案を近く実施に移すものと予想されるので、わが方としても至急最終案を確定する必要に迫られている。ついては確認のため左に最低条件を呈示するにつき、これに対し関係者は了承するか否か、その意向を極秘裡に確認のうえ、背景動向をも含め各項目に対応する回答を各項目の番号を附し、電報をもつて折返し報告ありたい」。石井が示した「最低条件」とは、第一に、無期限使用の土地については「二十年乃至三十年」の期限付き地役権を設定し、この契約は期限満了次第更新されること、第二に、支払い方式は一括払い、分割払い(但し、契約期限内における地代の変更はなし)、投資による配当金の支払いの三つとすること、以上である。「軍用地問題に関する件」南方連絡事務局長から那覇日本政府南方連絡事務所長、一九五六年九月一日、「米国管理下の南西諸島状況雑件　沖縄関係　軍用地問題(プライス報告を含む)第二巻」(0120-2001-02813, CD-R H22-018)外交史料館。
(132)『琉球新報』一九五六年九月二一日付。
(133)「沖縄代表との会談録」外務省アジア局、一九五六年一〇月五日、「米国管理下の南西諸島状況雑件　沖縄関係　軍用地問題(プライス報告書を含む)　第三巻」(0120-2001-02814, CD-R H22-019)外交史料館。
(134)「沖縄代表との第三次会談録」外務省アジア局、一九五六年一〇月九日、「米国管理下の南西諸島状況雑件　沖縄関係　軍用地問題(プライス報告書を含む)　第三巻」(0120-2001-02814, CD-R H22-019)外交史料館。

(135)「沖縄問題に関する重光大臣、アリソン大使の会談に関する件」重光大臣から谷大使、一九五六年一〇月一九日、「米国管理下の南西諸島状況雑件　沖縄関係　軍用地問題（プライス報告を含む）　第二巻」（0120-2001-02813, CD-R H22-018）外交史料館、Tokyo to Secretary of State, October 18, 1956, 794C.0221/10-1856, U9006107B, OPA.

(136) Tokyo to Secretary of State, October 18, 1956. 同非公式メモはそれ以外にも、沖縄住民が日本の旧委任統治領への移民を望んでいることを記している。

(137) Statement of General Leminitzer, Governor of the Ryukyu Islands, on the United States Land Policy in the Ryukyu Islands, U9007049B, OPA.

(138)「岸大臣、ホーシー米代理大使会談要旨」外務省欧米局第一課、一九五六年一二月二七日、「米国管理下の南西諸島状況雑件　沖縄関係　軍用地問題（プライス報告を含む）　第二巻」（0120-2001-02813, CD-R H22-018）外交史料館。

第5章　土地使用の安定化と基地の拡大

（1）『アメリカの沖縄統治関係法規総覧（Ⅲ）』（編集・発行月刊沖縄社、一九八三年）、一六一～一六五頁。これ以外にも同布令は、五年を超えない期間内で使用する軍用地に関しては、「定期賃借権（leasehold）」を取得し、賃貸料を特定期間ごとに支払う旨を規定し、また特定の目的または制限された目的に使用する軍用地に関しては、「地役権（easement）」を取得し、その土地の補償額を一括で支払うことを規定していた。

（2）このアメリカの新軍用地政策に対する沖縄現地の政治指導者たちの態度については、琉球銀行調査部編（執筆代表者牧野浩隆）『戦後沖縄経済史』（琉球銀行、一九八四年）、五〇八—五一六頁が詳しく扱っている。

（3）『沖縄タイムス』一九五七年五月七日付。

（4）『沖縄タイムス』一九五七年一月九日付。

（5）富原守保『金融の裏窓十五年——富原守保回顧録』（経済評論社、一九六四年）、五二頁。

（6）『沖縄タイムス』一九五七年二月六日、一二日付。

（7）「終結段階に入った軍用地問題＝軍用地問題の内面的考察＝（8）」那覇日本政府南方連絡事務所、作成日付なし（ただ、内容から判断して一九五七年五月から六月にかけて作成されたものと思われる）、「米国管理下の南西諸島状況雑件　沖縄関係　軍用地問題（プライス報告を含む）　第二巻」（0120-2001-02813, CD-R H22-018）外交史料館。なお、当間主席はその一年後の一九五八年四月、デミング総領事に対し、「一括払い方式は琉球経済にとって非常に有益である」とのべたうえで、一括払い金の資金運用についてこう説明している。すなわち当間の資金運用計画は、まず一括払い金の五〇億円を沖縄経済のために直接利用できるとしたうえで、そのうちの二〇億円は各地域におけるさまざまな経済開発計画に活用し、残りの三〇億円は年六パーセントの利息で軍用地主に預金させ、それを八パーセントから一〇パーセントの利息で琉球銀行から日本本土に再投資して利益を上げ、元金を新規の経済開発計画に活用する、というものであった。一九五七年度の琉球政府の歳入総額が約二八億七〇〇〇万円であったことを考えれば、当間が運用しようとしたこの五〇億円という金額は、かなり膨大なものであったことが分かる。Memorandum of Conversation, April 15, 1958, enclosure in American Consular Unit, Naha to the Department of State, Washington, April 21, 1958, 794C.0221/4-2158, U90006117B, OPA.

（8）『沖縄タイムス』一九五七年一月九日付。

（9）『琉球新報』一九五六年一二月二一日付。なお、米軍側の記録によれば、一九五六年八月末に辺野古地区の指導者らが、関係地主の代表として新規接収を容認する手紙を米軍側に出していた。Command Report 1956, Ryukyus, pp. 45-46, U90007025B, OPA.

（10）『琉球新報』一九五六年一二月二一日付。

（11）『琉球新報』一九五六年一二月二一日付。なお、fee simple についてモーア民政府副長官は、次のようにのべている。「フィー・シンプルは絶対に所有権ではない。使用権である。沖縄の潜在主権は日本にあるのだから、米国が買うのは使用権であって所有権ではない。借地権を一括買上げることであって所有権を買上げるのではない。所有権は明らかに地主にあり米軍が引揚げる場合、いらなくなったら地主に返還する」（同前）。

（12）伊江島および宜野湾村伊佐浜での土地接収に関しては、鳥山淳「一九五〇年代沖縄の軍用地接収——伊江島と伊佐浜そして辺野古」『歴史評論』七一二号（二〇〇九年）を参照のこと。

（13）『琉球新報』一九五六年一二月三〇日付。

（14）『琉球新報』一九五七年一月一四日付。

（15）『琉球新報』一九五七年一月一四日付。

（16）「沖縄軍用地問題に関するレムニッツア声明と現地の動向」那覇日本政府南方連絡事務所、一九五七年一月二一日、「米国管理下の南西諸島状況雑件　沖縄関係　軍用地問題（プライス報告書を含む）　第三巻」（0120-2001-02814, CD-R H22-019）外交史料館。

（17）『沖縄タイムス』一九五七年一月四日、五日付。

（18）『沖縄タイムス』一九五七年一月八日付。

（19）琉球政府行政主席官房情報課『軍用土地問題の経緯』（一九五九年六月）、三三〜三七頁、『中野好夫資料』（C2/18）法政大学沖縄文化研究所。なお、桑江が会長を務める土地連は、一月一九日、約二〇〇〇人の軍用地主を集めて地主大会を開催し、一括払い絶対反対を主張していた。

(20) なお、同「具体案」では、転業や転居のために資金が必要となる場合のことも考えて、五カ年以内の前払い借用方式も提案していた。
(21) 『沖縄タイムス』一九五七年二月六日付。
(22) 『沖縄タイムス』一九五七年二月七日付。
(23) 『沖縄タイムス』一九五七年三月五日付。
(24) 桑江朝幸『民族の血は燃えて』(民族の血は燃えて再版委員会、一九八四年)、二〇五頁。
(25) 「沖縄視察報告」外務省アジア局長、一九五七年三月二三日、「沖縄返還交渉資料 第七巻」(0120-2001-10627, CD-R H22-011) 外交史料館。
(26) 『沖縄タイムス』一九五七年三月三〇日付。
(27) 『沖縄タイムス』一九五七年四月六日付。
(28) 『沖縄タイムス』一九五七年五月五日、一四日付。
(29) 『沖縄タイムス』一九五七年五月一六日付。
(30) 『沖縄タイムス』一九五七年六月二七日付。
(31) 『沖縄タイムス』一九五七年五月二〇日、二四日付。
(32) 「限定付土地保有権に対する疑義を中心とする法的問題報告:一九五七・七・二」『安里積千代関係文書』(目録番号II 七―九) 東京大学法学部近代日本法政史料センター原資料部。なお、六日に岸首相と会見した沖縄代表団は、続いて一〇日に外務省や法務省と布令一六四号に関する法的問題点などを協議している。この席上、沖縄代表団は、「沖縄では祖国からのしわ寄せで沖縄が基地化していると感じており、これによる色々な困難もいずれ復帰の出来る日を待って甘受するものであるが、安い金を一括される住民の窮境については祖国政府においてもも少し考慮していただきたい。われわれとしては沖縄の基地そのものにも反対ではなく、反米運動もやる気はない」と政府関係者に伝えている。「沖縄の土地布令第一六四号に関する沖縄代表との打合会」外務省アジア局第一課、一九五七年六月一〇日、「米国管理下の南西諸島状況雑件 沖縄関係 軍用地問題(プライス報告書を含む) 第三巻」(0120-2001-02814, CD-R H22-019) 外交史料館。
(33) 原彬久『日米関係の構図――安保改定を検証する』(日本放送出版協会、一九九一年)、第三章第四節、河野康子『沖縄返還をめぐる政治と外交――日米関係史の文脈』(東京大学出版会、一九九四年)、第六章第二節。
(34) 「日米協力関係を強化発展せしめるためにとるべき政策」外務省、一九五七年三月、情報公開第〇一二九七号(開示請求番号 2003-00580)。

（35）参考資料三「日米共同声明の骨子」、同前資料。
（36）別紙四「沖縄施政権返還のための措置」、同前資料。
（37）立法院代表の岸への陳情は、「沖縄問題に関する陳情書」岸信介総理大臣宛て、一九五七年六月五日、「沖縄返還交渉資料　第七巻」（0120-2001-10627, CD-R H22-011）外交史料館。また自民党沖特委の政府への申し入れは、『沖縄タイムス』一九五七年六月八日。
（38）以下、岸・アイゼンハワー会談については、Memorandum of a Conversation, White House, Washington, June 19, 1957, 11: 30am., *FRUS, 1955–1957*, Vol. 23, Part 1, pp. 369–375.
（39）以下、岸・ダレス会談については、Memorandum of a Conversation, Secretary Dulles' Office Department of State, Washington, June 20, 1957, 11a.m., *ibid.*, pp. 387–392.
（40）『沖縄タイムス』一九五七年七月三日付。なお、岸が日米首脳会談で前出合同調査案を持ち出したことについては、自民党沖特委の渕上房太郎の談として、七月一一日付の『沖縄タイムス』で掲載された。
（41）『沖縄タイムス』一九五七年七月六日付。
（42）『沖縄タイムス』一九五七年七月七日、一一日付。
（43）『沖縄タイムス』一九五七年六月二七日、六月二八日、六月二九日、七月一九日付。
（44）『沖縄タイムス』一九五七年八月八日、一四日、二三日、二五日、二七日、二八日（夕刊）、三〇日、九月一〇日、一三日、一八日、二六日付。
（45）『軍用土地問題の経緯』、一一一頁。
（46）『沖縄タイムス』一九五七年一〇月一九日付。
（47）『沖縄タイムス』一九五七年一〇月二一日（夕刊）、二三日（夕刊）付。八月一六日に先発隊として施設大隊員、第三工兵大隊B中隊、第三水陸両用車両大隊C中隊が沖縄に配置された。同前紙、八月一六日付（夕刊）。
（48）『沖縄タイムス』一九五八年一月一八日、二一日（夕刊）、二五日（夕刊）付。
（49）『沖縄タイムス』一九五八年一月三一日付。
（50）『軍用土地問題の経緯』、三九頁。
（51）『沖縄タイムス』一九五八年二月一二日付。この金融機関の水面下での動きについて土地連会長の桑江朝幸は、次のように回想している。「金融機関は、預金者獲得という営業上の起点から『一括払いを受け取る手近かな心得』というパンフレットを発行して数百名の勧誘員に各軍用地主の家庭を訪問させ、一括払いを受け取るよう説得した」（桑江『民族の血は燃えて』、二〇八頁）。「銀行の預金争奪があまりにもひどくなったものですから、一括払い受領勧誘に対処するため、ひさごレストランに銀行の頭取など代表者全員呼んで、一括払い阻止の協力を求めたんです」(土地連三十周年記念誌編集委員会編『土地連三十年のあゆみ』通史編、沖縄県軍用地等地主連合会、一九八九年、三〇二頁)。なお、一括払い金の支払いは前年(一九五七年)の一一月一日から開始されていたが、翌一九五八年二月中旬までに米軍が琉球銀行に供託した一括払い資金は、約一一億一〇〇〇万円であった。そのうち二億八〇〇万円が軍用地主六九八名に受領されたが、どれだけの地主が金融機関にそれを預金したのかは不明である(『沖縄タイムス』一九五八年二月二一日付)。

(52)『沖縄タイムス』一九五八年二月一六日、一八日、二〇日付。

(53)瀬長の那覇市長当選から追放、そして兼次の那覇市長当選までを扱った近年の研究に、宮里政玄『日米関係と沖縄 一九四五―一九七二』(岩波書店、二〇〇〇年)がある。また、琉球新報社編『不屈 瀬長亀次郎日記 第二部 那覇市長』(琉球新報社、二〇〇九年)は、那覇市長時代の瀬長の日記とともに、解禁された米側一次史料も収録されており、瀬長追放に至るまでの過程が立体的に描かれている。

(54)宮里『日米関係と沖縄』、一二九〜一三一頁。

(55)同前、一三四頁。

(56)一括払い政策を含めたアメリカの対沖縄政策の見直しについては、河野『沖縄返還をめぐる政治と外交』、第六章第三節、宮里『日米関係と沖縄』、第五章第二節が詳しく扱っている。

(57)Robertson to the Secretary, February 1, 1958, 794C.0221/2-158, U9000615B, OPA.

(58)A Dreaft Statement of United States Policy on the Ryukyu Islands Proposed by the National Security Council, 794C.0221/2-158, U9000615B, OPA.

(59)American Consular Unit, Naha to the Department of State, January 30, 1958, U9000697B, OPA.

(60)キプロスは、地中海東端にある島国で、ここで発生しているエノシス運動(ギリシアとの統合を求める運動)とその過激化についてデミングは指摘している。一六世紀後半以降にトルコ領となったキプロスは、第一次世界大戦のさなかにイギリスによって併合され、一九二五年に同国の直轄植民地となった。もともと同島にはギリシア系住民とトルコ系住民が混在していたが、イギリスの支配が始まったあと、多数派であるギリシア系住民による反イギリス闘争が起こり、それはただちにギリシアとの統合を求めるエノシス運動の形態をとった。第二次世界大戦以後、このエノシス運動はふたたび盛り上がり、一九五〇年代も中盤以降になると、それが過激化し、キプロス全土がテロで覆われた。一九五八年秋、エノシス運動の指導者であるマカリオス大主教が独立を提案し、その後イギリス、トルコ、ギリシアの三カ国による協議のすえ、一九六〇年八月、キプロスは共和国として独立を宣言した。「キプロス問題」

梅棹忠夫監修『世界民族問題事典』（平凡社、一九九五年）、三四五頁を参照。

（61）Letter from Horsey to Parsons, January 20, 1958, 794C.0221/1-2058, U90006114B, OPA.

（62）Letter from MacArthur to Dulles, February 1, 1958, 794C.0221/2-158, U90006115B, OPA.

（63）Letter from MacArthur to Dulles, February 24, 1958, 794C.0221/2-2458, U90006115B, OPA.

（64）Robertson to the Secretary, March 31, 1958, 794C.0221/3-3158, U90006116B, OPA.

（65）Memorandum of Conversation, April 9, 1958, U90006116B, OPA.

（66）我部政明『日米関係のなかの沖縄』（三一書房、一九九六年）、第二章。そのほか、宮里『日米関係と沖縄』、第五章、ロバート・D・エルドリッヂ「四〇年前の基地統合計画に学ぶ」『琉球新報』二〇〇〇年一月一九日〜二月一日付を参照のこと。なお、この沖縄返還構想と対日政策との関係性については、明田川融『日米行政協定の政治史——日米地位協定研究序説』（法政大学出版局、一九九九年）、坂元一哉『日米同盟の絆』（有斐閣、二〇〇〇年）を参照のこと。

（67）Robertson to the Secretary, April 11, 1958, *Records of the U.S. Department of State Relating to the Internal Affairs of Japan, 1955–1959*, Decimal Files 794, 894, 994, Roll No 47.（YD-396）国会図書館憲政資料室。

（68）Robertson to MacArthur, April 11, 1958, 794C.0221/4-1158, U90006115B, OPA.

（69）Telegram From the Embassy in Japan to the Department of State, April 15, 1958, *FRUS, 1958–1960*, Vol. 18, pp. 19–21.

（70）Memorandum of Telephone Conversation Between President Eisenhower and Secretary of State Dulles, April 17, 1958, *ibid.*, pp. 21–22.

（71）『沖縄タイムス』一九五八年四月一二日付。

（72）安里積千代『一粒の麦』（民社党沖縄県連合会、一九八三年）、二二〇頁。

（73）藤山外務大臣との会談は四月一九日、岸総理大臣との会談は四月二一日。藤山外務大臣との会談模様については、「沖縄立法院三代表と大臣会談要旨」外務省アジア局、一九五八年四月一九日、「米国管理下の南西諸島状況雑件　沖縄関係　軍用地問題（プライス報告書を含む）　第三巻」（0120-2001-02814, CD-R H22-019）外交史料館、を参照のこと。また立法院議員三名は四月二二日、外務省において南方連絡事務局も交えて協議を行ない、この席上、年払いの五カ年賃貸借契約で対米折衝するよう要請するとともに、代表団を組んで渡米する意向もあることを伝えている。この政府関係者との会談内容については、「軍用地問題に関する沖縄代表団との懇談要旨」外務省、一九五八年四月二二日、「米国管理下の南西諸島状況雑件　沖縄関係　軍用地問題（プライス報告書を含む）第三巻」（0120-2001-02814, CD-R H22-019）外交史料館、を参照のこと。

（74）Tokyo to Secretary of State, April 18, 1958, 794C.0221/4-1858, U90006117B, OPA.

（75）「沖縄土地問題」藤山外務大臣から朝海駐米大使、一九五八年四月三〇日、「米国管理下の南西諸島状況雑件　沖縄関係　軍用地問題（プライス報告を含む）　第二巻」（0120-2001-02813, CD-R H22-018）外交史料館。

（76）「沖縄土地問題に関する件」朝海駐米大使から藤山外務大臣、一九五八年四月三〇日、「米国管理下の南西諸島状況雑件　沖縄関係　軍用地問題（プライス報告を含む）　第二巻」（0120-2001-02813, CD-R H22-018）外交史料館。

（77）「沖縄土地問題」藤山外務大臣から朝海駐米大使、一九五八年五月七日、「米国管理下の南西諸島状況雑件　沖縄関係　軍用地問題（プライス報告を含む）　第二巻」（0120-2001-02813, CD-R H22-018）外交史料館。

（78）「沖縄土地問題に関する件」朝海駐米大使から藤山外務大臣、一九五八年五月八日、「米国管理下の南西諸島状況雑件　沖縄関係　軍用地問題（プライス報告を含む）　第二巻」（0120-2001-02813, CD-R H22-018）外交史料館。

（79）「沖縄土地問題に関する件」朝海駐米大使から藤山外務大臣、一九五八年五月八日、「米国管理下の南西諸島状況雑件　沖縄関係　軍用地問題（プライス報告を含む）　第二巻」（0120-2001-02813, CD-R H22-018）外交史料館。

（80）Tokyo to Secretary of State, May 13, 1958, 794C.0221/5-1358, U90006117B, OPA. 外務省も駐米日本大使館に対し、山田次官から要請したことを伝えている。「沖縄土地問題」藤山外務大臣から朝海駐米大使、一九五八年五月一三日、「米国管理下の南西諸島状況雑件　沖縄関係　軍用地問題（プライス報告を含む）　第二巻」（0120-2001-02813, CD-R H22-018）外交史料館。

（81）Parsons to Robertson, May 14, 1958, U00001569B, OPA.

（82）『沖縄タイムス』一九五八年四月二九日付。

（83）「軍用地問題の動き」那覇日本政府南方連絡事務所長（一九五八年六月九日、総理府特別地域連絡局長から外務省アジア局長宛に転送）、情報公開第〇三一二六号（開示請求番号 2004-00673）。

（84）Tokyo to Secretary of State, June 12, 1958, 794C.0221/6-1258, U90006118B, OPA.

（85）『琉球新報』一九五八年五月一四日、六月三日付。

（86）「沖縄軍用土地問題対米折衝方針議事速記録（第一日の二）」外務省、一九五八年六月一二日、「米国管理下の南西諸島状況雑件　沖縄関係　軍用地問題（プライス報告書を含む）　沖縄代表団渡米関係（昭和三十三年）　第二巻」（0120-2001-02820, CD-R H22-019）外交史料館。

（87）「沖縄代表団の対米討議資料」（作成者・作成日付なし）、情報公開第〇三一二六号（開示請求番号 2004-00673）。

（88）「沖縄軍用土地問題対米折衝方針議事速記録（第一日の一）」外務省、一九五八年六月一二日、「米国管理下の南西諸島状況雑件　沖縄関係　軍用地問題（プライス報告書を含む）　沖縄代表団渡米関係（昭和三十三年）　第二巻」（0120-2001-02820, CD-R H22-019）

外交史料館。以下、この問題に対する両者のやりとりは、同資料からの引用。
(89)「沖縄代表団提案要綱」『安里積千代関係文書』(目録番号Ⅱ　五―一)東京大学法学部近代日本法政史料センター原資料部。
(90) Tokyo to Secretary of State, June 16, 1958, U90006118B, OPA.
(91)「沖縄軍用土地問題対米折衝方針議事速記録(第二日)」外務省、一九五八年六月一三日、「米国管理下の南西諸島状況雑件　沖縄関係　軍用地問題(プライス報告書を含む)　沖縄代表団渡米関係(昭和三十三年)第二巻」(0120-2001-02820, CD-R H22-019)外交史料館。
(92) この沖縄への核持ち込み問題への岸の国会答弁をアイゼンハワー政権期の沖縄への中距離弾道核ミサイル(IRBM)配備構想との関連で論じたものに、山田康博「アイゼンハワー政権のIRBM沖縄配備構想と日米関係、一九五六―一九五九年」『一橋論叢』一二三巻一号(二〇〇〇年)がある。なお、この時期の日本本土への核持ち込み問題に関しては、黒崎輝「アメリカの核戦略と日本の国内政治の交錯　一九五四～六〇年」同時代史学会編『朝鮮半島と日本の同時代史』(日本経済評論社、二〇〇五年)、山田康博『「核の傘」をめぐる日米関係」竹内俊隆編『日米同盟論――歴史、機能、周辺諸国の視点』(ミネルヴァ書房、二〇一一年)などを参照のこと。
(93)「沖縄代表と米当局者との会談に関する件」朝海駐米大使から藤山外務大臣、一九五八年六月二〇日、「米国管理下の南西諸島状況雑件　沖縄関係　軍用地問題(プライス報告書を含む)　沖縄代表団渡米関係(昭和三十三年)第一巻」(0120-2001-02819, CD-R H22-019)外交史料館。
(94) Tokyo to Secretary of State, June 16, 1958.
(95)「沖縄土地問題に関する件」朝海駐米大使から藤山外務大臣、一九五八年六月一六日、「米国管理下の南西諸島状況雑件　沖縄関係　軍用地問題(プライス報告書を含む)　沖縄代表団渡米関係(昭和三十三年)第一巻」(0120-2001-02819, CD-R H22-019)外交史料館。
(96)「沖縄土地問題に関し次官、米大使会談の件」藤山大臣から朝海大使、一九五八年六月二一日、「米国管理下の南西諸島状況雑件　沖縄関係　軍用地問題(プライス報告書を含む)　沖縄代表団渡米関係(昭和三十三年)第一巻」(0120-2001-02819, CD-R H22-019)外交史料館。
(97) Letter from Dulles to Quarles, June 22, 1958, 894C.131/6-2258, RG59, NA. この資料は、法政大学の河野康子教授がアメリカ国立公文書館において蒐集したものである。河野教授の御厚意により同資料をみせて頂いた。河野教授の御厚意に深く感謝する。なお、ドル通貨切り替え問題については、河野『沖縄返還をめぐる政治と外交』、第六章第三節、宮里『日米関係と沖縄』、第五章第三節を参照のこと。
(98) たとえば、Memorandum for the Record, May 12, 1958, 894C.16/5-1258, U90006134B, OPA. ほかに、河野『沖縄返還をめぐる政治と外

交』、一六九～一七〇頁、宮里『日米関係と沖縄』、一六九頁。

（99）「沖縄土地問題に関する件」（六月一六日）。

（100）Parsons to Robertson, June 18, 1958, 794C.0221/6-1858, U90006118B, OPA.

（101）Letter from Dulles to Quarles, June 22, 1958, 894C.131/6-2258. ダレスはそれ以外に土地評価手続きの再評価と、それへの沖縄側の参加も提案した。

（102）「沖縄土地問題に関する件」朝海駐米大使から藤山外務大臣、一九五八年六月二七日、「米国管理下の南西諸島状況雑件　沖縄関係　軍用地問題（プライス報告書を含む）　沖縄代表団渡米関係（昭和三十三年）　第一巻」（0120-2001-02819, CD-R H22-019）外交史料館。

（103）Memorandum of Conversation, June 27, 1958, U00001553B, OPA.

（104）「沖縄土地問題に関する件」朝海駐米大使から藤山外務大臣、一九五八年六月三〇日、「米国管理下の南西諸島状況雑件　沖縄関係　軍用地問題（プライス報告書を含む）　沖縄代表団渡米関係（昭和三十三年）　第一巻」（0120-2001-02819, CD-R H22-019）外交史料館、Memorandum for Record, June 30, 1958, U00001553B, OPA.

（105）Memorandum for Record, July 1, 1958, U00001552B, OPA.

（106）「沖縄土地問題に関する件」下田臨時代理大使から藤山外務大臣、一九五八年七月九日、「米国管理下の南西諸島状況雑件　沖縄関係　軍用地問題（プライス報告書を含む）　沖縄代表団渡米関係（昭和三十三年）　第一巻」（0120-2001-02819, CD-R H22-019）外交史料館。

（107）Record of Meeting, July 1, 1958, U00001552B, OPA.

（108）一九五八年四月二〇日時点で一括払い金の支払い件数は八八二件であったが、そのなかで地主が自発的に一括払い金を受領した件数は、わずかに四二件であった。沖縄軍用地問題折衝渡米代表団『沖縄における軍用地問題』（一九五八年六月）、一九頁。

（109）Record of Meeting, July 2, 1958, U00001552B, OPA.

（110）Robertson to the Under Secretary, July 2, 1958, 794C.0221/7-258, U90006120B, OPA.

（111）Letter from Parsons to Deming, July 7, 1958, U00001552B, OPA.「渡米　折衝報告」『安里積千代関係文書』（目録番号Ⅱ　五―三）東京大学法学部近代日本法政史料センター原資料部。

（112）沖縄側の代表一二名は、行政府、立法院、市町村長会、市町村議会議長会、土地連からそれぞれ選出された。現地折衝については、「土地問題現地折衝第一分科会議録」『安里積千代関係文書』（目録番号Ⅱ　七―一、二、三、四）東京大学法学部近代日本法政史料センター原資料部、『軍用土地問題の経緯』、四五～八七頁。

（113）立法第一号「土地借賃安定法」土地連三十周年記念誌編集委員会編『土地連三十年のあゆみ』資料編（沖縄県軍用地等地主会連合

会、一九八五年）、二六二〜二六五頁

(114) 布令第二〇号「賃借権の取得について」、同前、二二五〜二三〇頁。

(115) 同前、二六四頁。

(116) 『沖縄年鑑　一九六一年度』（沖縄タイムス社、一九六一年）、二二〇頁。なお、筆者が坪単位で記されているのをエーカーに換算し、任意契約の割合も出した。

(117) Donald P. Booth, CINCPACREP, Ryukyu to Commander in Chief, Pacific, June 5, 1959. 石井修・小野直樹監修『アメリカ統合参謀本部資料一九五三—一九六一』第一三巻（柏書房、二〇〇〇年）、九五〜九八頁。

(118) 以下、同研究報告書については、USARYIS/IX CORPS, Study: Single Area Installation Study, Okinawa, May 25, 1959. 同前、一〇〇〜一六九頁。

(119) Memorandum for the Secretary of Defence, October 1, 1959. 同前、一七四〜一七五頁。

(120) ロバート・D・エルドリッヂ「四〇年前の基地統合計画に学ぶ　八」『琉球新報』二〇〇〇年一月三一日付。

(121) Ryukyu Islands Facts Book, September 1959. この七万五〇〇〇エーカーの内訳は、私有地・市町村有地が約五万一〇〇〇エーカーで、国有地・県有地が約二万四〇〇〇エーカーであった。なお、筆者は以前に書いた論文（「沖縄軍用地問題」の政策決定過程——一九五〇年代後半を中心に」『沖縄文化研究』三〇号、二〇〇四年）のなかで、新規接収がまだ完了していない段階の資料（一九五八年六月時点の資料）を用いて、一九五七年一月から一九五八年六月までのあいだに約二万五八二〇エーカーの土地が新規に接収された、と説明した（二〇二〜二〇三頁）。しかし、実際には一九五八年六月以降も米軍による軍用地の新規接収は行なわれており、筆者の論文を読んでこの点を指摘して下さったのは、鳥山淳氏である。記して厚く御礼申し上げる。

第6章　沖縄返還と基地のありかた

(1) この日米両国による沖縄への援助拡大については、河野康子『沖縄返還をめぐる政治と外交——日米関係史の文脈』（東京大学出版会、一九九四年）、宮里政玄『日米関係と沖縄　一九四五—一九七二』（岩波書店、二〇〇〇年）を参照のこと。

(2) 一九六七年の佐藤・ジョンソン会談とそこに至るまでの政治過程を扱った研究に、宮里『日米関係と沖縄』、明田川融『沖縄基地問題の歴史——非武の島、戦の島』（みすず書房、二〇〇八年）、河野康子「沖縄返還と地域的役割分担論（一）——危機認識の位相をめぐって」『法学志林』一〇六巻一号（二〇〇八年）、中島琢磨「初期佐藤政権における沖縄返還問題」『法政研究』七三巻三号（二〇〇六年）、同「一九六七年一一月の佐藤訪米と沖縄返還をめぐる日米交渉」『年報政治学　二〇〇九—I』（二〇〇九年）などがある。

（3）千田恒『佐藤内閣回想』（中央公論社、一九八七年）、二八頁。また、渡邉昭夫『日本の近代八　大国日本の揺らぎ　一九七二〜』（中央公論新社、二〇〇〇年）も参照のこと。
（4）「第一回ジョンソン大統領、佐藤総理会談要旨」一九六五年一月一二日、「佐藤總理訪米関係会談関係」（0120-2001-01416, CD No. A'-444）外交史料館。
（5）同前。
（6）中野好夫編『戦後資料　沖縄』（日本評論社、一九六九年）、五五一〜五五二頁。
（7）「総理・ワトソン高等弁務官会談録（Ⅰ）」外務省アメリカ局北米課、一九六五年八月二二日、「米国管理下の南西諸島情況雑件　沖縄関係　第二巻」（0120-2001-02510, CD-R H22-015）外交史料館。
（8）この義務教育教員給与の二分の一国庫負担問題に関しては、河野『沖縄返還をめぐる政治と外交』、二二七〜二三四頁、山野幸吉『沖縄返還ひとりごと』（ぎょうせい、一九八二年）、六七〜七〇頁を参照のこと。
（9）「第一回ジョンソン大統領、佐藤総理会談要旨」。
（10）なお、一九六四年一二月一四日にワトソン高等弁務官と会談した際にも、佐藤は沖縄米軍基地の重要性について、次のようにのべている。「私は、沖縄は日本と極東の安全を直接保障しているものであり、日米安全保障条約に基いて日本の防衛政策を考えているから、沖縄の軍事基地としての重要性を認識することが極めて大切であると思う」。「佐藤総理・ワトソン沖縄高等弁ム官会談要領」外務省アメリカ局北米課、一九六四年一二月一四日、「米国管理下の南西諸島情況雑件　沖縄関係　第一巻」（0120-2001-02509, CD-R H22-015）外交史料館。
（11）同前資料。なお、中国は三年後の一九六六年一〇月、核弾頭搭載中距離ミサイルの着弾実験にも成功し、一九六七年六月には水爆実験まで成功させている。
（12）佐藤の核保有論および佐藤政権の核政策については、中島信吾『戦後日本の防衛政策――「吉田路線」をめぐる政治・外交・軍事』（慶應義塾大学出版会、二〇〇六年）、黒崎輝『核兵器と日米関係』（有志舎、二〇〇六年）、渡邉昭夫「アジアの核拡散　国際政治史的一考察」『アジア研究』五三巻三号（二〇〇七年）を参照のこと。またアメリカの「核の傘」に関しては、太田昌克『盟約の闇――「核の傘」と日米同盟』（日本評論社、二〇〇四年）、同『日米「核密約」の全貌』（筑摩書房、二〇一一年）、山田康博「『核の傘』をめぐる日米関係」竹内俊隆編『日米同盟論――歴史、機能、周辺諸国の視点』（ミネルヴァ書房、二〇一一年）を参照のこと。
（13）「施政権返還に伴う沖縄基地の地位について」外務省北米局長、一九六七年八月三日、一九七二年の沖縄返還時の有事の際の核持ち込みに関する「密約調査」関連文書三―七（二〇一〇年外務省開示文書、以下「密約調査」関連文書三―七の要領で記す）。

(14) 以下の三木・ジョンソン会談については、断りのない限り、「外務大臣・ジョンソン大使会議録」外務省北米局、一九六七年七月一九日、「密約調査」関連文書三―四。

(15) 以下の佐藤と外務省事務当局との打ち合わせについては、断りのない限り、「沖縄小笠原問題（総理との打合わせ）」三木外務大臣から下田駐米日本大使、一九六七年八月九日、「密約調査」関連文書三―一一。

(16) 以下の三木・ラスク会談については、断りのない限り、「三木大臣、ラスク長官会談録（Ⅱ）」一九六七年九月一六日、「密約調査」関連文書三―一四。なお、沖縄返還問題以外にも三木は、行政主席選挙の実現や米民政府の長期経済計画への日本の協力などを要求している。

(17) 東郷文彦『日米外交三十年』（世界の動き社、一九八二年）、一三三頁。

(18) 山野『沖縄返還ひとりごと』、三二頁。

(19) この若泉の行動については、のちに本人が著わした『他策ナカリシヲ信ゼムト欲ス』（文藝春秋、一九九四年）を参照のこと。

(20) 以下の佐藤・ジョンソン会談については、断りのない限り、「佐藤総理・ジョンソン大統領会談録（第一回会談）」楠田實（編・校訂和田純、編・解題五百旗頭真）『楠田實日記――佐藤栄作総理首席秘書官の二〇〇〇日』（中央公論新社、二〇〇一年）、七五一～七五六頁。

(21) この点を指摘したものとして、佐藤晋「佐藤政権期のアジア政策」波多野澄雄編『池田・佐藤政権期の日本外交』（ミネルヴァ書房、二〇〇四年）、一四三～一四五頁がある。

(22) 以下の佐藤・マクナマラ会談については、断りのない限り、「佐藤総理・マクナマラ国防長官会談録」楠田『楠田實日記』、七五七～七六一頁。

(23) 沖縄自由民主党結成に至るまでの過程を扱った最新の研究に、櫻澤誠「一九五〇年代後半における土地闘争以後の保守再編について」『沖縄法政研究』第一四号（二〇一二年）がある。

(24) 沖縄自由民主党『祖国への道』（沖縄自由民主党事務局、一九六〇年）（U90006002B）沖縄県公文書館。

(25) 同前、一七～一八頁。

(26) 同前、八～九頁。

(27) この一九六〇年の沖縄自民党の態度と、一九六八年の西銘順治候補の態度との共通性について初めて指摘したのは、鳥山淳「占領と現実主義」同編『イモとハダシ――占領と現在』（社会評論社、二〇〇九年）である。

(28) 官公労は一九五八年一一月一日に結成された労働組合で、議長に赤嶺武次（労働局職員労組）、副議長に糸州一雄（全税労）と本永寛昭（立法院職員労組）、そして事務局長に亀甲康吉（全逓労）がそれぞれ選任されている。官公労については、沖縄官公労運動史編集委員会編『沖縄官公労運動史①』（沖縄官公庁労働者共済会、一九九〇年）を参照のこと。

（29）一九六〇年代の祖国復帰運動に関する先駆的研究としては、比嘉幹郎「沖縄の復帰運動」『国際政治』五二号（一九七四年）、我部政男「六〇年代復帰運動の展開」宮里政玄編『戦後沖縄の政治と法』（東京大学出版会、一九七五年）がある。また最新の研究として、櫻澤誠『沖縄の復帰運動と保革対立――沖縄地域社会の変容』（有志舎、二〇一二年）がある。なお、本章の復帰運動を扱った箇所については、拙稿「沖縄復帰運動の政治的動態――復帰協を中心として」『国際関係学研究』一五号（二〇〇二年）が基盤となっている。

（30）当山正喜『沖縄戦後史　政治の舞台裏』（沖縄あき書房、一九八七年）、四〇二～四〇三頁、「座談会　一九六〇年代の復帰運動」沖縄県祖国復帰闘争史編纂委員会編『沖縄県祖国復帰闘争史（資料編）』（沖縄時事出版、一九八二年）、一三〇五頁（以後『闘争史（資料編）』と記す）、琉球新報社編『世替わり裏面史　証言に見る沖縄復帰の記録』（琉球新報社、一九八三年）、四一六頁。なお、一九五八年二月に結成された沖縄社会党は、その立党宣言において、「日本社会党の地方支部的性格」を有することを謳い、「日本復帰実現の時は、全員日本社会党に入党する」と宣言していた。また同党は、この立党宣言および綱領において、「社会主義政党」・「階級政党」を明確に打ち出していた。結党当初の執行委員会議長は兼次佐一、書記長は宮良寛才、政審会長は岸本利実。日本社会党と友党関係にあった同党は、一九六三年、日本社会党沖縄県本部に党名を変更する。沖縄社会党については、当山『沖縄戦後史　政治の舞台裏』、二二九～二三八を参照のこと。

（31）新垣善春とのインタビュー、一九九九年八月三〇日。

（32）復帰協加盟の一七団体は以下のとおり。教職員会、官公労、沖青協、社大党、人民党、沖縄社会党、那覇市職労、琉海労組、自由協、民連、子供を守る会、沖縄原水協、市町村議長会、被災者連盟、沖縄繊維労組、沖縄港湾労組、タクシー労組。なお、復帰協結成の前、準備委員らは一致して沖縄最大の民間組織である沖縄教職員会の会長で、しかも復帰運動のシンボル的存在であった屋良朝苗を復帰協会長に据えることを考えていたが、屋良がそれを固辞したため、復帰協副会長であった赤嶺武次が初代会長に就任した。

（33）『琉球新報』一九六〇年四月二三日付。

（34）琉球新報社編『世替わり裏面史　証言に見る沖縄復帰の記録』、四一三頁。

（35）こうした沖縄自民党の復帰協不参加によって、当初参加を呼びかけた七〇団体の大半も参加を保留とする。その後、加盟団体数は増減し、一九六三年には五七団体、一九六五年には五二団体、一九七〇年には四五団体となった。その加盟団体の大部分は各種労働組合が占めている。『闘争史（資料編）』、一三四八～一三五〇頁。

（36）結成時に採択された復帰協会則、一九六〇年度運動方針、諸決議等には、この米軍基地については一切触れていない。

(37) 福地曠昭「I LOVE 憲法第九条――沖縄に生き続けて」福尾武彦編著『現代に生きる学び』(民衆社、一九九七年)、一二三頁。
(38) 福地曠昭とのインタビュー、二〇〇〇年八月九日。
(39) 中根章とのインタビュー、二〇〇二年一〇月二二日。以下、断りのない限り、中根の証言に基づく。
(40) 『琉球新報』一九五八年八月七付。結成大会で沖縄原水協が採択した六つの綱領は次のとおり。「①私達は原水爆実験の即時停止を要求します、②私達は核兵器の製造貯蔵使用の禁止を要求します、③私達はソアなど核兵器の沖縄持込みに絶対反対します、④私達は原水爆搭載機のパトロールを即時止めることを要求します、⑤私達は沖縄を原水爆基地にすることを強く反対します、⑥私達は沖縄をいつまでもアメリカの軍事基地にすることに反対し祖国復帰実現のために闘います」。
(41) 『闘争史(資料編)』、一三九頁。
(42) 「現地座談会 ことしこそ、祖国に」(出席者、亀甲康吉、比嘉秀雄、岸本利実、宮良寛才、大柴滋夫)『月刊社会党』九六号(一九六五年五月)、一三六頁。
(43) このキャラウェイ高等弁務官による強権統治については、宮里政玄『アメリカの沖縄統治』(岩波書店、一九六六年)を参照のこと。
(44) 琉球新報社編『世替わり裏面史 証言に見る沖縄復帰の記録』、四七八頁。なお、この「ウルトラC作戦」を考え出した復帰協元事務局長の吉元政矩は、筆者とのインタビューのなかで、アメリカ統治下の沖縄における大衆運動の意義について、こうのべている。「沖縄の三権(立法、行政、司法)は、県民との間で信頼関係がない。もっぱらアメリカのコントロール下にある。(中略)三権に対するアメリカ、高等弁務官の支配をどう断ち切っていくのか、それを行政の場ではできないし、立法院という議会の場でもできない。それを復帰運動という大衆の場でつくり上げていくのが復帰運動なんです」。吉元政矩とのインタビュー、一九九九年九月八日。
(45) 民主党『祖国への道』(民主党本部、一九六五年)、一〇頁、『中野好夫資料』(D/703)法政大学沖縄文化研究所。なお、民主党はこの小冊子で「基地と施政権の分離」復帰論を強調しているが、ここで引用した文章は、一九六〇年に沖縄自民党の作成した前出『祖国への道』でも、まったく同じように記載されている。
(46) 「長嶺沖縄立法院議長の訪米」武内大使から外務大臣、一九六五年一月二一日、「要人往来(沖縄要人来日、訪米)」(0120-2001-02524, CD-R H22-004)外交史料館。
(47) 「沖縄県祖国復帰協議会第十回定期総会記録」『祖国復帰のために 資料第七集 一九六五年度』(R10000218B)沖縄県公文書館。
(48) 「復帰運動の具体的目標」(草案)『総合資料一九六六年』(R10000008B)沖縄県公文書館。
(49) 「復帰協第一一回定期総会議事録」『祖国復帰のために 総会決定集(第八号)一九六六年度』(R10000219B)沖縄県公文書館。
(50) 『戦後資料 沖縄』、五三三~五三五頁。

(51) 同前、五三九〜五四五頁。

(52) 「復帰協第一一回定期総会議事録」、七一頁。また、正式決定をみた一九六六年度運動方針のなかで復帰協は、「(沖縄民主党の)基地と施政権の分離復帰論は、われわれの闘争を分裂させるおそれがある」と記している。『闘争史(資料編)』、二七七頁。

(53) 「復帰協第一一回定期総会議事録」、七一〜七三頁。

(54) 以下でのべる全軍労、官公労、教職員会の組合員数については、『全軍労・全駐労沖縄運動史』(編集・発行全駐労沖縄地区本部、一九九九年)、五一二頁、『沖縄官公労運動史(沖縄官公労運動史①)』、一三五頁、『沖縄年鑑　一九七〇年版』、七三九頁を参照した。

(55) 上原康助とのインタビュー、二〇〇七年一月二六日、友寄信助とのインタビュー、二〇〇七年一月二五日。

(56) 布令一一六号「琉球人被用者に対する労働基準及び労働関係令」『沖縄復帰の記録』(編集・発行南方同胞援護会、一九七二年)、六〇七〜六一六頁。

(57) 上原康助『道なかば』(琉球新報社、二〇〇一年)、九六頁。

(58) 上原康助『基地沖縄の苦闘　全軍労闘争史』(創広、一九八二年)、九四〜九五頁。

(59) 上原『道なかば』、九四頁。なお、上原ら全軍労連執行部は、この復帰スローガンを降ろさずに、その後も毎年運動方針のなかに含めていた。

(60) 上原『基地沖縄の苦闘』、一五二、一六三〜一六四頁。

(61) 同前、一六四頁。

(62) 同前、一六三頁。

(63) 友寄信助とのインタビュー、二〇〇七年一月二五日。

(64) 「復帰運動の目標」(草案)」『総合資料一九六七年』(R10000010B)沖縄県公文書館。なお、同草案では「原水爆基地撤去、軍事基地撤去」と書かれていたが、「軍事基地撤去」の「撤去」の部分が二重線で消されており、代わりに「反対」という文字が記されている。

(65) 「屋良沖縄教職員会会長等のとの会見の件」那覇日本政府南方連絡事務所長から総理府特別地域連絡局長、一九六七年七月一一日、「会談録(日・琉球首脳、政府高官)Ⅷ」(0120-2001-02513, CD-R H22-009)外交史料館。

(66) 「復帰協第一二回定期総会について」『政経情報(その二八)』日本政府南方連絡事務所作成、「米国管理下の南西諸島情況雑件　沖縄関係『政経情報』三巻」(0120-2001-02837, CD-R H22-019)外交史料館。以下の引用は同資料より。なお、社会党の岸本利実や崎浜盛永、そして琉大学生会の代議員らが支持した同修正動議は、要旨、次のようにのべている。「これは単に表面上の問題にとどまらず、運動の基本的内容にかかる問題である。祖国復帰運動は軍事基地撤去という前提で進めるべきであり、このところ、沖縄返還問題で基地と施政権を分離し、祖国復帰運動を施政権だけにとどめようとする傾向があり、更に日米安保条約の改正される七〇年には沖縄の基地問題が再燃すると思う。これに対処して復帰協としても軍事基地に対する明確な態度を打ち出し、具体的に取り組んでいかねばならない」。

(67) 仲宗根悟とのインタビュー、一九九九年九月七日、二〇〇七年一月二八日。

(68) 友寄信助とのインタビュー、二〇〇七年一月二五日。

(69) 『戦後資料　沖縄』、五九八～五九九頁。

(70) 『琉球新報』一九六七年六月一六日付。

(71) 『琉球新報』一九六七年六月一八日付。なお、沖縄民主党の党首で第四代行政主席の地位にあった松岡政保も、同年三月二八日、訪米中のワシントンにおいて、「現地住民は沖縄での核兵器の存在に別に神経質にはなっていない」という記者会見を行なうとともに、駐米日本大使館員にはより率直に、「核基地云々と騒いでいる沖縄人は現実に核があるかどうかは知らず、核基地についてはいわば無関心である」と語っている。「松岡琉球政府主席訪米」武内大使から外務大臣、一九六七年四月一三日、「要人往来（沖縄要人来日、訪米）」(0120-2001-02524, CD-R H22-004) 外交史料館。

(72) 『琉球新報』一九六七年六月一八日付。なお、社大党は同年八月に発表した「施政権返還に関する方針と軍事基地の処理」なる文書のなかでも、「いわゆる核付返還、基地の自由使用を認める等沖縄が他都道府県と異なる特殊な負担や制約を受けるものであってはならない」、とのべている。沖縄社会大衆党史編纂委員会編『沖縄社会大衆党史』（沖縄社会大衆党、一九八一年）、九七頁。

(73) 「安里社大委員長との会談の件」那覇日本政府南方連絡事務所長から総理府特別地域連絡局長、一九六七年六月一四日、「会談録（日・琉球首脳、政府高官）Ⅷ」(0120-2001-02513, CD-R H22-009) 外交史料館。以下の安里と高杉の発言については、同会談録からの引用。なお、安里はさらに七月一〇日にも、彼を訪ねた内閣調査室の高瀬なる人物と、これに同席した南方連絡事務所の宇土条治次長に対し、次のようにのべている。「下田発言にいう核基地付とか、基地特別貸与協定のごときは、現在でもあるかないか判然としないような核の自由持込を固定化ないし特権化することにもなりかねず、将来に禍根をのこすものとして承服できない。沖縄住民の身にもなって、も少しのみ易いようぎりぎりのところ『米軍基地については将来漸減されるべきも差当りは現状通りとする』程度の表現にしてもらいたいものである」。つまり安里は、「正直の話（核の問題については）大多数の沖縄住民は本土で考える程それほど関心をもっていない」という認識を示したうえで、「施政権が早期に返還され祖国復帰ができるならば、米軍基地の存在等は現状通りでもしばらくは目をつぶろう」、と高瀬らに伝えていたのである。「沖縄返還問題に関する社大党の立場について」内閣調査室（高瀬）、一九六七年七月一五日、「会談録（日・琉球首脳、政府高官）Ⅷ」(0120-2001-02513, CD-R H22-009) 外交史料館。

（74）「平良社大党書記長の復帰問題等に関する見解について」那覇日本政府南方連絡事務所長から総理府特別地域連絡局長、一九六七年六月二一日、「会談録（日・琉球首脳、政府高官）Ⅷ」（0120-2001-02513, CD-R H22-009）外交史料館。以下の平良と柳井の発言については、同会談録からの引用。

（75）『沖縄社会大衆党史』、一〇四頁。

（76）「屋良沖縄教職員会会長等との会見の件」。以下の屋良と高杉の発言については、同会談録からの引用。

（77）「喜屋武復帰協会長の復帰問題等に関する見解について」那覇日本政府南方連絡事務所長から総理府特別地域連絡局長、一九六七年六月二九日、「会談録（日・琉球首脳、政府高官）Ⅷ」（0120-2001-02513, CD-R H22-009）外交史料館。以下の喜屋武と柳井の発言については、同会談録からの引用。

（78）会長の平良辰雄のほか、主要なメンバーは以下のとおり。副会長池原貞雄（琉球大学学長）、運営委員儀間文彰（沖縄製粉常務）、久場政彦（琉球大学教授）、金城秀三（同大学教授）、砂川恵伸（同大学助教授）、宮里政玄（同大学助教授）、島袋邦（同大学助教授）、稲泉薫（琉球銀行調査部長）。

（79）「復帰問題研究会平良辰雄会長との会談の件」那覇日本政府南方連絡事務所長から総理府特別地域連絡局長、一九六七年七月一五日、「会談録（日・琉球首脳、政府高官）Ⅷ」（0120-2001-02513, CD-R H22-009）外交史料館。以下の平良と高杉の発言については、同会談録からの引用。

（80）なお、七月二〇日に南方連絡事務所の宇土次長と会談した復帰問題研究会の主要メンバーの一人である宮里政玄琉球大学助教授も、この住民の核への問題関心について、こうのべている。「核基地容認ということになれば問題であるであろうが、現状の基地を認めるということであれば私（宮里）はまとまると思う」。「また、沖縄の一般住民はそれほど核に敏感ではないので、表面に核を持ち出さなければまとまりやすいと思う」（括弧は原文のまま）。「宮里政玄琉大助教授と会談の件」那覇日本政府南方連絡事務所長から総理府特別地域連絡局長、一九六七年七月二五日、「会談録（日・琉球首脳、政府高官）Ⅷ」（0120-2001-02513, CD-R H22-009）外交史料館。

（81）こうした会話のやりとりのほかに、両者は次のような興味深い会話も交わしている（「復帰問題研究会平良辰雄会長との会談の件」）。

平良「（復帰問題研究会は）世論を統一するためではなく復帰促進のための問題点を調査研究し、復帰問題の解明に役立つような資料を作成し、世論調査を行なって県民に発表することを目的としている」。「（ただ）世論調査には金がかかるので、今のところこれらの予算に困っている。また、世論調査自体に革新系の者が反対するであろうから困っている」。

高杉「本土でも、先般朝日新聞が世論調査をやろうとしたことがあるが、結果として段階的復帰論が強いことが推定されて朝日の立場として取り止めたことがある」。

さらに次のような興味深い会話も交わしている。

高杉「実業家も基地がなくなったら困ると云っているが、基地経済の問題を同時に論ずる必要はない。逆に基地がなくならないことが分っているのに同時に経済問題を持ち出すと復帰の気運をそぐことになる」。

平良「私も基地経済の問題は今研究しないほうがよいと思っている」。

第7章 「基地反対」から「基地撤去」へ

（1）「一九六八年度復帰協運動方針（案）」『総合資料一九六八年』（R10000014B）沖縄県公文書館、『沖縄タイムス』一九六八年四月一五日付。なお、当初復帰協執行部は運動方針案に「基地撤去」を掲げていたが、同定期総会の開催を前に「基地反対」という表現に変更していた。この変更された「基地反対」の下側には、手書きで「人民（党）支持」と書かれている。おそらく、定期総会の前に開かれた執行委員会の場などで、「基地撤去」か「基地反対」かの議論が行なわれ、全軍労から「基地反対」支持の提案がなされ、人民党もこれを認めたのではないかと思われる。実際、定期総会において人民党が、「基地反対」方針に異議を唱えた形跡はない。この二つの運動方針案については、『総合資料一九六八年』（R10000014B）のなかに入っている。

（2）「復帰協第一三回定期総会議事メモ」『総合資料一九六八年』（R10000014B）沖縄県公文書館。

（3）『沖縄タイムス』一九六八年四月一五日付。

（4）「復帰協第一三回定期総会議事メモ」。

（5）『沖縄タイムス』一九六八年四月一五日付。

（6）宮里政玄『日米関係と沖縄　一九四五—一九七二』（岩波書店、二〇〇〇年）、二三六～二四二、三六四～三六五頁。

（7）沖縄県祖国復帰闘争史編纂委員会編『沖縄県祖国復帰闘争史（資料編）』（沖縄時事出版、一九八二年）、二六四～二六五頁（以後『闘争史（資料編）』と記す）。

（8）同前、二三一頁。

（9）『琉球新報』一九六五年八月二〇日。なお、佐藤は抗議デモのあった翌日、ワトソン高等弁務官にこうのべている。「我方としては、復帰連（復帰協の誤り）の動きに対する読みは浅かったと思う。当初、我々は昨夜五〇〇〇人のデモ集会があり、そのうち一二〇〇～一〇〇〇人がホテルにデモをしてくるが、総務長官が五人の代表団より陳情を聞けば、せいぜい七～八〇〇人の強硬分子のみ残り他は解散する。そうすれば、あとは沖縄の警察力でコントロールできると考えていたが、実際には、あのように一万人も集会に出席し、四～五〇〇〇人がホテル前に集まったわけである。自分は、総務長官だけで先方は満足していないと聞いたので、自分が会っても良いと連絡したが、その時にはデモ隊の指導者が誰か判らなくなっていた由である。これは残念であった」。「佐藤総理・ワトソン高等弁務官会談録（Ⅱ）」外務省アメリカ局北米課、一九六五年八月二三日、「米国管理下の南西諸島情況雑件　沖縄関係　第二巻」（0120-2001-2510, CD-R H22-015）外交史料館。なお、佐藤はこの日のデモを日記にこう認めている。「夕刻、ワトソンのパーティーと晩餐会。会後一一時出発。この頃ホテルを陳情団に包囲され、㊌の強要あり、遂にすわり込む。小生は代表を決めて会見しようといったが、断られ処置なし。一旦南連まで来たが、仲々らちがあかぬので、軍基地に一泊する。ワトソンを煩はして分宿す」。伊藤隆監修『佐藤榮作日記』第二巻（朝日新聞社、一九九八年）、三〇七頁。

(10)『琉球新報』一九六五年八月二〇日、一九六六年四月二九日、一九六七年四月二九日付。

(11)「教公二法阻止」闘争については、教公二法闘争史編集委員会編『教公二法闘争史』（沖縄県教職員組合、一九九八年）を参照のこと。

(12)『闘争史（資料編）』、三六七頁、『琉球新報』一九六七年一一月三日付。

(13)同前、三七六頁。

(14)同前、三七七頁、『琉球新報』一九六七年一一月二一付。

(15)『琉球新報』一九六八年四月二九日付。

(16)『琉球新報』一九六八年一〇月一四日付。なお、この西銘の「イモ・ハダシ」論については、鳥山淳「占領と現実主義」同編『イモとハダシ――占領と現在』（社会評論社、二〇〇九年）を参照のこと。

(17)『琉球新報』一九六八年一〇月二二日付。

(18)同前。

(19)屋良朝苗『屋良朝苗回顧録』（朝日新聞社、一九七七年）、一〇二頁。

(20)『琉球新報』一九六八年一〇月二二日付。

(21)「今後の沖縄情勢（屋良主席のブレインの内話）、外務省アメリカ局北米課、一九六八年一二月一八日、「会談録（日・琉球首脳、政府高官）Ⅷ」（0120-2001-02513, CD-R H22-009）外交史料館。以下の宮里の発言は同会談録から引用。

(22)西銘が二〇万六〇一一票を獲得したのに対し、屋良は二三万七五六五票を獲得。『沖縄年鑑　一九六九年版』、二一一頁。

(23)「一一月選挙後の沖縄政策（未定稿）」日本政府沖縄事務所、一九六八年一二月、「沖縄住民の権利拡大（琉球行政主席の公選）（Ⅱ）」(0120-2001-02558, CD-R H22-009) 外交史料館。以下の引用は同資料より。
(24) 一九六八年夏ごろから沖縄原水協は、米原子力潜水艦が寄港している那覇軍港の海水が放射能汚染にさらされているとして、「原潜寄港阻止」の抗議行動を展開していた。共闘会議が「原潜寄港阻止」を目的のひとつに掲げたのは、この理由による。
(25)『琉球新報』一九六八年四月一三日、一二月一五日付。
(26) 仲宗根悟とのインタビュー、一九九九年九月七日。
(27) なお、のちに米軍は、全軍労をはじめ沖縄住民からの強い反対や、日本政府からの同布令施行延期の要請を受けて、一月二三日、同布令の施行延期を発表している。『朝日新聞』一九六九年一月二三日付（夕刊）。
(28)『朝日新聞』一九六九年一月二七日付。なお、上京前、亀甲は旧知の西銘順治沖縄自民党総裁に電話し、「本土政府の出かた如何によっては、ゼネスト中止もありうる」とのべている。「西銘自民党総裁の内話について」『政経情報（その四）』日本政府南方連絡事務所作成、一九六九年一月二九日、「南方連絡事務所報告（政経情報）（2）」(0120-2001-02573, CD-R H22-004) 外交史料館。
(29)『闘争史（資料編）』、一二一一～一二一二頁。
(30) この「ゼネスト」回避劇についてはいまだ明らかにされていない部分が多くあるが、当時の「ゼネスト」計画関係者へのインタビューによってこれを再構成したものに、琉球新報社編『世替わり裏面史　証言に見る沖縄復帰の記録』（琉球新報社、一九八三年）があり、またアメリカ側一次史料を用いて考察したものに、宮里『日米関係と沖縄』がある。
(31)『琉球新報』一九六九年二月一日付（夕刊）。なお、この県労協幹事会での詳しい討議内容については明かにされていない。しかし、琉球新報社編『世替わり裏面史　証言に見る沖縄復帰の記録』における県労協議長亀甲康吉の証言から、その大まかな様子は知ることができる（五八一頁）。
(32)『琉球新報』一九六九年二月三日付。
(33)『琉球新報』一九六九年二月一日付。
(34) 屋良朝苗『激動八年　屋良朝苗回想録』（沖縄タイムス社、一九八五年）、三八頁。
(35) 上原康助とのインタビュー、二〇〇七年一月二六日。
(36) 琉球新報社編『世替わり裏面史　証言に見る沖縄復帰の記録』、五六七～五六八頁。
(37) 同前、五六八頁。
(38) 同前、五六八頁。

(39) 同前、五六九頁。なお、全軍労各支部への米軍の圧力については、『全軍労・全駐労沖縄運動史』(編集・発行全駐労沖縄地区本部、一九九九年)、一七〇~一七一頁を参照のこと。

(40) 『闘争史(資料編)』、四六九頁。

(41) 「復帰協第一四回定期総会議事メモ」『総合資料一九六九年』(R10000016B)沖縄県公文書館。

(42) 『闘争史(資料編)』、四七一頁。

(43) 「復帰協第一四回定期総会議事メモ」。

(44) 『闘争史(資料編)』、五八頁。

(45) 同前、五六頁。

(46) 吉元政矩とのインタビュー、一九九九年九月八日。

(47) 仲宗根悟とのインタビュー、二〇〇七年一月二八日。

(48) 「復帰協の六九年度運動方針について」『政経情報(その二八)』日本政府沖縄事務所作成、一九六九年三月一二日、「南方連絡事務所報告(政経情報)(2)」(0120-2001-02573, CD-R H22-004)外交史料館。以下の引用は同資料より。

(49) 「復帰協第一四回定期総会議事メモ」。

(50) 『沖縄問題基本資料集』(編集・発行南方同胞援護会、一九六八年)、一二五二頁。

(51) 「復帰協第一四回定期総会議事メモ」。

(52) 復帰協は結成当初から、日本社会党・総評寄りの態度をとっていたわけではなかった。復帰協がこうした傾向をみせるようになるのは、本土における共産党と社会党の対立の煽りを受けて沖縄でも人民党勢力と反人民党勢力との対立が激化した一九六四年以後のことである。この沖縄内部における「人民」「反人民」の対立については、拙稿「沖縄復帰運動の政治的動態——復帰協を中心として」『国際関係学研究』一五号(二〇〇二年)を参照のこと。

(53) 一九六九年の佐藤・ジョンソン会談とそこに至るまでの交渉過程を扱った近年の研究に、宮里『日米関係と沖縄』、明田川融『沖縄基地問題の歴史——非武の島、戦の島』(みすず書房、二〇〇八年)、我部政明『沖縄返還とは何だったのか——戦後日米交渉史の中で』(日本放送出版協会、二〇〇〇年)、波多野澄雄『歴史としての日米安保条約——機密外交記録が明かす「密約」の虚実』(岩波書店、二〇一〇年)、河野康子「沖縄返還と地域的役割分担論(二)——危機認識の位相をめぐって」『法学志林』一〇六巻三号(二〇〇九年)、同「沖縄返還と有事の核の再持ち込み」外務省有識者委員会『いわゆる「密約」問題に関する有識者委員会報告書』(二〇一〇年三月)、中島琢磨「佐藤政権期の日米安全保障関係——沖縄返還と『自由世界』における日本の責任分担問題」『国際政治』一五一号（二〇〇八年）、同「一九六七年一一月の佐藤訪米と沖縄返還をめぐる日米交渉」『年報政治学　二〇〇九―Ⅰ』（二〇〇九年）、同「一九六八年の沖縄返還問題の展開――『核抜き・本土並み』返還の争点化」『九大法学』一〇一号（二〇一〇年）、同「沖縄の施政権返還交渉の開始」『九大法学』一〇二号（二〇一一年）、同「沖縄返還交渉の『第二ラウンド』――一九六九年六月〜七月」『龍谷法学』四四巻一号（二〇一一年）、同『高度成長と沖縄返還』（吉川弘文館、二〇一二年）などがある。

（54）参議院予算委員会議録、一九六九年三月一〇日。

（55）中島「一九六八年の沖縄返還問題の展開」。

（56）下田武三『戦後日本外交の証言』下巻（行政問題研究所出版局、一九八五年）、一五九頁。

（57）東郷文彦『日米外交三十年』（世界の動き社、一九八二年）、一七七頁。

（58）「沖縄返還問題ポジション・ペイパー案」外務省米局長、一九六九年四月二三日、「密約調査」関連文書三―五四、「オキナワ問題（アメリカ局長とスナイダー補さ官等との会談）」下田駐米日本大使から愛知外務大臣、一九六九年四月二八日、「密約調査」関連文書三―五八、「オキナワ問題（ジョンソン次官との会談）」下田駐米日本大使から愛知外務大臣、一九六九年四月三〇日、「密約調査」関連文書三―六〇。

（59）National Security Decision Memorandum 13, May 28, 1969, Japan and the U.S., 1960-1976 Collection, JU01074, Digital National Security Archive. 本書で利用したＮＳＡ文書は、すべて法政大学の河野康子教授から御提供いただいたものである。河野教授の御好意に深く感謝する。

（60）NSSM5: Japan Policy, April 28, 1969, Japan and the U.S., 1960–1976 Collection, JU01061, Digital National Security Archive.

（61）「大臣・国務長官第一次会談」下田駐米日本大使から愛知外務大臣、一九六九年六月三日、「密約調査」関連文書三―七一。なお、米側の会談記録は、Memorandum of Conversation, June 3, 1969, Foreign Minister of Japan Aichi's Call on the Secretary, Japan and the U.S., 1960-1976 Collection, JU01082, Digital National Security Archive.

（62）東郷『日米外交三十年』、一六一頁。

（63）「日米共同声明」（一九六九年一一月二一日）、「ナショナル・プレス・クラブにおける佐藤総理大臣演説」（一九六九年一一月二一日）細谷千博・有賀貞・石井修・佐々木卓也編『日米関係資料集　一九四五―九七』（東京大学出版会、一九九九年）、七八六〜七九九頁。

（64）同前、七八六〜七八九頁。

（65）この佐藤・ニクソン間での「合意議事録」締結に至るまでの過程については、若泉『他策ナカリシヲ信ゼムト欲ス』（文藝春秋、一九九四年）、河野「沖縄返還と有事の核の再持ち込み」、波多野『歴史としての日米安保条約』を参照のこと。

(66)東郷『日米外交三十年』、一六六頁。
(67)「愛知大臣、屋良主席会談おぼえ」外務省アメリカ局、一九六九年五月一五日、「会談録（日・琉球首脳、政府高官）Ⅷ」(0120-2001-02513, CD-R H22-009) 外交史料館。なお、屋良『激動八年　屋良朝苗回想録』、八〇頁にも、愛知外務大臣の発言として同じことが記されている。
(68)屋良『激動八年　屋良朝苗回想録』、八六頁。なお、外務省作成の『一般情報』第一九一号（一九六九年八月二〇日）の「アイチ大臣・ヤラ主席会談」の項では、次のように記されている。「主席から基地問題について、核ぬき、本土なみといってもオキナワの基地は規模、密度および機能の点でも本土基地と異なっているので、形式的に本土なみというだけでは不十分ではないかとの質問があり、大臣より、本土なみとなれば当然安保条約の下で地位協定等関連協定が適用され、合同委の適用もあるので、長期的に基地の諸問題に取組むことになろう旨の説明があった」。「会談録（日・琉球首脳、政府高官）Ⅷ」(0120-2001-02513, CD-R H22-009) 外交史料館。
(69)『闘争史（資料編）』、五二〇〜五二一頁。
(70)『琉球新報』一九六九年一一月一四日、一一月一八日付。
(71)『闘争史（資料編）』、五三〇〜五三二頁。
(72)『全軍労・全駐労沖縄運動史』、一八八頁。
(73)この一九七〇年の「解雇撤回」闘争については、断りのない限り、上原康助『基地沖縄の苦闘　全軍労闘争史』（創広、一九八二年）、三六二〜四〇七頁を参照のこと。
(74)同前、三七七頁。
(75)同前、四〇〇頁。なお、間接雇用とは、アメリカ政府が直接基地労働者を雇用するのではなく、日本政府がそのあいだに入って基地労働者を雇用し、アメリカ政府が日本政府を通じて基地労働者に賃金を支払う方式のことである。アメリカ統治下の沖縄では米軍の直接雇用制がとられていたが、これを全軍労は本土復帰に際し、日本本土で採用されている間接雇用制に切り替えていくことを要求したのである。
(76)屋良『屋良朝苗回顧録』、一五八頁。
(77)上原『基地沖縄の苦闘』、三九九頁。
(78)『琉球新報』一九七〇年四月二九日、六月二三日付。
(79)上原『基地沖縄の苦闘』、四〇九〜四一〇頁。
(80)『沖縄年鑑　一九七二年版』、三七九頁。なお、同日に行なわれた参議院選挙では、自民党沖縄県連の稲嶺一郎と、革新共闘が推す復帰協会長の喜屋武真栄が当選。
(81)『全軍労・全駐労沖縄運動史』、二〇九～二一〇頁。
(82)この一九七一年の「解雇撤回」闘争については、同前、二一二～二一八頁を参照のこと。
(83)『琉球新報』一九七一年五月二〇日付。
(84)『琉球新報』一九七一年一一月一一日付。なお、この「一一・一〇統一行動」では、同統一行動から逸脱した一部過激派集団と警察とが激突し、火炎ビンとゲバ棒による乱打で警察官一人が殺されるという、沖縄始まって以来の惨事も発生した。
(85)『全軍労・全駐労沖縄運動史』、二二九頁。

第**8**章　軍用地の提供と基地の整理縮小

(1)「軍用地問題に関する提議書」(一九七〇年四月一五日)、土地連三十周年記念誌編集委員会編『土地連三十年のあゆみ』資料編(沖縄県軍用地等地主会連合会、一九八五年)、五三六～五三七頁。なお、残りの七項目は次のとおり。①軍用地返還に伴う「復元補償」は日本政府の責任で実現すること、②速やかに「基地公害」の対策をとること、③戦時中日本軍によって「強制接収」され、戦後は「国有地という名目で米国の管理」下にある軍用地を元の土地所有者に返還すること、④戦後の土地測量の不備や申告漏れ等によって軍用地の所有権を喪失した者を「救済」すること、⑤米軍によって補償のなされていない「残地補償、近傍財産の補償、離作補償、水利権の補償、その他通常補償」を日本政府が責任をもって行なうこと、⑥軍用地のある関係市町村に対する「特別基地交付金並びに調整金制度」を速やかに確立すること、⑦「関係地主の意向を充分反映し得る」防衛施設局を沖縄に設置すること。
(2)「季刊　土地連会報」第二号(一九七一年一月二〇日)、土地連三十周年記念誌編集委員会編『土地連三十年のあゆみ』通史編(沖縄県軍用地等地主連合会、一九八九年)、七四七頁。なお、土地連調査団の調査結果によれば、日本本土における米軍基地の総面積は約一億五二二万坪であり、そのうち国有地が約七五六三万坪、私有地・市町村有地が約三四八九万坪であった。
(3)「季刊　土地連会報」創刊号(一九七〇年一〇月二五日)、同前、七三七頁。なお、新しく加えられた八項目は、①市町村の地域開発の障害となっている軍用地は返還すること、②米軍の演習場になっている国県有林での「入会制限に伴う損失補償」を日本政府が行なうこと、③土地裁判所に訴願中の事案(賃貸料に関するもの九六一六件、講和後の漁業補償に関するもの一六件)に関し、復帰時までに解決されない場合、「日米いずれの政府に処理義務があるかを明確にする」とともに、「適正なる補償」がなされるよう措置をとること、④所有者の居所不明や本土または海外への移住等によって未払いになっている軍用地料を、復帰時までに「適切な方法により、全額完払い」し得る措置をとること、そしてもしそれで未払いの生じる軍用地料については、土地連が代理受領できるような措置をとること、⑤軍用地主を対象とした特別融資制度を確立すること、⑥非細分土地（未登記の土地）をこれまでどおり各市町村が管理し、その賃貸料を受領できるようにすること、⑦軍用地内の再測量を早急に実施し、所有区分を明確にすると同時に、所有権喪失者の権利回復を図ること、⑧軍用地内の滅失地（港湾拡張や土砂採取などの基地建設によって土地が滅失し水面になっているところ）に関し、復帰後「適正な買い上げ補償」がなされるまでの間、これまでどおり「賃貸借による取り扱い」を行なうこと、以上である。

（4）「土地連第三回臨時総会議事録」（一九七〇年九月二五日）、同前、四四一頁。

（5）「軍用地地主連合会の要望」高瀬沖縄大使から愛知外務大臣、一九七〇年九月一七日、「軍用地問題（法律問題）」（0120-2001-02630, CD-R H22-001）外交史料館。

（6）比嘉らは一月二二日と二三日に防衛施設庁と、二五日に外務省と、そして二六日に沖縄・北方対策庁と、それぞれ別個に協議をもっている。これら関係省庁との協議内容をみると、比嘉らが賃貸料の引き上げに重点を置いていたことが分かる。「沖縄地主連合会幹部と沖縄・北方対策庁との懇談について」外務省アメリカ局北米第一課、一九七一年一月二八日、「沖縄地主連合会幹部と防衛施設庁との懇談について」同課、一九七一年一月二九日、「軍用地問題（法律問題）」（0120-2001-02630, CD-R H22-001）外交史料館。なお、二六日の沖縄・北方対策庁との会談では、引き上げを求める比嘉らに対し、同庁関係者から、「地主連合会は云いたいことばかり云つているが（中略）、徒らに地主に期待を持たせるようなことを云って貰つては困る」、という厳しい指摘を受けている。

（7）土地連三十周年記念誌編集委員会編『土地連三十年のあゆみ』新聞集成編（沖縄市町村軍用地等地主会連合会、一九八四年）、六八九、六九一頁。

（8）「季刊　土地連会報」第二号（一九七一年一月二〇日）、『土地連三十年のあゆみ』通史編、七四九頁。

（9）「土地連第四回臨時総会議事録」（一九七一年四月二一日）、同前、四四五頁。

（10）同前、四四七頁。

（11）「在沖縄米軍用地問題について（防衛施設庁調査団の出張報告）」外務省アメリカ局、一九七〇年一一月六日、「軍用地問題（収用、賃貸、解除、補償）（Ⅲ）」（0120-2001-02629, CD-R H22-001）外交史料館、銅崎富司とのインタビュー、二〇〇七年七月三日。

（12）二〇周年記念誌編集委員会編『おきなわ　那覇防衛施設局の二〇年』（那覇防衛施設局、一九九二年）、一八五頁、銅崎富司とのインタビュー、二〇〇七年七月三日。

（13）川合隆喜とのインタビュー、二〇〇七年七月二七日。川合はこの当時企画班に所属。

（14）藤河浩三とのインタビュー、二〇〇七年七月二〇日、川合隆喜とのインタビュー、二〇〇七年七月二七日。

(15) 同沖縄事務局次長には谷口修一郎が、企画課長には近藤孝治（本庁施設部施設企画課課長補佐から転任）が、用地課長には藤岡良夫（東京防衛施設局施設取得課課長補佐から転任）が、それぞれ就任している。
(16) 銅崎富司とのインタビュー、二〇〇七年七月三日。
(17) 藤河浩三とのインタビュー、二〇〇七年七月二〇日。藤河はこの当時借料班に所属。
(18) 「季刊　土地連会報」第四号（一九七一年七月二五日）、『土地連三十年のあゆみ』通史編、七六〇頁。
(19) 同前、七六〇頁。
(20) 砂川直義とのインタビュー、二〇〇七年一月二七日。砂川は当時土地連の事務局長。
(21) 『土地連三十年のあゆみ』新聞集成編、七〇八～七〇九頁。なお、土地連と施設庁がともに本格的な賃貸料算定に入る前（一九七一年二月）、防衛施設庁の楢石施設調査官は外務省の佐藤事務官（アメリカ局北米一課）に対し、「沖縄地主側は本土の軍用地料算定基準をよく勉強しているのでさほど突飛な要求は出て来ないと思う」とのべている。「沖縄復帰後米側に提供すべき軍用地の取得について」外務省アメリカ局北米一課、一九七一年二月四日、「軍用地問題（法律問題）」（0120-2001-02630, CD-R H22-001）外交史料館。
(22) 『土地連三十年のあゆみ』新聞集成編、七一一頁。
(23) 藤河浩三とのインタビュー、二〇〇七年七月二〇日。
(24) 銅崎富司とのインタビュー、二〇〇七年七月三日。
(25) 藤河浩三とのインタビュー、二〇〇七年七月二〇日。
(26) 同前。
(27) 『土地連三十年のあゆみ』新聞集成編、七一五頁。
(28) 同前、七一四頁。
(29) 同前、七一六頁。
(30) 砂川直義とのインタビュー、二〇〇七年一月二七日。
(31) 『土地連三十年のあゆみ』通史編、三二四頁。
(32) 『土地連三十年のあゆみ』新聞集成編、七一八頁。
(33) 同前、七二五頁。
(34) 「季刊　土地連会報」第五号（一九七一年一一月一〇日）、『土地連三十年のあゆみ』通史編、七六四頁。
(35) 同前、八八六頁。

(36) 銅崎富司とのインタビュー、二〇〇七年七月三日。
(37) 同前。
(38) 同前。
(39) 藤河浩三とのインタビュー、二〇〇七年七月二〇日。
(40) 同前。
(41) 同前。
(42) 銅崎富司とのインタビュー、二〇〇七年七月三日。
(43) 同前。
(44) 同前。
(45) 藤河浩三とのインタビュー、二〇〇七年七月二〇日。
(46) 前述したように、島田防衛施設庁長官は年間賃貸料以外に「関連経費」として三八億円を大蔵省に要求するとのべたが、この「関連経費」の三八億円が、銅崎らのいう「見舞金」のことであった。
(47) 『土地連三十年のあゆみ』新聞集成編、七〇六、七三六頁、沖縄県祖国復帰闘争史編纂委員会編『沖縄県祖国復帰闘争史（資料編）』（沖縄時事出版、一九八二年）、一一六二～一一六三頁。
(48) 砂川直義とのインタビュー、二〇〇七年一月二七日。
(49) 『土地連三十年のあゆみ』新聞集成編、七三六頁。
(50) 砂川直義とのインタビュー、二〇〇七年一月二七日。
(51) 「反戦地主会の結成」高瀬沖縄大使から福田外務大臣、一九七一年一二月一〇日、「軍用地問題（法律問題）」（0120-2001-02630, CD-R H22-001）外交史料館。
(52) 砂川直義とのインタビュー、二〇〇七年一月二七日。
(53) 仲宗根悟とのインタビュー、二〇〇七年一月二八日。
(54) 『土地連三十年のあゆみ』新聞集成編、七二六頁。
(55) 桑江朝幸『土がある明日がある　桑江朝幸回顧録』（沖縄タイムス社、一九九一年）、一八四～一八五頁。
(56) 同前、一八五頁。
(57) 『土地連三十年のあゆみ』新聞集成編、七三〇～七三一頁。

（58）小坂との会談模様については、『土地連三十年のあゆみ』通史編、三二二頁。
（59）正式には、「日本国とアメリカ合衆国との間の相互協力及び安全保障条約第六条に基づく施設及び区域並びに日本国における合衆国軍隊の地位に関する協定の実施に伴う土地等の使用等に関する特別措置法」という。『土地連三十年のあゆみ』資料編、三八五～三九〇頁。
（60）米軍用地特措法が制定された当時、日本本土には約一万人の軍用地主が存在したが、そのうち契約拒否の姿勢を示したのは、一九五二年七月時点で約二〇〇〇人であった。しかしその後、政府が地主との話し合いを進めた結果、同年一〇月には五〇〇人にまで減り、最終的には同法の適用を受けて強制使用されたのは、六〇件あまりとなっていた。その後、立川飛行場用地などにこの軍用地特措法は適用されたが、一九六〇年代に入ると、その適用はほとんどみられなくなっていた。『土地連三十年のあゆみ』新聞集成編、六八八頁。
（61）南方同胞援護会編『沖縄復帰の記録』（南方同胞援護会、一九七二年）、八六七頁。
（62）第六七回国会衆議院本会議、第一一号、一九七一年一一月六日。
（63）『沖縄復帰の記録』、二三九～二四一頁。
（64）「季刊　土地連会報」第五号（一九七一年一一月一〇日）、『土地連三十年のあゆみ』通史編、七六二頁。
（65）「季刊　土地連会報」第六号（一九七二年三月二五日）、同前、七六五頁。
（66）『土地連三十年のあゆみ』新聞集成編、七七一頁。
（67）「季刊　土地連会報」創刊号（一九七〇年一〇月二五日）、『土地連三十年のあゆみ』通史編、七三七頁。
（68）同前、一三四頁。
（69）同前、七三七頁。なお、原状回復費に関して日米間では、沖縄返還時に「密約」があったことが明らかにされている。たとえば、波多野澄雄「沖縄返還と原状回復補償費の肩代わり」外務省有識者委員会『いわゆる「密約」問題に関する有識者委員会報告書』（二〇一〇年三月）を参照のこと。
（70）「季刊　土地連会報」第二号（一九七一年一月二〇日）、『土地連三十年のあゆみ』通史編、七四八頁。
（71）「オキナワの米軍基地（内話）」下田駐米大使から愛知外務大臣、一九七〇年七月三〇日、「軍用地問題（収用、賃貸、解除、補償）（Ⅲ）」（0120-2001-02629, CD-R H22-001）外交史料館。
（72）「オキナワ問題等米議会人内話」下田駐米大使から愛知外務大臣、一九六九年二月二八日、「米・琉球関係者等内話」（0120-2001-02515, CD-R H22-015）外交史料館。
（73）同前。

(74)「オキナワ返かん問題等（内話）」下田駐米大使から愛知外務大臣、一九六九年三月六日、「米・琉球関係者等内話」（0120-2001-02515, CD-R H22-015）外交史料館。

(75)「陸軍次官代理の内話」下田駐米大使から愛知外務大臣、一九七〇年七月一四日、「米・琉球関係者等内話」（0120-2001-02515, CD-R H22-015）外交史料館。

(76)「沖縄返還問題　愛知大臣・マイヤー大使会談記録」外務省アメリカ局北米第一課、一九七一年四月一日、「沖縄関係17」（0600-2010-00029, CD-R H22-012）外交史料館。

(77)「沖縄返還問題（吉野・スナイダー会談）」外務省アメリカ局北米第一課、一九七一年四月九日、「沖縄関係17」（0600-2010-00029, CD-R H22-012）外交史料館。

(78)「沖縄返還問題（吉野・スナイダー会談）」外務省アメリカ局北米第一課、一九七一年四月二一日、「沖縄関係17」（0600-2010-00029, CD-R H22-012）外交史料館。

(79)「沖縄返還問題（愛知大臣・マイヤー大使会談）」外務省アメリカ局北米第一課、一九七一年四月二六日、「沖縄関係17」（0600-2010-00029, CD-R H22-012）外交史料館。

(80)日米地位協定第二条四項（b）は、次のようになっている。「（b）合衆国軍隊が一定の期間を限つて使用すべき施設及び区域に関しては、合同委員会は、当該施設及び区域に関する協定中に、適用があるこの協定の規定の範囲を明記しなければならない」。細谷千博・有賀貞・石井修・佐々木卓也編『日米関係資料集　一九四五—九七』（東京大学出版会、一九九九年）、四七三頁。

(81)「沖縄返還問題（愛知大臣・マイヤー大使会談）」外務省アメリカ局北米第一課、一九七一年五月一一日、「沖縄関係17」（0600-2010-00029, CD-R H22-012）外交史料館。

(82)「沖縄返還問題（愛知大臣・マイヤー大使会談）」外務省アメリカ局北米第一課、一九七一年五月二四日、「返還協定—ＳＯＦＡの適用（ＳＴＧ施設・区域）（５）」（0120-2001-10542, CD-R H22-011）外交史料館。

(83)「了解覚書」（一九七一年六月一七日）『沖縄復帰の記録』、三二三〜三三〇頁。

(84)「季刊　土地連会報」第四号（一九七一年七月二五日）、『土地連三十年のあゆみ』通史編、七五六〜七五七頁。なお、数値については筆者が坪をエーカーに換算した。

(85)同前、七五七頁。

(86)「季刊　土地連会報」第五号（一九七一年一一月二五日）、『土地連三十年のあゆみ』通史編、七六三頁。

(87)『日米関係資料集　一九四五—九七』、八三三頁。

(88) 北岡伸一監修『沖縄返還関係主要年表・資料集』(国際交流基金日米センター、一九九二年)、五七一～五七五頁。

(89) 「解放要望施設別一覧表」(外務省が沖縄事務局から入手した資料) 一九七一年六月、「復帰準備2」(0120-2001-10525, CD-R H22-006) 外交史料館。なお、『土地連三十年のあゆみ』新聞集成編、七〇〇頁も参照のこと。数値については筆者が坪をエーカーに換算した。

(90) 『土地連三十年のあゆみ』新聞集成編、七三三～七三四頁。なお、数値については筆者が坪をエーカーに換算した。

(91) State Department to AmEmbassy Tokyo, October 1, 1971. 石井修・我部政明・宮里政玄監修『アメリカ合衆国対日政策文書集成　日米外交防衛問題　一九七一年・沖縄編』第九巻(柏書房、二〇〇五年)、九～一〇頁。

(92) 日本側ペーパーについては近年公開された外交文書には含まれていなかったので、その内容自体は不明である。

(93) 「本大臣とジョンソン国務次官との会談(沖縄返還)」福田外務大臣から牛場駐米大使、一九七一年一一月一五日、「日米関係雑件」(0600-2010-00037, CD-R H22-012) 外交史料館。

(94) 外務省情報文化局報道課『一般情報』(第二七二号)、一九七一年一一月二六日、「復帰準備6」(0120-2001-10528, CD-R H22-006) 外交史料館。

(95) この与野党の幹事長・書記長会談については、保利茂『戦後政治の覚書』(毎日新聞社、一九七五年)、一三四～一三六頁を参照のこと。

(96) 「本大臣　屋良主席会談」福田外務大臣から高瀬沖縄大使、一九七一年一一月一八日、「会談録(日・琉球首脳、政府高官)Ⅷ」(0120-2001-02513, CD-R H22-009) 外交史料館。なお、この会談は、屋良があの有名な「建議書」を携えて上京しながら国会で強行採決が行なわれた、その翌日に行なわれた会談である。同会談で屋良は、前日の強行採決について抗議するとともに、基地の自由使用問題、核兵器の撤去問題、本文でのべた基地の縮小問題、そして請求権問題などを問い質している。これに対して福田は、核兵器の問題について、「核ぬき及び再持込みのないことについては全責任を負う」と答え、自由使用の問題については、「事前協議についても全責任を持ち、沖縄だけから自由発進ということはさせない」と答えている。また、前日の強行採決に関して福田は、「(主席の)気持ちは極めてよくわかるが、協定のやり直しは不可能であり、むしろ協定発効後その実施上気持ちを新にしてゆくべきであり、また国内法上予算面でこれを補つてゆくべきである」と答えている。

(97) Memorandum of Conversation, January 9, 1972. 石井修・我部政明・宮里政玄監修『アメリカ合衆国対日政策文書集成　日米外交防衛問題　一九七二年・沖縄編』第二巻(柏書房、二〇〇六年)、一六一～一七七頁。

(98) 「季刊　土地連会報」第六号(一九七二年三月二五日)、『土地連三十年のあゆみ』通史編、七六七頁。なお、数値については筆者が坪をエーカーに換算した。

(99)「季刊　土地連会報」第一一号（一九七三年八月）、『土地連三十年のあゆみ』通史編、七八七頁。なお、数値については筆者が平方メートルをエーカーに換算した。

(100)「季刊　土地連会報」第一三号（一九七四年三月）、『土地連三十年のあゆみ』通史編、七九五頁。なお、数値については筆者が平方メートルをエーカーに換算した。

(101)同前、七九五頁。

(102)同前、七九五頁。

終　章　沖縄基地問題の構図

（1）琉球銀行調査部編（執筆代表者牧野浩隆）『戦後沖縄経済史』（琉球銀行、一九八四年）、一二〇〇、四八〇、一三九一頁。

（2）同前、一三九一頁。

（3）「屋良朝苗日誌」一九六九年一一月一〇日（0000097074）沖縄県公文書館。

あとがき

本書は、二〇〇七年一一月に法政大学に提出した博士論文「戦後沖縄と米軍基地――沖縄基地をめぐる沖米日関係」を原型とし、その後開示された外交文書などを追加し、大幅に加筆修正したものである。本書の刊行にいたるまでに、同大学発行の『法学志林』に七回にわたって論文を連載させていただいた（一〇六巻二号、三号、一〇七巻二号、三号、四号、一〇八巻三号、四号）。また、本書の第四章二節の一部は、日本国際政治学会編『国際政治』一六〇号（二〇一〇年）に発表した論文「日米関係のなかの沖縄軍用地問題――一九五六年のプライス勧告をめぐって」が基になっている。

いうまでもないが、政治学はその研究対象とどのような距離感をもって向き合い、それをどのような角度から考察するのかが、ひとつの重要なポイントになる。筆者の基本的なスタンスは、一方の立場から相手側を糾弾したり擁護したりするものではなく、また歴史のなかから運動の拠って立つ論理やその契機を見いだしたり、あるいは現在の枠組みをそのまま過去に投影するようなものでもなく、あくまで過去の「現実」を自分なりに冷静な目で再構築し、当時の枢要な政治過程を明らかにし、それに参入する政治指導者たちの論理や認識を抽出するところにあった。そうすることによってはじめて、過去の「現実」がもつ複雑さや奥深さ、あるいは重さといったものを知り得ると思ったからである。

とはいえ、筆者は沖縄の米軍基地問題が大きくクローズアップされた一九九五年に地元沖縄の大学を卒業し、その時代の空気を吸いながら、いったん就いた仕事を辞めて大学院に進学した。よって、現在の基地問題の展開が筆者の研究の駆動力になっていることは間違いないが、それが過去の政治過程を分析する際、知らず知らずに紛れ込んでいる可能性はやはり否定できない。

しかしそれでもなお筆者の基本的立場は、その体内に残っている「時代の空気」を大切にしながらも、あくまで過去の「現実」にみずからをできるだけ近づけ、一次資料やインタビュー記録等を用いてその「現実」を浮びあがらせることにあった。大学院に進学した直後、指導教授の原彬久先生より、「平良君は気持ちだけが先走っている」というご指摘を受けてから早や一五年、それがどれだけ成功したのかは、読者の判断にお任せするほかない。ただ、そうしたスタンスに立って研究をつづけた結果、徐々にみえてきたものは、基地の即時撤廃というあまりにも現実から乖離した態度でもなく、また基地の完全なる受容という現状追認の姿勢でもなく、その両極のはざまで苦悩・葛藤する政治指導者たちの姿であったり、あるいはそのはざまにあってさまざまな利益を見いだしたり、それを調整したりする政治指導者たちの姿であった。本書の副題を『受容』と『拒絶』のはざまで」としたのは、そうした理由からである。

ともあれ、本書を上梓するまでには、実に多くの方々からご指導とご支援を賜った。まず最初にお名前を挙げなければならないのは、筆者の修士課程の指導教授であり、いまも変わらずご指導いただいている原彬久先生（現東京国際大学名誉教授）である。先生は、政治学の基礎も何も分からなかった筆者を、文字どおり手とり足とりご指導くださり、研究者としての基盤をつくっていただいた。ちょうど先生がご著書（『戦後史のなかの日本社会党』中公新書、二〇〇〇年）の執筆にとりかかったとき、幸運にも大学院に進学した筆者は、ほぼ毎日といってよいほど先生のもとでワープロ入力のお手伝いをしながら、日米安保体制や戦後日本政治はもちろんのこと、「政治とは何か」といった学問の根幹にかかわることを直接学ばせていただいた。また、論文指導も実に厳しいものがあり、論理展開はもちろんのこと、言葉ひとつひとつの使い方まで微に入り細に入りご指導を賜った。少しでも不明瞭な箇所や肩肘のはった文章があると、必ず先生は、「平良君、これはどういう意味かね」と問い質し、私がしどろもどろに説明すると、「なぜそう書かないのかね」といって自然体で書くことの必要性を何度もご指導くださった。先生のあのときの厳しいご指導がなかったならば、いまの自分がなかったことは明らかである。本書の原型となる博士論文も先生にみていただき、貴重なコメントを頂戴した。大学を定年退職されたいまもますますご活躍の先生より、政治に関するさまざまな根源的なことを学ばせていただいている。先生の深い愛情と心のこもったご指導に、心からお礼を申し上げたい。

二人目は、博士課程の指導教授であり、いまも変わらずご指導いただいている河野康子先生（法政大学教授）である。沖縄という研究テーマが近かったこともあり、先生からは実に丁寧かつ詳細にご指導を賜った。先生と何度も交わす会話のなかで博士論文の骨格が徐々に固まっていき、最終的には本書のような形でまとめ上げることができた。また、ご自身がアメリカで収集された貴重な資料を惜しげもなくすべてみせていただいたばかりか、先生が博士論文執筆のときにつくられた手書きの資料メモまでみせていただき、筆者の研究を支えてくださった。現在もあらゆる面でご迷惑をおかけしているが、ここ数年は共同で研究プロジェクトを進めさせていただいたり、ご自身が参加する研究会にも誘っていただき、沖縄問題にとらわれがちな筆者の関心を広げてくださっている。先生の心温まる親身なご指導に、心から感謝を申し上げたい。

三人目は、学部時代の恩師であり、筆者を学問の世界に誘ってくれた阿波連正一先生（元沖縄国際大学教授、現静岡大学教授）である。先生との出会いがなければ、そもそも学問の道に足を踏み入れることなど、まずなかったといえる。単なる民法の解釈論ではなく、民法から「法とは何か」、「社会とは何か」といった本質的な議論を展開する先生のお話を拝聴し、学問の魅力に吸い込まれていったことを、昨日のように覚えている。学部時代はもとより大学を卒業して社会人になったあとも、先生が帰るころをみはからって研究室を訪ね、そのまま居酒屋に行きビールジョッキ片手にお話しを伺うのが、当時の私にとって何よりも大切な時間であった。学問の面白さとその深さを教えてくださった阿波連先生に、心からお礼を申し上げたい。

そのほか、渡邉昭夫先生（現東京大学名誉教授）のご薫陶を受けたことも、筆者にとってはまことに幸運であった。先生は博士課程に進学したばかりの筆者を科研プロジェクトにお誘いくださったばかりか、その後もご自宅で開催される研究会や各種研究会などにもお声かけくださり、一方ならぬご支援とご指導を賜った。また先生からは、ご自身が博士論文執筆時に集めた貴重な沖縄関係資料をいただいたばかりか、ご自宅にある蔵書まで何箱分もいただいた。いまも変わらずご指導いただいている渡邉先生に、深くお礼を申し上げたい。

渡邉先生の紹介で参加させていただいた科研プロジェクト（『沖縄戦と米国の沖縄占領に関する総合的研究』）では、代表の我部政男先生をはじめ、渡邉昭夫、宮里政玄両先生のほか、我部政明、松本武彦、浅野豊美、ロバート・エルドリッヂ、池田慎太郎、黒柳保則、若林千代、西敦子、秦花秀という、沖縄研究の大家から新進気鋭の若手研究者まで、実に錚々たるメンバーが相集っていた。ここでの四年間にわたる議論と研究がなければ、筆者の沖縄研究がより底の浅いものになっていたことは間違いない。我部政男先生をはじめご指導いただいた先生方に、厚くお礼を申し上げたい。なかでもとくに感謝を申し上げなければならないのは、浅野豊美先生（中京大学教授）である。先生からは、ご自身がアメリカで収集された貴重な資料や情報公開請求によって得た外務省資料を、何の惜しげもなくみせていただいたばかりか、筆者のアメリカでの資料収集や、他のさまざまな面でご支援を賜った。また、本書第二章で扱った沖縄版「農地改革」に関しても、先生との議論なくして生み出されることはなかった。すべてに対して開放的で、また精力的な浅野先生に、心からお礼を申し上げたい。

また、博士論文の副査の労をとっていただいた下斗米伸夫先生は、河野康子先生が在外研究で二年間日本を離れているあいだ、指導教授を引き受けてくださった。米ソ冷戦をアメリカの側からのみ捉えようとする筆者に対し、ソ連をはじめとする社会主義陣営の側からそれをみることの重要性を教えてくださったのは、先生である。また、博士論文の主査と副査をそれぞれ務めてくださった中野勝郎先生と安江孝司先生からは、口頭試問の際、貴重なコメントをいただいた。そのほか、法政大学の政治学系スタッフの先生からは、博士論文の中間報告会などを通じてさまざまなご指導を賜った。また、同大学沖縄文化研究所の屋嘉宗彦所長からは、さまざまな面でご高配いただいている。これらの先生方の温かいご指導とご支援に、心から感謝を申し上げたい。そのほか、筆者をこれまで陰に陽に支えてくださったすべての先生方に、深くお礼を申し上げたい。

大学院時代の仲間である江良拓郎、岡﨑加奈子、君島雄一郎、鈴木隆文、永田伸吾、福田州平、水沢紀元、葉習民、李柱卿の各氏には、さまざまな局面で筆者を励ましていただいた。とりわけ、岡﨑、君島、永田の三氏には、本書の原稿を詳細に読んでいただき、有益なコメントをいただいた。また、沖縄県庁の宮城俊氏は、筆者の長年にわたる友人であり、よき理解者でもある。元同僚の石川栄一郎と大城宗士の両氏は、同じ釜の飯を食った仲間であり、彼らの活躍に負けじと筆者も頑張ってきたつもりである。瀧田信義と天願武の両氏には、筆者が苦しかったとき、それぞれ笑顔で助けていただいた。また校正段階では、桐山源一郎氏のご助力を得た。これらの方々の友情と温かいご支援に、心から感謝を申し上げたい。

資料調査にあたっては、沖縄県公文書館、琉球大学付属図書館、国立国会図書館、外務省情報公開室、外務省外交史料館、東京大学近現代法政資料センター、アメリカ国立公文書館など、関係諸機関にお世話になった。とりわけ、沖縄県公文書館の仲本和彦氏には、アメリカでの資料収集をはじめ、さまざまな面でご支援を賜った。また、本書後半の基盤のひとつをなすインタビューに応じてくださった、新垣善春、上原康助、川合隆喜、砂川直義、銅崎富司、友寄信助、仲宗根悟、中根章、福地曠昭、藤河浩三、吉元政矩の各氏にも、この場を借りてあらためてお礼を申し上げたい。また貴重な写真をご提供くださった関係諸機関にも、記して感謝申し上げたい。

本書の出版にあたっては、法政大学出版局の勝康裕氏に一方ならぬお世話になった。文章の読みやすさや読みにくさはもちろん筆者の責任であるが、本書が構成上、少しでも読みやすいものになっているとすれば、それはすべて勝氏のお蔭である。少しでも完成度の高いものにしたいという思いから、執筆にかなりの時間を要してしまい、勝氏には本当にご迷惑をおかけしてしまった。記してお詫び申し上げる。また、本書の刊行に際しては、財団法人アメリカ研究振興会の出版助成を得ることができた。出版事情の厳しいなか、助成金を交付していただいたばかりか、審査員の方々から貴重なコメントまでいただいた。この場を借りて厚くお礼を申し上げたい。

また、こうした類の研究書では異例のことかもしれないが、筆者の人生の師である宇城塾総本部道場、創心館館長の宇城憲治先生に、心からお礼を申し上げたい。毎月の空手の稽古における先生の厳しくも温かいご指導がなかったならば、何が人生にとって一番大事なことかを知る由もなかったし、こうして本書を最後まで書き上げることもできなかったと思う。一切の横着を許さず、前に踏み出すエネルギーをいつも与えてくださっている先生に、深甚なる謝意をお伝えしたい。また先生のもとで同じ道を求めて修行に励む東京実践塾の皆様にも、心から感謝を申し上げたい。

筆者は四年前から、法政大学で非常勤講師として、日本政治外交史や沖縄戦後史などの専門科目と、政治学概論などの基礎科目を担当させていただいている。学問の社会的意義について悩みつづけてきた筆者にとって、真剣なるまなざしで授業を聞いてくれる学生諸君の態度に接し、その悩みもいくばくかは解けたように思う。とりわけ、通信教育部の社会人学生の皆様（上は七〇代から下は一〇代まで）には、授業のあり方とは本来こういうものであるのかを、いつも教えていただいているばかりか、筆者を支え続けてくれている。そういった意味で本書も、専門の研究者だけでなく、沖縄問題に関心をもつ多くの方々に読んでいただき、そこから沖縄について何か考える一つのきっかけにでもしていただければ、筆者にとってこれに優るよろこびはない。

最後に私事にわたって恐縮だが、安定した職を捨てて学問の世界に足を踏み入れた筆者をこれまでずっと陰で支えてくれた両親に、心から感謝の言葉を伝えたい。また、一度決めたら言うことを聞かない筆者の決意に理解を示し、「進学反対」の父親を説得してくれたのは、叔父や叔母たちであった。また、妻の両親にはそっと見守っていただき本当に感謝している。そして誰よりも感謝の言葉を伝えなければいけないのは、妻・美奈子である。将来の見通しがまったく立たない筆者と人生をともにすることを決断してくれただけでなく、不安定な生活のなかで文句ひとつ言わずに筆者を心から支え続けてくれた彼女には、お礼の言葉さえみつからない。本書をわが人生のパートナーである彼女に捧げたい。そして、二人の幼い娘たちが将来この本を手にとったとき、筆者がこれにいかなる想いを込めたのかを感じ取ってくれることを楽しみにしつつ、本書を閉じたい。

平良　好利

二〇一二年九月　大宮の自宅にて

人名索引

事項索引

主要参考文献

邦文は編著者の50音順に，欧文はアルファベット順に配列した。

[未公刊資料]

1）沖縄県公文書館（Okinawa Prefectural Archives: OPA）

団体文書

『沖縄県祖国復帰協議会文書』

個人文書

『屋良朝苗日誌』

『エドワード・フライマス（Edward Freimuth）コレクション』

米国収集資料（アメリカ国立公文書館［NARA］より複写・収集した文書）

RG59, General Records of the Department of State

RG77, Records of the Office of the Chief Engineer

RG218, Records of the Joint Chiefs of Staff

RG260, Records of United States Occupational Headquarters, World War II

Records of the United States Civil Administration of the Ryukyu Islands（USCAR）

RG319, Records of Army Staff

Records of Center for Military History

Papers of Edward O'Flaherty

Papers of Arnold G. Fisch, Jr.

RG331, Records of Allied Occupation Headquarters, World War II

Records of GHQ/SCAP

RG554, Records of the Far East Command, Supreme Commander for the Allied Powers, and United Nations Command

Records of Ryukyu Civil Affairs Section

2）外務省外交史料館

『平成22年度外交記録公開（1）』（2010年7月7日公開，CD-R H22-001~003）

『平成22年度外交記録公開（2）』（2010年11月26日公開，CD-R H22-004~008）

『平成22年度外交記録公開（3）』（2010年12月月22日公開，CD-R H22-009~013）

『平成22年度外交記録公開（4）』（2011年2月18日公開，CD-R H22-014~021）

『平成23年度外交記録公開（1）』（2011年12月22日公開，CD-R H23-001~002）

3）外務省開示文書（情報公開文書）

1950年代の沖縄軍用地問題に関する文書群

開示請求番号：2001-01904，2003-00580，2004-00674，2005-00122，2006-00807

4）外務省開示文書
1972 年の沖縄返還時の有事の際の核持込みに関する「密約調査」関連文書（2010 年開示）

5）東京大学法学部近代日本法政史料センター原資料部
『安里積千代関係文書』

6）琉球大学附属図書館郷土史料室
『占領初期米軍統治関係資料 Okinawa Base Command』

7）National Archives and Records Administration（NARA）, College Park, Maryland
RG260, Records of United States Occupational Headquarters, World War II
Records of the United States Civil Administration of the Ryukyu Islands（USCAR）
E1, Records of the Ryukyuan Property Custodian Branch
S1, General Records. 1952-69.
E2, Records of the Land Acquisition Branch
S1, General Records. 1952-70.
RG319, Records of Army Staff
Records of the Office of the Chief of Civil Affairs
E.299（NM3）, Decimal File, 1948-54

8）Digital National Security Archive
Japan and U.S., 1960-1976

[公刊資料]

石井修・植村秀樹監修『アメリカ合衆国対日政策文書集成　アメリカ統合参謀本部資料　1948-1953』第 14 巻（柏書房，2000 年）。

石井修・小野直樹監修『アメリカ統合参謀本部資料　1953-1961』第 13 巻（柏書房，2000 年）。

石井修・我部政明・宮里政玄監修『アメリカ合衆国対日政策文書集成　日米外交防衛問題　1971 年・沖縄編』第 9 巻（柏書房，2005 年）。

――『アメリカ合衆国対日政策文書集成　日米外交防衛問題　1972 年・沖縄編』第 2 巻（柏書房，2006 年）。

沖縄県文化振興会公文書管理部史料編集室編『沖縄県史　資料編 9　Military Government Activities Reports　現代 1（原文編）』（沖縄県教育委員会，2000 年）。

沖縄県文化振興会公文書管理部史料編集室編『沖縄県史　資料編 12　アイスバーグ作戦　沖縄戦 5（和訳編）』（沖縄県教育委員会，2001 年）。

外務省編纂『日本外交文書　平和条約に締結に関する調書　第一冊（Ⅰ～Ⅲ）』（外務

省，2002年）。

――『日本外交文書　平和条約に締結に関する調書　第二冊（Ⅳ～Ⅴ）』（外務省，2002年）。

――『日本外交文書　平和条約に締結に関する調書　第三冊（Ⅵ）』（外務省，2002年）。

ワトキンス文書刊公委員会編『沖縄戦後初期占領資料 Papers of James T. Watkins』12巻，47巻（緑林堂書店，1994年）。

U.S. Department of State, *Foreign Relations of the United States（FRUS）, 1948, Vol. 6, The Far East and Austrasia*（Washington, D.C.: U.S. Government Printing Office, 1974）.
――, *Foreign Relations of the United States, 1949, Vol. 7, The Far East and Austrasia Part 2*（Washington, D.C.: U.S. Government Printing Office, 1976）.
――, *Foreign Relations of the United States, 1950, Vol. 6, East Asia and the Pacific*（Washington, D.C.: U.S. Government Printing Office, 1976）.
――, *Foreign Relations of the United States, 1951, Vol. 6, Asia and the Pacific Part 1*（Washington, D.C.: U.S. Government Printing Office, 1977）.
――, *Foreign Relations of the United States, 1952-1954, Vol. 14, China and Japan Part 2*（Washington, D.C.: U.S. Government Printing Office, 1985）.
――, *Foreign Relations of the United States, 1955-1957, Vol. 23, Japan Part 1*（Washington, D.C.: U.S. Government Printing Office, 1991）.
――, *Foreign Relations of the United States, 1958-1960, Vol. 18, Japan; Korea*（Washington, D.C.: U.S. Government Printing Office, 1994）.

[資料集・報告書など]

沖縄県沖縄史料編集所編『沖縄県史料　戦後2　沖縄民政府記録1』（沖縄県教育委員会，1988年）。

――『沖縄県史料　戦後3　沖縄民政府記録2』（沖縄県教育委員会，1990年）。

沖縄県編『沖縄県史　第七巻　各論編六　移民』（沖縄県，1974年）。

沖縄県総務部総務課『旧日本軍接収用地調査報告書』（1978年）。

沖縄県祖国復帰闘争史編纂委員会『沖縄県祖国復帰闘争史（資料編）』（沖縄時事出版，1982年）。

沖縄軍用地問題折衝渡米代表団『沖縄における軍用地問題』（1958年6月）。

北岡伸一監修『沖縄返還関係主要年表・資料集』（国際交流基金日米センター，1992年）。

軍用地問題解決委員会『沖縄における軍用地問題』（1955年10月）。

月刊沖縄社編『アメリカの沖縄統治関係法規総覧』Ⅰ～Ⅲ（月刊沖縄社，1983年）。

財団法人南西地域産業活性化センター『旧軍飛行場用地問題調査・検討報告書』（2003年度沖縄県受託事業，2004年3月）。

中野好夫編『戦後資料　沖縄』（日本評論社，1969年）。

南方同胞援護会編『沖縄問題基本資料集』（南方同胞援護会，1968年）。

――『復帰の記録』（南方同胞援護会，1972年）。

細谷千博・有賀貞・石井修・佐々木卓也編『日米関係資料集　1945-97』（東京大学出

版会，1999 年）。

琉球政府行政主席官房情報課編『情報　第四号　軍用地問題はこう訴えた』（1956 年 3 月）。

――『軍用土地問題の経緯』（1959 年 6 月）。

琉球政府経済企画室編『軍用地問題の折衝經過』（1955 年 8 月）。

琉球政府文教局研究調査課編『琉球史料　第 5 集　社会編 2』（復刻版，那覇出版社，1988 年）。

――『琉球史料　第 7 集　経済編 2』（復刻版，那覇出版社，1988 年）。

[日記・回顧録など]

安里積千代『一粒の麦』（民社党沖縄県連合会，1983 年）。

伊藤隆監修『佐藤榮作日記』全 6 巻（朝日新聞社，1998 年）。

上原康助『基地沖縄の苦闘　全軍労闘争史』（創広，1982 年）。

――『道なかば』（琉球新報社，2001 年）。

大河原良雄『オーラルヒストリー日米外交』（ジャパンタイムズ，2006 年）

大山朝常『大山朝常のあしあと』（うるま通信社，1977 年）。

兼次佐一『真実の落書き』（教宣社，1976 年）。

喜屋武真栄『政治を人間の問題として』（あゆみ出版社，1970 年）。

嘉陽安春『沖縄民政府　一つの時代の軌跡』（久米書房，1986 年）。

楠田　實（編・校訂和田純，編・解題五百旗頭真）『楠田實日記――佐藤栄作総理首席秘書官の二〇〇〇日』（中央公論新社，2001 年）。

栗山尚一『外交証言録　沖縄返還・日中国交正常化・日米「密約」』（岩波書店，2010 年）。

桑江朝幸『民族の血は燃えて』（民族の血は燃えて再版委員会，1984 年）。

――『土がある明日がある　桑江朝幸回顧録』（沖縄タイムス社，1991 年）。

下田武三『戦後日本外交の証言』上下巻（行政問題研究所，1985 年）。

瀬長亀次郎『瀬長亀次郎回想録』（新日本出版社，1991 年）。

千田　恒『佐藤内閣回想』（中央公論社，1987 年）。

平良辰雄『戦後の政界裏面史』（南報社，1963 年）。

東郷文彦『日米外交三十年』（世界の動き社，1982 年）。

当間重剛『当間重剛回想録』（当間重剛回想録刊行会，1969 年）。

富原守保『金融の裏窓十五年』（経済評論社，1964 年）。

中島敏次郎『日米安保，沖縄返還，天安門事件』（岩波書店，2012 年）。

西村熊雄『サンフランシスコ平和条約・日米安保条約』（中央公論社，1999 年）。

原彬久編『岸信介証言録』（毎日新聞社，2003 年）。

保利　茂『戦後政治の覚書』（毎日新聞社，1975 年）。

安川　壮『忘れ得ぬ思い出とこれからの日本外交』（世界の動き社，1991 年）。

山野幸吉『沖縄返還ひとりごと』（ぎょうせい，1982 年）。

屋良朝苗『私の歩んだ道』（屋良さんを励ます会，1968 年）。

――『屋良朝苗回顧録』（朝日新聞社，1977 年）。

――『激動八年　屋良朝苗回想録』（沖縄タイムス社，1985 年）。

吉田　茂『回想十年』全4巻（新潮社，1957–1958年）。

琉球新報社編『戦後政治を生きて――西銘順治日記』（琉球新報社，1998年）。

――『不屈　瀬長亀次郎日記　第1部　獄中』（琉球新報社，2008年）。

――『不屈　瀬長亀次郎日記　第2部　那覇市長』（琉球新報社，2010年）。

――『不屈　瀬長亀次郎日記　第3部　日本復帰への道』（琉球新報社，2011年）。

Johnson, U. Alexis, *The Right Hand of Power: The Memoirs of an American Diplomat* (Englewood Cliffs, New Jersey: Prentice-Hall, Inc. 1984). アレクシス・ジョンソン（増田弘訳）『ジョンソン米大使の日本回想』（草思社，1989年）。
Meyer, Armin H., *Assignment Tokyo: An Ambassador's Journal* (New York: Bobbs Merrill, 1974). アーミン・H・マイヤー（浅尾道子訳）『東京回想』（朝日新聞社，1976年）。

[組織・団体史など]

新垣栄一編『沖縄県青年団史』（沖縄県青年団協議会，1961年）。

沖縄官公労運動史編集委員会編『沖縄官公労運動史（沖縄官公労運動史①）』（沖縄官公庁労働者共済会，1990年）。

――『沖縄官公労運動裏面史（上）（沖縄官公労運動史②）』（沖縄官公庁労働者共済会，1990年）。

――『沖縄官公労運動裏面史（下）（沖縄官公労運動史③）』（沖縄官公庁労働者共済会，1990年）。

沖縄県祖国復帰協議会・原水爆禁止沖縄県協議会共編『沖縄県祖国復帰運動史』（沖縄時事出版社，1964年）。

沖縄社会大衆党史編纂委員会編『沖縄社会大衆党史』（沖縄社会大衆党，1981年）。

沖縄人民党史編集刊行委員会編『沖縄人民党の歴史』（沖縄人民党史編集刊行委員会，1985年）。

沖縄労働運動史―二五年の歩み編集委員会編『沖縄労働運動史――県労協二五年の歩み』（沖縄県労協センター，1995年）。

嘉手納町軍用地等地主会40年史編集委員会編『嘉手納町軍用地等地主会40年史』（嘉手納町軍用地等地主会，1996年）。

教公二法闘争史編集委員会『教公二法闘争史』（沖縄県教職員組合，1998年）。

自由民主党沖縄県連史編纂委員会編『戦後六十年沖縄の政情　自民党沖縄県連史』（自由民主党沖縄県支部連合会，2005年）。

占領軍調達史編さん委員会編『占領軍調達史――占領軍調達の基調』（調達庁総務部調査課，1956年）。

全駐労沖縄地区本部編『全軍労・全駐労沖縄運動史』（全駐労沖縄地区本部，1999年）。

全駐留軍労働組合沖縄地区本部空軍支部編『25年のあゆみ』（全駐留軍労働組合沖縄地区本部空軍支部，1988年）。

「全逓沖縄運動史」編纂委員会編『全逓沖縄運動史』（全逓信労働組合沖縄地区本部，1991年）。

土地連三十周年記念誌編集委員会編『土地連三十年のあゆみ』新聞集成編（沖縄市町

村軍用地等地主会連合会，1984 年）。

――『土地連三十年のあゆみ』資料編（沖縄県軍用地等地主会連合会，1985 年）。

――『土地連三十年のあゆみ』通史編（沖縄県軍用地等地主連合会，1989 年）。

土地連五十周年記念誌編集委員会編『土地連五十年のあゆみ』通史・資料編（沖縄県軍用地等地主連合会，2006 年）。
20 周年記念誌編集委員会編『おきなわ　那覇防衛施設局の 20 年』（那覇防衛施設局，1992 年）。
防衛庁防衛研修所戦史室『沖縄方面陸軍作戦』（朝雲新聞社，1968 年）。

――『陸軍航空作戦　沖縄・台湾・硫黄島方面』（朝雲新聞社，1970 年）。

屋良朝苗編『沖縄教職員会 16 年』（労働旬報社，1968 年）。

Appleman, Roy E., James M. Burns, Russell A. Gugeler, and John Stevens, *Okinawa: The Last Battle* (Washington, D.C.: United States Army, Center of Military History, 1991).
Fisch, Arnold G., Jr., *Military Government in the Ryukyu Islands, 1945-1950* (Washington, D.C.: Center of Military History, U.S. Army, 1988).（宮里政玄訳）『沖縄県史　資料編 14　琉球列島の軍政　1945-1950　現代 2（和訳編）』（沖縄県教育委員会, 2002 年）。
Nichols, Chas S., Jr. and Shaw, Henry I., *Okinawa: Victory in the Pacific*, Historical Branch G-3 Division Headquarters U.S. Marine Corps, 1955 (reprinted by The Battery Press, 1989).
Watson, Robert J., *History of the Joint Chiefs of Staff, vol. 5: The Joint Chiefs of Staff and National Policy, 1953-54* (Washington, D.C.: Historical Division, Joint Chiefs of Staff, 1986).

[筆者によるインタビュー]
新垣善春（1999 年 8 月 30 日）
上原康助（2007 年 1 月 26 日）
川合隆喜（2007 年 7 月 27 日）
砂川直義（2007 年 1 月 26 日，27 日）
銅崎富司（2007 年 7 月 3 日）
友寄信助（2007 年 1 月 25 日）
仲宗根悟（1999 年 9 月 7 日，2007 年 1 月 28 日）
中根　章（2002 年 10 月 22 日）
福地曠昭（1999 年 9 月 6 日，2000 年 8 月 9 日）
藤河浩三（2007 年 7 月 20 日）
吉元政矩（1999 年 9 月 8 日）

[定期刊行物・年鑑]
『朝日新聞』
『うるま新報』
『沖縄タイムス』
『琉球新報』

『沖縄年鑑』

『月刊社会党』

［書籍・研究書］

明田川　融『日米行政協定の政治史——日米地位協定研究序説』（法政大学出版局，1999年）。

——『沖縄基地問題の歴史——非武の島，戦の島』（みすず書房，2008年）。

阿波根昌鴻『米軍と農民』（岩波書店，1973年）。

新崎盛暉『戦後沖縄史』（日本評論社，1976年）。

——『新版　沖縄・反戦地主』（公文研，1995年）。

五十嵐武士『対日講和と冷戦』（東京大学出版会，1986年）。

NHK取材班『戦後50年——その時日本は』第4巻（日本放送出版協会，1996年）。

——『基地はなぜ沖縄に集中しているのか』（NHK出版，2011年）。

ロバート・D・エルドリッヂ『沖縄問題の起源——戦後日米関係における沖縄　1945-1952』（名古屋大学出版会，2003年）。

——『奄美返還と日米関係』（南方新社，2003年）。

——『硫黄島と小笠原をめぐる日米関係』（南方新社，2008年）。

太田昌克『盟約の闇——「核の傘」と日米同盟』（日本評論社，2004年）。

——『日米「核密約」の全貌』（筑摩書房，2011年）。

大田嘉弘『沖縄作戦の統帥』（相模書房，1979年）。

沖縄国際大学公開講座委員会編『沖縄の基地問題』（ボーダーインク，1997年）。

沖縄タイムス社編『沖縄の証言』下巻（沖縄タイムス社，1973年）。

川平成雄『沖縄・一九三〇年代前後の研究』（藤原書店，2004年）。

我部政明『日米関係のなかの沖縄』（三一書房，1996年）。

——『沖縄返還とは何だったのか——戦後日米交渉史の中で』（日本放送出版協会，2000年）。

——『戦後日米関係と安全保障』（吉川弘文館，2007年）。

我部政男『近代日本と沖縄』（三一書房，1981年）。

楠田實編『佐藤政権・2797日』上下巻（行政問題研究所，1983年）。

楠　綾子『吉田茂と安全保障政策の形成——日米の構想とその相互作用　一九四三～一九五二年』（ミネルヴァ書房，2009年）。

来間泰男『沖縄の農業』（日本経済評論社，1979年）。

黒崎　輝『核兵器と日米関係』（有志舎，2006年）。

河野康子『沖縄返還をめぐる政治と外交——日米関係史の文脈』（東京大学出版会，1994年）。

——『日本の歴史24　戦後と高度成長の終焉』（講談社，2002年）。

後藤乾一『「沖縄核密約」を背負って　若泉敬の生涯』（岩波書店，2010年）。

坂元一哉『日米同盟の絆』（有斐閣，2000年）。

櫻澤　誠『沖縄の復帰運動と保革対立——沖縄地域社会の変容』（有志舎，2012年）。

佐々木卓也『アイゼンハワー政権の封じ込め政策——ソ連の脅威・ミサイル・ギャッ

プ論争・東西交流』(有斐閣，2008年)。

柴山　太『日本再軍備への道　1945～1954年』(ミネルヴァ書房，2010年)。

信夫隆司『若泉敬と日米密約』(日本評論社，2012年)。

下斗米伸夫『アジア冷戦史』(中央公論新社，2004年)。

高橋順子『沖縄〈復帰〉の構造――ナショナル・アイデンティティの編成過程』(新宿書房，2011年)。

竹内俊隆編『日米同盟論――歴史，機能，周辺諸国の視点』(ミネルヴァ書房，2011年)。

暉峻衆三『日本農業問題の展開』下（東京大学出版会，1984年)。

当山正喜『沖縄戦後史――政治の舞台裏』(あき書房，1987年)。

豊下楢彦『安保条約の成立』(岩波書店，1996年)。

中島信吾『戦後日本の防衛政策――「吉田路線」をめぐる政治・外交・軍事』(慶應義塾大学出版会，2006年)。

中島琢磨『高度成長と沖縄返還』(吉川弘文館，2012年)。

波多野澄雄『歴史としての日米安保条約――機密外交記録が明かす「密約」の虚実』(岩波書店，2010年)。

原　彬久『戦後日本と国際政治――安保改定の政治力学』(中央公論社，1988年)。

――『日米関係の構図――安保改定を検証する』(日本放送出版協会，1992年)。

――『岸信介――権勢の政治家』(岩波書店，1995年)。

――『戦後史のなかの日本社会党』(中央公論新社，2000年)。

――『吉田茂――尊皇の政治家』(岩波書店，2005年)。

林　博史『沖縄戦と民衆』(大月書店，2001年)。

――『米軍基地の歴史』(吉川弘文館，2012年)。

比嘉幹郎『沖縄――政治と政党』(中央公論社，1965年)。

福木　詮『沖縄のあしあと』(岩波書店，1973年)。

細谷千博『サンフランシスコ講和への道』(中央公論社，1984年)。

牧野浩隆『戦後沖縄の通過』上（ひるぎ社，1987年)。

宮里政玄『アメリカの沖縄統治』(岩波書店，1966年)。

――『アメリカの対外政策決定過程』(三一書房，1981年)。

――『アメリカの沖縄政策』(ニライ社，1986年)。

――『日米関係と沖縄　1945-1972』(岩波書店，2000年)。

室山義正『日米安保体制』上下巻（有斐閣，1992年)。

森　宣雄『地のなかの革命――沖縄戦後史における存在の解放』(現代企画室，2010年)。

森田吉彦『評伝若泉敬』(文藝春秋，2011年)。

与那国　暹『戦後沖縄の社会変動と近代化――米軍支配と大衆運動のダイナミズム』(沖縄タイムス社，2001年)。

陸戦史研究普及会編『陸戦史集9　沖縄作戦（第二次世界大戦)』(原書房，1968年)。

李鐘元『東アジア冷戦と韓米日関係』(東京大学出版会，1996年)。

李東俊『未完の平和――米中和解と朝鮮問題の変容　1969～1975年』(法政大学出版局，2010年)。

琉球銀行調査部編（執筆代表者牧野浩隆）『戦後沖縄経済史』（琉球銀行，1984 年）。

琉球新報社編『世替わり裏面史　証言に見る沖縄復帰の記録』（琉球新報社，1983 年）。

若泉　敬『他策ナカリシヲ信ゼムト欲ス』（文藝春秋，1994 年）。

渡辺昭夫『戦後日本の政治と外交――沖縄問題をめぐる政治過程』（福村出版，1970 年）。

――『日本の近代 8　大国日本の揺らぎ　1972 ～』（中央公論新社，2000 年）。

渡邉昭夫・宮里政玄編『サンフランシスコ講和』（東京大学出版会，1986 年）。

Binnendick, Johannes A., “The Dynamics of Okinawa Reversion, 1945-69,” in Gregory Henderson, ed., *Public Diplomacy and Political Change-Four Case Studies: Okinawa, Peru, Czechoslovakia, Guinea* (New York: Praeger Publishers, 1973).
Gaddis, John Lewis, *Strategies of Containment: A Critical Appraisal of Postwar American National Security Policy* (New York: Oxford University Press, 1982).
Sarantakes, Nick E., *Keystone: The American Occupation of Okinawa, and U.S.-Japanese Relations* (College Station: Texas A&M University Press, 2000).
Schaller, Michael, *Altered States: The United States and Japan Since the Occupation* (New York: Oxford University Press, 1997). マイケル・シャラー（市川洋一訳）『「日米関係」とは何だったのか――占領期から冷戦終結後まで』（草思社，2004 年）。
Shiels, Frederick L., *America, Okinawa, and Japan: Case Studies for Foreign Policy Theory* (Washington, D.C.: University Press of America, 1980).

［論　文］

明田川　融「一九五五年の基地問題――基地問題の序論的考察」『年報日本現代史』6 号（2000 年）。

浅野豊美「第二次大戦後米国施政権下沖縄人の移民・国籍問題に関する基本資料」『愛知大学国際問題研究所　紀要』123 号（2004 年）。

――「折りたたまれた戦後『琉球』――信託統治・独立と復帰の狭間の住民の法的地位と移民・旧南洋群島帰還問題」平成 14 年度～平成 17 年度科学研究費補助金《基礎研究（A）》研究成果報告書（研究代表者我部政男。山梨学院大学法学部教授）『沖縄戦と米国の沖縄占領に関する総合的研究』（2006 年）。

――「南洋群島からの沖縄人引揚と再定住をめぐる戦前と戦後」浅野豊美編『南洋群島と帝国・国際秩序』（慈学社，2007 年）。

浅野豊美・平良好利「アメリカ施政下沖縄への日本政府関与拡大に関する基本資料（1）」中京大学文化科学研究所編『文化科学研究』15 巻 2 号（2004 年）。

――「アメリカ施政下沖縄への日本政府関与拡大に関する基本資料（2）」同『文化科学研究』16 巻 1 号（2004 年）。

阿波連正一「沖縄米軍基地と土地所有権の制限」『沖縄法学』26 号（1997 年）。

――「土地所有権と住民投票」『沖縄法学』31 号（2002 年）。

天川　晃「日本本土の占領と沖縄の占領」『横浜国際経済法学』1 巻 1 号（1993 年）。

池田慎太郎「占領初期沖縄における米信託統治論と独立論」平成 14 年度～平成 17 年度科学研究費補助金《基礎研究（A）》研究成果報告書（研究代表者我部政男。山

梨学院大学法学部教授）『沖縄戦と米国の沖縄占領に関する総合的研究』（2006年）。

池宮城秀正「琉球列島における復帰運動の高揚と日本政府援助」『政経論叢』74巻5・6号（2006年）。

伊藤裕子「フィリピンの軍事戦略的重要性の変化と一九四七年米比軍事基地協定の成立過程」『国際政治』117号（1998年）。

――「戦後アメリカの対フィリピン軍事政策と日本要因　一九四五～一九五一」池端雪浦，リディア・N・ユー・ホセ編『近現代日本・フィリピン関係史』（岩波書店，2004年）。

上地聡子「日本『復帰』署名運動の担い手――行政機構と沖縄青年連合会」『沖縄文化』40巻2号（2006年）。

――「競われた青写真――一九五一年の帰属議論における『復帰』支持と，論じられなかったもの」『琉球・沖縄研究』2号（2008年）。

――「『復帰』における憲法の不在―― 1951年以前の沖縄にみる日本国憲法の存在感」『琉球・沖縄研究』3号（2010年）。

ロバート・D・エルドリッヂ「講和条約に対する沖縄の反応の考察――沖縄の復帰運動，政党，世論を中心に」平成14年度～平成17年度科学研究費補助金《基礎研究（A）》研究成果報告書（研究代表者我部政男。山梨学院大学法学部教授）『沖縄戦と米国の沖縄占領に関する総合的研究』（2006年）。

――「40年前の基地統合計画に学ぶ」『琉球新報』（2000年1月19日～2月1日）。

大城将保「第32軍の沖縄配備と全島要塞化」沖縄県文化振興会公文書管理部史料編集室編『沖縄戦研究Ⅱ』（沖縄県教育委員会，1999年）。

小野百合子「『沖縄軍用地問題』に対する本土側の反響の考察――日本社会と『沖縄問題』の出会い／出会い損ない」『沖縄文化研究』36号（2010年）。

――「60年安保闘争と『沖縄問題』――『沖縄問題』の不在を再考する」加藤哲郎・今井晋哉・神山伸弘編『差異のデモクラシー』（日本経済評論社，2010年）。

梶浦　篤「奄美諸島の返還をめぐる米国の対日・対ソ戦略」『国際政治』105号（1994年）。

我部政男「六〇年代復帰運動の展開」宮里政玄編『戦後沖縄の政治と法』（東京大学出版会，1975年）。

我部政男・比屋根照夫「土地闘争の意義」『国際政治』52号（1974年）。

黒柳保則「国会における安保改定論議のなかの沖縄」『軍縮問題資料』317号（2007年）。

河野康子「沖縄問題の起源をめぐって――課題と展望」『国際政治』140号（2005年）。

――「鳩山・石橋内閣期の沖縄」『法学志林』104巻3号（2007年）。

――「沖縄返還と地域的役割分担論（一）――危機認識の位相をめぐって」『法学志林』106巻1号（2008年）。

――「沖縄返還と地域的役割分担論（二）――危機認識の位相をめぐって」『法学志林』106巻3号（2009年）。

――「沖縄返還と有事の核の再持ち込み」外務省有識者委員会『いわゆる「密約」問題に関する有識者委員会報告書』（2010年）。

小松　寛「日本・沖縄間の『本土並み』復帰を巡る交渉過程」『国際政治』168号（2012年）。

坂元一哉「日ソ国交回復交渉とアメリカ――ダレスはなぜ介入したのか」『国際政治』105号（1994年）。

櫻澤　誠「戦後沖縄における『基地問題』の形成過程」『部落問題』197号（2011年）。

――「一九五〇年代後半における土地闘争以後の保守再編について」『沖縄法政研究』14号（2012年）。

――「石川・宮森小ジェット機墜落事件に対する補償問題の展開――戦後沖縄における人権擁護運動の転機として」広川禎秀・山田敬男編『戦後社会運動史論②――高度成長期を中心に』（大月書店，2012年）。

佐藤　晋「佐藤政権期のアジア政策」波多野澄雄編『池田・佐藤政権期の日本外交』（ミネルヴァ書房，2004年）。

進藤榮一「分割された領土――沖縄，千島，そして安保」『世界』401号（1979年）。

砂川恵伸・安次富哲雄・新垣進「土地法制の変遷」宮里政玄編『戦後沖縄の政治と法』（東京大学出版会，1975年）。

平良好利「沖縄復帰運動の政治的動態――復帰協を中心として」『国際関係学研究』15号（2002年）。

――「『沖縄軍用地問題』の政策決定過程」――一九五〇年代後半を中心に」『沖縄文化研究』30号（2004年）。

――「沖縄米軍基地の形成と土地問題　1945-1952 ――耕作地の配分問題を中心に」平成14年度～平成17年度科学研究費補助金《基礎研究（A）》研究成果報告書（研究代表者我部政男。山梨学院大学法学部教授）『沖縄戦と米国の沖縄占領に関する総合的研究』（2006年）。

――「日米関係のなかの沖縄軍用地問題―― 一九五六年のプライス勧告をめぐって」『国際政治』160号（2010年）。

ロジャー・ディングマン（天川晃訳）「アメリカ海軍と冷戦――日本の場合」『エコノミア』78号（1983年）。

暉峻衆三・岩本純明「農地改革――地主制の終焉と自作農体制」袖井林二郎・竹前栄治編『戦後日本の原点』下巻（悠思社，1992年）。

戸邉秀明「沖縄『戦後』史における脱殖民地化の課題――復帰運動が問う〈主権〉」『歴史学研究』885号（2011年）。

鳥山　淳「復興の行方と沖縄群島知事選挙」『一橋論叢』125巻2号（2001年）。

――「軍用地と軍作業から見る戦後初期の沖縄社会―― 1940年代後半の『基地問題』」『浦添市立図書館紀要』№12（2001年）。

――「戦後初期沖縄における自治の希求と屈折」『年報日本現代史』8号（2002年）。

――「1950年代初頭の沖縄における米軍基地建設のインパクト」『沖縄大学地域研究所　所報』№31（2004年）。

――「破綻する〈現実主義〉――『島ぐるみ闘争』へと転化する一つの潮流」『沖縄文化研究』30号（2004年）。

――「閉ざされる復興と『米琉親善』――沖縄社会にとっての1950年」中野敏男他編『沖縄の占領と日本の復興』（青弓社，2006年）。

――「一九五〇年代沖縄の軍用地接収――伊江島と伊佐浜そして辺野古」『歴史評

論』712号（2009年）。

――「占領と現実主義」鳥山淳編『イモとハダシ――占領と現在』（社会評論社，2009年）。

中島琢磨「初期佐藤政権における沖縄返還問題」『法政研究』73巻3号（2006年）。

――「佐藤政権期の日米安全保障関係――沖縄返還と『自由世界』における日本の責任分担問題」『国際政治』151号（2008年）。

――「一九六七年一一月の佐藤訪米と沖縄返還をめぐる日米交渉」『年報政治学2009－Ⅰ』（2009年）。

――「一九六八年の沖縄返還問題の展開――『核抜き・本土並み』返還の争点化」『九大法学』101号（2010年）。

――「沖縄の施政権返還交渉の開始」『九大法学』102号（2010年）。

――「沖縄返還交渉の『第二ラウンド』――一九六九年六月～七月」『龍谷法学』44巻1号（2011年）。

仲地宗俊「農地」（沖縄県農林水産行政史編集委員会編『沖縄県農林水産行政史』（3巻，農政編，農林統計協会，1991年）。

中西　寛「講和に向けた吉田茂の安全保障構想」伊藤之雄・川田稔編『環太平洋の国際秩序の模索と日本――第一次世界大戦後から55年体制成立』（山川出版社，1999年）。

仲原善忠「沖縄現代産業・経済史」『仲原善忠全集』1巻，歴史編（沖縄タイムス社，1979年）。

波平恒男「アメリカ軍政下の戦後復興―― 1950年前後の沖縄，そして奄美」中野敏男他編『沖縄の占領と日本の復興』（青弓社，2006年）。

野田公夫「戦後土地改革と現代――農地改革の歴史的意義」『年報日本現代史』4号（1998年）。

波多野澄雄「沖縄返還と原状回復補償費の肩代わり」外務省有識者委員会『いわゆる「密約」問題に関する有識者委員会報告書』（2010年）。

原　剛「明治初期の沖縄の兵備――琉球処分に伴う陸軍分遣隊の派遣」『政治経済史学』317号（1992年11月）。

比嘉幹郎「沖縄の復帰運動」『国際政治』52号（1974年）。

福井治弘「沖縄返還交渉――日本政府における決定過程」『国際政治』52号（1974年）。

福地曠昭「I LOVE 憲法第九条」福尾武彦編著『現代に生きる学び』（民衆社，1997年）。

牧野浩隆「戦後沖縄の経済開発政策」『大田昌秀教授退官記念論文集　沖縄を考える』（大田昌秀先生退官記念事業会，1990年）。

松岡　完「1950年代アメリカの同盟再編戦略――統合の模索」『国際政治』105号（1994年）。

松田圭介「一九五〇年代の反基地闘争とナショナリズム」『年報日本現代史』12号（2007年）。

宮里政玄「米民政府の沖縄統治政策」『国際政治』52号（1974年）。

――「行政協定の作成過程――米国公文書を中心に」『国際政治』85号（1987年）。

――「米国の沖縄統治政策　1948-1953」平成14年度～平成17年度科学研究費補助

金《基礎研究（A)》研究成果報告書（研究代表者我部政男。山梨学院大学法学部教授）『沖縄戦と米国の沖縄占領に関する総合的研究』(2006年)。

本永寛昭「沖縄における軍用地問題の展開」『議会時報』5号（1956年）。

森脇孝広「軍事基地反対闘争と村の変容——内灘闘争とその前後をめぐって」『年報日本現代史』11号（2006年）。

山田康博「アイゼンハワー政権のIRBM沖縄配備構想と日米関係，一九五六——一九五九年」『一橋論叢』123巻1号（2000年）。

——「『核の傘』をめぐる日米関係」竹内俊隆編『日米同盟論——歴史，機能，周辺諸国の視点』（ミネルヴァ書房，2011年）。

吉次公介「『ナッシュ・レポート』にみる在日・在沖米軍」『沖縄法学』32号（2003年）。

——「戦後沖縄『保守』勢力研究の現状と課題」『沖縄法政研究』12巻（2009年）。

若林千代「占領初期沖縄における米軍基地化と『自治』，1945-1946」『国際政治』120号（1999年）。

——「第二次世界大戦後の沖縄における政治組織の形成，一九四五——一九五一——沖縄人民党を中心として」『沖縄文化研究』28号（2002年）。

——「ジープと砂塵——占領初期沖縄社会の『変容』と『変位』」『沖縄文化研究』29号（2003年）。

渡邉昭夫「沖縄返還をめぐる政治過程——民間集団の役割を中心として」『国際政治』52号（1974年）。

——「日米同盟の50年の軌跡と21世紀への展望」『国際問題』490号（2001年）。

——「アジアの核拡散——国際政治史的一考察」アジア政経学会『アジア研究』53巻3号（2007年）。

Clapp, Priscilla, "Okinawa Reversion: Bureaucratic Interaction in Washington 1966-1969"『国際政治』52号（1974年）。
Ma, L. Eve Armentrout, "The Explosive Nature of Okinawa's 'Land Issue' or 'Base Issue,' 1945-1977: A Dilemma of United States Military Policy," *Journal of American-East Asian Relations*, no. 4 (Winter 1992).
Norris, Robert S., William M. Arkin & William Burr, "Where they were," *Bulletin of the Atomic Scientist* (November/December 1999).

《著者紹介》
平良 好利（たいら よしとし）
1972年　沖縄県那覇市に生まれる
1995年　沖縄国際大学法学部卒業
2001年　東京国際大学大学院国際関係学研究科修士課程修了
2008年　法政大学大学院社会科学研究科博士後期課程修了。博士（政治学）
現　在　獨協大学地域総合研究所特任助手，法政大学非常勤講師
論　文　「日米関係のなかの沖縄軍用地問題――一九五六年のプライス勧告をめぐって」『国際政治』160号（2010年）ほか。

戦後沖縄と米軍基地
「受容」と「拒絶」のはざまで　1945〜1972年

2012年10月31日　初版第1刷発行
2013年10月15日　　　　第3刷発行

著　者　平良 好利
発行所　一般財団法人 法政大学出版局
〒102-0071　東京都千代田区富士見2-17-1
電話03（5214）5540／振替00160-6-95814
製版・印刷　平文社／製本　誠製本
装丁　奥定泰之

ISBN 978-4-588-32129-0　　Printed in Japan

関連書

明田川 融著　7700円
日米行政協定の政治史　日米地位協定研究序説

李鍾元・木宮正史・浅野豊美編著　5500円
歴史としての日韓国交正常化Ⅰ　東アジア冷戦編

李鍾元・木宮正史・浅野豊美編著　6500円
歴史としての日韓国交正常化Ⅱ　脱植民地化編

李東俊著　6000円
未完の平和　米中和解と朝鮮問題の変容　1969～1975年

小菅信子・H.ドブソン編著　5200円
戦争と和解の日英関係史

菅 英輝編著　3800円
アメリカの戦争と世界秩序

菅 英輝編著　3800円
冷戦史の再検討　変容する秩序と冷戦の終焉

J.ルカーチ著／菅 英輝訳　2900円
評伝 ジョージ・ケナン　対ソ「封じ込め」の提唱者

藤原帰一・永野善子編著　3200円
アメリカの影のもとで　日本とフィリピン

馬場公彦著　2200円
『ビルマの竪琴』をめぐる戦後史

丸山直起著　5800円
太平洋戦争と上海のユダヤ難民

河西晃祐著　4800円
帝国日本の拡張と崩壊　「大東亜共栄圏」への歴史的展開
